工程材料丛书
军队"双重"建设教材

舰船焊接技术

陈 珊 李国明 主编

科学出版社
北 京

内 容 简 介

本书共分为 9 章，内容包括焊接热过程、焊接化学冶金、焊接材料、熔池凝固和焊缝固态相变、焊接热影响区、焊接缺欠与缺陷、焊接工艺与方法、舰船材料的焊接性、焊接检验。本书内容力求精选，注重新颖性实用性，图文并茂。本书配套出版习题集与实验指导书，供参考使用。

本书可作为高等院校焊接专业类的相关教材使用，也可供从事焊接研究、焊接工程的工程技术人员学习参考。

图书在版编目（CIP）数据

舰船焊接技术/陈珊，李国明主编. —北京：科学出版社，2023.4
（工程材料丛书）
军队"双重"建设教材
ISBN 978-7-03-074706-8

Ⅰ.①舰⋯　Ⅱ.①陈⋯　②李⋯　Ⅲ.①船用材料-焊接工艺-教材
Ⅳ.①U671.83

中国国家版本馆 CIP 数据核字（2023）第 018602 号

责任编辑：王　晶/责任校对：刘　芳
责任印制：彭　超/封面设计：苏　波

科 学 出 版 社 出版
北京东黄城根北街 16 号
邮政编码：100717
http://www.sciencep.com

北京科印技术咨询服务有限公司数码印刷分部印刷
科学出版社发行　各地新华书店经销
＊

开本：787×1092　1/16
2023 年 4 月第 一 版　印张：19 3/4
2025 年 3 月第二次印刷　字数：499 000
定价：79.00 元
（如有印装质量问题，我社负责调换）

前　言

"焊接技术"是高等学校焊接专业一门主要的专业课，在培养焊接技术人员的过程中起着重要的作用。

现代机械制造技术的发展离不开焊接，焊接不仅可以解决各种钢材的连接，而且还可以解决铝、铜等有色金属及复合材料的连接，是材料加工技术中极其重要的关键技术之一，广泛应用于机械制造业、船舶业、石化工业、航空航天工业、原子能工业、电力工业、电子工业、建筑工业等领域。随着科学技术的发展，焊接技术不断进步，新的焊接方法也在不断出现。

本书系统介绍焊接冶金原理、焊接工艺及材料的焊接性。全书分为9章：第1章介绍焊接热过程，内容包括焊接过程物理本质、焊接热源、焊接温度场；第2章介绍焊接化学冶金，内容包括焊接化学冶金的特点、气相-金属反应、熔渣对金属的作用及合金过渡；第3章介绍各种焊接材料，如焊条、焊丝、焊剂、焊接使用的保护气体及辅助材料；第4章介绍熔池凝固和焊缝固态相变，内容包括熔池凝固、焊缝固态相变、焊缝性能的改善；第5章介绍焊接热影响区，内容包括焊接热循环、焊接热循环条件下的组织转变、热影响区的组织及性能；第6章介绍焊接缺欠与缺陷，内容主要包括焊接缺欠与缺陷概述、焊接缺欠分类及特征、焊接缺陷评级和对产品质量的影响；第7章介绍焊接工艺与方法，内容包括焊接电弧、弧焊电源、焊条电弧焊、钨极氩弧焊、熔化极氩弧焊、埋弧焊和CO_2气体保护焊和其他焊接方法；第8章介绍船舶材料的焊接，内容包括焊接性概述、舰船材料的焊接性；第9章介绍焊接检验。

本书由陈珊、李国明担任主编。参加编写人员有李国明、胡会娥、陈珊、王皓、迟钧瀚。其中第1章由李国明编写，第2~3章由胡会娥编写，第4章、第9章由陈珊编写，第5~6章由王皓编写，第7~8章由迟钧瀚编写。全书由陈珊负责统稿。

由于编写水平有限，书中难免有不妥之处，敬请读者批评指正，以便在今后的教学和教材改版中改进提高。

作　者
2022年11月

目　　录

第1章　焊接热过程 ··· 1
1.1　焊接过程的物理本质 ··· 1
1.2　焊接热源 ··· 2
1.2.1　焊接热源的种类及其特性 ·· 2
1.2.2　焊接过程的热效率 ·· 3
1.2.3　焊件加热区能量分布 ·· 4
1.3　焊接温度场 ··· 5
1.3.1　焊接传热的基本形式 ·· 5
1.3.2　焊接温度场一般特征 ·· 6
1.3.3　焊接温度场影响因素 ·· 7

第2章　焊接化学冶金 ··· 11
2.1　焊接化学冶金的特点 ··· 11
2.1.1　焊条熔化及焊接熔池形成 ·· 11
2.1.2　焊接过程金属的保护 ·· 16
2.1.3　焊接化学冶金过程的区域性与连续性 ·· 18
2.1.4　焊接工艺条件对化学冶金反应的影响 ·· 20
2.1.5　焊接化学冶金系统的不平衡性 ·· 21
2.2　气相-金属反应 ··· 21
2.2.1　焊接区内的气体 ·· 21
2.2.2　氮对金属的作用 ·· 25
2.2.3　氢对金属的作用 ·· 27
2.2.4　氧对金属的作用 ·· 31
2.3　熔渣及其对金属的作用 ··· 34
2.3.1　焊接熔渣 ·· 34
2.3.2　熔渣对金属的氧化 ·· 39
2.3.3　焊缝金属的脱氧 ·· 41
2.3.4　焊缝金属的脱硫、脱磷 ·· 43
2.4　合金过渡 ··· 45
2.4.1　合金过渡的目的及方式 ·· 45
2.4.2　合金过渡系数及其影响因素 ·· 46

第3章 焊接材料 … 48

3.1 焊条 … 48
3.1.1 焊芯 … 48
3.1.2 药皮 … 49
3.1.3 焊条性能 … 51
3.1.4 焊条的型号与牌号 … 54

3.2 焊丝与焊剂 … 61
3.2.1 焊丝 … 62
3.2.2 焊剂 … 67

3.3 焊接使用的保护气体及辅助材料 … 73
3.3.1 焊接保护气体 … 73
3.3.2 钨极 … 76

第4章 熔池凝固和焊缝固态相变 … 77

4.1 熔池凝固 … 77
4.1.1 熔池凝固的特点 … 77
4.1.2 熔池结晶的一般规律 … 78
4.1.3 熔池结晶的线速度 … 79
4.1.4 熔池结晶的形态 … 81
4.1.5 焊缝金属的化学成分不均匀性 … 83

4.2 焊缝固态相变 … 87
4.2.1 低碳钢焊缝的固态相变 … 87
4.2.2 低合金钢焊缝的固态相变 … 88

4.3 焊缝性能的改善 … 94
4.3.1 焊缝金属的强化与韧化 … 94
4.3.2 改善焊缝性能的工艺措施 … 96

第5章 焊接热影响区 … 98

5.1 焊接热循环 … 98
5.1.1 焊接热循环主要参数 … 98
5.1.2 焊接热循环主要参数的计算 … 99
5.1.3 多层焊接热循环 … 103

5.2 焊接热循环条件下的组织转变 … 105
5.2.1 焊接加热过程中的组织转变 … 105
5.2.2 焊接冷却过程中的组织转变 … 110
5.2.3 影响过冷奥氏体转变的因素 … 112

5.3 热影响区的组织及性能 … 115
5.3.1 焊接热影响区的组织分布 … 115

5.3.2 焊接热影响区的热模拟实验 ·· 118
　　　5.3.3 焊接 CCT 图及其应用 ·· 119
　　　5.3.4 焊接热影响区的性能 ··· 122

第6章　焊接缺欠与缺陷 ·· 127
　6.1 焊接缺欠与缺陷概述 ·· 127
　　　6.1.1 焊接缺欠与缺陷的关系 ·· 127
　　　6.1.2 焊接缺欠对接头质量的影响 ··· 128
　6.2 焊接缺欠分类及特征 ·· 131
　　　6.2.1 焊接缺欠的分类 ·· 131
　　　6.2.2 外部缺欠和内部缺欠 ··· 133
　　　6.2.3 焊接裂纹 ··· 133
　　　6.2.4 孔穴和固体夹杂 ·· 138
　　　6.2.5 未熔合和未焊透 ·· 141
　　　6.2.6 形状缺陷和其他缺陷 ··· 142
　6.3 焊接缺陷评级和对产品质量的影响 ·· 145
　　　6.3.1 焊接缺陷的评级 ·· 145
　　　6.3.2 焊接缺陷的危害 ·· 147
　　　6.3.3 焊接缺陷的产生原因及防止措施 ··· 148
　　　6.3.4 焊接缺陷控制与返修 ··· 154

第7章　焊接工艺与方法 ·· 157
　7.1 焊接电弧 ·· 157
　　　7.1.1 电弧的形成和组成区域 ·· 157
　　　7.1.2 电弧气氛对电弧的影响 ·· 159
　　　7.1.3 焊接电弧的静特性 ··· 159
　　　7.1.4 焊接电弧力 ··· 160
　7.2 弧焊电源 ·· 163
　　　7.2.1 弧焊电源的分类 ·· 163
　　　7.2.2 各种弧焊电源的特点和应用 ··· 163
　　　7.2.3 对弧焊电源的基本要求 ·· 164
　7.3 焊条电弧焊 ··· 170
　　　7.3.1 概述 ··· 170
　　　7.3.2 焊条电弧焊电弧的特性 ·· 171
　　　7.3.3 焊条电弧焊基础 ·· 173
　　　7.3.4 焊接工艺参数 ··· 175
　　　7.3.5 焊条电弧焊常见的缺陷及防止措施 ·· 179
　7.4 钨极氩弧焊 ··· 181

  7.4.1 概述 ··· 181
  7.4.2 电极材料的选择 ··· 182
  7.4.3 电流种类和极性的选择 ··· 184
  7.4.4 氩弧 TIG 工艺 ··· 184
  7.4.5 脉冲氩弧 TIG ··· 186
 7.5 熔化极氩弧焊 ·· 187
  7.5.1 概述 ··· 187
  7.5.2 熔化极氩弧焊的熔滴过渡 ··· 188
  7.5.3 混合气体的选择及应用 ··· 190
  7.5.4 熔化极氩弧焊工艺参数 ··· 191
  7.5.5 熔化极脉冲氩弧焊 ··· 192
 7.6 埋弧焊 ··· 193
  7.6.1 概述 ··· 193
  7.6.2 埋弧焊的冶金特点 ··· 195
  7.6.3 埋弧自动焊工艺 ··· 196
  7.6.4 焊接工艺参数及焊接技术 ··· 198
  7.6.5 埋弧焊常见缺陷及其防止措施 ··· 201
 7.7 CO_2 气体保护焊 ··· 203
  7.7.1 概述 ··· 203
  7.7.2 CO_2 气体保护焊的冶金特点 ··· 204
  7.7.3 CO_2 气体保护焊的熔滴过渡形式及规范参数的选择 ······················· 207
  7.7.4 减少 CO_2 气体保护焊飞溅的措施 ··· 211
 7.8 其他焊接方法 ·· 212
  7.8.1 激光焊 ··· 212
  7.8.2 摩擦焊 ··· 231

第 8 章 舰船材料的焊接 ·· 239

 8.1 焊接性概述 ·· 239
  8.1.1 焊接性概念 ··· 239
  8.1.2 影响焊接性的因素 ··· 239
  8.1.3 评定焊接性的原则 ··· 242
  8.1.4 焊接性的试验 ··· 243
 8.2 舰船材料的焊接性 ··· 246
  8.2.1 低合金结构钢的焊接性 ··· 246
  8.2.2 调质钢的焊接性 ··· 253
  8.2.3 不锈钢的焊接性 ··· 257
  8.2.4 耐热钢的焊接性 ··· 264
  8.2.5 有色金属的焊接性 ··· 266

8.2.6　复合材料的焊接性 ··· 276

第 9 章　焊接检验 ··· 291

9.1　船体结构无损检测 ··· 291
9.1.1　无损检测范围及数量 ··· 292
9.1.2　检测位置 ··· 293

9.2　检测前准备和外观检查 ··· 293
9.2.1　检查前清洁 ··· 293
9.2.2　外观检查 ··· 294
9.2.3　结果评定 ··· 294

9.3　射线检测 ··· 294
9.3.1　检测器材 ··· 295
9.3.2　检测准备 ··· 295
9.3.3　射线检测工艺 ··· 296
9.3.4　结果评定 ··· 297
9.3.5　检测报告 ··· 297

9.4　超声波检测 ··· 298
9.4.1　检测设备 ··· 298
9.4.2　检测准备 ··· 298
9.4.3　超声波检测工艺 ··· 299
9.4.4　结果评定 ··· 299
9.4.5　检测报告 ··· 300

9.5　磁粉检测 ··· 300
9.5.1　检测设备 ··· 300
9.5.2　检测准备 ··· 301
9.5.3　磁粉检测工艺 ··· 301
9.5.4　结果评定 ··· 302
9.5.5　检测报告 ··· 302

9.6　渗透检测 ··· 302
9.6.1　检测器材 ··· 303
9.6.2　检测准备 ··· 303
9.6.3　渗透检测工艺 ··· 303
9.6.4　结果评定 ··· 303
9.6.5　检测报告 ··· 304

第1章 焊接热过程

焊接（welding）时，焊接热源作用于焊件表面，将热量传递到焊件，使焊件局部受热并发生熔化，被焊金属中必然存在热传导和温度分布不均匀，这就是焊接热过程。焊接热过程贯穿全部焊接过程的始终，与焊接化学冶金过程和焊接时金属的凝固结晶及相变过程并称为焊接三大过程。这三大过程相互联系，对焊接质量和焊接生产效率有决定性的影响。

本章主要讨论焊接热源、焊接温度场、焊条熔化及熔池的形成等。这些方面对焊接化学冶金、熔池凝固、焊接热影响区（heat affected zone，HAZ）的组织和性能以及焊接应力与变形、焊接缺欠的产生和防止都有重要的影响。

1.1 焊接过程的物理本质

正确认识焊接过程的物理本质，对于保证焊接质量，提高焊接技术的水平和开发新的焊接方法都具有重要的意义。

什么是焊接？它的物理本质是什么？

焊接的定义是通过加热或加压，或二者并用，并且用或不用填充材料，使工件达到结合的一种方法[《焊接术语》（GB/T 3375—1994）]。

由此可知，焊接不同于铆接或黏接，不仅在宏观上形成了永久性的接头，而且在微观上建立了组织上的内在联系。

根据金属学理论，金属是靠金属键结合的。两个金属原子之间的结合力取决于它们之间的引力和斥力共同作用。对于大多数金属来说，当相邻原子间的距离 $r_A \approx 0.3 \sim 0.5$ nm 时，结合力最大；而当相邻原子间距 r_A 不在此数值范围内时，结合力就会明显降低。因此，理论上，只要两个被焊的固体金属表面接近到相距 $0.3 \sim 0.5$ nm 时，接触表面上就可以进行扩散、再结晶等物理化学过程，从而形成金属键，达到焊接的目的。然而这种理论条件的实现并不容易，事实上即使是经过精细加工的表面也难以避免微观上的凹凸不平，并且一般金属的表面上还常常带有氧化膜、油污和水分等吸附层。这些都会阻碍金属表面的紧密接触。

为了克服阻碍金属表面紧密接触的各种因素，焊接时通常采取以下两种工艺措施。

（1）对被焊材料施加压力。其目的是破坏被焊材料接触表面的氧化膜，使结合处发生局部的塑性变形，增加有效的接触面积，实现紧密接触。

（2）对被焊材料加热。其目的是使结合处软化或熔化，此时接触面的氧化膜迅速破坏，降低金属变形的阻力，加热也会增加原子的振动能，促进扩散和结晶等物理化学过程的进行。

每种金属实现焊接所必需的温度和压力之间存在一定的关系。以纯铁为例，如图 1.1 所示，金属加热的温度越低，实现焊接所需要的压力就越大。当金属的加热温度 $T<T_1$ 时，压力必须在 AB 线的上方（Ⅰ区）才能实现焊接；当 $T_1<T<T_2$ 时，压力应在 BC 线以上（Ⅱ区）；当 $T \geqslant T_2$ 时（$T_2=T_M$，为金属熔化温度），则实现焊接所需的压力为零（Ⅲ区），说明熔化焊

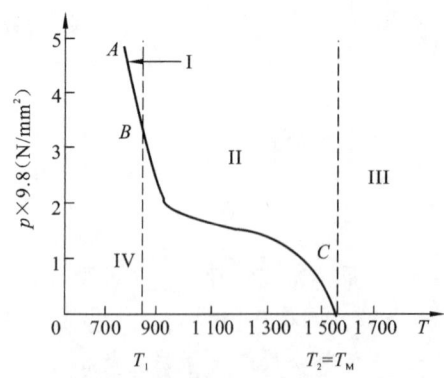

图 1.1 纯铁焊接时所需要的压力和温度
Ⅰ—高压焊接区；Ⅱ—电阻焊区；
Ⅲ—熔焊区；Ⅳ—不能实现焊接区

是不需要压力的。

需要注意，尽管采用不同的温度与压力组合可以实现很多种不同的熔焊途径，但对金属材料，其本质都是使母材和焊缝形成共同晶粒，如图 1.2（a）所示。钎焊虽然也称为一种焊接方法，但通常情况下其母材不熔化，只有填充的钎料熔化，在连接处形成母材与钎料之间的黏合而不易形成共同晶粒，如图 1.2（b）所示。

因此，熔焊与钎焊在微观上存在本质的区别。随着钎料技术的发展，有些钎料也能形成共同晶粒，但这只是钎焊范畴中的特例。

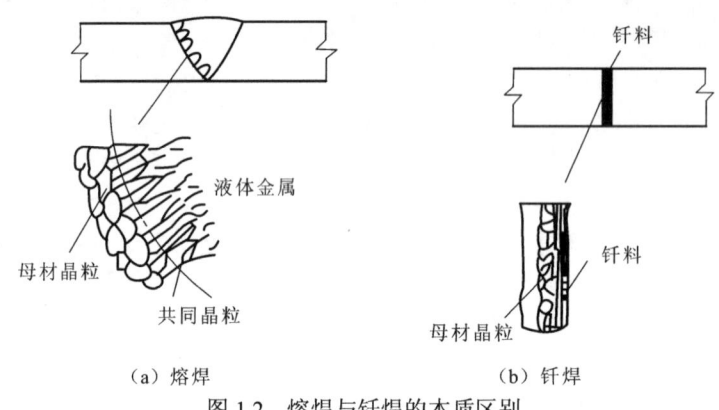

(a) 熔焊　　　　(b) 钎焊

图 1.2　熔焊与钎焊的本质区别

1.2　焊接热源

实现焊接必须由外界提供相应的能量。作为实现焊接的基本条件，焊接能源发展变化也直接反映出焊接工业的发展历程。从 19 世纪 80 年代电弧作为热源以来，焊接热源不断更新完善。为了满足国家建设需求，在科学技术发展中总是不断研制出新的材料，设计出新型的工程结构，并且提出了更为严格的技术要求，因此还需要不断地开发探索新的焊接热源和相应的焊接工艺方法。因此，焊接热源处在不断的发展过程中。本节就现阶段焊接热源的基本情况加以介绍。

1.2.1　焊接热源的种类及其特性

在当今科技发展条件下，实现焊接所采用的能源多种多样，但从基本性质上看，主要有机械能和热能。由于船体焊接基本采用熔焊的方法，熔焊主要使用由一定的热源所产生的热能，所以本书只讨论与熔焊有关的热源问题。

焊接工程上对于焊接热源的要求是：热源热量应当高度集中，能够实现快速焊接并能保证得到高质量的焊缝和最小的焊接热影响区。目前能够满足这些条件的热源主要有以下几种。

(1) 电弧热。利用气体介质的电弧放电现象所产生的热能作为焊接热源，是目前焊接中应用最为广泛的一种热源，如手工电弧焊、埋弧焊、惰性气体保护焊[其中包括钨极惰性气体保护焊（tungsten inert-gas arc welding，TIG）、熔化极惰性气体保护电弧焊（metal inert-gas arc welding，MIG）]、活性气体保护电弧焊（metal active gas arc welding，MAG）等。按照保护介质的不同，TIG 焊分为氩弧 TIG 焊、氦弧 TIG 焊和混合气体 TIG 焊。

(2) 化学热。利用可燃气体（氧、液化石油气、乙炔等）或固体（铝、镁）与氧或氧化物发生强烈化学反应时所产生的热能作为焊接热源（如气焊和热剂焊）。

(3) 电阻热。利用电流通过导体时产生的电阻热作为焊接热源（如电阻焊和电渣焊）。

(4) 摩擦热。由存在相对运动的两个物体高速摩擦而产生的热能作为焊接热源（如摩擦焊、搅拌摩擦焊）。

(5) 等离子焰。利用由电弧放电或高频放电产生高度电离并携带大量热能和动能等离子体气流作为焊接热源（如等离子弧焊和切割）。

(6) 电子束。利用真空中高压高速运动的电子轰击金属局部表面，运动电子的动能转化为热能作为焊接热源。

(7) 激光束。利用能量高度集中的高能激光束作为焊接热源（如激光焊及切割）。

需要指出的是，焊接热源的种类并不是一成不变的，随着科学技术的进步，原有的焊接热源还在不断完善，如电弧、等离子弧、真空电子束和激光等。同时，还大力开发新的焊接热源，如微波热、太阳能等。不同的焊接热源有各自不同的特点，分别适用于不同的焊接方法和工艺。表 1.1 给出了一些常用焊接热源的主要特性。

表 1.1 常用焊接热源的主要特性

热源	最小加热面积/cm²	最大功率密度/（W/cm²）	正常焊接参数下的温度/K
氧气-乙炔	10^{-2}	2×10^3	3 500
金属极电弧	10^{-3}	10^4	6 000
TIG	10^{-3}	1.5×10^4	8 000
埋弧焊	10^{-3}	2×10^4	6 400
电渣焊	10^{-3}	10^4	2 300
MIG	10^{-4}	$10^4\sim10^5$	—
CO_2 气体保护焊	10^{-4}	$10^4\sim10^5$	—
等离子弧	10^{-5}	1.5×10^5	18 000～24 000
电子束	10^{-7}	$10^7\sim10^9$	—
激光束	10^{-8}	—	—

1.2.2 焊接过程的热效率

在电弧焊接过程中，电弧在单位时间内放出的能量称为电弧功率 q_0。电弧功率可以表示为施加在电弧两端的电压和通过电弧的电流大小的乘积，即

$$q_0 = UI \tag{1.1}$$

式中：U 为电弧电压（V）；I 为焊接电流（A）。

焊接中电弧热源产生的热量并不是全部被用于工件的焊接，有一部分热量由于热传递、

对流和辐射而损失于周围介质中，所以焊件吸收的热量要少于热源提供的热量。因此，有效用于加热焊件的热源功率为

$$q = \eta q_0 \tag{1.2}$$

式中：q 为电弧有效热功率（W）；η 为焊接热效率。

电弧加热工件的热效率 η 是电弧在单位时间内输入到工件内部的有效热功率 q 与电弧总功率 q_0 的比值，即

$$\eta = \frac{q}{q_0} \tag{1.3}$$

设

$$q = q_1 + q_2 \tag{1.4}$$

则

$$\eta = \frac{q_1 + q_2}{q_0} \tag{1.5}$$

式中：q_1 为单位时间内使焊缝金属熔化（达到熔点）所需要的热量（包括熔化潜热）（W）；q_2 为单位时间内使焊缝金属温度超过熔点的热量和向焊缝四周传导的热量的总和（W）。

由此可见，进入焊件的有效热功率 q 也不是全部被用于熔化焊缝金属，工件温度升高消耗了一部分有效热功率。因此，将使焊缝金属熔化的热有效利用率 η_m 定义为单位时间内被熔化的母材金属在 T_m（金属熔点）时的热量与电弧有效热功率的比值为

$$\eta_m = \frac{q_1}{q_1 + q_2} \tag{1.6}$$

在焊接热过程的数值计算时，焊接热效率 η 是一个重要参数，其准确选取是提高计算精度的前提。焊接热效率受焊接方法、焊接参数、焊接材料和保护方式等的影响。一般情况下焊接热效率 η 值取常数，不同焊接方法的焊接热效率 η 值如表 1.2 所示。

表 1.2 不同焊接方法的焊接热效率 η 值

厚药皮焊条电弧焊	埋弧焊	电渣焊	电子束及激光焊	TIG	MIG 钢	MIG 铝
0.77～0.87	0.77～0.90	0.83	>0.90	0.68～0.85	0.66～0.69	0.70～0.85

1.2.3 焊件加热区能量分布

热源把热能传给焊件是通过焊件上一定的作用面积进行的。对于电弧焊来讲，这个作用面积称为加热区，加热区又可分为加热斑点区和活性斑点区，如图 1.3 所示。

（1）活性斑点区。活性斑点区是带电质点（电子和离子）集中轰击的部位，并把电能转为热能，该斑点的直径为 d_A，电流密度 J 的变化如图 1.3 虚线所示。

（2）加热斑点区。在加热斑点区焊件受热是通过电弧的辐射和周围介质的对流进行的。加热斑点的直径为 d_H，在该区内热量的分布是不均匀的，中心高，边缘低，如同立体高斯锥体，如图 1.4 所示。

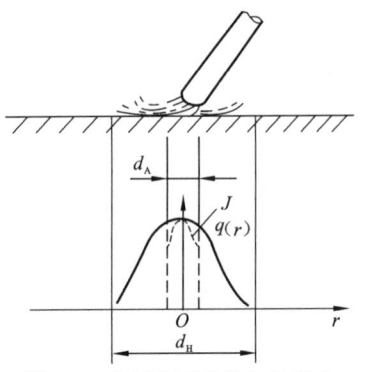

图 1.3 电弧作用下的加热斑点

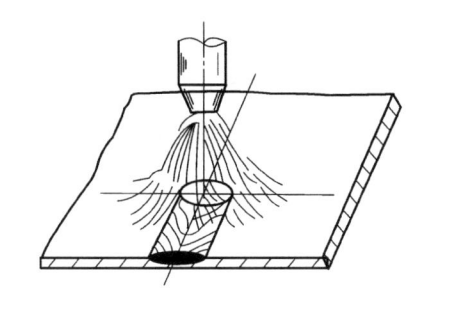

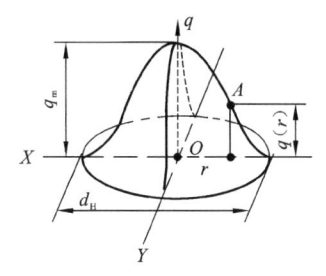

（a）热源加热焊件　　　　　　　　（b）热流密度的分布

图 1.4　加热斑点上热流密度的分布

相关研究表明，单位时间内通过单位面积传入焊件的热能，即比热流的分布可以近似用高斯模型来描述。如图 1.4 所示，距斑点中心任意点 A 的比热流可用下式计算：

$$q(r) = q_\mathrm{m} \mathrm{e}^{-Kr^2} \tag{1.7}$$

式中：$q(r)$ 为 A 点的比热流[J/(cm²·s)]；q_m 为加热斑点中心的最大比热流[J/(cm²·s)]；K 为热流集中系数（cm^{-2}）；r 为 A 点距加热斑点中心的距离（cm）。

根据 q_m 和 K 值即可求出任意点的比热流 $q(r)$。立体高斯锥体下面的全部热能为

$$q = \int_A q(r) \mathrm{d}F = \int_0^\infty q_\mathrm{m} \mathrm{e}^{-Kr^2} 2\pi r \mathrm{d}r = \frac{\pi}{K} q_\mathrm{m} \tag{1.8}$$

所以

$$q_\mathrm{m} = \frac{K}{\pi} q \tag{1.9}$$

式中：q 为电弧的有效功率（W），$q = \eta UI$。

K 值表明热流集中的程度，主要取决于焊接方法、焊接参数和被焊金属材料的热物理性能性能等。不同焊接方法的能量集中系数 K 如表 1.3 所示。

表 1.3　不同焊接方法的能量集中系数 K 值　　　　（单位：cm^{-2}）

焊条电弧焊	自动埋弧焊	TIG	气焊
1.2～1.4	6.0	3.0～7.0	0.17～0.39

根据实验证明，不同的焊接方法和不同的焊接工艺参数对热能的分布有着不同的影响。一些新的焊接工艺方法影响热能分布的因素更加复杂。例如等离子弧焊除了电流、电压的影响外，孔道长度、喷嘴直径、氩弧流量和喷嘴与工件之间的距离等都会对热能分布产生影响。

1.3　焊接温度场

在焊接热源作用下，焊件上各点的温度连续不断变化。某一时刻焊件上各点温度的分布状态称为焊接温度场。

1.3.1　焊接传热的基本形式

焊接时，由于焊件是局部受热，焊件中存在很大的温度差，所以不管是焊件内部还是焊件与周围介质之间都会发生热能的流动。根据传热学基本理论，热的传递方式有传导、对流

和辐射三种基本形式。相关研究认为，在熔焊的条件下，由热源传热给焊件的热量，主要是以辐射和对流为主，而母材和焊条（焊丝）获得热能之后，热的传播则是以热传导为主。

焊接传热过程所研究的内容主要是焊件上的温度分布及其随时间的温度变化问题，因此，研究焊接温度场，是以热传导为主，适当考虑辐射和对流的作用。

1.3.2 焊接温度场一般特征

焊接温度场与磁场和电场有类似的概念，可以用数学的关系表示为

$$T = f(x, y, z, t) \tag{1.10}$$

式中：T 为焊件上某点某瞬时的温度；x, y, z 为焊件某点的空间坐标；t 表示时间。

焊接温度场的分布情况可以用等温线或等温面表示。与地图上的等高线或等高面相似，所谓等温线或等温面，就是把焊件上瞬时温度相同的各点连接在一起，成为一条线或一个面。各个等温线或等温面彼此之间不能相交，而存在一定的温度差，这个温度差的大小可以用温度梯度进行表征。

1. 温度梯度

图 1.5 为焊接温度场中的等温线和温度梯度示意图。从图中可以看出，与 X 轴相交的各个等温线彼此温度不同，距离热源越近，温度越高，$T_1 > T_2 > T_3$。若相邻的温度为 T_1 和 T_2，则温度差为 $(T_1 - T_2)$，在法线方向的 T_1 和 T_2 等温线距离为 ΔS，则该方向上的平均温度变化率为 $(T_1 - T_2)/\Delta S$。当 ΔS 很小时，则

$$\lim_{\Delta S \to 0} \left| \frac{T_1 - T_2}{\Delta S} \right| = \frac{\partial T}{\partial S} \tag{1.11}$$

又如式（1.11）所示，在法线方向上的温度变化率就是温度梯度。

温度梯度是一个向量，具有方向性，沿温度增加方向为正，反之为负。图 1.6 为温度梯度示意图。从图中可以看出，在不同方向有着不同的温度变化率，在温度梯度方向，也就是法线方向上的温度变化率最大。假设 A 点温度梯度的数值为 K，过 A 点任意方向上的直线 nn 与法线 SS 的夹角为 α，则 nn 方向上的温度变化率 K' 为

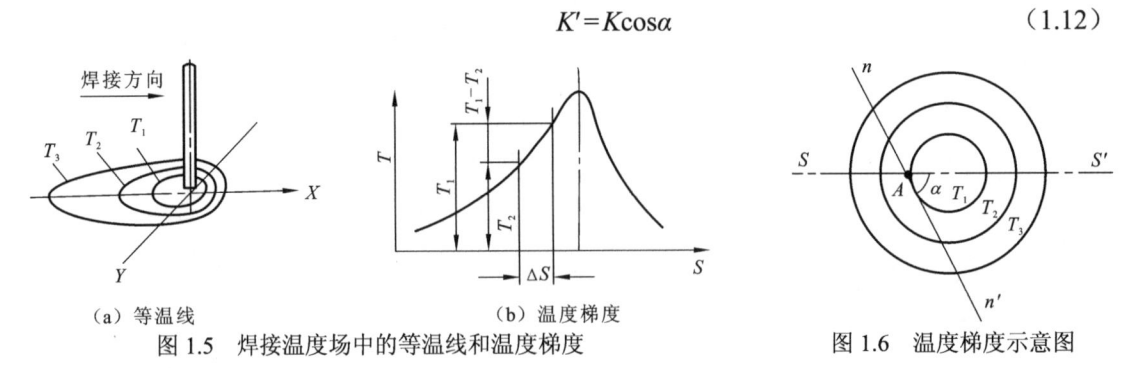

$$K' = K\cos\alpha \tag{1.12}$$

(a) 等温线　　(b) 温度梯度

图 1.5 焊接温度场中的等温线和温度梯度

图 1.6 温度梯度示意图

2. 温度场的分类

1) 按照焊接温度场各点温度与时间的关系分类

（1）稳定温度场。焊接温度场各点温度只与焊件各点的位置有关，不随时间变动，称为

稳定温度场。

(2) 非稳定温度场。焊接温度场随时间而变动时，称为非稳定温度场。在绝大多数情况下，焊件上各点的温度是随时间变动的，因此焊接温度场应属于非稳定温度场。

(3) 准稳定温度场。恒定热功率的热源固定作用在焊件上时（相当于补焊缺陷的情况），开始一段时间内，温度是非稳定的。但经过一段时间之后便达到了饱和状态，形成暂时稳定的温度场（即各点的温度不随时间而变），这种情况称为准稳定温度场。

对于正常焊接条件下的移动热源，经过一定时间之后，焊件上也会形成准稳定温度场，这时焊件上各点温度虽然随时间而变化，但各点以固定的温度跟随热源一起移动，也就是说，这个温度场与热源以同样的速度移动。如果采用移动坐标系，坐标原点与热源中心重合，那么焊件上各点的温度只取决于这个系统的空间坐标，而与热源的移动距离和速度无关。

2）按照焊件尺寸和热源性质分类

(1) 三维温度场（空间传热）。对于厚大焊件在表面进行堆焊时，可以把温度场看成是三维的，这时可把热源看成是一个点（点热源），热的传播是沿三个方向（X、Y、Z），如图 1.7 (a) 所示。

(2) 二维温度场（平面传热）。对于在一次可焊透的薄板上焊接，可以把温度场看成是二维的，这时可把热源看成是沿板厚的一条线（线热源），热的传播为两个方向（X、Y），属于平面传热，如图 1.7 (b) 所示。

(3) 一维温度场（线性传热）。对于细棒的电阻焊（摩擦焊）对接、焊条或焊丝的加热，温度场均属一维。可认为温度在细棒截面上的分布是均匀的，如同一个均温小平面进行热的传播（面热源），此时的传热方向只有一个（X），如图 1.7 (c) 所示。

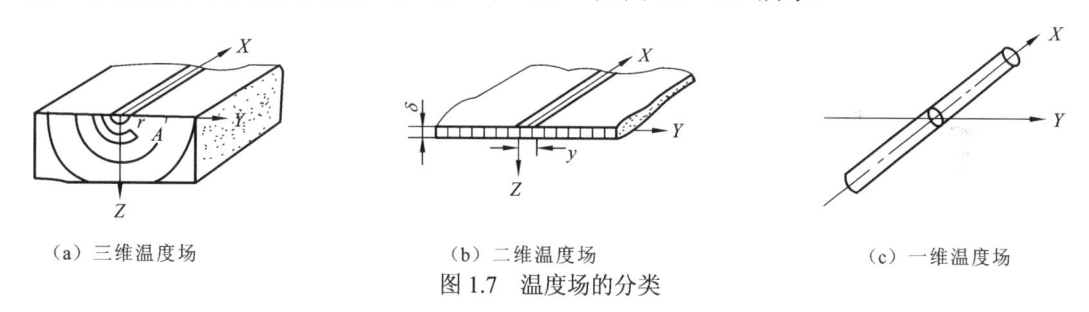

（a）三维温度场　　　　　　（b）二维温度场　　　　　　（c）一维温度场

图 1.7　温度场的分类

1.3.3　焊接温度场影响因素

1. 热源种类和焊接参数

焊接热源的种类很多，如金属极电弧、氧气-乙炔、电渣、电子束、激光束等，由于热源的性质不同，焊接温度场的分布也不同。在一般电弧焊的条件下，25 mm 以上的钢板就可以认为是点状热源，而 100 mm 以上的厚钢板电渣焊时却是线状热源。如电子束和激光焊接时，热能极其集中，所以温度场的范围很小；而气焊时，热源作用的面积较大，因此温度场的范围也大。

同样的焊接热源，采用的焊接参数不同，焊接线能量不同（即热源有效功率 q 与焊接速度 v 之比），温度场的差别也会很大，如图 1.8 所示。

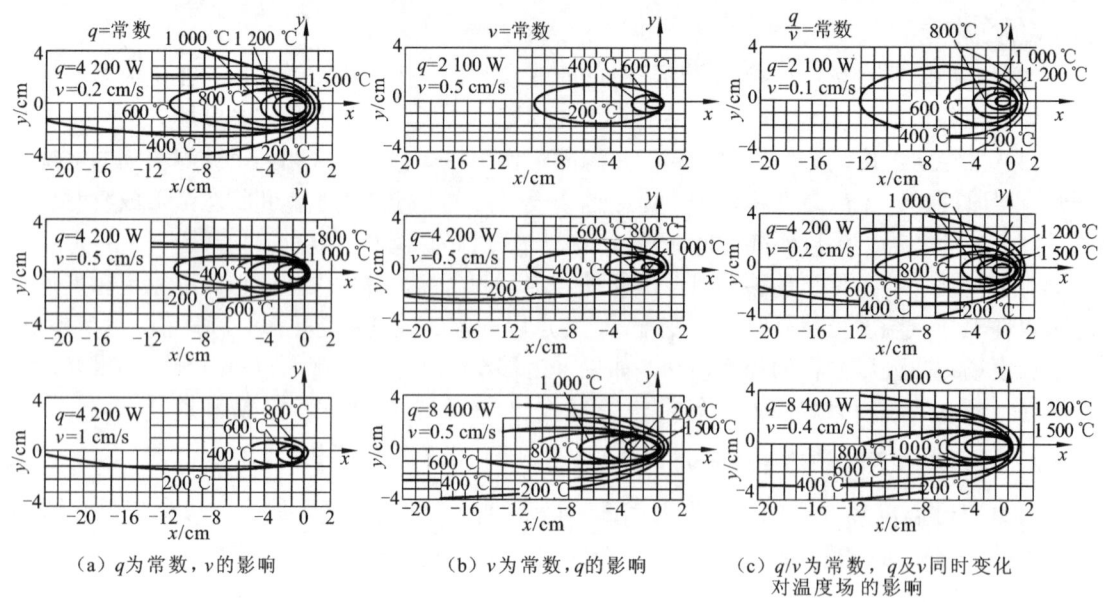

(a) q 为常数，v 的影响　　　　(b) v 为常数，q 的影响　　　　(c) q/v 为常数，q 及 v 同时变化对温度场的影响

图 1.8　焊接工艺参数对温度场分布的影响

当热源有效功率 q 为常数时，如图 1.8（a）所示，随焊接速度的增加，等温线的范围变小，即温度场的宽度和长度都变小，但宽度的减小更大些，所以温度场的形状变得细长。当焊接速度 v 为常数时，如图 1.8（b）所示，随热源有效功率 q 的增加，温度场的范围也随之增大。如线能量 q/v 保持定值，如图 1.8（c）所示，等比例改变 q 及 v 时，等温线有所拉长，温度场的范围也随之拉长。

2. 被焊金属的热物理性质

由于金属材料的热物理性质不同，必然会影响焊接温度场的分布。对焊接温度场影响较大的热物理性质有以下几种。

（1）热导率 λ。表示金属材料的导热能力。其物理意义是在单位时间内，沿法线方向单位距离相差 1 ℃ 时经过单位面积所传递的热能，量纲为 W/(cm·℃)。热导率 λ 随着金属的化学成分、组织和温度的不同而变化。

（2）比热容 c。1 g 物质每升高 1 ℃ 所需的热能，称为比热容，量纲为 J/(g·℃)。各种材料具有不同的比热容，同种材料温度变化时，比热容也会随之变化。

（3）体积比热容 c_ρ。单位体积的物质每升高 1 ℃ 时所需的热量，量纲为 J/(cm³·℃)。体积比热容是温度的函数。

（4）热扩散率 a。表示温度传播的速度。$a=\lambda/(c_\rho)$，量纲为 cm²/s，它也是温度的函数。

（5）表面传热系数 α。表明金属散热能力。其物理意义是散热体表面与周围介质温度相差 1 ℃ 时，通过单位面积在单位时间内所散失的热能，量纲为 J/(cm²·s·℃)。

总之，被焊金属的热物理性质对温度场有着重要影响，但它们又都随着温度的变化而变化。焊接时温度急剧变化是焊接传热学的研究所要面对的重要困难之一。如果作为定性地粗略计算，可采用焊接时焊件温度变化范围内热物理常数的平均值。常用金属材料焊接热物理性能参数的平均值如表 1.4 所示。

表 1.4 常用金属材料焊接热物理性能参数平均值

热物理常数	单位	焊接条件下选取的平均值			
		低碳钢、低合金钢	不锈钢	铝	纯铜
λ	W/(cm·℃)	0.378~0.504	0.168~0.336	2.65	3.78
c	J/(g·℃)	0.652~0.756	0.42~0.50	1.00	1.32
c_p	J/(cm³·℃)	4.83~5.46	3.36~4.20	2.63	3.99
$a=\lambda/c_p$	cm²/s	0.07~0.10	0.05~0.07	1.00	0.95
(α)	J/(cm²·s·℃)	(0~1 500 ℃) (0.63~37.8)×10⁻³	—	—	—

金属热物理性质对温度场的影响如图 1.9 所示。可以看出，焊接铬镍奥氏体不锈钢时，相同等温线的范围（如 600 ℃）要比焊接低碳钢时的大，原因是奥氏体不锈钢的导热性相对较差。因此，当焊接不锈钢和耐热钢时，选用的焊接线能量（q/v 值）应该比焊接低碳钢时要小。

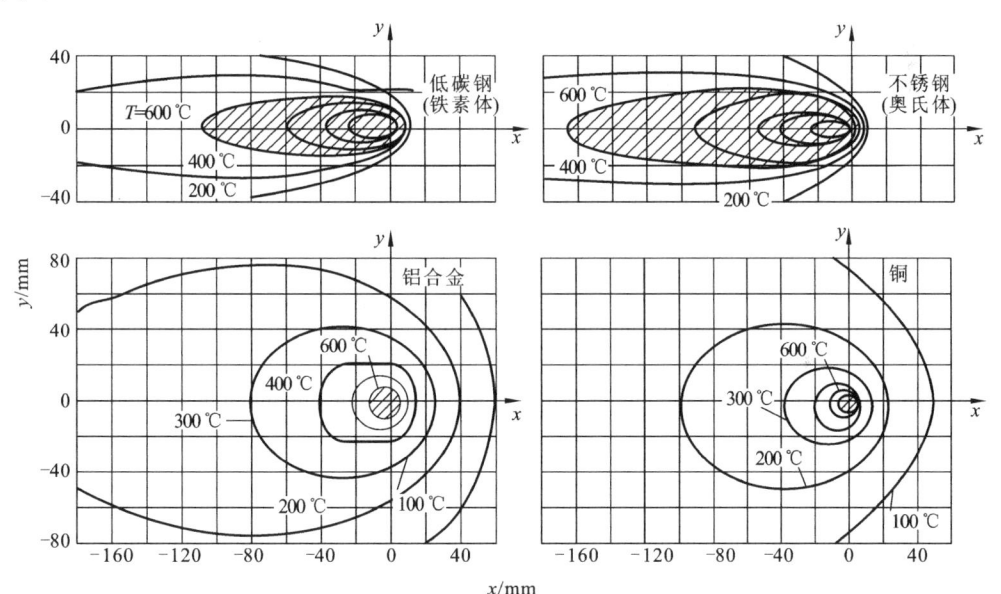

图 1.9 在相同热功率 q、热源移动速度 v 和相同板厚 δ 条件下，不同材料板上移动线热源周围的温度场
$q=4.19$ kJ/s；$v=2$ mm/s；$\delta=10$ mm；$T_0=0$ ℃

但在焊接铜和铝时，由于材料具有良好的导热性能，就要选用比焊接低碳钢时更大的焊接线能量才能保证焊接质量。

3. 焊件的形态

实际焊接过程中焊件的几何尺寸、板厚、预热温度及所处环境等对传热过程均有很大影响，因而也能影响到温度场的分布。对于厚大件、薄板和细棒的焊接，热源可以相应地简化为点状、线状和面状热源，温度场也相应地称为三维、二维和一维温度场。

此外，接头形式、坡口形状、间隙大小以及施焊工艺等对温度场的分布均有不同程度的影响。

4. 热源作用方式

热源在焊接工件上具有不同的作用方式。按照热源作用时间的不同，可以将热源分为瞬时集中热源和连续作用热源。其中：瞬时集中热源对工件具有短暂快速加热和随后冷却的热过程，如点焊过程；连续作用热源用于描述电弧等焊接热源在金属工件上长时间作用的加热和随后冷却过程，如电弧焊、激光焊等。

在连续作用热源中，根据热源相对于工件的运动速度又可分为固定热源（如工件缺陷补焊的情况）、正常速度运动热源（如一般的电弧焊）、高度运动热源（如高速自动焊）。

第 2 章　焊接化学冶金

在熔焊过程中，焊接区内各种物质之间在高温下相互作用的过程称为焊接化学冶金过程。这是一个极为复杂的物理化学变化过程。

焊接化学冶金学主要研究在各种焊接工艺条件下，冶金反应与焊缝金属化学成分、性能之间的关系及其变化规律。研究的目的是运用这些规律合理地选择焊接材料，控制焊缝金属的成分和性能使之符合使用要求，开发设计新型的焊接材料，不断满足焊接工程实际需要。焊接化学冶金过程复杂，对焊缝金属的成分、性能、某些焊接缺陷（如气孔、结晶裂纹等）及焊接工艺性能都有很大的影响，受到人们的广泛关注。

2.1　焊接化学冶金的特点

焊接化学冶金过程实际上是金属在焊接条件下进行再熔炼的过程。但是焊接冶金过程与炼钢过程相比，无论在原材料方面还是在冶炼条件方面都有很大的不同。因此，只有研究焊接化学冶金的特点，找出其本身固有的规律，才能指导焊接实践，使焊接冶金反应向有利的方向发展，从而得到优质的焊缝金属。

2.1.1　焊条熔化及焊接熔池形成

熔焊时焊接接头的形成，一般都要经过加热、熔化、冶金反应、凝固结晶、固态相变，直至形成焊接接头。焊接各阶段与焊接热过程的相互联系如图 2.1 所示。本小节主要讨论在加热阶段焊条（焊丝）的熔化，熔滴过渡以及焊接熔池的形成。形成良好焊接熔池是焊接冶金和焊缝组织质量控制的前提和基础。

1．焊条（焊丝）的加热和熔化

在焊接过程中，焊条（焊丝）的加热及熔化对焊接工艺性能、焊接冶金反应、焊缝的成分与性能以及焊接生产率都有很大的影响。

1) 焊条（焊丝）金属的加热

熔化极电弧焊焊条（焊丝）具有两个作用：一方面作为电弧的一个电极；另一方面向熔池提供填充金属。焊接时，加热并熔化焊条（焊丝）的热量有：焊接电流通过焊条（焊丝）所产生的

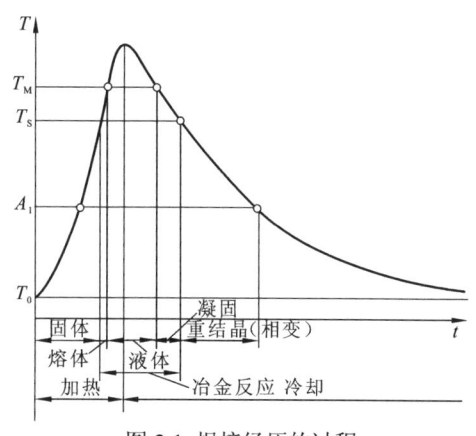

图 2.1　焊接经历的过程

T_M—金属熔化温度；T_S—金属凝固温度；
A_1—钢的 A_1 相变点；T_0—初始温度

电阻热；焊接电弧传给焊条（焊丝）端部的电弧热以及化学反应产生的化学热（通常仅占1%～3%，常忽略不计）。

（1）电阻加热。从导电的接触点到焊条（焊丝）末端的长度称为伸出长度，又叫作干伸长，即焊条（焊丝）上通电部分的长度。当电流通过焊条（焊丝）时，即产生电阻热。

电阻热的大小取决于焊条或焊丝的直径、伸出长度、电流密度、焊条（焊丝）金属的电阻率和通电时间等。如不锈钢焊条的电阻率比低碳钢焊条大，因此在同样电流密度的条件下所产生的电阻热也大。过高的电阻热将给焊接过程带来不利的影响。焊条电弧焊时，过高的电阻热将使焊条药皮在进入熔化区前就提前发红变质，失去药皮的保护和冶金作用。自动焊时，过高的电阻热将使焊丝成段崩断，影响焊接。为了减小过高的电阻热所带来的不利影响，可采取下述措施。

限制焊条（焊丝）的伸出长度。焊条电弧焊时不能采用过长的焊条，特别是采用细直径焊条或者不锈钢焊条时，更要限制其长度。

限制焊接电流密度值。对于一定直径的焊条（焊丝）在生产中应该根据工艺的要求选用合适的电流值。如不锈钢焊条由于焊芯本身的电阻率大，同样直径的焊条所选用的电流就要比碳钢焊条小一些。伸出长度相同的埋弧自动焊与细丝CO_2气体保护焊，因后者焊丝直径较细，所以，细丝CO_2气体保护焊的电流就小得多。

（2）电弧加热。电弧产生的热量仅有一部分用来熔化焊条（焊丝），大部分热量用于熔化母材、药皮或焊剂，另外还有相当部分热量消耗在辐射、飞溅和母材传热上。

2） 焊条（焊丝）金属的熔化

焊条（焊丝）熔化是焊接的重要过程，焊条或焊丝的熔化速度是反映焊接生产率的重要因素。用高速摄影机拍摄焊接过程时可以发现，焊条金属的熔化是以周期性的滴状形式进行的，这说明焊条或焊丝的熔化是不均匀的。为便于分析，通常用平均熔化速度进行表征。

焊条（焊丝）金属的平均熔化速度是指单位时间内熔化焊芯（焊丝）的质量或长度。试验表明，在正常的焊接工艺参数范围内，焊条（焊丝）金属的平均熔化速度与焊接电流成正比，可用公式表示为

$$g_M = \frac{G}{t} = \alpha_P I \tag{2.1}$$

式中：g_M 为焊条金属（焊丝）的平均熔化速度（g/h）；G 为熔化的焊芯（焊丝）质量（g）；t 为电弧燃烧的时间（h）；I 为焊接电流（A）；α_P 为焊条的熔化系数[g/(A·h)]。

在焊接过程中并非所有熔化的焊条（焊丝）金属都进入熔池形成焊缝，而是有一部分损失。通常把单位时间内真正进入焊缝金属的那一部分金属的质量叫作平均熔敷速度，可用公式表示为

$$g_D = \frac{G_D}{t} = \alpha_H I \tag{2.2}$$

式中：g_D 为焊条金属（焊丝）的平均熔敷速度（g/h）；G_D 为熔敷到焊缝金属中的金属质量（g）；α_H 为焊条的熔敷系数[g/(A·h)]。

在焊接过程中由于焊条（焊丝）飞溅、氧化和蒸发损失的部分金属质量与熔化的焊芯（焊丝）质量之比，称为损失系数，可表示为

$$\Psi = \frac{G - G_D}{G} = \frac{g_M - g_D}{g_M} = 1 - \frac{\alpha_H}{\alpha_P} \tag{2.3}$$

或 $$\alpha_H = (1-\Psi)\alpha_P \tag{2.4}$$

由此可知，熔敷系数是真正反映焊接生产率的指标。

2. 焊条（焊丝）金属的熔滴过渡

1）熔滴和熔滴过渡

电弧焊时，在焊条（焊丝）端部熔化形成的向熔池过渡的滴状液态金属称为熔滴。熔滴通过电弧空间向熔池转移的过程称为熔滴过渡。

熔滴过渡过程相当复杂，它对焊接过程的稳定性、焊缝成形、飞溅大小以及焊接接头的力学性能有很大的影响。因此，了解熔滴过渡的形式及其特点对于掌握熔化极电弧焊焊接工艺是很重要的。

2）熔滴上的作用力

熔滴过渡时在熔滴上作用着多种力，每种力对熔滴过渡有着不同的影响，并且直接影响到熔滴的大小和过渡的形式。

（1）重力。任何物体都会由于本身所受的重力而具有下垂的倾向。平焊时，金属熔滴的重力起到促进熔滴过渡的作用。立焊及仰焊时，熔滴的重力阻碍熔滴向熔池过渡，是一种反向力。

（2）表面张力。焊条金属熔化后，在表面张力的作用下形成球滴状。平焊时，它悬挂在焊条末端，在非短路过渡的情况下，只有当其他力克服了表面张力的阻碍作用时，才能促使熔滴过渡到熔池中去。所以在平焊时，表面张力阻碍着熔滴过渡。表面张力的大小与熔滴的成分、温度及环境气氛有关。由表面张力造成的，阻碍熔滴与焊丝脱离的阻力又与焊条直径几乎成正比。细丝的阻力比粗丝小，所以气体保护焊时，用细丝进行焊接要比粗丝焊接时的熔滴过渡顺利而稳定。表面张力与保护气体的性质有关。例如，在氩气中加入少量的氧气作为焊接钢的保护气体比用纯氩气保护熔滴过渡时较顺利，这是因为氧气能降低熔滴的表面张力。如果熔滴在脱离焊丝前就与熔池表面相接触（即短路过渡），这时表面张力反而会促使熔滴向熔池过渡。所以，短路过渡时表面张力有利于熔滴过渡。

（3）电磁压缩力。当两根平行载流导体通过同方向电流时，会产生使导体相吸的电磁力。焊接时，可以把熔滴看成是由许多平行载流导体所组成，这样在熔滴上就受到由四周向中心的电磁力，称为电磁压缩力，如图2.2所示。电磁压缩力的大小和电流密度的平方成正比，而电流密度最大的地方是在熔滴的细颈部分。因此，熔滴的细颈部分受到最大的电磁压缩力。在任何焊接位置，电磁压缩力的作用方向都是促使溶滴向熔池过渡。

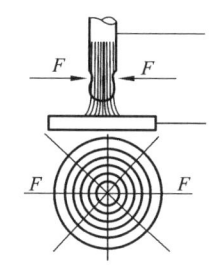

图 2.2 熔滴上的电磁压缩力

（4）斑点压力。电弧中的带电质点——电子和阳离子，在电场的作用下向两极运动，撞击在两极的斑点上而产生机械压力，这个力称为斑点压力。斑点压力的作用方向是阻碍熔滴向熔池过渡。由于阴极的斑点压力较阳极的大，所以正接时的熔滴过渡较反接时困难。

（5）等离子流力。在电弧中间的气体常呈等离子态。由于焊接电弧是在小断面的焊丝和大断面的焊件之间产生的，所以其形状一般是上细下粗。因电弧的截面不等，小截面处电磁压缩力大，而大截面处电磁压缩力小，于是在电弧气流的上下形成压力差，使上部的等离子体迅速向下部流动产生压力,这种压力称为等离子流力。等离子流力有利于熔滴过渡。

（6）电弧气体的吹力。焊条末端形成的套管内含有大量气体,这些气体被电弧加热到高温时体积急剧膨胀,并顺着套管方向以挺直而稳定的气流冲去,把熔滴"吸"送到熔池中去。不论焊接的空间位置如何,电弧气体的吹力都将有利于熔滴金属的过渡。

3）熔滴过渡的形态及特点

焊接电弧燃烧的稳定性和焊缝成形的好坏,在很大程度决定于熔滴过渡的特点,特别在熔化极气体保护焊时,这个问题就更加突出。如图 2.3 所示,熔滴过渡按其形态可分为粗滴过渡、短路过渡和喷射过渡三种类型。

（a）粗滴过渡　　（b）短路过渡　　（c）喷射过渡
图 2.3　熔滴过渡的形态

（1）粗滴过渡。熔滴呈粗大颗粒状向熔池自由过渡的形式,如图 2.3（a）所示。当电流较小时熔滴主要依靠重力的作用克服表面张力的束缚而下落,此时熔滴尺寸较大,呈粗滴过渡。粗滴过渡会影响电弧的稳定,因此焊缝成形不好,通常不采用。

（2）短路过渡。焊条（焊丝）端部的熔滴与熔池短路接触,由于强烈过热和磁收缩的作用使其爆断,直接向熔池过渡的形式,如图 2.3（b）所示。采用小电流焊接的同时降低电弧电压,使弧长小于熔池自由成形时的熔滴直径,即通过熔滴将焊丝和焊条短路,此时熔滴即呈短路过渡。短路过渡时电弧稳定,飞溅小,成形良好,广泛用于薄板焊接和全位置焊接。

（3）喷射过渡。熔滴呈细小颗粒,并以喷射状态快速通过电弧空间向熔池过渡的形式,如图 2.3（c）所示。在氩和富氩保护气体中,当电流增大时,熔滴尺寸逐渐减小,当电流增大到某临界值时,焊丝端部呈铅笔尖状,熔滴如水流从其端部脱落,即呈喷射过渡。熔滴从粗滴过渡转变为喷射过渡时的电流称为临界电流,不同的保护气体和不同的焊丝材料、焊丝直径,其临界电流值各不相同。

4）熔滴过渡时的飞溅

熔焊过程中,熔化的金属颗粒和熔渣向周围飞散的现象称为飞溅。这种飞散出的金属颗粒和熔渣习惯上也称为飞溅。飞溅是焊接过程中的一种不利因素。

（1）影响电弧燃烧的稳定性。

（2）飞溅的金属会污染焊缝附近的金属。

（3）焊接不锈钢时还会降低母材金属的抗腐蚀性。

3. 焊接熔池的形成

加热阶段,在热源作用下焊条（焊丝）熔化的同时被焊金属也发生局部熔化。母材上由熔化的焊条（焊丝）金属与局部熔化的母材所组成的具有一定几何形状的液体金属部分叫作熔池。如焊接时不填充金属,则熔池仅由局部熔化的母材组成。

1）熔池的形状和尺寸

熔池的形成需要一定的时间,在一段时间后进入稳定期,此时熔池的形状、尺寸和质量不再变化。电弧焊时熔池形状如图2.4所示。熔池形状类似于不标准的半椭球形,其轮廓为熔池金属熔点等温面。由图2.4可以看出,熔池的宽度和深度是沿X轴连续变化的。在一般情况下,随着电流的增加,熔池的最大宽度B_{max}减小,而最大深度H_{max}增大;随着电弧电压的增加,B_{max}增大,H_{max}减小。

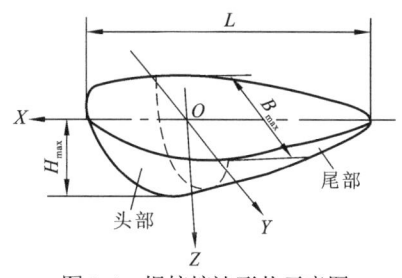

图2.4 焊接熔池形状示意图

熔池的长度L可用下式作近似计算:

$$L = P_2 UI \tag{2.5}$$

式中:P_2为比例系数。

试验证明,P_2与焊接方法和焊接电流有一定关系,如表2.1所示。

表2.1 P_2与焊接方法与焊接电流的关系

焊接方法	焊接电流/A	P_2/(mm/kW)	焊接方法	焊接电流/A	P_2/(mm/kW)
药皮焊条	100~300	3.2~5.5	埋弧焊②	550~3 000	2.4~3.2
MIG	200~300	3.8~4.8	TIG	600	2.85
埋弧焊①	150~370	3.5~4.8			

焊接时在各种力的作用下,熔池上表面形状复杂。上表面积取决于焊接方法和焊接工艺参数,一般为1~4 cm²。熔池的比表面积一般在3~130 cm²/kg变化,比熔滴的比表面积小,但大于炼钢时铁水的比表面积。

2）熔池质量和存在时间

手工电弧焊时熔池的重量通常在0.6~16 g,多数情况下小于5 g。埋弧焊焊接低碳钢时,即使焊接电流很大,熔池的质量也不会超过100 g。

熔池在液态存在的最大时间t_{max}取决于熔池的长度L和焊接速度v:

$$t_{max} = \frac{L}{v} \tag{2.6}$$

由熔池质量确定的熔池平均存在时间t_{cp}为

$$t_{cp} = \frac{m_p}{\rho v A_W} \tag{2.7}$$

式中:m_p为熔池质量(g);ρ为熔池液态金属密度(g/cm³);A_W为焊缝横截面积(cm²)。

一般来说,电弧焊熔池体积和质量较小,存在时间较短,通常在几秒至几十秒。这也意味着熔池中各种物化反应的时间是短暂的,但仍比熔滴阶段长。

3）熔池温度

实际测量表明,熔池内的温度分布是不均匀的,如图2.5所示。在熔池的前部,输入的热量大于散失的热量,所以随热源的移动,母材不断熔化。处于电弧下方的熔池表面(熔池中部)温度最高。熔池后部的温度逐渐下降,因为此处输入的热量小于散失的热量,所以不断发生金属的凝固。

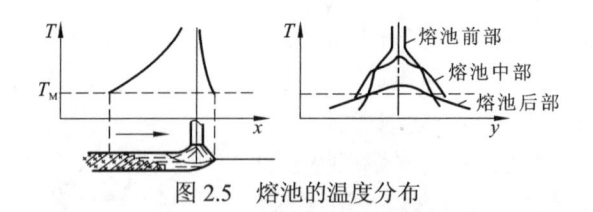

图 2.5 熔池的温度分布

熔池的平均温度主要取决于母材的性质和散热的条件。对低碳钢来讲，熔池的平均温度约为 1 770±100 ℃。

4）熔池流体运动状态

熔池中的液体金属在各种力的作用下，将发生强烈的运动。正是这种运动使得熔池中的热量和质量的传输过程得以进行。

通常情况下，熔化的母材由熔池前部沿结晶前沿的弯曲表面向熔池的后部运动。而在熔池的表面上，液态金属由熔池的后部向中心运动。但是在小体积熔池中上述有规律的运动可能遭到破坏而产生涡流。

相关研究表明，焊接工艺参数、焊接材料的成分、电极直径及其倾斜角度等都对熔池中液态金属的运动状态有很大的影响。熔池中液态金属的强烈运动，使熔化的母材和焊材金属能够很好地混合，形成成分均匀的焊缝金属。其次，熔池中液态金属的运动有利于气体和非金属夹杂物的外逸，加速冶金反应，消除焊接缺陷（如气孔），提高焊接质量。但是，在液态金属与母材交界处，液态金属的运动受到限制，这些部位常出现化学成分不均匀的现象。

2.1.2 焊接过程金属的保护

1. 金属保护的必要性

用低碳钢光焊丝在空气中进行无保护焊接时，焊缝金属的成分和性能与母材和焊丝比较，发生了很大的变化。由于焊接时熔化金属与其周围的空气发生激烈的相互作用，使焊缝金属中氧和氮的含量显著增加。根据研究资料显示，焊缝金属中含氮量可达 0.105%～0.218%，比焊丝中含氮量高 20～45 倍；焊缝金属中含氧量为 0.14%～0.72%，比焊丝中含氧量高 7～35 倍。同时，锰、碳等有益合金元素因烧损和蒸发而减少。这时焊缝金属的塑性和韧性急剧下降，但是由于氮的强化作用，强度变化比较小（表 2.2）。此外，用光焊丝焊接时，电弧不稳定，容易使焊缝中产生气孔。所以，光焊丝无保护焊接是没有实际工程应用价值的。

表 2.2 低碳钢无保护焊时焊缝和母材性能比较

部位	抗拉强度 R_m/MPa	伸长率 A/%	冷弯角 a/(°)	吸收能量/(K/J)
母材	390～440	25～30	>180	>117.6
焊缝	334～390	5～10	20～40	3.9～19.6

为了提高焊缝金属的质量，把熔焊方法用于制造重要结构时，就必须尽量减少焊缝金属中有害杂质的含量，降低有益合金元素的损失，使焊缝金属得到合适的化学成分。因此，焊接化学冶金的首要任务就是对焊接区内的金属加强保护，以免受空气的有害作用。

2. 金属保护的方式与效果

实际上，大多数熔焊方法都是基于加强对金属保护的思路发展和完善起来的。迄今为止，在焊接实践中已找到许多保护材料（如焊条药皮、焊剂、药芯焊丝中的药芯、保护气体等）和保护方式，如表 2.3 所示。

表 2.3 熔焊方法的保护方式

保护方式	熔焊方法
熔渣	埋弧焊、电渣焊、不含造气成分的焊条和药芯焊丝焊接
气体	气焊、在惰性气体和其他保护气体（如 CO_2、混合气体）中焊接
渣-气联合	具有造气成分的焊条和药芯焊丝焊接
真空	真空电子束焊接
自保护	用含有脱氧、脱氮剂的所谓自保护焊丝焊接

各种保护方式的保护效果是不同的。例如，埋弧焊是利用焊剂及其熔化以后形成的熔渣隔离空气保护金属的，焊剂的保护效果取决于焊剂的粒度和结构。多孔性的浮石状焊剂比玻璃状的焊剂具有更大的表面积，吸附的空气更多，因此保护效果较差。试验表明，焊剂的粒度越大，其松装密度（单位体积内焊剂的质量）越小，透气性越大，焊缝金属中含氮量越高，说明保护效果越差，如表 2.4 所示。但不应当认为焊剂的松装密度越大越好。因为当熔池中有大量气体析出时，如果松装密度过大，那么透气性过小，将阻碍气体外逸，促使焊缝中形成气孔，使焊缝表面出现压坑等缺陷，所以焊剂应当有适当的透气性。埋弧焊时焊缝金属的含氮量一般为 0.002%～0.007%，比手工电弧焊的保护效果好。

表 2.4 高硅中锰低氟焊剂的松装密度与焊缝金属含氮量的关系

松装密度/（kg/m）	透气性 K	焊缝金属的含氮量/%
550	3 800	0.009 4
800	3 000	0.004 3
1 000	2 500	0.002 2
1 200	2 000	0.002 2

注：利用测定造型混合物透气性的方法测定，以无因次系数 K 作为指标。

气体保护焊的保护效果取决于保护气的性质与纯度、焊枪的结构、气流的特性等因素。一般来说，惰性气体（氩气、氦气等）的保护效果是比较好的，因此适用于焊接合金钢和化学活泼性强的金属及其合金。

焊条药皮和焊丝药芯一般是由造气剂、造渣剂和铁合金等组成。这些物质在焊接过程中能形成渣-气联合保护。造渣剂熔化以后形成熔渣，覆盖在熔滴和熔池的表面上隔离空气。熔渣凝固后，在焊缝上面形成渣壳，可以防止处于高温的焊缝金属与空气接触。同时造气剂（主要是有机物和碳酸盐等）受热以后分解，析出大量气体。这些气体在药皮套筒中被电弧加热膨胀，形成定向气流吹向熔池，将焊接区与空气隔离开。用焊条和药芯焊丝焊接时的保护效果取决于其中保护材料的含量、熔渣的性质和焊接工艺参数等，并用熔敷金属中的含氮量多少来衡量保护的好坏。随着药芯焊丝中保护材料含量的增加，熔敷金属中的含氮量减少。过分增加其含量，则药芯的熔化将落后于金属外皮，反而使保护效果变坏。焊条熔化时析出的气体数量越多，熔敷金属中的含氮量越少。用工业生产的焊条和药芯焊丝焊接时，焊缝金属含氮量约为 0.010%～0.014%（低碳钢为 0.004%），证明保护基本上是可靠的。

电子束焊接是在真空度高于 0.013 3 Pa 的真空室内进行的，因而保护效果是最理想的。这时虽然不能把空气完全排除掉，但随着真空度的提高，可以把氧和氮的有害作用减至最低程度。

自保护焊是利用特制的实心或药芯焊丝在空气中焊接的一种方法。它不是利用机械隔离空气的办法来保护金属，而是在焊丝或药芯中加入脱氧和脱氮剂，使由空气进入熔化金属中的氧和氮进入熔渣中，故称自保护。因实心自保护焊丝的保护效果欠佳，焊缝金属的塑性和韧性偏低，目前生产上应用较少。

应当指出，目前关于隔离空气的问题已基本解决。但是仅靠保护熔化金属，在有些情况下仍然不能得到合格的焊缝成分。例如，在多数情况下药皮、焊剂对金属具有不同程度的氧化性，从而使焊缝金属含氧量增加。因此焊接冶金的另一个任务是对熔化金属进行冶金处理，通过调整焊接材料的成分和性能、控制冶金反应的速度和方向，以获得理想的焊缝成分。

2.1.3　焊接化学冶金过程的区域性与连续性

焊接化学冶金过程是分区域（或阶段）连续进行的，且各区的反应条件（反应物的性质和浓度、温度、反应时间、相接触面积、对流和搅拌运动等）也有较大的差异，因而影响到各区反应进行的可能性、方向、速度和限度。

不同焊接方法有不同的反应区。手工电弧焊时有三个反应区：药皮反应区、熔滴反应区和熔池反应区，如图 2.6 所示。熔化极气体保护焊时，只有熔滴反应区和熔池反应区。TIG 和电子束焊只有熔池反应区。下面以手工电弧焊为例进行分析。

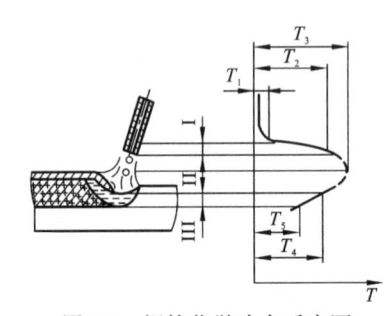

图 2.6　焊接化学冶金反应区

Ⅰ—药皮反应区；Ⅱ—熔滴反应区；Ⅲ—熔池反应区；T_1—药皮开始反应温度；T_2—焊条端部熔滴温度；
T_3—弧柱间熔滴温度；T_4—熔池最高温度；T_5—熔池凝固温度

1. 药皮反应区

药皮反应区的温度范围从 100 ℃至药皮的熔点（对于结构钢焊条约为 1 200 ℃）。在该区内的主要物化反应有水分的蒸发、某些物质的分解和铁合金的氧化。

当药皮被加热时，其中的吸附水开始蒸发，加热温度超过 100 ℃时，吸附水全部蒸发；当加热温度超过 200～400 ℃时，药皮中某些组成物（如白泥、白云母）中的结晶水将被排除，而化合水则需在更高温度下才能析出。当药皮加热到一定温度时，其中的有机物（如木粉、纤维素和淀粉等）开始分解和燃烧，形成 CO、CO_2、H_2 等气体。某些焊条中的碳酸盐（如大理石——$CaCO_3$，菱美矿——$MgCO_3$）和高价氧化物（如赤铁矿——Fe_2O_3，锰矿——MnO_2 等）也发生分解，析出 CO_2、O_2 等气体。

药皮反应区的物化反应产生的大量气体，一方面对熔化金属有机械保护作用，另一方面对被焊金属和药皮中的锰铁、硅铁和钛铁等铁合金有强烈的氧化作用。当温度高于 600 ℃时，药皮中的铁合金就会发生明显氧化，使气相的氧化性大大下降。这个过程即"先期脱氧"。

药皮反应阶段可视为准备阶段。因为这一阶段反应的产物可作为熔滴和熔池阶段的反应物，所以它对整个焊接化学冶金过程和焊接质量有一定的影响。

2. 熔滴反应区

焊条或焊丝金属熔化后，是以熔滴的形式过渡到熔池中去的。从熔滴形成、长大到过渡至熔池中都属于熔滴反应区。从反应条件看，这个区有以下特点。

（1）熔滴的温度高，过热度大。对于电弧焊焊接钢而言，根据焊接工艺参数不同，熔滴的平均温度在 1 800～2 400 ℃的变化，熔滴金属的过热度可达 300～900 ℃，显著大于炼钢时的温度。

（2）熔滴与气体和熔渣的接触面积大。通常熔滴的比表面积可达 10^3～10^4 cm^2/kg，比炼钢时约大 1 000 倍。

（3）各相之间的反应时间（接触时间）短。熔滴在焊条末端停留时间仅为 0.01～0.1 s。熔滴向熔池过渡的速度高达 2.5～10 m/s，经过弧柱区的时间极短，只有 10^{-4}～10^{-3} s。因此，在这个区各相接触的平均时间约为 0.01～0.1 s。由此可知，熔滴阶段的反应主要是在焊条末端进行。

（4）熔滴与熔渣发生强烈的混合。由于熔滴形成、长大和过渡过程中表面局部不断收缩或扩张，使得少量的表层熔渣被裹挟进入熔滴内部形成熔渣质点，其最大尺寸可达 50 μm。这种混合作用增加了两相的接触面积，有利于反应物和产物的运动，从而加快反应速度。

由上述特点可知，在该区的反应时间虽短，但因温度高，相接触面积大，并有强烈的混合作用，所以冶金反应最激烈，许多反应可达到接近完全反应的程度，因而对焊缝成分影响最大。在熔滴反应区进行的主要物化反应有：气体的分解和溶解、金属的蒸发、金属及其合金成分的氧化和还原，以及焊缝金属的合金过渡等。

3. 熔池反应区

熔滴和熔渣落入熔池后，各相之间进一步发生物化反应，直至金属凝固，形成焊缝金属。

1）熔池反应区的物理条件

与熔滴相比，熔池的平均温度较低，约为 1 600～1 900 ℃；比表面积较小，约为 3～130 cm^2/kg；反应时间稍长些，但也不超过几十秒，例如手工电弧焊时通常为 3～8 s，埋弧焊时为 6～25 s。由于熔池内部温度分布极不均匀，搅拌运动强烈，有助于加快反应速度，并为气体和非金属夹杂物的逸出创造了有利条件。

2）熔池反应区的化学条件

熔池反应区的化学条件与熔滴反应区也有所不同。首先，熔池阶段系统中反应物的浓度与平衡浓度之差比熔滴阶段小，所以在其余条件相同的情况下熔池中的反应速度比熔滴中要小。其次，当药皮重量系数 K_b（单位长度上药皮与焊芯的质量比）较大时，参与和熔池金属作用的熔渣数量比参与和熔滴金属作用的数量多。因为 K_b 大时，有一部分熔渣直接流入熔池，而不与熔滴发生作用，这必然给冶金反应带来影响。例如，图 2.7 为用具有氧化型药皮的焊条焊接时，随着 K_b 的增加，Si 在熔滴和熔敷金属中的含量开始时都迅速减少（即 Si 的氧化损失增加）。但当 $K_b \geq 0.18$（相当于药皮厚度为 1 mm）时，熔池中 Si 的氧化损失趋于稳定，而熔池中没有与熔滴接触的那一部分熔渣使 Si 继续氧化。因此可以认为存在一个临界药皮厚度 h_0，在 h_0 以外的药皮所形成的熔渣不与熔滴接触，只与熔池发生作用。由此可知，增加药皮厚度能够加强熔池阶段的反应。h_0 取决于药皮的成分和焊接工艺参数。最后，熔池反应区的反应物质是不断更新的。新熔化的母材、焊芯和药皮不断进入熔池的前部，凝固的金属和熔渣不断从熔池后部退出反应区。在焊接规范恒定的情况下，这种物质的更替过程可以达到相对稳定状态，从而得到成分均匀的焊缝金属。

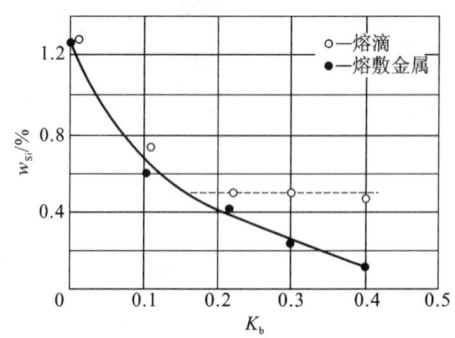

图 2.7 熔滴和熔敷金属中的含 Si 量与 K_b 的关系

焊芯为 H35MnSi（$w_{Si}=1.24\%$）；药皮中含赤铁矿 40%；萤石 60%（质量分数）

总之，熔池阶段的反应速度比熔滴阶段小，并且在全部的冶金反应中，熔池阶段的作用相对较小。通过以上分析可知，焊接化学冶金过程是电弧气氛、熔渣与液态金属之间的高温多相反应。这个过程是分区域连续进行的，在各阶段进行冶金反应的综合结果决定了焊缝金属的化学成分，从而影响焊接接头最终的焊接质量与性能。

2.1.4 焊接工艺条件对化学冶金反应的影响

焊接化学冶金过程与焊接工艺条件有密切的联系。采用不同的焊接方法和焊接工艺必然会造成冶金反应条件（反应物的种类、数量、浓度、温度、反应时间等）的差异，因而也就影响到冶金反应的过程和结果。这种影响可归结为以下几个方面。

1. 熔合比的影响

一般熔焊时，焊缝金属是由填充金属和局部熔化的母材组成的。在焊缝金属中局部熔化的母材所占的比例称为熔合比。熔合比取决于焊接方法、规范、接头形式和板厚、坡口角度和形式、母材性质、焊接材料种类及焊条（焊丝）的倾角等因素，可用试验的方法测得。

当母材和填充金属的化学成分不同时，熔合比对焊缝金属的成分影响很大。假设焊接时合金元素没有任何损失，此时焊缝金属中的合金元素浓度称为原始浓度，它与熔合比的关系为

$$C_0 = \theta C_b + (1-\theta) C_e \tag{2.8}$$

式中：C_0 为某元素在焊缝金属中的原始质量分数（%）；θ 为熔合比；C_b 为该元素在母材中的质量分数（%）；C_e 为该元素在焊条中的质量分数（%）。

实际上，焊条中的合金元素在焊接过程中是有损失的，而母材中的合金元素几乎全部过渡到焊缝金属中。这样，焊缝金属中合金元素的实际浓度为

$$C_W = \theta C_b + (1-\theta)C_d \tag{2.9}$$

式中：C_W 为某元素在焊缝金属中的实际质量分数（%）；C_d 为熔敷金属（焊接得到的没有母材成分的金属）中元素的实际质量分数（%）；C_b、C_d、θ 可由《焊接手册》[①]中查得或用化学分析和试验的方法得到，从而可以计算出焊缝的化学成分。

由式（2.9）可知，通过改变熔合比可以改变焊缝金属的化学成分。这个结论在焊接生产中具有重要的实用价值。例如，要保证焊缝金属成分和性能的稳定性，必须严格控制焊接工艺条件，使熔合比稳定、合理。在堆焊时，随时调整焊接规范使熔合比尽可能地小，以减少母材成分对堆焊层性能的影响。在焊接异种钢时，熔合比对焊缝金属成分和性能的影响很大，因此要根据熔合比选择焊接材料。

2. 熔滴过渡特性的影响

焊接工艺参数对熔滴过渡特性有很大影响，因此对冶金反应也比热发生影响。试验表明，熔滴阶段的反应时间（或熔滴存在的时间）随着焊接电流的增加而变短，随着电弧电压的增加而变长。由此可以推断出反应进行的程度将随电流的增加而减小，随电压的增加而增大。

2.1.5 焊接化学冶金系统的不平衡性

焊接化学冶金系统是一个复杂的高温多相反应系统。根据焊接方法不同，组成系统的相也不同。例如，手工电弧焊和埋弧焊时，系统内有三个相互作用的相，即液态金属、熔渣和电弧气氛；气体保护焊时，主要是气相与金属相之间的相互作用；而电渣焊时，主要是熔渣与金属之间的作用。由于影响多相反应的可能性、方向、速度和限度的因素很多，这给焊接化学冶金的研究工作增加了困难。

近年来多数研究者认为，焊接区的不等温条件排除了整个系统平衡的可能性。但是在系统的个别部分可能出现个别反应的短暂平衡状态。试验表明，焊缝金属的最终成分与熔池凝固温度下的平衡成分相比，通常距离是比较远的。然而，各种反应离平衡的远近程度是不一样的。系统的不平衡性是焊接化学冶金过程的又一个特点。因此，不能直接应用热力学平衡的计算公式定量地分析焊接化学冶金问题，但是作定性分析还是有益的。例如，通过热力学计算可以确定冶金反应最大可能的方向、发展趋势和影响因素等。

2.2 气相-金属反应

2.2.1 焊接区内的气体

焊接区内气体的来源、产生、成分及其分布，对于研究气相与熔化金属的相互作用具有

---

① 中国机械工程学会焊接学会. 焊接手册：材料的焊接（2卷）. 北京：机械工业出版社，2013.

重要意义。

1. 气体的来源和产生

焊接区内的气体主要来源于焊接材料。焊条药皮、焊剂和焊丝药芯中的造气剂、高价氧化物和水分都是气体的重要来源。气体保护焊时，焊接区内的气体主要来自所采用的保护气体及其杂质（如氧、氮、水蒸气等）。热源周围的空气也是一种难以避免的气源。据估算，手工电弧焊时侵入电弧中的空气约占3%（体积分数）。焊丝和母材坡口附近的铁皮、铁锈、油污、油漆和吸附水等，在焊接时也会析出气体。

除直接输送和侵入焊接区内的气体以外，焊接过程的物化反应也会产生大量气体。

1）有机物的分解和燃烧

制造焊条时常用淀粉、纤维素、糊精、藻酸盐等有机物作为造气剂和涂料增塑剂。这些物质受热以后发生复杂的分解和燃烧反应，统称为热氧化分解反应。反应的气态产物主要是CO_2，还有少量的CO、H_2、烃和水汽。相关研究表明，这些有机物加热至220～250℃时开始分解，并伴随着放热效应。在220～320℃它们的质量损失可达50%，大约在800℃完全分解。因此，对于含有机物的焊条，烘干温度应控制在150℃左右，不应超过200℃。

2）碳酸盐和高价氧化物的分解

焊接冶金中常用的碳酸盐有$CaCO_3$、$MgCO_3$和$BaCO_3$等。当加热超过一定温度时，这些碳酸盐开始发生分解，产生CO_2气体。对含$CaCO_3$的焊条，烘干温度不应超过450℃，对含$MgCO_3$的焊条，烘干温度不应超过300℃。

焊接材料中常用的高价氧化物主要有Fe_2O_3和MnO_2。它们在焊接过程中将发生逐级分解反应如下：

$$6Fe_2O_3 = 4Fe_3O_4 + O_2$$
$$2Fe_3O_4 = 6FeO + O_2$$
$$4MnO_2 = 2Mn_2O_3 + O_2$$
$$6Mn_2O_3 = 4Mn_3O_4 + O_2$$
$$2Mn_3O_4 = 6MnO + O_2$$

上述逐级反应产生大量氧气和低价氧化物。

3）材料的蒸发

在焊接过程中，除焊接材料中的水分发生蒸发外，金属元素和熔渣的各种成分也会在电弧高温的作用下发生蒸发，形成相当多的蒸气。各种物质的蒸发取决于它们的饱和蒸气压（或沸点）、在溶液中的浓度、系统的总压力和焊接规范等因素。

在一定的温度下，物质的沸点越低越容易蒸发。Zn、Mg、Pb、Mn等金属元素的沸点较低，在熔滴阶段最容易蒸发。所以在焊接黄铜、铝镁合金及铅时，一定要做好防护工作，保障焊接工人的身体健康。在氟化物中，AlF_3、KF、LiF、NaF的沸点都比较低，易于蒸发。如果焊条药皮中这些氟化物的含量较高，就会使得焊接烟尘严重，设计制备焊接材料时应当予以重视。

若物质处于溶液中，则物质的浓度越高，其饱和蒸气压越大，越容易蒸发。焊接铁合金时，虽然其沸点较高，但其浓度很大，所以气相中铁的蒸气是相当多的。

焊接时的蒸发现象不仅使气相的成分复杂化，还造成合金元素的损失，甚至产生焊接缺陷，增加焊接烟尘，污染环境，影响焊工身体健康，在实际工作中应注意尽量防止材料的蒸发。

2. 气体分解

电弧空间的气体可以是分子、原子及离子状态。气体的不同状态对其在金属中的溶解和与金属的作用有较大的影响，因此需要对气体的分解加以讨论研究。

1）简单气体的分解

焊接区气相中常见的简单气体有 N_2、H_2、O_2 等双原子气体。气体受热后将增加其原子的振动和旋转能。当原子获得的能量足够高时，将使原子键断开，分解为单个原子或离子和电子。表 2.5 给出一些气体分解反应在标准状态下的热效应 ΔH_{298}^0，这些反应都是吸热反应。由表中的数据可以比较各种气体和同一气体按不同方式进行分解的难易程度。

表 2.5 气体分解反应

编号	反应式	ΔH_{298}^0/(kJ/mol)	编号	反应式	ΔH_{298}^0/(kJ/mol)
1	$F_2 = F + F$	−270	6	$CO_2 = CO + \frac{1}{2}O_2$	−282.8
2	$H_2 = H + H$	−433.9	7	$H_2O = H_2 + \frac{1}{2}O_2$	−483.2
3	$H_2 = H + H^+ + e$	−1 745	8	$H_2O = OH + \frac{1}{2}H_2$	−532.8
4	$O_2 = O + O$	−489.9	9	$H_2O = H_2 + O$	−977.3
5	$N_2 = N + N$	−711.4	10	$H_2O = 2H + O$	−1 808.3

设双原子气体分解反应的平衡常数为 K_p，分解后混合气体的总压力为 p_0，则其分解度（分解的分子数与原有分子总数之比）可表示为

$$\alpha = \sqrt{\frac{K_p}{K_p + 4p_0}} \tag{2.10}$$

利用式（2.10）可计算出双原子气体的分解度随温度变化的曲线，如图 2.8 所示。可以看出，在焊接温度下（5 000 K），H_2 和 O_2 的分解度很大，绝大部分以原子状态存在，而氮的分解度很小，基本上以分子状态存在。

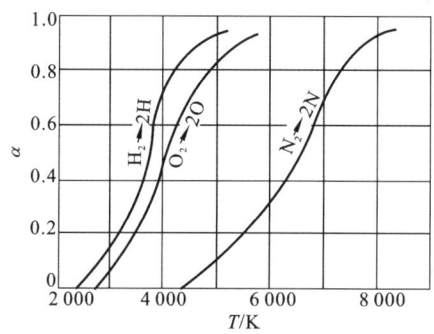

图 2.8 双原子气体的分解度 α 与温度 T 的关系（p_0=101 kPa）

2）复杂气体的分解

焊接冶金中常见的复杂气体有 CO_2 和 H_2O。升高温度 CO_2 可按表 2.5 中反应式 6 进行分解，生成 CO 和 O_2，使气相氧化性增加。CO_2 的分解度如图 2.9 所示，在 4 000 K 时 CO_2 的分解度是很大的。

水蒸气的分解是比较复杂的，可按表 2.5 中反应式 7～10 号进行分解。热力学计算表明，当温度低于 4 500 K 时，按反应式编号 7 分解的可能性最大，而当温度高于 4 500 K 时，按反应式编号 10 分解的可能性最大。分解的产物有 H_2、O_2、H、O 等。这不仅增加气相的氧化性，而且增加气相中氢的分压。水汽的分解度如图 2.9 所示。

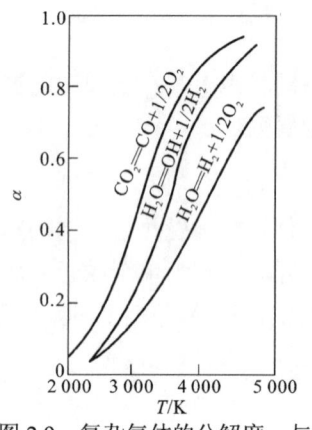

图 2.9　复杂气体的分解度 α 与温度 T 的关系（p_0=101 kPa）

3. 气相成分

在焊接过程中测定气相的成分是很困难的，目前采用光谱和色谱法进行测试。常用的方法是把焊接区内的气体抽出来，冷却到室温进行分析。气体自高温冷却下来，其成分将发生变化，其结果是不精确的。但这个结果对于分析气相对金属的作用仍有参考价值。

焊接时气相的成分和数量随焊接方法、焊接工艺参数、焊条或焊剂的种类不同而变化，如表 2.6 所示。可以看出，用低氢型焊条焊接时，气相中含 H_2 和 H_2O 很少，称为"低氢型"。埋弧焊和中性焰气焊时，气相中含 CO_2 和 H_2O 很少，因而气相的氧化性很小；相反，焊条电弧焊时气相的氧化性相对较大。

表 2.6　焊接碳钢时冷至室温气相的成分

焊接方法	焊条和焊剂类型	气相成分体积分数/%				
		CO	CO_2	H_2	H_2O	N_2
焊条电弧焊	钛钙型	50.7	5.9	37.7	5.7	—
	钛铁矿型	48.1	4.8	36.6	10.5	—
	纤维素型	42.3	2.9	41.2	12.6	—
	钛型	46.7	5.3	35.5	13.5	—
	低氢型	79.8	16.9	1.8	1.5	—
	氧化铁型	55.6	7.3	24.0	13.1	—
埋弧焊	HJ330	86.2	—	9.3	—	4.5
	HJ431	89～93	—	7～9	—	<1.5
气焊	O_2：C_2H_2=1.1～1.2（中性焰）	60～66	有	34～40	有	

综上所述，焊接区内的气体是由 CO_2、H_2O、N_2、H_2、O_2、金属和熔渣的蒸气以及它们分解和电离的产物组成的混合物。其中对焊接质量影响最大的是 N_2、H_2、O_2、CO_2、H_2O 等。

2.2.2 氮对金属的作用

焊接区周围的空气是气相中氮的主要来源。尽管焊接时采取保护措施，但总有或多或少的氮侵入焊接区与熔化金属发生作用。

根据氮与金属作用的特点，大致可分为两种情况：一种是不与氮发生作用的金属，如铜和镍等，它们既不溶解氮，又不形成氮化物，因此焊接这一类金属可用氮作为保护气体；另一种是与氮发生作用的金属，如铁、钛等，它们既能溶解氮，又能与氮形成稳定的氮化物，焊接这一类金属及合金时，防止焊缝金属的氮化是一个重要问题。

1. 氮在金属中的溶解

气体的溶解过程可分为以下几个阶段：
（1）气体分子向气体与金属界面上运动；
（2）气体被金属表面吸附；
（3）在金属表面上分解为原子；
（4）气体原子穿过金属表面层，并向金属深处扩散。

通过计算得到氮和氢在铁中的溶解度与温度的关系，如图 2.10 所示。可以看出，氮在液态铁中的溶解度随着温度的升高而增大；当温度为 2 200 ℃ 时，氮的溶解度达到最大值为 47 cm³/100 g（0.059%）；继续升高温度其溶解度急剧下降，至铁的沸点（2 750 ℃）时溶解度变为零，这是金属蒸气压急剧增加的结果。此外，当液态铁凝固时，氮的溶解度突然下降，至最大溶解度的 1/4 左右。

在液态铁中加入 C、Si、Ni 会减少氮的溶解度，而加入 V、Nb、Cr 会增加氮的溶解度。电弧焊时的气体溶解过程比普通的气体溶解过程要复杂得多。所以电弧焊时熔化金属所吸收的氮量高于平衡含量（溶解度）。其主要原因是：在电弧中受激的氮分子（特别是氮原子）的溶解速度高于没有受激的氮分子；电弧中的氮离子 N^+ 可在阴极溶解，在氧化性电弧气氛中形成的 NO，遇到温度较低的液态金属时又分解为 N 和 O，此时 N 会迅速溶于金属中。

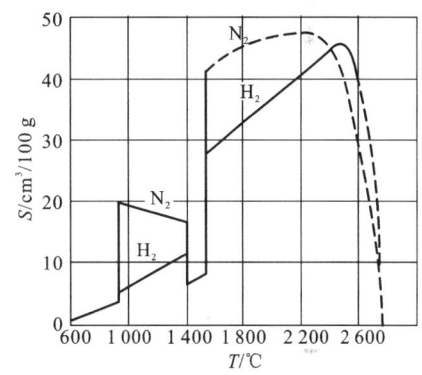

图 2.10 氮和氢在铁中的溶解度与温度的关系（$p_{N_2}+p_{金属}=101$ kPa）

2. 氮对焊接质量的影响

在碳钢焊缝中氮是有害的杂质。氮是促使焊缝产生气孔的主要原因之一。液态金属在高温时可以溶解大量的氮，而在其凝固时氮的溶解度突然下降。这时过饱和的氮以气泡的形式从熔池中向外逸出，当焊缝金属的结晶速度大于它的逸出速度时，就形成气孔。因保护不良产生的气孔，如手弧焊的引弧端和弧坑处的气孔，一般都与氮有关。

氮是提高低碳钢和低合金钢焊缝金属强度、降低塑性和韧性的元素。在室温下 α-Fe 中氮的溶解度很小，仅为 0.001%。若熔池中含有较多的氮，则由于焊接时冷却速度很大，一部分氮将以过饱和的形式存在于固溶体中，如图 2.11 所示。还有一部分氮以针状氮化物（Fe_4N）

图 2.11 铁素体基体中的氮化铁（×500）

的形式析出，分布于晶界或晶内。因此使焊缝金属的强度、硬度升高，而塑性和韧性，特别是低温韧性急剧下降。

氮是促使焊缝金属时效脆化的元素。焊缝金属中过饱和的氮处于不稳定状态，随着时间的延长，过饱和的氮将逐渐析出，形成稳定的针状Fe_4N，如图 2.11 所示。这样就会使焊缝金属的强度升高，塑性和韧性下降。在焊缝金属中加入能形成稳定氮化物的元素，如钛、铝、锆等，可以抑制或消除时效现象。

3. 控制焊缝含氮量的措施

1）加强焊接区的保护

氮不同于氧，一旦进入液态金属脱氮就比较困难，所以控制氮的主要措施是加强保护，防止空气与金属作用。然而各种焊接方法的保护效果是不同的，可以从焊缝中的含氮量，如表 2.7 所示大概看出用不同焊接方法保护效果的优劣。

表 2.7 用不同焊接方法焊接低碳钢时焊缝金属的含氮量

焊接方法	含氮量 w_N/%	焊接方法	含氮量 w_N/%
光焊丝电弧焊	0.080～0.228	埋弧焊	0.002～0.007
纤维素焊条	0.013	CO_2 气体保护焊	0.008～0.015
钛型焊条	0.015	气焊	0.015～0.020
钛铁矿型焊条	0.014	熔化极氩弧焊	0.006 8
低氢型焊条	0.010	药芯焊丝明弧焊	0.015～0.040
		实心合金焊丝自保护焊	<0.120

注：光焊丝电弧焊、纤维素焊条、钛型焊条、钛铁矿型焊条、低氢型焊条为手工电弧焊。

焊条药皮的保护作用，在很大程度上取决于药皮的成分和数量。药皮重量系数 K_b 表示单位长度焊芯上药皮数量的多少。试验表明，随着 K_b 的增加，焊缝含氮量下降；当 K_b>40%时，焊缝含氮量保持在 0.04%～0.05%的水平，不再下降。若 K_b 过大，则工艺性能变坏。因此，单纯用增加 K_b 的办法来加强保护是有限的。在药皮中加入造气剂（如碳酸盐、有机物等），形成气渣联合保护，可使焊缝含氮量下降到 0.02%以下。

2）确定合理的焊接工艺参数

焊接工艺参数对焊缝金属含氮量有明显的影响。增加焊接电流，熔滴过渡频率增加，氮与熔滴的作用时间缩短，焊缝金属含氮量下降。增加电弧电压（即增加电弧长度），导致保护变坏，氮与熔滴的作用时间增长，故使焊缝金属含氮量增。为了减少焊缝金属中的含氮量，应尽量采用短弧焊。

直流正极性焊接时焊缝金属含氮量比反极性时高，这与氮离子的溶解有关。焊接速度对焊缝金属含氮量影响不大。在同样条件下，增加焊丝直径可使焊缝金属含氮量下降，这是由于熔滴变粗的缘故。多层焊时焊缝金属含氮量比单层焊时高，这与氮的逐层积累有关。

3）利用合金元素控制焊缝金属含氮量

如图 2.12 所示，增加焊丝或药皮中的含碳量可降低焊缝金属中的含氮量。这是因为碳能降低氮在铁中的溶解度；碳氧化生成 CO、CO_2 加强了保护，降低了气相中氮的分压；同时，碳氧化引起的熔池沸腾有利于氮的逸出。在某些堆焊工作中，可用这种办法消除氮气孔。钛、铝、锆和稀土元素对氮有较大的亲和力，能形成稳定的氮化物，且它们不溶于液态钢而进入熔渣；这些元素对氧的亲和力也很大，可减少气相中 NO 的含量，所以可在一定程度上减少焊缝金属含氮量。自保护焊丝就是根据这个道理在焊丝中加入这一类元素进行脱氮的。

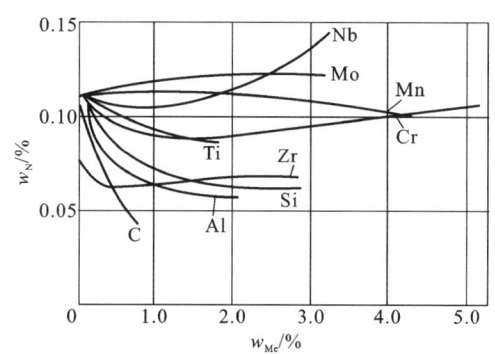

图 2.12　焊丝中合金元素含量对焊缝金属含氮量的影响

101 kPa 空气中焊接，25 V、250 A、20 cm/min、直流反极性

2.2.3　氢对金属的作用

焊接时，氢主要来源于焊接材料中的水分及有机物、电弧周围空气中水分以及焊丝和母材坡口表面表面上的铁锈、油污等杂质。对许多金属及合金，氢对其焊接质量是有害的。

1. 氢在金属中的溶解

根据氢与金属作用的特点可把金属分为两类：一类是能形成稳定氢化物的金属，如 Zr、Ti、V、Ta、Nb 等。这类金属吸收氢的反应是放热反应，因此在较低温度下吸氢量大，在高温时吸氢量少。焊接这类金属及合金时，必须防止在固态下吸收大量的氢，否则将严重影响接头的质量。另一类是不形成稳定氢化物的金属，如 Al、Fe、Ni、Cu、Cr、Mo 等。但氢能够溶于这类金属及其合金中，溶解反应是吸热反应。

焊接方法不同，氢向金属中溶解的途径也不同。在气体保护焊时，氢是通过气相与液态金属的界面以原子或质子的形式溶入金属；在电渣焊和电渣熔炼时，氢是通过渣层溶入金属的，而手工电弧焊和埋弧焊时是上述两种途径综合作用的结果。

通过计算可以得到氢在液态铁中的溶解度与温度的关系，如图 2.13 所示，氢在铁中的溶解度曲线与氮在铁中的溶解度曲线具有相同的特征。随着温度升高，氢的溶解度增大，当温度约为 2 400 ℃时，溶解度达到最大值 43 cm^3/100 g。说明在熔滴阶段吸收的氢比在熔池阶段多。继续增加温度，由于金属的蒸气压急剧增大，使得氢的溶解度迅速下降。在金属沸点温度时，氢的溶解度为 0。从图 2.10 还可以看出，在金属的变态点氢的溶解度发生突变，此时很容易形成气孔、裂纹等焊接缺欠。试验表明，在电弧焊时，气相中的氢不完全是分子状态的，还有较多的原子氢与质子等。所以，电弧焊时氢的溶解度比用平方根定律计算出来的要高很多。

氢在 Al、Cu、Ni 中的溶解度曲线如图 2.13 所示。它们与氢在铁中的溶解度曲线类似，具有相同的趋势特征。

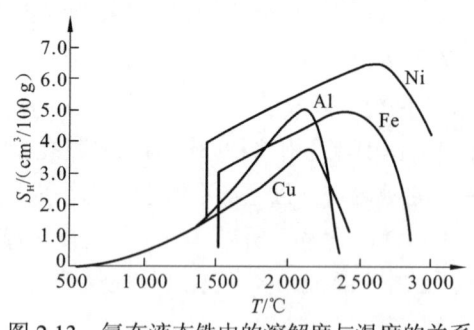

图 2.13　氢在液态铁中的溶解度与温度的关系
$p_{H_2}+p_{金属}=101$ kPa

合金元素氢在铁中的溶解度也有较大的影响，Ti、Zr、Nb 及某些稀土元素可提高氢在液态铁中的溶解度，而 C、Si、Al 可降低氢在液态铁中的溶解度，而 Mn、Ni、Cr、Mo 则影响不大。由于氧可以减少金属对氢的吸附，所以氧能够有效地减少氢在液态铁中的溶解度。钢的组织结构对氢的溶解度也有影响。在面心立方晶格的奥氏体钢中，氢的溶解度最大；在体心立方晶格的珠光体钢中，氢的溶解度最小。

2. 焊缝金属中的氢

在焊接过程中，液态金属所吸收的大量氢，有一部分在熔池凝固过程中可以逸出。但熔池冷却很快，还有相当多的氢来不及逸出，而被留在固态焊缝金属中。在钢焊缝中，氢大部分是以 H、H^+ 或 H^- 形式存在，它们与焊缝金属形成间隙固溶体。由于氢原子和离子的半径很小，这一部分氢可以在焊缝金属的晶格中自由扩散，称为扩散氢。还有一部分氢扩散聚集到金属的晶格缺陷、显微裂纹和非金属夹杂物边缘的空隙中，结合为氢分子，因其半径大，不能自由扩散，则称为残余氢。对于铁等不形成稳定氢化物的金属来说，扩散氢约占 80%～90%，对接头性能的影响比残余氢大。

焊缝金属中的含氢量，因扩散是随时间变化的。如图 2.14 所示，焊后随着放置时间的增加，扩散氢减少，残余氢增加，总氢量下降。这说明一部分扩散氢从焊缝中逸出，一部分变为残余氢。

为了使测氢准确和便于比较试验结果，许多国家都制定测定熔敷金属中扩散氢的标准方法，如甘油法、水银法、气相色谱法和排液法等。所谓熔敷金属的扩散氢含量，是指焊后立即按标准方法测定并换算为标准状态下的含氢量。在真空室内将试样加热到 650 ℃ 可测定残余含氢量。用各种焊接方法

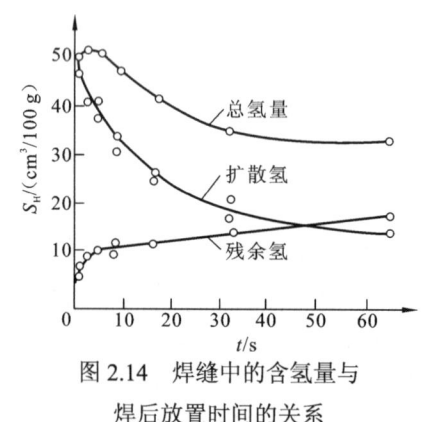

图 2.14　焊缝中的含氢量与焊后放置时间的关系

焊接碳钢时，熔敷金属中的含氢量显示于表 2.8。低碳钢板和焊丝的含氢量很低，一般为 0.2～0.5 cm³/100 g。几乎所有焊接方法都使熔敷金属增氢。手工电弧焊时，只有低氢焊条扩散氢含量最少。而 CO_2 气体保护焊时，扩散氢含量极少，是一种超低氢的焊接方法。

表 2.8 焊接碳钢时熔敷金属中的含氢量　　　　（单位：cm³/100 g）

焊接方法		扩散氢	残余氢	总氢量	备注
焊条电弧焊	纤维素型	35.8	6.3	42.1	—
	钛型	39.1	7.1	46.2	
	钛铁矿型	30.1	6.7	36.8	
	氧化铁型	32.3	6.5	38.8	
	低氢型	4.2	2.6	6.8	
埋弧焊		4.40	1～1.5	5.90	在 40～50 ℃停留 48～72 h，测定扩散氢；真空加热测定残余氢
CO₂气体保护焊		0.04	1～1.5	1.54	
氧气-乙炔		5.00	1～1.5	6.50	

氢沿焊缝长度方向的分布是不均匀的，弧坑处含氢量最大。氢在焊接接头横断面上的分布如图 2.15 所示。其分布特征与母材成分、组织、焊缝金属的类型等因素有关。由图 2.15 可以看出，氢不仅在焊缝中存在，而且还向近缝区中扩散，并且扩散深度较大。

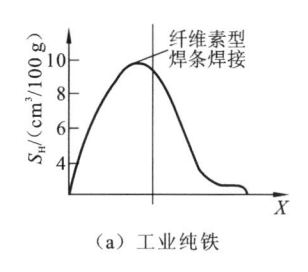

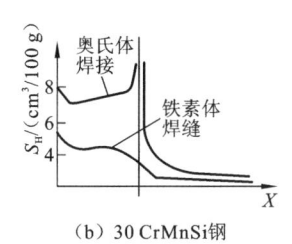

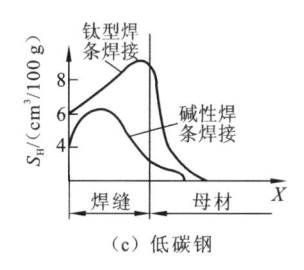

（a）工业纯铁　　（b）30 CrMnSi钢　　（c）低碳钢

图 2.15　氢沿焊接接头横断面的分布

3. 氢对焊接质量的影响

氢对许多金属及合金的焊接质量是有害的，主要体现在以下几个方面。

（1）气孔。如果熔池吸收了大量的氢，那么在它凝固时由于溶解度的突然下降，使氢处于过饱和状态，这促使产生如下反应：

$$2[H] = H_2 \tag{2.11}$$

反应生成的分子氢不溶于金属，于是在液态金属中形成气泡。当气泡外逸速度小于凝固速度时，在焊缝中形成气孔。

（2）冷裂纹。焊接接头冷却到较低温度（钢冷却到 M_s 温度以下）时产生的焊接裂纹称为冷裂纹。焊接冷裂纹的危害性很大，它的产生与焊接接头中的含氢量、热影响区的马氏体转变以及结构刚度等因素有关。

（3）氢脆。氢在室温附近使钢的塑性严重下降的现象称为氢脆。氢脆现象是由溶解在金属晶格中的氢引起的。在试件拉伸过程中，金属中的位错发生运动和堆积，形成显微空腔。与此同时溶解在晶格中的原子氢不断地沿着位错运动的方向扩散，最后聚集到显微空腔内结合为分子氢。这个过程的发展使空腔内产生很高的压力，导致金属变脆。焊缝金属经过去氢处理，其塑性可以恢复。

（4）白点。碳钢或低合金钢焊缝，若含氢量高，则常常在其拉伸或弯曲断面上出现银白色圆形局部脆断点，称为白点。白点的直径一般为 0.5～3 mm，其周围为塑性断口，用肉眼即可辨认。在许多情况下，白点的中心有小夹杂物或气孔。若焊缝产生白点，则其塑性大大下降。

焊缝金属对白点的敏感性是与含氢量、金属的组织和变形速度等因素有关的。铁素体和奥氏体钢焊缝不出现白点。前者是因为氢在其中扩散快，易于逸出；后者是因为氢在其中的溶解度大，且扩散很慢。碳钢及用 Cr、Ni、Mo 合金化的焊缝，尤其是这些元素含量较多时，对白点很敏感。试件含氢量越多，出现白点的可能性越大，若预先经过去氢处理，则可消除白点。

4. 控制氢的措施

鉴于上述氢的有害作用，在许多情况下要求尽量减少焊缝中的含氢量。

(1) 限制焊接材料中的含氢量。制造焊条、焊剂和药芯焊丝用的各种材料，如有机物、天然云母、白泥、长石、水玻璃、铁合金等不同程度地含有吸附水、结晶水、化合水或溶解的氢。因此，制造低氢和超低氢（$S_H < 1 \text{ cm}^3/100 \text{ g}$）型焊条和焊剂时，应尽量选用不含或含氢量少的材料。

制造焊条、焊剂和药芯焊丝时，适当提高烘焙温度可以降低焊接材料中的含水量，因而也就相应地降低焊缝中的含氢量。焊条、焊剂在大气中长期放置会吸潮，使焊缝增氢，焊接工艺变坏，抗裂性下降。药皮的吸水量取决于它本身的成分、黏结剂的种类和大气中水蒸气的分压等因素。

焊接材料在使用前应该烘干，这是生产上去氢的有效方法。使用低氢型焊条时，一定要按照技术要求进行烘干。提高烘干温度可以降低焊缝金属的含氢量，但过高的烘干温度会使药皮中的成分受热反应，失去应有的冶金作用。焊条、焊剂烘干后应立即使用，或暂存于低温烘箱及保温桶内保持干燥。

(2) 清除焊丝和焊件表面上的油污和杂质。焊丝和焊件坡口附近表面的铁锈、油污、吸附水等是增加焊缝含氢量的原因之一，焊前应仔细清除。尤其在焊接铝、铝镁合金、钛及其合金时，因其表面层结构不致密常形成含水的氧化膜，必须用机械或化学方法进行清除，否则由于氢的作用可能产生气孔、裂纹，导致接头性能变坏。

(3) 冶金处理。通过控制焊接冶金反应，降低气相中氢的分压，以达到减少氢在液态金属中的溶解度。具体是调整焊接材料的成分，使氢在焊接过程中生成比较稳定的不溶于液态金属的氢化物，如 HF、OH 及其他在高温下较稳定的氢化物。

a. 在药皮和焊剂中加入氟化物。在焊条药皮中加入氟化物，如 CaF_2、MgF_2、BaF_2 等可以不同程度地降低焊缝含氢量，其中常用的是 CaF_2。在药皮中加入 7%～8% CaF_2 即可急剧减少焊缝的含氢量。

b. 控制焊接材料的氧化还原势。相关研究表明，熔池中氢的平衡浓度为

$$S_H = K \sqrt{\frac{p_{H_2} p_{H_2O}}{S_O}} \tag{2.12}$$

由式（2.12）可知，增加气相中的氧化性，或增加熔池中的含氧量可以减少熔池中氢的平衡浓度。其原因是氧化性气体可以夺走氢生成稳定的 OH，反应式为

$$CO_2 + H = CO + OH \tag{2.13}$$

其结果降低了气相中氢的分压。

低氢型焊条药皮中碳酸盐的含量较高，它们受热分解析出 CO_2 并按照式（2.13）达到去氢的目的。CO_2 保护焊时，尽管其中含有一定的水分，但焊缝中的含氢量很低，其原因也在于此。用氩弧焊焊接不锈钢、铝、铜时，为了消除 H_2 气孔和改进工艺性能，常在氩气中加入 5%左右的氧气，也是增加气体的氧化性来降低气相中的氢分压，使之进行脱氢反应。

c. 在焊条药皮或焊芯中加入微量稀土元素。在药皮（或焊芯）中加入微量的碲（Te）、硒（Se）或钇（Y）等稀土元素可以大幅度降低扩散氢含量，同时能提高焊缝的韧性。我国拥有丰富的稀土资源，因此利用和发展这种去氢方法很有优势。

（4）控制焊接参数。手工电弧焊时，增大焊接电流会使熔滴吸收的氢量增加，增加电弧电压使焊缝含氢量有某些减少。同时，电流种类和极性对焊缝含氢量也有影响。所以，通过控制焊接工艺参数来限制焊缝含氢量是有一定局限性的。

（5）焊后脱氢处理。焊后把焊件加热到一定的温度，促使氢扩散外逸的工艺叫作脱氢处理。脱氢处理的温度与时间对焊缝含氢量的影响如图 2.16 所示。如果把焊件加热到 350 ℃，保温 1 h，可将绝大部分扩散氢去除。在生产上，对易产生冷裂纹的焊件进行脱氢处理是必要的，但对于奥氏体钢焊接接头进行脱氢处理效果不明显。

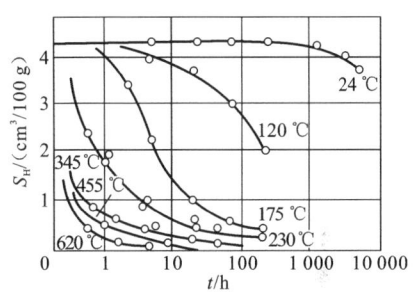

图 2.16 焊后脱氢处理对焊缝含氢量的影响

2.2.4 氧对金属的作用

金属的氧化是焊接时重要的冶金过程之一。因此，有必要了解氧如何与金属作用、氧对焊缝金属性能的影响以及制定控制氧的技术措施。

根据氧与金属作用的特点，可把金属分为：一类是不溶解氧，但焊接时发生激烈氧化的金属，如 Mg、Al 等；另一类是能有限溶解氧，同时焊接过程中也发生氧化的金属，如 Fe、Ni、Cu、Ti 等。后一类金属氧化后生成的金属氧化物能溶解于相应的金属中，例如，铁氧化生成的 FeO 能溶于铁及其合金中。

1. 氧在金属中的溶解

氧是以原子氧和 FeO 两种形式溶于液态铁中的。若与液态铁平衡的是纯 FeO 熔渣，则氧在其中的溶解度达到最大值，用 S_{Omax} 表示。它与温度的关系为

$$\lg S_{Omax} = -\frac{6\,320}{T} + 2.734 \quad (2.14)$$

从式（2.14）可以看出，氧在液态铁中的溶解度随着温度的升高而增大。当液态铁中有第二种合金元素时，随着合金元素含量的增加氧的溶解度下降，如图 2.17 所示。

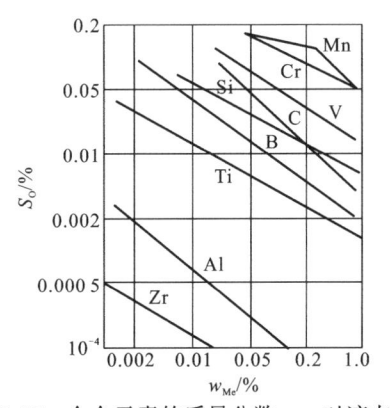

图 2.17 合金元素的质量分数 w_{Me} 对液态铁中氧的溶解度的影响（1 600 ℃）

在铁的凝固温度约 1 520 ℃时，氧溶解的质量

分数约为0.16%；当δ-Fe转变为γ-Fe时，氧溶解的质量分数下降到0.05%以下；室温下α-Fe中几乎不溶解氧（溶解氧的质量分数<0.001%）。所以，铁在冷却过程中氧的含量急剧下降，焊缝金属和钢中所含的氧绝大部分是以氧化物（FeO、SiO_2、MnO、Al_2O_3等）和硅酸盐夹杂物的形式存在。焊缝含氧量是指总含氧量而言，它既包括溶解的氧，也包括非金属夹杂物中的氧。

2. 氧化性气体对金属的氧化

焊接时金属的氧化是在药皮、熔滴和熔池三个反应区进行，由O_2、CO_2、H_2O等氧化性气体，以及活性熔渣与金属相互作用而实现的。

（1）金属氧化还原方向的判据。在一个由金属、金属氧化物和氧化性气体组成的系统中，究竟是发生金属的氧化还是金属被还原，需要用一个判据来判断。由物理化学可知，金属氧化物的分解压p_{O_2}可以作为判据。假设在"金属-氧-金属氧化物"系统中氧的实际分压为$\{p_{O_2}\}$，则

$\{p_{O_2}\} > p_{O_2}$　　　金属被氧化
$\{p_{O_2}\} = p_{O_2}$　　　平衡状态
$\{p_{O_2}\} < p_{O_2}$　　　金属被还原

金属氧化物的分解压是温度的函数，它随温度的升高而增加，如图2.18所示。可以看出，除Cu_2O和NiO之外，在同样温度下FeO的分解压最大，即最不稳定。也就是说，在焊接温度下FeO的分解压很小，气相中只要有微量的氧，即可使铁氧化。

（2）自由氧对金属的氧化。手工电弧焊时，虽然采取了保护措施，有焊条药皮熔化产生的气氛及熔渣隔离空气，但空气中的氧仍能少量地侵入电弧，同时高价氧化物受热分解也产生氧气，这样使气相中自由氧的分压大于FeO的分解压，使铁氧化。焊接钢时，钢液中对氧亲和力比铁大的元素，如C、Si、Mn等也要被氧化。

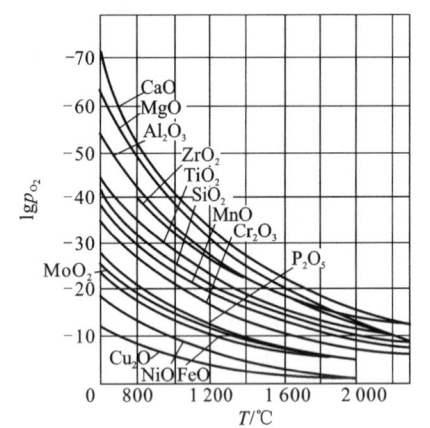

图2.18　自由氧化物分解压与温度的关系

（3）CO_2对金属的氧化。焊接区中的CO_2，可能来源于CO_2气体保护焊的保护气体，也可能来源于焊条药皮中的大理石（$CaCO_3$）、菱美矿（$MgCO_3$）等碳酸盐的受热分解。高温时CO_2对于液态铁和其他金属是很强的氧化剂。当温度高于3 000 K时，CO_2的氧化性可超过空气。

需要说明的是，用CO_2作保护气体只能防止空气中氧的侵入，但不能防止金属的氧化。所以，在CO_2气体保护焊时，必须采用含Si、Mn含量高的实心焊丝或药芯焊丝，焊条电弧焊时，在含碳酸盐的药皮中也必须加入脱氧剂，以利于脱氧，获得优质焊缝。

（4）水蒸气对金属的氧化。气相中的水蒸气分解即使焊缝金属增氢，又使铁及其他合金元素氧化。当气相中含有较多水蒸气时，仅进行脱氢处理并不能保证焊缝质量，所以须同时去氢并减少水蒸气的来源。

（5）混合气体对金属的氧化。手工电弧焊时，气相不是单一气体，而是多种气体的混合物。理论计算表明，在温度高于2 500 K时，钛铁矿型焊条和低氢型焊条电弧气氛中氧的分

压 $\{p_{O_2}\}$ 大于 FeO 的分解压 p_{O_2}，因此混合气体会氧化铁，药皮中必须加入脱氧剂。

3. 氧对焊接质量的影响

焊接过程中，气相、熔渣与金属反应的结果使得焊缝增氧。用不同焊接方法时焊缝的含氧量如表 2.9 所示。从表中可以看出，焊接低碳钢时，尽管母材和焊丝的含氧量很低，但是由于金属与气相和熔渣作用的结果，焊缝的含氧量是增加的。不过因焊接材料、焊接方法和焊接参数不同，焊缝含氧量也不同。

表 2.9　不同焊接方法焊缝的含氧量

材料及焊接方法	平均含氧量（质量分数）/%	材料及焊接方法	平均含氧量（质量分数）/%
低碳镇静钢	0.003～0.008	纤维素型焊条	0.090
低碳沸腾钢	0.010～0.020	氧化铁型焊条	0.122
H08 焊丝	0.010～0.020	铁粉型焊条	0.093
H08 光焊丝焊接	0.150～0.300	埋弧自动焊	0.030～0.050
低氢型焊条	0.020～0.030	电渣焊	0.010～0.020
钛铁矿型焊条	0.101	气焊	0.045～0.050
钛钙型焊条	0.050～0.070	CO_2 气体保护焊	0.020～0.070
钛型焊条	0.065	钨极氩弧焊	<0.001

氧在焊缝金属中以溶解状态和氧化物夹杂两种形式存在，通常所说的焊缝含氧量是指总含氧量。一般溶解在钢中的氧很少，绝大部分氧以夹杂物的形式存在。但是，氧在焊缝中无论以何种方式存在，对焊缝的性能都有很大的影响。随着焊缝中含氧量的增加，其强度、塑性和韧性都显著降低，尤其是焊缝的低温冲击韧性会急剧下降。

在熔池反应阶段，溶解在熔池中的氧与碳发生反应，生成不溶于金属的 CO，在熔池凝固时 CO 气泡若来不及逸出就会形成气孔。

在焊接过程中，氧会烧损钢中的有益合金元素使焊缝性能变坏。熔滴中含氧和碳多时，它们相互作用生成的 CO 受热膨胀，使熔滴爆炸，造成飞溅，影响焊接过程的稳定性。

但是，焊接材料具有氧化性并不是在所有情况下都是有害的。为了减少焊缝中氢含量，改进电弧特性，获得必要的熔渣物理化学性能，在焊接材料中有时会加入一定量的氧化剂。

4. 控制氧的措施

正常焊接条件下，焊缝中氧的主要来源不是空气，而是焊材及焊件表面的铁锈、氧化膜和水分等。鉴于此，控制氧的措施主要有下面几点。

（1）采用纯度高的焊接材料。在焊接要求较高的合金钢、合金和活性金属时，应尽量用低氧或无氧的焊接材料。例如，采用高纯度的惰性气体作为保护气体，采用低氧或无氧焊条、焊剂，甚至在真空环境中焊接。

（2）采用冶金方法进行脱氧。通过向焊丝或焊条药皮中添加合金元素，使这些合金元素在焊接过程中被氧化，从而保护被焊金属不被氧化。脱氧的目的就是尽量减少焊缝中的含氧量，即减少金属中溶解的氧，排除脱氧产物，同时尽量减少金属中的氧化物夹杂。

（3）控制焊接参数。增加电弧电压，使空气侵入电弧，并增氧与熔滴的接触时间，造成焊缝含氧量增加。所以，为了减少焊缝含氧量应采用短弧焊。此外，焊接方法、熔滴过渡特性、电流的种类等对焊缝含氧量也有一定的影响。但需要指出，用控制焊接工艺参数的方法减少焊缝含氧量的作用是有限的，必须结合冶金的方法进行脱氧。

2.3 熔渣及其对金属的作用

2.3.1 焊接熔渣

1. 熔渣的作用、成分及分类

1）熔渣在焊接过程中的作用

（1）机械保护作用。焊接时形成的熔渣覆盖在熔滴和熔池的表面上，把液态金属与空气隔离，避免液态金属的氧化和氮化。熔渣凝固后形成的渣壳覆盖在焊缝上，可以防止处于高温的焊缝金属受空气的有害作用。

（2）改善焊接工艺性能的作用。良好的焊接工艺性能是保证焊接化学冶金过程顺利进行的前提。在熔渣中加入适当的物质可使电弧容易引燃、稳定燃烧，减少飞溅，保证具有良好的操作性、脱渣性和焊缝成形等。

（3）冶金处理作用。熔渣和液体金属能够发生一系列物化反应，从而对焊缝金属的成分造成很大的影响。在一定的条件下熔渣可以去除焊缝中的有害杂质，如脱氧、脱硫、脱磷、去氢，还可以使焊缝金属合金化。总之，通过控制熔渣的成分和性能，可以在很大程度上调整和控制焊缝金属的成分和性能。

2）熔渣的成分和分类

（1）盐型熔渣。主要是由金属氟酸盐、氯酸盐和不含氧的化合物组成的。如常用的 CaF_2-NaF、CaF_2-$BaCl_2$-NaF、KCl-NaCl-Na_3AlF_6、BaF-MgF_2-CaF_2-LiF 等都属于这个类型熔渣。盐型熔渣的氧化性很小，主要用于焊接铝、钛和其他化学活性金属及其合金。在某些情况下，也用于焊接含活性元素的高合金钢。

（2）盐-氧化物型熔渣。这类熔渣主要是由氟化物和强金属氧化物组成的。如常用的 CaF_2-CaO-Al_2O_3、CaF_2-CaO-SiO_2、CaF_2-CaO-Al_2O_3-SiO_2 等都属于这个类型的熔渣。这个类型的熔渣氧化性较小，主要用于焊接合金钢及合金。

（3）氧化物型熔渣。这类熔渣主要是由金属氧化物组成的。如应用广泛的 MnO-SiO_2、FeO-MnO-SiO_2、CaO-TiO_2-SiO_2 等渣系都属于这个类型的熔渣。这类熔渣一般含有较多的弱金属氧化物（如 MnO、SiO_2 等），因此氧化性较强，主要用于焊接低碳钢和低合金钢。

实际的焊接熔渣是一个多种成分的复杂体系。为方便研究，往往把含量少、影响小的次要成分舍去，简化为由含量多、影响大的成分组成的渣系。例如，表 2.10 列举一些焊条和焊剂的熔渣成分，其中低氢型焊条的熔渣，可简化为 CaO-SiO_2-CaF_2 三元渣系。

表 2.10 焊接熔渣的化学成分举例

焊条和焊剂	熔渣类型	SiO₂	TiO₂	Al₂O₃	FeO	MnO	CaO	MgO	Na₂O	K₂O	CaF₂	B_1	B_2
钛铁矿型		29.2	14.0	1.1	15.6	26.5	8.7	1.3	1.4	1.1	—	0.88	-0.1
钛型		23.4	37.7	10.0	6.9	11.7	3.7	0.5	2.2	2.9	—	0.43	-2.0
钛钙型	氧化物型	25.1	30.2	3.5	9.5	13.7	8.8	5.2	1.7	2.3	—	0.76	-0.9
纤维素型		34.7	17.5	5.5	11.9	14.4	2.1	5.8	3.8	4.3	—	0.60	-1.3
氧化铁型		40.4	1.3	4.5	22.7	19.3	1.3	4.6	1.8	1.5	—	0.60	-0.7
低氢型	盐-氧化物型	24.1	7.0	1.5	4.0	3.5	35.8	—	0.8	0.8	20.3	1.86	0.9
焊剂 251		18.2~22.0	—	18.0~23.0	≤1.0	7.0~10.0	3.0~6.0	14.0~17.0			23.0~30.0	1.15~1.44	0.048~0.49
焊剂 430	氧化物型	38.5		1.3	4.7	43.0	1.7	0.45			6.0	0.62	-0.33

2．熔渣的结构理论

熔渣的物化性质及其与金属的作用与液态熔渣的内部结构有密切的关系。关于液态熔渣的结构，目前有两种理论：分子理论和离子理论。

1）分子理论

熔渣的分子理论是以对凝固熔渣的相分析和化学成分分析结果作为依据，其要点如下：

（1）液态熔渣是由化合物的分子组成的。其中包括氧化物的分子（如 CaO、SiO₂ 等）、复合物的分子（如 CaO·SiO₂、MnO·SiO₂ 等），以及氟化物、硫化物的分子等。

（2）氧化物及其复合物处于平衡状态。例如熔渣中进行如下反应：

$$CaO + SiO_2 \Leftrightarrow CaO \cdot SiO_2 \tag{2.15}$$

升温时，反应式（2.15）向左进行；降温时则反方向进行。各种复合物的稳定性可用它们的生成热效应来衡量。生成热效应越大，复合物越稳定。

（3）只有自由氧化物才能参与和液态金属的反应。例如，只有渣中自由的 FeO 才能参与下面的反应：

$$(FeO) + [C] = [Fe] + CO \tag{2.16}$$

而硅酸铁 $(FeO)_2 \cdot SiO_2$ 中的 FeO 不能参与上述反应。

分子理论能简明地、定性地解释熔渣与金属的冶金反应。但分子理论假设的熔渣结构与实际不符，致使许多重要现象，比如熔渣的导电性就无法解释，因此又出现了离子理论。

2）离子理论

离子理论是在研究熔渣的电化学性质的基础上提出的，其要点有以下几点。

（1）液态熔渣是由阴阳离子组成的。熔渣中离子的种类和存在的形式取决于熔渣的成分和温度。一般来说，负电性大的元素以阴离子的形式存在，如 F^-、O^{2-}、S^{2-} 等；负电性小的元素形成阳离子，如 K^+、Na^+、Ca^{2+}、Mg^{2+}、Fe^{2+}、Mn^{2+} 等。还有一些负电性比较大的元素，如 Si、Al、B 等，其阴离子往往不能独立存在，而与氧离子形成复杂的阴离子，如 SiO_4^{4-}、$Si_3O_9^{6-}$、$Al_3O_7^{5-}$ 等。

（2）离子的分布和相互作用取决于它的综合矩。离子的综合矩可表示为

$$综合矩 = z \cdot r^{-1} \tag{2.17}$$

式中：z 为离子的电荷（静电单位/cm）；r 为离子的半径（10^{-1}nm）。

表 2.11 为各种离子在 0℃时的综合矩。当升高温度时，r 增大，综合矩减小，但表中综合矩大小的顺序不发生改变。

表 2.11 离子的综合矩

离子	离子半径/nm	综合矩×10^2/（静电单位/cm）	离子	离子半径/nm	综合矩×10^2/（静电单位/cm）
K^+	0.133	3.61	Ti^{4+}	0.068	28.2
Na^+	0.095	5.05	Al^{3+}	0.050	28.8
Ca^{2+}	0.106	9.00	Si^{4+}	0.041	47.0
Mn^{2+}	0.091	10.6	F^-	0.133	3.60
Fe^{2+}	0.083	11.6	PO_4^{3-}	0.276	5.20
Mg^{2+}	0.078	12.9	S^{2-}	0.174	5.60
Mn^{3+}	0.070	20.6	SiO_4^{4-}	0.279	6.90
Fe^{3+}	0.067	21.5	O^{2-}	0.132	7.30

离子的综合矩越大，说明它的静电场越强，与异号离子的引力越大。由表 2.11 可知，阳离子中 Si^{4+} 的综合矩最大，而阴离子中 O^{2-} 的综合矩最大，所以二者结合为复杂的硅氧阴离子或更复杂的离子团。

综合矩的大小还影响离子在渣中的分布。相互作用力大的异号离子彼此接近形成集团，相互作用力弱的异号离子也形成集团。所以当离子的综合矩相差较大时，熔渣的化学成分在微观上是不均匀的，离子的分布是近似有序的。

盐型熔渣主要含简单的阴阳离子，且综合矩差异不大，可认为是结构简单的均匀离子溶液。盐-氧化物型熔渣属于结构比较复杂的化学成分微观不均匀的离子溶液。氧化物型熔渣是具有复杂网络结构的化学成分更不均匀的离子溶液。

（3）熔渣与金属的作用是熔渣离子与金属原子交换电荷的过程。例如，硅还原铁氧化的过程是铁原子和硅离子在两相界面上交换电荷的过程，即

$$(Si^{4+}) + 2[Fe] = 2(Fe^{2+}) + [Si] \tag{2.18}$$

反应结果是硅进入了金属中，而铁变成离子进入了熔渣。

需要指出，实际的焊接熔渣是十分复杂的，在有些熔渣中不仅有离子，而且还有少量分子。虽然离子理论比分子理论更合理，但目前尚缺乏系统的热力学资料，故在焊接冶金中仍应用分子理论。

3. 焊接熔渣的性能

1）熔渣的碱度

碱度是熔渣的重要化学性质。熔渣的其他物化性质，如熔渣的活性、黏度和表面张力等都与熔渣的碱度有密切关系。不同的熔渣结构理论对碱度的定义和计算方法是不同的。

分子理论认为熔渣中的氧化物按其性质可分为三类。

（1）酸性氧化物。按照酸性由强变弱的顺序有 SiO_2、TiO_2、P_2O_5 等。

（2）碱性氧化物。按照碱性由强变弱的顺序有 K_2O、Na_2O、CaO、MgO、BaO、MnO、

FeO 等。

（3）中性氧化物。主要有 Al_2O_3、Fe_2O_3、Cr_2O_3 等。这些氧化物在不同性质的渣中可呈酸性，也可呈碱性。例如，在强酸性渣中呈弱碱性，而在强碱性渣中呈弱酸性。

根据分子理论碱度 B 的定义为

$$B = \frac{\sum(R_2O + RO)}{\sum RO_2} \tag{2.19}$$

式中：B 为熔渣碱度；R_2O、RO 为熔渣中碱性氧化物的摩尔分数；RO_2 为熔渣中酸性氧化物的摩尔分数。

碱度 B 的倒数称为酸度。根据碱度值可将焊接熔渣分为酸性渣和碱性渣。从理论上讲，当 $B>1$ 时为碱性渣；$B<1$ 时为酸性渣；$B=1$ 时为中性渣。实际上用式（2.19）计算是不准确的。根据经验，当 $B>1.3$ 时，熔渣才是碱性的。产生这种现象的原因是式（2.19）中既没有考虑氧化物的酸碱性强弱程度是不同的，也没有考虑碱性氧化物和酸性氧化物形成中性复合物的情况。

鉴于上述两点，对式（2.19）进行修正，提出了比较精确的计算公式：

$$B_1 = \frac{w[0.018CaO + 0.015MgO + 0.006CaF_2 + 0.014(Na_2O + K_2O) + 0.007(MnO + FeO)]}{w(SiO_2) + 0.005[w(Al_2O_3) + w(TiO_2) + w(ZrO_2)]} \tag{2.20}$$

式中：CaO、MgO、CaF_2、SiO_2……以质量分数计；w 为焊剂组成物的质量分数。

当 $B_1>1$ 时为碱性渣；$B_1<1$ 时为酸性渣；$B_1=1$ 时为中性渣。表 2.10 中的 B_1 值就是用式（2.20）计算的结果。可以看出，只有低氢型焊条和焊剂 251 的熔渣才是碱性的，这符合实际情况。

离子理论把液态熔渣中自由氧离子的浓度（或氧离子的活度）定义为碱度。所谓自由氧离子就是游离状态的氧离子。渣中自由氧离子的浓度越大，其碱度越大。在离子理论计算碱度的方法中，最常用的是日本的森氏法，即

$$B_2 = \sum_{i=1}^{n} a_i M_i \tag{2.21}$$

式中：M_i 为渣中第 i 种氧化物的摩尔分数；a_i 为渣中第 i 种氧化物的碱度系数，如表 2.12 所示。

表 2.12 氧化物的 a_i 值及相对分子质量

分类	氧化物	a_i 值	相对分子质量
碱性	K_2O	9.00	94.2
	Na_2O	8.50	62.0
	CaO	6.05	56.0
	MnO	4.80	71.0
	MgO	4.00	40.3
	FeO	3.40	72.0
酸性	SiO_2	−6.31	60.0
	TiO_2	−4.97	80.0
	ZrO_2	−0.20	123.0
	Al_2O_3	−0.20	102.0
	Fe_2O_3	0.00	159.7

当 $B_2>0$ 时为碱性渣；当 $B_2<0$ 时为酸性渣；$B_2=0$ 时为中性渣。表 2.10 中的 B_2 值就是用式（2.21）计算的结果。可以看出与式（2.20）的计算结果是一致的。根据熔渣的碱度可把焊条和焊剂分为酸性和碱性两大类，它们的冶金性能和工艺性能以及焊缝的成分、性能都有显著的不同。

2）熔渣的黏度

黏度是熔渣的重要物理性质之一。它对熔渣的保护效果、焊接工艺性能和化学冶金都有显著的影响。因此控制熔渣的黏度是保证焊接过程正常进行的重要条件之一。熔渣的黏度取决于熔渣的成分和温度，实质上取决于熔渣的结构。结构越复杂，阴离子的尺寸越大，熔渣质点移动越困难，渣的黏度也就越大。

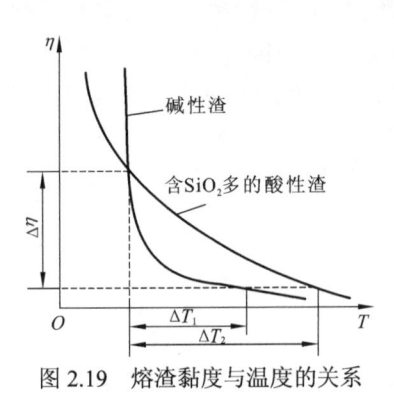

（1）温度对黏度的影响。熔渣黏度与温度的关系，如图 2.19 所示。可以看出，随着温度的升高，熔渣黏度下降。酸性渣黏度曲线下降比较缓慢，而碱性渣黏度曲线下降比较迅速。当这两种渣的黏度都变化 $\Delta\eta$ 时，含 SiO_2 多的酸性渣对应的温度变化 ΔT_2 较大，即凝固时间长，称为长渣。长渣不适合仰焊。而碱性渣对应的温度变化 ΔT_1 较小，即凝固时间短，称为短渣。低氢型和氧化钛型焊条的熔渣属于短渣，适用于全位置焊接。

图 2.19 熔渣黏度与温度的关系

（2）熔渣成分对黏度的影响。在酸性渣中加入 SiO_2，使 Si—O 阴离子的聚合程度增大，其尺寸也增大，因而使黏度迅速升高。减少 SiO_2，增加 TiO_2，可减少复杂的 Si—O 离子，降低高温时的黏度。含 TiO_2 多的酸性渣已不是玻璃状渣，而是接近晶体状的渣，即变为短渣。在酸性渣中加入碱性氧化物能破坏 Si—O 离子键，减小其尺寸，因而可降低黏度。

在碱性渣中加入高熔点的碱性氧化物（如 CaO）则可能出现未熔化的固体颗粒，增大渣的流动阻力，使黏度升高。这时加入少量 SiO_2，则因 CaO 与 SiO_2 形成低熔点的硅酸盐（如 $CaO·SiO_2$，熔点 1 540 ℃），使黏度下降。焊钢用熔渣的黏度在 1 500 ℃左右时为 0.1～0.2 Pa·S 比较合适。

3）熔渣的表面张力

熔渣的表面张力对熔滴过渡、焊缝成形、脱渣性以及许多冶金反应都有重要的影响。

熔渣的表面张力实际上是气相与熔渣之间的界面张力。物质的表面张力与其中质点之间的作用力大小有关，或者说与化学键的键能有关。键能越大，表面张力越大。一般地，金属键的键能最大，所以液体金属的表面张力最大；具有离子键的物质，如 CaO、MgO、FeO、MnO 等键能比较大，它们的表面张力也较大；具有共价键的物质，如 TiO_2、SiO_2、B_2O_3、P_2O_5 键能较小，其表面张力也较小。

在熔渣中加入酸性氧化物 TiO_2、SiO_2、B_2O_3 等，由于它们形成综合矩较小的阴离子，与阳离子的结合力较弱，而使表面张力减小。在熔渣中加入碱性氧化物 CaO、MgO、MnO 等，可以增加表面张力。此外，加入 CaF_2 也能降低焊接熔渣的表面张力。因为液态 CaF_2 的表面张力在 1 470～1 550 ℃时，仅为 0.28 N/m。

升高温度熔渣的表面张力减小。这是因为温度升高使离子的半径增大，综合矩减小，离子之间的距离增大，相互作用力减弱。

4）熔渣的熔点

熔渣的熔点是影响焊接工艺性能和质量的重要因素之一，因此要求熔渣的熔点（或药皮的熔点）与焊丝和母材的熔点相匹配。

焊接熔渣是一个多元体系，它的固液转变是在一定温度区间进行的，常把固态熔渣开始熔化的温度称为熔渣的熔点。焊条药皮的熔点是指药皮开始熔化的温度，又称造渣温度。药皮的熔点越高，其熔渣的熔点也越高。熔渣（或药皮）的熔点取决于组成物的种类、数量和颗粒度。药皮中难熔的物质越多，颗粒度越大，其熔点越高。适于焊接钢的熔渣熔点一般在1 150～1 350 ℃。

2.3.2 熔渣对金属的氧化

1. 扩散氧化

焊接钢时，FeO 既溶于熔渣又溶于液态钢，在一定温度下平衡时，它在两相中的浓度符合分配定律：

$$L = \frac{(FeO)}{[FeO]} \tag{2.22}$$

在温度不变的情况下，当增加熔渣中 FeO 的浓度时，它将向熔池中扩散，使焊缝中的含氧量增加。图 2.20 是焊接低碳钢时的结果。可以看出，焊缝中的含氧量随着熔渣中 FeO 含量的增加呈线性增加。

FeO 的分配常数与温度和熔渣的性质有关。在 SiO_2 饱和的酸性渣中为

$$\lg L = \frac{4\,906}{T} - 1.877 \tag{2.23}$$

在 CaO 饱和的碱性渣中为

$$\lg L = \frac{5\,014}{T} - 1.980 \tag{2.24}$$

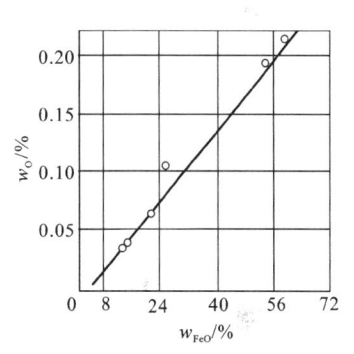

图 2.20 熔渣中 FeO 含量与焊缝中含氧量的关系

由式（2.23）和式（2.24）可知，温度 T 升高，L 减小，即在高温时 FeO 向液态钢中分配。由此推断，扩散氧化主要是在熔滴阶段和熔池高温区进行的。但是，在焊接温度下，L>1，即 FeO 在渣中的分配量总是大一些。

比较式（2.23）和式（2.24）可知，在同样温度下，FeO 在碱性渣中比在酸性渣中更容易向金属中分配。也就是说，在熔渣 FeO 含量相同的情况下，采用碱性渣焊接时焊缝含氧量比酸性渣时多，如图 2.21 所示。这是因为碱性渣含 SiO_2、TiO_2 等酸性氧化物较少，FeO 的活度大，易向金属中扩散，使焊缝增氧。因此，在碱性焊条药皮中一般不加入含 FeO 的物质，并要求焊接时清除焊件表面上的氧化皮和铁锈，否则会使焊缝增氧，还可能产生气孔等焊接缺欠。相反，酸性渣含 SiO_2、TiO_2 等酸性氧化物较多，它们与 FeO 形成复合物（如 $FeO·SiO_2$），使 FeO 的活度减小，

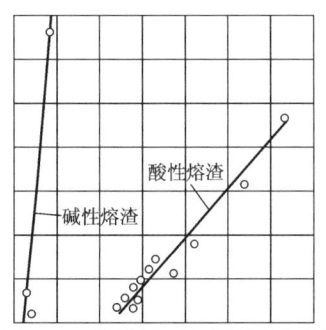

图 2.21 熔渣性质与焊缝含氧量的对应关系

故在渣中 FeO 含量相同的情况下,焊缝含氧量减少。

但是,不能由此认为碱性焊条的焊缝含氧量比酸性焊条高。实际上恰恰相反,碱性焊条的焊缝含氧量比酸性焊条低,这是因为碱性焊条药皮的氧化势小的缘故。也就是说上述分析的"熔渣中 FeO 含量相同"这个假设前提条件实际上是不可能的。

2. 置换氧化

如果熔渣中含有较多容易分解的氧化物,它们就可能与液态铁发生置换反应,其结果使铁氧化,该氧化物中的元素被还原。例如,用低碳钢焊丝配合高锰高硅焊剂(如 HJ 431)埋弧焊时,发生如下反应:

$$(SiO_2) + 2[Fe] \Leftrightarrow [Si] + 2 \genfrac{}{}{0pt}{}{(FeO)\uparrow}{[FeO]\downarrow}$$

$$\lg K_{Si} = \lg \frac{(FeO)^2[Si]}{(SiO_2)} = -\frac{13\,460}{T} + 6.04 \qquad (2.25)$$

$$(MnO) + [Fe] \Leftrightarrow [Mn] + \genfrac{}{}{0pt}{}{(FeO)\uparrow}{[FeO]\downarrow}$$

$$\lg K_{Mn} = \lg \frac{(FeO)[Mn]}{(MnO)} = -\frac{6\,600}{T} + 3.16 \qquad (2.26)$$

反应结果使铁氧化,生成的 FeO 大部分进入熔渣,小部分溶于液态熔池中使焊缝增氧。同时,使焊缝增硅、增锰。

上述反应的方向和限度取决于温度及反应物质的活性与浓度等。由式(2.25)和式(2.26)可知,升高温度则平衡常数大,反应向右进行。说明置换氧化主要发生在熔滴阶段和熔池前部的高温区域。表 2.13 中的试验数据也证明了这个论点。在熔池的后部,由于温度下降而使上述反应向左进行,此时已还原的硅、锰有一部分又被氧化,所生成的 SiO_2、MnO 有可能在焊缝中形成非金属夹杂物。但是,由于温度低、反应速度慢,所以总的结果是焊缝中增氧、增锰、增硅。

表 2.13 各反应区中金属的成分

分析对象	Si 质量分数/%	Mn 质量分数/%
母材	0.01	0.52
焊丝	0.01	0.45
焊丝端部熔滴金属	0.15	0.63
基本上由焊丝构成的焊缝(间接电弧)	0.20	0.86
完全由母材构成的焊缝(不熔化极)	0.04	0.56
由母材和焊丝混合成的焊缝	0.10~0.15	0.60~0.65

虽然上述反应使焊缝增氧,但是由于硅、锰的含量同时增加,综合的结果使焊缝性能仍能满足使用要求。所以采用高锰高硅焊剂配合低碳钢焊丝的埋弧焊工艺广泛应用于低碳钢和低合金钢的焊接实践中。对于中、高合金钢的焊接,如果焊缝增氧、增硅,会造成焊缝金属

抗裂性及力学性能降低，特别是低温韧性显著降低。

2.3.3 焊缝金属的脱氧

1. 脱氧的目的和选择脱氧剂的原则

脱氧的目的是尽量减少焊缝金属氧化及焊缝中的含氧量。一方面要防止被焊金属的氧化，减少在液态金属中溶解的氧；另一方面要排除脱氧后的产物，因为它们是焊缝中非金属夹杂物的主要来源，而这些夹杂物会使焊缝含氧量增加。

脱氧的主要措施是在焊丝、焊剂或药皮中加入合适的元素或铁合金，使之在焊接过程中夺取氧。用于脱氧的元素或铁合金称为脱氧剂。为了达到脱氧的目的，选择脱氧剂应遵循以下原则。

（1）脱氧剂在焊接温度下对氧的亲和力应比被焊金属对氧的亲和力大。由图2.18可知，焊接铁基合金时，Al、Ti、Si、Mn等可作为脱氧剂。实际生产中常用它们的铁合金或金属粉末来脱氧，如钛铁、硅铁、锰铁、铝粉等。在其他条件相同的情况下，元素对氧的亲和力越大，脱氧能力越强。

（2）脱氧的产物应不溶于液态金属，其密度也应小于液态金属的密度。同时应尽量使脱氧产物处于液态，使脱氧产物容易在液态金属中聚合成大的质点，尽快上浮到渣中，以减少夹杂物的数量，提高脱氧效果。

（3）必须考虑脱氧剂对焊缝成分、性能以及焊接工艺性能的影响。在满足技术要求的前提下，还应考虑经济性。

焊接化学冶金反应是分区域进行的。脱氧反应也是分区域连续进行的，按其进行的方式和特点可分为先期脱氧、沉淀脱氧和扩散脱氧。

2. 先期脱氧

在药皮加热阶段，固态药皮中进行的脱氧反应叫作先期脱氧。其特点是脱氧过程和脱氧产物与熔滴不发生直接关系。先期脱氧反应主要发生在焊条端部反应区。

含有脱氧剂的药皮被加热时，其中的高价氧化物或碳酸盐分解出的氧和二氧化碳与脱氧剂发生反应。例如，Al、Ti、Si、Mn的先期脱氧反应可简写为

$$Fe_2O_3 + Mn = MnO + 2FeO$$

$$FeO + Mn = MnO + Fe$$

$$MnO_2 + Mn = 2MnO$$

$$2CaCO_3 + Ti = 2CaO + TiO_2 + 2CO$$

$$3CaCO_3 + Al = 3CaO + Al_2O_3 + 3CO$$

$$2CaCO_3 + Si = 2CaO + SiO_2 + 2CO$$

$$CaCO_3 + Mn = CaO + CO + MnO$$

上述反应的结果使气相的氧化性减弱。因Al和Ti对氧的亲和力很大，它们在先期脱氧的过程中绝大部分被烧损，故它们沉淀脱氧的作用不大。先期脱氧的效果取决于脱氧剂对氧的亲和力、它的粒度、氧化剂与脱氧剂的比例、焊接电流密度等因素。

应指出，由于药皮加热阶段温度低，传质条件差，先期脱氧是不完全的，需进一步脱氧。

3. 沉淀脱氧

沉淀脱氧是在熔滴和熔池内进行的，原理是脱氧剂和 FeO 直接反应而把铁还原，脱氧产物浮出液态金属。按照质量作用定律进行的沉淀脱氧对于减少焊缝含氧量起着重要的作用。常用的沉淀脱氧反应有以下几种。

（1）Mn 的脱氧反应。在焊条药皮中加入适量的锰铁或焊丝中含有较多的 Mn，可进行脱氧反应：

$$[Mn]+[FeO]=[Fe]+(MnO)$$

$$K = \frac{\alpha_{MnO}}{\alpha_{Mn}\alpha_{FeO}} = \frac{\gamma_{MnO}(MnO)}{\alpha_{Mn}\alpha_{FeO}}$$

式中：γ_{MnO} 为渣中 MnO 的活度系数；α_{MnO} 为渣中 MnO 的活度；α_{Mn} 为金属中 Mn 的活度；α_{FeO} 为金属中 FeO 的活度。

当金属中含 Mn 和 FeO 量少时，则 $\alpha_{MnO}\approx[Mn\%]$，$\alpha_{FeO}\approx[FeO\%]$，于是得到：

$$[FeO\%] = \frac{\gamma_{MnO}(MnO)}{K[Mn\%]} \tag{2.27}$$

由式（2.27）可知，增加金属中的含锰量，减少渣中的 MnO 可以提高脱氧效果。

熔渣的性质对锰的脱氧效果也有很大的影响。在酸性渣中含有较多的 SO_2 和 TiO_2，它们与脱氧产物 MnO 生成复合物 $MnO \cdot SiO_2$ 和 $MnO \cdot TiO_2$，从而使 γ_{MnO} 减小，因此脱氧效果较好。相反，在碱性渣中 γ_{MnO} 较大，不利于锰脱氧。所以，一般酸性焊条用锰铁作为脱氧剂，而碱性焊条不单独用锰铁作脱氧剂。

（2）Si 的脱氧反应。Si 脱氧反应式为

$$[Si] + 2[FeO] = 2[Fe] + (SiO_2)$$

$$[FeO\%] = \sqrt{\frac{\gamma_{SiO_2}(SiO_2)}{K[Si\%]}} \tag{2.28}$$

显然，提高熔渣的碱度和金属中的含硅量，可以改善硅的脱氧效果。

硅的脱氧能力比锰大，但生成的 SiO_2 熔点高（表 2.14），通常认为它处于固态并且不易聚合为大的质点；同时 SiO_2 与钢液的界面张力小，湿润性好，不易从钢液中分离，所以易造成夹杂。因此，一般不单独用硅脱氧。

表 2.14 几种化合物的熔点和密度

参数	FeO	MnO	SiO_2	TiO_2	Al_2O_3	$(FeO)_2SiO_2$	$MnO \cdot SiO_2$	$(MnO)_2SiO_2$
熔点/℃	1 370	1 580	1 713	1 825	2 050	1 205	1 270	1 326
密度/（g/cm³）（20 ℃）	5.80	5.11	2.26	4.07	3.95	4.30	3.60	4.10

（3）硅锰联合脱氧。把锰和硅按适当比例加入金属中进行联合脱氧，可以得到较好的脱氧效果。实践证明，当[Mn]/[Si]=3～7 时，脱氧产物可形成硅酸盐 $MnO \cdot SiO_2$，它的密度小，熔点低，如表 2.14 所示，在钢液中处于液态，如图 2.22 所示。因此容易聚合为半径大的质点，如表 2.15 所示，浮到熔渣中去，减少焊缝中的夹杂物，从而降低焊缝中的含氧量。

表 2.15 金属中[Mn]/[Si]对脱氧产物质点半径的影响

参数	1.25	1.98	2.78	3.60	4.18	8.70	15.90
最大质点半径（cm）	0.000 75	0.001 45	0.012 6	0.012 85	0.018 35	0.001 95	0.000 6

在 CO_2 保护焊时，根据硅锰联合脱氧的原则，常在焊丝中加入适当比例的锰和硅。通常焊丝中 [Mn]/[Si]=1.5～3。由表 2.16 可知，用硅锰焊丝所形成的熔渣主要由 MnO 和 SiO_2 组成。焊缝中的锰硅比不同，在图 2.22 占有不同的位置，即脱氧产物的形态不同。从图 2.22 可以看出，当 [Mn]/[Si]=3.1 时，脱氧产物处于 IV 的位置，为液态，所以焊缝中夹杂物较少。而当 [Mn]/[Si] 小时，脱氧产物出现固态 SiO_2，所以焊缝中夹杂物增多。

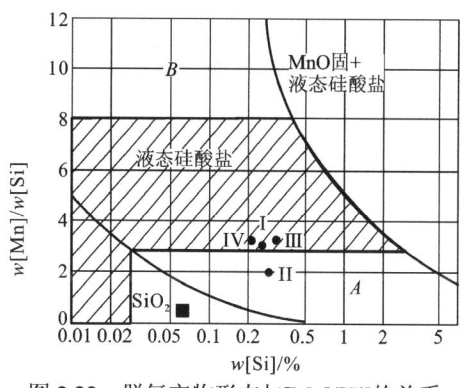

图 2.22 脱氧产物形态与[Mn]/[Si]的关系
A、B—固体+液态硅酸盐区，1 600 ℃

其他焊接材料也可利用硅锰联合脱氧的原则。例如，在碱性焊条药皮中一般加入锰铁和硅铁进行联合脱氧，脱氧效果较好。

表 2.16 CO_2 保护焊低碳钢时焊缝成分与夹杂物的关系

焊丝	焊缝成分（%）				渣的成分（%）				焊缝夹杂物（%）	参见图 2.22 上的位置
	[Mn]/[Si]	C	Mn	Si	MnO	SiO_2	FeO	S		
H08MnSiA	2.6	0.13	0.78	0.29	38.7	48.2	10.6	0.016	0.014	I
	1.7	0.14	0.82	0.47						II
H08Mn2SiA	2.74	0.12	0.85	0.31	47.6	41.9	8.5	0.05	0.009	III
	3.1	0.14	0.72	0.23						IV

4. 扩散脱氧

扩散脱氧是在液态金属与熔渣界面上进行，是以分配定律为理论基础的。

由式（2.23）和式（2.24）可知，当温度下降时，FeO 的分配系数 L 增大，即发生扩散过程：

$$FeO \rightarrow (FeO)$$

这就是在熔池的后部的低温区进行的扩散脱氧。

在酸性渣中，由于 SiO_2 和 TiO_2 能与 FeO 生成复合物 $FeO \cdot SiO_2$ 和 $FeO \cdot TiO_2$，而使 FeO 的活度减小。所以，酸性渣有利于扩散脱氧，而碱性渣扩散脱氧的能力较差。

焊接时熔池和熔渣的强烈搅拌作用，在吹力的作用下熔渣不断地向熔池后部运动，这些都有利于沉淀脱氧与扩散脱氧的进行。但是，在焊接条件下冷却速度比较大，扩散时间短，因此扩散脱氧是不充分的。

2.3.4 焊缝金属的脱硫、脱磷

1. 硫的危害及控制措施

硫是焊缝金属中的有害元素。通常硫以 MnS、FeS 两种形式存在于钢中，其中 MnS 对金属的性能影响不大，因为 MnS 不溶于液态铁而是上浮到熔渣中。即使有少量的 MnS 以夹杂物的形式存在于焊缝中，也是以弥散质点的形式分布。当硫以 FeS 的形式存在时危害性最大。

因为它与液态铁几乎可以无限互溶,而在室温下它在固态铁中的溶解度仅为0.015%~0.02%。在熔池凝固时FeS容易发生偏析,以低熔点共晶Fe+FeS(熔点为985℃)或FeS+FeO(熔点为940℃)的形式呈片状或链状分布于晶界。因此增加了焊缝金属产生结晶裂纹的倾向,同时还会降低冲击韧性和耐腐蚀性。在焊接合金钢,尤其是高镍合金钢时,硫的有害作用更为严重。因为硫与镍形成NiS,而NiS又与Ni形成熔点更低的共晶NiS+Ni(熔点644℃),所以产生结晶裂纹的倾向更大。当钢焊缝含碳量增加时,会促进硫的偏析,从而增加它的危害性。由于上述原因,应尽量减少焊缝中的含硫量。

控制焊缝中硫的措施有以下方法。

(1) 限制焊接材料中的含硫量。焊缝中的硫主要来源于三个方面:一是母材,其中的硫几乎可以全部过渡到焊缝中去,但母材的含硫量比较低;二是焊丝,其中的硫约有70%~80%可以过渡到焊缝中去;三是药皮或焊剂,其中的硫约有50%可以过渡到焊缝中。可见,严格控制焊接材料的含硫量是限制焊缝含硫量的关键措施。

制造焊接材料时,应严格按照有关标准选择原材料。低碳钢及低合金钢焊丝的含硫量应小于0.03%,合金钢焊丝应小于0.025%,不锈钢焊丝应小于0.02%。药皮、药芯和焊剂的原材料都含有一定的硫,应严加控制。当某些材料含硫量过高时,应预先进行处理,使含硫量降低到要求的范围内。

(2) 用冶金的方法脱硫。选择对硫亲和力比铁大的元素进行脱硫反应,例如:

$$[FeS]+[Mn]=(MnS)+[Fe]$$

$$\lg K = \frac{8220}{T} - 1.86 \qquad (2.29)$$

反应产物MnS实际上不溶于钢液,其大部分进入熔渣,少量地残留在焊缝中形成硫化物或氧硫化物夹杂。夹杂物以点状弥散分布,危害较小。由式(2.29)可以看出,降低温度,平衡常数增大,有利于脱硫。然而,从动力学的角度看,熔池后部温度低、冷却快、反应时间短,实际上不利于脱硫,所以必须增加熔池中的含锰量(>1%),才能得到较好的脱硫效果。

熔渣中的碱性氧化物,如MnO、CaO、MgO等,也能进行脱硫:

$$[FeS]+(MnO)=(MnS)+(FeO)$$
$$[FeS]+(CaO)=(CaS)+(FeO)$$
$$[FeS]+(MgO)=(MgS)+(FeO)$$

上述反应生成的MnS、CaS和MgS不溶于钢液而进入熔渣。显然,增加渣中MnO和CaO的含量,减少FeO的含量,有利于脱硫。

目前常用的焊条药皮和焊剂的碱度都不高(通常$B<2$),脱硫能力有限;而且实际的焊接材料由于碱度不能随意增加、冶金反应时间短等因素,使得焊接时的脱硫效果受限。所以,严格控制焊接材料的含硫量是控硫的主要措施。研究表明,稀土元素不仅可以脱硫和改变硫化物夹杂的尺寸、形态和分布,而且可以提高焊缝的韧性。加强这方面的研究工作,对于解决焊接时的脱硫问题是很有帮助的。

2. 磷的危害及控制措施

磷在多数钢焊缝中是一种有害的杂质。在液态铁中可溶解较多的磷,并认为主要以Fe_2P和Fe_3P的形式存在,而磷在固态铁中的溶解度只有千分之几。磷与铁和镍还可以形成低熔点共晶,如Fe_3P+Fe(熔点1050℃),Ni_3P+Fe(熔点880℃)。因此,在熔池快速凝固时,磷易发生偏析。磷化铁常分布于晶界，减弱了晶粒之间的结合力，同时它本身既硬又脆。这就增加了焊缝金属的冷脆性，即冲击韧度降低，脆性转变温度升高。此外，焊接奥氏体钢或低合金钢焊缝含碳量高时，磷也促使形成结晶裂纹，因此有必要限制焊缝的含磷量。

控制焊缝中磷的措施有以下方法。

（1）限制焊接材料中的含磷量。为减少焊缝的含磷量，首先必须限制母材、填充金属、药皮和焊剂中的含磷量。药皮和焊剂中的锰矿是导致焊缝增磷的主要来源，锰矿中通常含有 0.22%左右的磷，并以$(MnO)_3·P_2O_5$的形式存在。高锰熔炼焊剂含磷量约为 0.15%，而不含锰矿的焊剂一般磷的质量分数不超过 0.05%。

（2）用冶金的方法脱磷。磷一旦进入液态金属，就应当采用脱磷的方法将其清除。脱磷反应分为两步：先将磷氧化生成 P_2O_5；再使 P_2O_5 与渣中的碱性氧化物生成稳定的磷酸盐。两步合并的反应式为

$$2[Fe_3P]+5(FeO)+3(CaO)=((CaO)_3·P_2O_5)+11[Fe]$$
$$2[Fe_3P]+5(FeO)+4(CaO)=((CaO)_4·P_2O_5)+11[Fe]$$

由上述反应可以看出，增加熔渣的碱度可减少焊缝的含磷量，这已被焊接试验所证明。

总之，由于焊接熔渣的碱度受焊接工艺性能的制约，不可过分增大；同时，碱性渣不允许含有较多的 FeO，否则会使焊缝增氧，不利于脱硫，甚至产生气孔。所以碱性渣的脱磷效果是很不理想的。酸性渣虽然含有较多的 FeO，有利于磷的氧化，但因碱度低，所以比碱性渣的脱磷能力更低。实际上，焊接时脱磷比脱硫更困难，控制焊缝含磷量的主要措施是严格限制焊接材料中的含磷量。

2.4 合金过渡

2.4.1 合金过渡的目的及方式

所谓合金过渡就是把所需要的合金元素通过焊接材料过渡到焊缝金属（或堆焊金属）中去的过程。

1. 合金过渡的目的

（1）补偿焊接过程中由于蒸发、氧化等原因造成的合金元素的损失。

（2）消除焊接缺陷，改善焊缝金属的组织和性能。例如，为消除因硫引起的结晶裂纹需要向焊缝中加入锰；在焊接某些结构钢时，常向焊缝加入微量的 Ti、B 等元素，以细化晶粒，提高焊缝的韧性。

（3）得到具有特殊性能的堆焊金属。例如，冷加工和热加工用的工具或其他零件（切削刀具、热锻模、轧辊、阀门等），要求表面具有耐磨性、热硬性、耐热性和耐腐蚀性，用堆焊的方法过渡 Cr、Mo、W、Mn 等合金元素，可在零件表面上得到具有上述性能的堆焊层。

由此看来，研究合金过渡的方式及规律具有重要意义。

2. 合金过渡的方式

常用的合金过渡方式有以下几种。

（1）合金焊丝或带极。把所需要的合金元素加入焊丝、带极或板极内，配合碱性药皮或低氧、无氧焊剂进行焊接或堆焊，从而把合金元素过渡到焊缝或堆焊层中去。其优点是可靠性强，焊缝成分均匀、稳定，合金损失少；缺点是合金焊丝或带极制造工艺复杂，成本较高。对于脆性材料，因硬质合金，不能轧制、拔丝，故无法采用这种方式。

（2）药芯焊丝或药芯焊条。药芯焊丝的结构是各式各样的。最简单的是具有圆形断面的，其外皮可用低碳钢或其他合金钢卷制而成，里面填满需要的铁合金及铁粉等物质。用这种药芯焊丝可进行埋弧焊、气体保护焊和自保护焊，也可以在药芯焊丝表面涂上碱性药皮，制成药芯焊条。这种合金过渡方式的优点是，药芯中合金成分的配比可任意调整，从而可得到任意成分的堆焊金属，合金的损失较少；缺点是不容易制造，成本较高。

（3）合金药皮或黏结焊剂。这种方式是把所需要的合金元素以铁合金或纯金属的形式加入药皮或黏结焊剂中，配合普通焊丝使用。它的优点是简单方便，制造容易、成本低。但因氧化损失较大，并有一部分合金元素残留在渣中，故合金利用率较低，合金成分不够稳定、均匀。

（4）合金粉末。将需要的合金元素按比例配制成具有一定粒度的合金粉末，把它输送到焊接区，或直接涂敷在焊件表面或坡口内，它在热源作用下与母材熔合后形成合金化的焊缝或堆焊金属。其优点是合金成分的比例调配方便；不必经过轧制、拔丝等工序；合金的损失小。但合金成分的均匀性较差，制粉工艺较复杂。

此外，还可以通过从金属氧化物中还原金属的方式来合金化，如硅锰还原反应。但这种方式合金化的程度是有限的，还会造成焊缝增氧。

上述合金过渡的方式，在实际生产中可根据具体条件和要求来选择。有时可以两种方式同时使用。

2.4.2 合金过渡系数及其影响因素

1. 合金过渡系数

为了说明在焊接过程中合金元素利用率的高低，常引用过渡系数的概念。合金元素的过渡系数 η 等于它在熔敷金属中的实际含量与它的原始含量之比，即

$$\eta = \frac{C_d}{C_e} = \frac{C_d}{C_{cw} + K_b C_{co}} \tag{2.30}$$

式中：C_d 为合金元素在熔敷金属中含量；C_e 为合金元素的原始含量；C_{co} 为合金元素在药皮中的含量；C_{cw} 为合金元素在焊芯中的含量。

若已知 η 值及有关数据，则可用式（2.30）预先计算出合金元素在熔敷金属中的含量 C_d，再用式（2.9）即可求出它在焊缝中的含量。相反，根据对熔敷金属成分的要求，可求出在焊条药皮中应具有的含量 C_{co}，然后再通过试验加以校正。可见，合金过渡系数对于设计和选择焊接材料是有实用价值的。

应指出，式（2.30）是总的合金过渡系数，它不能说明合金元素由焊丝和药皮每一方面过渡的情况。实际上，这两种过渡形式的合金过渡系数是不相等的，尤其是当药皮氧化性较强时更为明显。只有在药皮氧化性很小，且残留损失不大的情况下，它们的过渡系数才接近相等。在一般情况下，通过焊丝过渡时过渡系数大，而通过药皮过渡时过渡系数较小。为

简化计算，通常都用总过渡系数。

2. 影响过渡系数的因素

1) 合金元素的物化性质

合金元素的沸点越低，其蒸发损失越大，过渡系数越小。合金元素对氧的亲和力越大，其氧化损失越大，过渡系数越小。在 1600 ℃时各种合金元素对氧亲和力由小至大的顺序为 Cu、Ni、Co、Fe、W、Mo、Cr、Mn、V、Si、Ti、Zr、Al。

焊接钢时，位于铁前面的元素几乎无氧化损失，只有残留损失，故过渡系数大；位于铁后面靠近铁的元素，氧化损失较小，其过渡系数较大；而后面远离铁的元素，如 Ti、Zr、Al 等因对氧亲和力很大，氧化损失严重，所以一般很难过渡到焊缝中去。为了过渡这类元素必须创造低氧或无氧焊接条件，如用无氧焊剂、惰性气体保护等。

当用几个合金元素同时合金过渡时，其中对氧亲和力大的元素依靠自身的氧化可减少其他元素的氧化，提高它们的过渡系数。例如，在碱性药皮中加入铝和钛，可提高硅和锰的过渡系数。

2) 合金元素的含量

试验表明，随着药皮或焊剂中合金元素含量的增加，其过渡系数逐渐增加，最后趋于一个定值。药皮（焊剂）的氧化性和元素对氧的亲和力越大，合金元素含量对过渡系数的影响越大。

3) 合金剂的粒度

增加合金剂的粒度，其表面积和氧化损失减少，而残留损失不变，因此过渡系数增大。但如果粒度过大，那么不易熔化，过渡系数减小。

4) 药皮（或焊剂）的成分

药皮或焊剂的成分决定了气相和熔渣的氧化性、熔渣的碱度和黏度，因此对合金过渡系数影响很大。药皮或焊剂的氧化势越大，则合金过渡系数越小。当合金元素及其氧化物在药皮中共存时，由质量作用定律可知，能够提高该元素的过渡系数。若其他条件相同，则合金元素的氧化物与熔渣的酸碱性相同时，有利于提高过渡系数；性质相反，则降低过渡系数。

5) 药皮质量分数

在药皮中合金剂含量相同的条件下，药皮质量系数 K_b 增加，合金过渡系数 η 减小。因为药皮加厚，合金剂进入金属所通过的平均路程增大，造成氧化和残留损失均有所增加。为提高 η 值，可采用双层药皮，即里面一层主要加合金剂，外层加造气和造渣剂及脱氧剂。

第3章 焊接材料

> 焊接材料是焊接时所消耗材料的通称，它包括焊条、焊丝、焊剂、保护气体和衬垫等。焊接材料不仅影响焊接过程的稳定性、焊接接头的性能及质量，同时也影响焊接生产率。因此，正确地选择焊接材料是保证焊接质量的前提。

3.1 焊　条

焊条是涂有药皮的供焊条电弧焊使用的熔化电极，由焊芯和药皮两部分组成。焊条的直径实际上是指焊芯的直径，通常的规格有 2 mm，2.5 mm，3 mm 或 3.2 mm，4 mm，5 mm，5.8 mm 及 6 mm 等，其中比较常用的是 3.2 mm，4 mm，5 mm。

3.1.1 焊芯

1. 焊芯的作用

焊芯在焊接过程中的作用：一是导电产生电弧；二是作为填充金属与接头中的母材金属熔合并形成焊缝。

2. 碳钢焊条焊芯中主要化学元素的作用

碳钢焊条焊芯中的化学元素有 C、Mn、Si、Cr 与 Ni、S 与 P 等。由于焊芯熔化并作为填充金属约占整个焊缝金属的 50%～70%，所以，焊芯中各组成元素的化学成分，直接影响焊缝的质量。碳素结构钢焊芯中各组成元素对焊接过程和焊缝性能的影响如下。

（1）C 在焊接过程中是一种良好的脱氧剂，在高温时与氧化合生成 CO 或 CO_2 气体，这些气体从熔池中逸出，在熔池周围形成气罩，可减少或防止空气中氧、氮与熔池的作用，所以碳能减少焊缝中氧和氮的含量。但含碳量过高时，还原作用剧烈，会增加飞溅和产生气孔，同时会明显地提高焊缝的强度、硬度，降低焊接接头的塑性，并使接头产生裂纹的倾向增大。常用焊芯中的含碳量不大于 0.1%。

（2）Mn 在焊接过程中是很好的脱氧剂和合金剂。它既能减少焊缝中氧的含量，又能与硫化合生成 MnS，起到脱硫作用，还可以减少热裂纹的产生。Mn 可作为合金元素渗入焊缝，使焊缝的机械性能提高。常用焊芯中的含锰量为 0.3%～0.55%。

（3）Si 也是脱氧剂，而且脱氧能力比 Mn 强，与氧形成 SiO_2，但它会增加渣的黏度，黏度过大会促使非金属夹杂物的生成。过多的 Si 还会降低焊缝金属的塑性和韧性。所以焊芯中的含硅量一般限制在 0.03%以下。

（4）Cr 与 Ni 对碳素结构钢焊芯来说都是杂质，是从炼钢原料中混入的。焊接过程中 Cr 易氧化，形成难熔的 Cr_2O_3，使焊缝产生夹渣。Ni 对焊接过程无影响，但对钢的韧性有比较明显的影响。一般低温冲击值要求较高时，可以适当掺入一些 Ni。焊芯中铬的含量一般控制在 0.20% 以下，镍的含量在 0.30% 以下。

（5）S 与 P 都是有害杂质，能使焊缝金属的机械性能降低。硫与铁作用能生成 FeS，它的熔点低于铁，因此使焊缝在高温状态下容易产生热裂纹。磷与铁作用能生成磷化铁（Fe_3P 和 Fe_2P），使熔化金属的流动性增大，在常温下变脆，所以焊缝容易产生冷脆现象。一般焊芯中要求硫与磷的含量不大于 0.04%，在焊接重要结构时，焊芯中要求硫与磷的含量不大于 0.030%。

做焊条芯用的金属丝都是经特殊冶炼且单独规定了它的牌号与成分。这种焊接专用金属丝，用来制造焊条就是焊芯；用作埋弧焊、电渣焊、气焊和气体保护焊等熔焊方法的填充金属时，则称为焊丝。

3.1.2 药皮

压涂在焊芯表面上的涂料层称为药皮。药皮中加入的不同物质在焊接时所起的冶金反应和物理、化学变化，能起到改善焊条工艺性能和改进焊接接头性能的作用。由此可知，药皮也是决定焊接质量的重要因素之一。

1. 药皮类型

根据药皮组成物中主要成分的不同，焊条药皮可分为 6 种不同的类型。不同药皮类型、焊条工艺性能及适用范围，如表 3.1 所示。

表 3.1 焊条药皮类型、主要成分及其工艺性能

类型	主要成分	工艺性能	适用范围
钛型（氧化钛型）E4320	氧化钛（金红石或钛白粉）	焊接工艺性能良好，熔深较浅，交直流两用，电弧稳定，飞溅小，脱渣容易，能进行全位置焊接；焊缝美观，但焊缝金属塑性和抗裂性能较差	一般低碳钢结构的焊接，特别适于薄板焊接
钛钙型（氧化钛钙型）E4303	氧化钛及钙和镁的碳酸盐矿石	焊接工艺性能良好，熔深一般，交直流两用，飞溅小，脱渣容易，适用于全位置焊接，焊缝美观	较重要的低碳钢结构和强度等级较低的普低钢一般结构的焊接
钛铁矿型 E4301	钛铁矿	焊接工艺性能良好，熔深一般，交直流两用，飞溅一般，电弧稳定，适于全位置焊接，焊缝美观	较重要的低碳钢结构和强度等级较低的普低钢一般结构的焊接
氧化铁型（铁锰型）E4327	氧化铁矿及锰铁	焊接工艺性能较差，熔深较大，熔化速度快，焊接生产率高，飞溅稍多，但电弧稳定，再引弧容易，立焊及仰焊操作性较差，焊缝金属抗热裂性能较好，交直流两用	较重要的低碳钢结构和强度等级较低的普低钢一般结构的焊接，特别适用于中等厚度以上钢板的平焊

续表

类型	主要成分	工艺性能	适用范围
纤维素型 E5011	有机物及氧化钛	焊接时能产生大量气体保护熔敷金属,熔深大,交直流两用,电弧强,熔化速度快,熔化渣少,脱渣容易,飞溅一般,对各种位置的焊接的适应性好	一般低碳钢结构的焊接,特别适宜于立焊向下焊及深熔焊接
低氢型 E4315、E4316	碳酸钙(大理石或石灰石)、萤石和铁合金	焊接工艺性能一般,适用于全位置焊接,焊接时要求药皮干燥,采用短电弧焊接,焊缝金属具有特别良好的抗热裂性能、低温冲击性能和机械性能,此焊条一般采用直流电,但药皮中加入稳弧剂后,也能采用交流焊接,例 J426	低碳钢及普低钢重要结构的焊接

2. 药皮原材料的作用

当前制造电焊条药皮所使用的原材料近百种,而常用的约 30 种。药皮原材料的作用归纳起来有以下几种。

(1) 稳弧。主要作用是改善焊条的引弧性能和提高电弧燃烧的稳定性。

(2) 造渣。药皮中某些原材料受焊接热源的作用而熔化,形成具有一定物理、化学性能的熔渣,从而保护熔滴金属和焊接熔池,并能改善焊缝成形。

(3) 造气。药皮中的有机物和碳酸盐在焊接时产生气体,从而起到隔离空气、保护焊接区的作用。

(4) 脱氧。降低药皮或熔渣的氧化性和脱除金属中的氧。

(5) 合金化。其作用就是补偿焊缝金属中有益元素的烧损和获得必要的合金成分。

(6) 黏结。为了把药皮材料涂敷到焊芯上,并使焊条药皮具有一定的强度,在药皮中加入黏结力强的物质。

(7) 成形。某些使药皮具有一定的塑性、弹性及流动性,以便于焊条的压制,使焊条表面光滑而不开裂的物质。

3. 药皮的作用

(1) 防止空气对熔化金属的侵入。焊接时,药皮熔化后产生大量气体笼罩电弧和熔池,使熔化金属与空气隔绝,同时还形成熔渣,覆盖在焊缝的表面保护焊缝金属,而且熔渣还能使焊缝金属缓慢冷却,有利于已融入液体金属中的气体逸出,减少生成气孔的可能性,并能改善焊缝的成形和结晶。

(2) 冶金处理渗合金。通过熔渣与熔化金属的冶金反应,除去有害杂质(如氧、氢、硫、磷)和添加有益的合金元素,使焊缝获得所需的机械性能。

药皮虽然对熔化金属有一定的保护作用,但液态熔池仍不可避免地受到少量空气的侵入而氧化,使液态金属中的合金元素烧损导致焊缝机械性能的降低。因此,在药皮中加入一些还原剂,使氧化物还原,并加入一定量的铁合金或纯合金元素,以弥补合金元素的烧损和提高焊缝金属的机械性能。同时，根据焊条药皮中性能的不同还加入去氢、去硫元素，以提高焊缝金属的抗裂性。

（3）改善焊条工艺性能。焊条的工艺性能主要包括：焊接电弧的稳定性、焊缝的成形，在各种位置上焊接的适应性、脱渣性、飞溅大小、焊条的熔敷率及焊条发尘量等一些评定指标。因此，药皮中所加入的物质一定要尽可能地使电弧能稳定燃烧、飞溅少、焊缝成形好、易脱渣及熔敷效率高等。

总之，一种好的电焊条，不仅要求焊缝金属具有优良的内在质量，既保证焊缝获得合乎要求的化学成分和机械性能，而且要求焊条工艺性能良好。要达到这些要求，焊条药皮往往起着重要的作用。

3.1.3 焊条性能

1. 焊条的分类

焊条的分类方法很多，可以从不同角度对焊条进行分类。

1）按用途分类

（1）结构钢焊条。主要用于焊接低碳钢和低合金高强钢。

（2）钼和铬钼耐热钢焊条。主要用于焊接珠光体耐热钢。

（3）不锈钢焊条。主要用于焊接不锈钢和热强钢（高温合金）。

（4）堆焊焊条。主要用于堆焊具有耐磨、耐热、耐腐蚀等性能的各种合金钢零件的表面层。

（5）低温钢焊条。主要用于焊接各种在低温条件下工作的结构。

（6）铸铁焊条。主要用于焊补各种铸铁件。

（7）镍及镍合金焊条。主要用于焊接镍及其合金，有时也用于堆焊、补焊铸铁、焊接异种金属等。

（8）铜及铜合金焊条。主要用于焊接铜及其合金、异种金属、铸铁等。

（9）铝及铝合金焊条。主要用于焊接铝及其合金。

（10）特殊用途焊条。主要用于焊接具有特殊要求和施焊部位的结构。

2）按熔渣的碱度分类

焊接过程中，焊条药皮或焊剂熔化后经过一系列化学变化形成覆盖于焊缝表面的非金属物质，称为熔渣。为了表示熔渣碱性的强弱，一般用"碱度 B"来说明。当 $B>1.5$ 时，熔渣呈碱性，说明碱性氧化物比例高，此种焊条为碱性焊条。当 $B<1.5$ 时，熔渣呈酸性，说明酸性氧化物比例高，此种焊条为酸性焊条。

对钢焊条来说，因钛型、钛钙型、钛铁矿型、氧化铁型、纤维素型的药皮中所含强碱性氧化物较少，而酸性氧化物较多，故为酸性焊条。而低氢型药皮中有较多的大理石及萤石，碱性较强，故为碱性焊条。常用的酸、碱性焊条工艺性能对比，如表 3.2 所示。

表 3.2 结构钢焊条的工艺性能对比

工艺性能	J421 钛型	J422 钛钙型	J423 钛铁矿型	J424 氧化铁型	J425 纤维素型	J426 低氢型	J427 低氢型
熔渣特性	酸性、短渣	酸性、短渣	酸性、较短渣	酸性、长渣	酸性、较短渣	碱性、短渣	碱性、短渣
电弧稳定性	柔和、稳定	稳定	稳定	稳定	稳定	较差、交、直	较差、直流
电弧吹力	小	较小	稍大	最大	最大	稍大	稍大
飞溅	少	少	中	中	多	较多	较多
焊缝外观	纹细、美	美	美	稍粗	粗	稍粗	稍粗
熔深	小	中	稍大	最大	大	中	中
咬边	小	小	中	小	大	小	小
焊角形状	凸	平	平、稍凸	平	平	平凹	平凹
脱渣性	好	好	好	好	好	较差	较差
熔化系数	中	中	稍大	大	大	中	中
粉尘	少	少	稍多	多	少	多	多
平焊	易	易	易	易	易	易	易
立向上焊	易	易	易	不可	极易	易	易
立向下焊	易	易	困难	不可	易	易	易
仰焊	稍易	稍易	易	不可	极易	稍难	稍难

2. 焊条工艺性能

焊条的工艺性能是指焊条在焊接操作中的使用性能,它是衡量焊条质量的重要指标之一。

1）焊接电弧的稳定性

电弧稳定性是指电弧保持稳定燃烧（不产生断弧、飘移和偏吹等）的程度。电弧稳定性直接影响着焊接过程的连续性及焊接质量。焊接电源的特性、焊接工艺参数、焊条药皮类型及组成物等许多因素都影响着电弧的稳定性。

2）焊缝成形

良好的焊缝成形要求表面光滑，波纹细密美观，焊缝的几何形状及尺寸正确。焊缝应圆滑地向母材过渡，余高符合标准，无咬边等缺陷。焊缝表面成形不仅影响美观，更重要的是影响焊接接头的力学性能。成形不好的焊缝会造成应力集中，引起焊接部件的早期损坏。

影响焊缝成形的因素除操作原因以外，还取决于熔渣凝固温度、高温熔渣的黏度、表面张力以及密度等。

熔渣凝固温度是指由焊条药皮熔化所形成的液态熔渣转变为固态时的温度。如果熔渣的凝固温度过高，就会产生压铁水的现象，严重影响焊缝成形，甚至产生气孔。凝固温度过低，致使熔渣不能均匀地覆盖在焊缝表面，也会造成表面成形很差。

高温时熔渣的黏度过大，将使焊接冶金反应缓慢，焊缝表面成形不良，并易产生气孔、夹渣等缺陷。如果熔渣黏度过小，将会造成熔渣对焊缝覆盖不均匀，失去应有的保护作用。因此，焊接时要求熔渣的黏度必须合适。

液态熔渣的表面张力对于焊缝成形也有很大的影响。焊接时熔渣的表面张力要适当,当熔池结晶时,表面张力急剧增加使焊缝具有良好的成形。

3)各种位置焊接的适应性

工艺性能良好的焊条能适应空间全位置焊接。不同类型的焊条在各种位置上焊接的适应性是不同的。几乎所有的焊条都能进行平焊,但横焊、立焊、仰焊这些焊条就不适应了。进行横焊、立焊、仰焊时的主要困难:在重力的作用下熔滴不易向熔池过渡;熔池金属和熔渣向下流,以致不能形成正常的焊缝。因此,应适当增加电弧和气流的吹力,以便把熔滴送向熔池并阻止金属和熔渣下流。调节熔渣的熔点、黏度及表面张力也是解决焊条全位置焊接的技术措施,这不仅可以阻止熔渣及铁水的下淌,而且还能使高温熔渣尽快凝固。

4)飞溅

焊接过程中由熔滴或熔池中飞出的金属颗粒称为飞溅。飞溅不仅弄脏焊缝及其附近的部位,增加清理工作量,而且过多的飞溅还会破坏正常的焊接过程,降低焊条的熔敷效率。

熔渣的黏度较大或焊条含水量过多,焊条偏心率过大等会造成较大飞溅。增大焊接电流及电弧长度,飞溅也随之增加。此外,电源类型、熔滴过渡形态对于飞溅也有一定的影响。一般钛钙型焊条电弧燃烧稳定,熔滴为细颗粒过渡,飞溅较小。而低氢型焊条的电弧稳定性较差,熔滴多为大颗粒短路过渡,所以飞溅较大。

5)脱渣性

脱渣性是指焊后从焊缝表面清除渣壳的难易程度。脱渣性差的焊条不仅造成清渣的困难,还降低焊接生产率,而且在多层焊施工时,往往可能产生夹渣缺陷。

6)焊条熔化速度

焊条熔化速度反映着焊接生产率的高低,它可以用焊条的熔化系数 α_P 来表示。反映焊接生产率的指标是焊条的熔敷系数 α_H,即单位时间内单位电流所能熔敷在焊件上的金属质量。α_P 和 α_H 的关系如式(2.4)所示。一般来说,不同类型焊条的熔化系数是不同的。造成这个差别的主要原因是它们的药皮成分不同。

药皮成分对焊条熔化系数产生的影响:药皮成分影响电弧电压,电弧气氛的电离电位越低,电弧电压就越低,电弧的热量也就越少,因此焊条的熔化系数就越小;药皮成分影响熔滴过渡形态,调整药皮成分可以使熔滴由短路过渡变为颗粒过渡,从而提高了焊条的熔化系数;当药皮中含有放热反应的物质时,由于化学反应热加速焊条熔化,也提高了焊条的熔化系数。此外,药皮中加入铁粉,可以提高焊条的熔化系数。

7)焊条药皮发红

焊条药皮发红,是指焊条在使用到后半段时由于药皮温度过高而发红、开裂或脱落的现象。显然,这时药皮就失去保护作用及冶金作用。药皮发红严重影响焊接质量,同时也造成了材料的浪费。

8)焊接烟尘

在焊接电弧的高温作用下,焊条端部的液态金属和熔渣急速蒸发。同时,在熔滴和熔池的表面上也产生蒸发。由于蒸发而产生的高温蒸气从电弧区被吹出后迅速被氧化和冷凝,变为细小的固态粒子。这些微小的颗粒分散飘浮于空气中,弥散于电弧周围,就形成了焊接烟尘,并且影响人身健康。

低碳钢和低合金钢焊条一般均采用低碳钢焊芯,因此焊接烟尘主要取决于药皮成分。低氢型焊条的发尘速度和发尘量均高于其他类型的焊条。

综上所述,焊条的工艺性能主要决定于焊条药皮的组成。因此,为了获得工艺性能良好的焊条,必须合理地确定焊条药皮的配方。

3.1.4 焊条的型号与牌号

1. 焊条型号

不同类型焊条型号的表示方法可查阅表 3.3 所示的相关国家标准。此处以舰船焊接常用的非合金钢及细晶粒钢焊条为例进行介绍。

表 3.3 焊条按用途分类及其代号

焊条型号			焊条牌号			
焊条大类(按化学成分分类)			焊条大类(按用途分类)			
国家标准编号	名称	代号	类别	名称	代号字母	代号汉字
GB/T 5117—2012	非合金钢及细晶粒钢焊条	E	一	结构钢焊条	J	结
^	^	^	二	低温钢焊条	W	温
GB/T 5118—2012	热强钢焊条	E	三	钼和钼耐热钢焊条	R	热
GB/T 983—2012	不锈钢焊条	E	四	不锈钢焊条	G	铬
^	^	^	^	^	A	奥
GB/T 984—2001	堆焊焊条	ED	五	堆焊焊条	D	堆
GB/T 10044—2022	铸铁焊条及焊丝	EZ	六	铸铁焊条	Z	铸
—	—	—	七	镍及镍合金焊条	Ni	镍
GB/T 3670—2021	铜及铜合金焊条	TCu	八	铜及铜合金焊条	T	铜
GB/T 3669—2001	铝及铝合金焊条	E	九	铝及铝合金焊条	L	铝
—	—	—	十	特殊用途焊条	TS	特

《非合金钢及细晶粒钢焊条》(GB/T 5117—2012)规定,非合金钢及细晶粒钢焊条型号由五部分组成:第一部分用字母"E"表示焊条;第二部分为字母"E"后面的紧邻两位数字,表示熔敷金属的最小抗拉强度代号,见表 3.4;第三部分为字母"E"后面的第三和第四两位数字,表示药皮类型、焊接位置和电流类型,见表 3.5;第四部分为熔敷金属的化学成分分类代号,可为"无标记"或短划"—"后的字母、数字或字母和数字的组合,见表 3.6;第五部分为熔敷金属的化学成分代号之后的焊接状态代号,其中"无标记"表示焊态,"P"表示热处理状态。而"AP"表示焊态和焊后热处理两种状态均可。除以上强制分类代号外,根据供需双方协商,可知型号后依次附加可选代号:字母"U",表示在规定试验温度下,冲击吸收能量可达到 47 J 以上;扩散氢代号"HX",其中 X 代表 15、10 或 5,分别表示每 100 g 熔敷金属中扩散氢含量的最大值(mL)。

表3.4 非合金钢及细晶粒钢焊条熔敷金属抗拉强度代号

抗拉强度代号	最小抗拉强度/MPa
43	430
50	490
55	550
57	570

表3.5 非合金钢及细晶粒钢焊条药皮类型、焊接位置和电流类型代号

代号	药皮类型	焊接位置①	电流类型
03	钛型	全位置②	交流和直流正、反接
10	纤维素	全位置	直流反接
11	纤维素	全位置	交流和直流反接
12	金红石	全位置②	交流和直流正接
13	金红石	全位置②	交流和直流正、反接
14	金红石+铁粉	全位置②	交流和直流正、反接
15	碱性	全位置②	直流反接
16	碱性	全位置②	交流和直流反接
18	碱性+铁粉	全位置②	交流和直流反接
19	钛铁矿	全位置②	交流和直流正、反接
20	氧化铁	PA、PB	交流和直流正接
24	金红石+铁粉	PA、PB	交流和直流正、反接
27	氧化铁+铁粉	PA、PB	交流和直流正、反接
28	碱性+铁粉	PA、PB、PC	交流和直流反接
40	不做规定		由制造商规定
45	碱性	全位置	直流反接
48	碱性	全位置	交流和直流反接

①焊接位置见《焊缝 工作位置倾角和转角的定义》(GB/T 16672—1996),其中 PA 为平焊、PB 为平角焊、PC 为横焊、PG 为向下立焊。

②此处"全位置"并不一定包含向下立焊,由制造商确定。

表3.6 非合金钢及细晶粒钢焊条熔敷金属化学成分分类代号

分类代号	主要化学成分的名义质量分数/%					
	Mn	Ni	Cr	Mo	Cu
无标记、-1、-P1、-P2	1.0	—	—	—	—
-1M3	—	—	—	0.5	—
-3M2	1.5	—	—	0.4	—
-3M3	1.5	—	—	0.5	—

续表

分类代号	主要化学成分的名义质量分数/%					
	Mn	Ni	Cr	Mo	Cu
-N1	—	0.5	—	—	—
-N2	—	1.0	—	—	—
-N3	—	1.5	—	—	—
-3N3	1.5	1.5	—	—	—
-N5	—	2.5	—	—	—
-N7	—	3.5	—	—	—
-N13	—	6.5	—	—	—
-N2M3	—	1.0	—	0.5	—
-NC	—	0.5	—	—	0.4
-CC	—	—	0.5	—	0.4
-NCC	—	0.2	0.6	—	0.5
-NCC1	—	0.6	0.6	—	0.5
-NCC2	—	0.3	0.2	—	0.5
-G	其他成分				

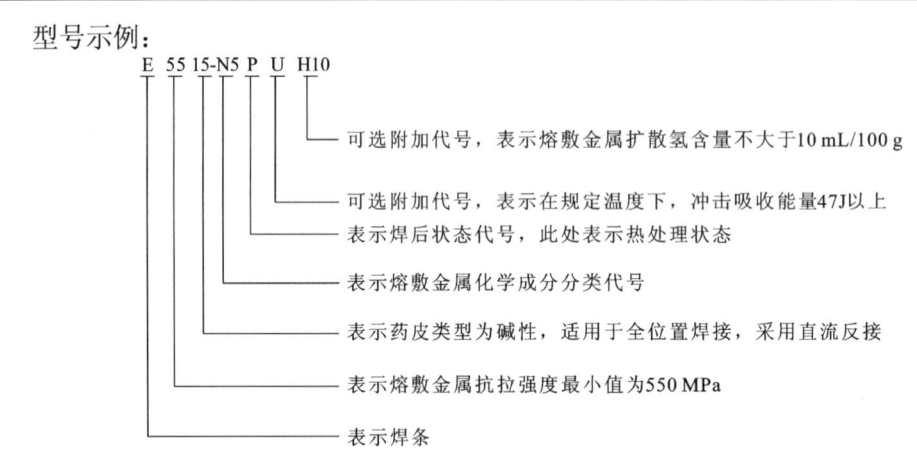

型号示例：

E 55 15-N5 P U H10

- 可选附加代号，表示熔敷金属扩散氢含量不大于10 mL/100 g
- 可选附加代号，表示在规定温度下，冲击吸收能量47J以上
- 表示焊后状态代号，此处表示热处理状态
- 表示熔敷金属化学成分分类代号
- 表示药皮类型为碱性，适用于全位置焊接，采用直流反接
- 表示熔敷金属抗拉强度最小值为550 MPa
- 表示焊条

2. 焊条牌号

焊条牌号是按照焊条的主要用途及性能特点进行编制的，具体编制方法：按用途将焊条分为 10 大类，如结构钢焊条（含低合金高强度钢焊条）、耐热钢焊条、不锈钢焊条等，如表 3.3 所示。牌号前以大写汉语拼音字母（或汉字）表示焊条的各大类；字母后的第一、二位数字表示各大类中的若干小类，通常以主要性能或化学成分的代号表示；第三位数字表示焊条药皮类型及焊接电流类型，数字的含义如表 3.7 所示。第三位数字后面按需要可加注字母符号，表示焊条的特殊性能和用途，如表 3.8 所示。

表 3.7 焊条牌号中第三位数字的含义

数字	药皮类型	焊接电流类型	数字	药皮类型	焊接电流类型
0	不属已规定类型	不规定	5	纤维素型	直流或交流
1	氧化钛型	直流或交流	6	低氢钾型	直流或交流
2	氧化钛钙型	直流或交流	7	低氢钠型	直流
3	钛铁矿型	直流或交流	8	石墨型	直流或交流
4	氧化铁型	直流或交流	9	盐基型	直流

表 3.8 焊条牌号后面加注字母符号的含义

字母符号	表示的意义	字母符号	表示的意义
D	底层焊条	R	压力容器用焊条
DF	低尘低毒（低氟）焊条	RH	高韧性低氢焊条
Fe	铁粉焊条	SL	渗铝钢焊条
Fe13	铁粉焊条，其名义熔覆率为130%	X	向下立焊用焊条
Fe18	铁粉焊条，其名义熔覆率为180%	XG	管子向下立焊用焊条
G	高韧性焊条	Z	重力焊条
GM	盖面焊条	Z15	重力焊条，其名义熔覆率为150%
GR	高韧性压力容器用焊条	CuP	含 Cu 和 P 的耐大气腐蚀焊条
H	超低氢焊条	CrNi	含 Cr 和 Ni 的耐海水腐蚀焊条
LMA	低吸潮焊条		

（1）结构钢焊条牌号。结构钢焊条指碳素钢和低合金高强度钢用的焊条。焊条牌号首位字母"J"或汉字"结"字表示结构钢焊条；后面第一、二位数字表示熔敷金属的强度等级（kgf·mm^{-2}），如表 3.9 所示。第三位数字表示焊条药皮类型和焊接电流类型，如表 3.7 所示。

表 3.9 结构钢焊条熔敷金属的强度等级

焊条牌号	抗拉强度/MPa（kgf·mm^{-2}）	屈服强度/MPa（kgf·mm^{-2}）	焊条牌号	抗拉强度/MPa（kgf·mm^{-2}）	屈服强度/MPa（kgf·mm^{-2}）
J42×	≥420（43）	≥330（34）	J75×	≥740（75）	≥640（65）
J50×	≥490（49）	≥410（42）	J80×	≥780（80）	—
J55×	≥540（54）	≥440（45）	J85×	≥830（85）	≥740（75）
J60×	≥590（60）	≥530（54）	J10×	≥980（100）	—
J70×	≥690（70）	≥590（60）			

注：表中×即牌号第三位数字如表 3.7 所示。

牌号示例：

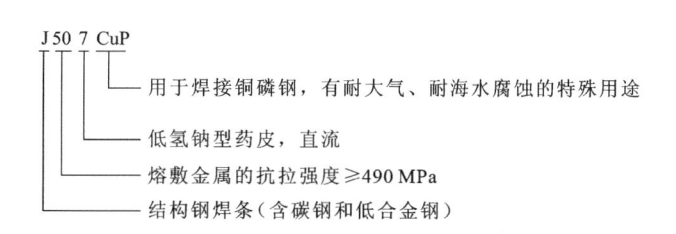

J 50 7 CuP
- 用于焊接铜磷钢，有耐大气、耐海水腐蚀的特殊用途
- 低氢钠型药皮，直流
- 熔敷金属的抗拉强度≥490 MPa
- 结构钢焊条（含碳钢和低合金钢）

(2)钼和铬钼耐热钢焊条牌号。牌号首位字母用"R"或汉字"热"字表示耐热钢焊条;后面第一位数字表示熔敷金属主要化学成分组成等级,如表3.10所示;第二位数字表示熔敷金属主要化学成分组成等级中的不同牌号,同一组成等级的焊条,可有10个序号,从0,1,2,…,9顺序排列;第三位数字表示药皮类型和焊接电流类型,如表3.7所示。

牌号示例:

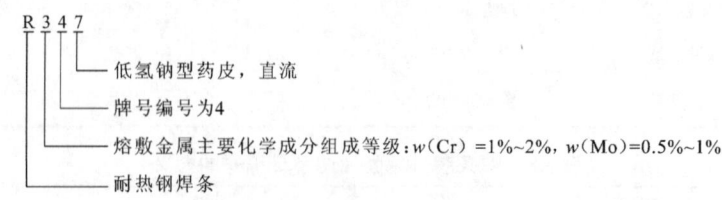

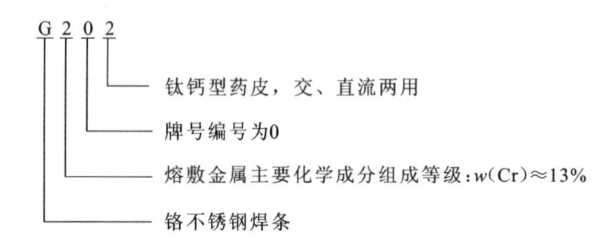

```
        R 3 4 7
              └─ 低氢钠型药皮,直流
            └─── 牌号编号为4
          └───── 熔敷金属主要化学成分组成等级:w(Cr)=1%~2%,w(Mo)=0.5%~1%
        └─────── 耐热钢焊条
```

表3.10 耐热钢焊条熔敷金属主要化学成分组成等级

焊条牌号	熔覆金属主要化学成分组成等级	焊条牌号	熔覆金属主要化学成分组成等级
R1××	$w(Mo)\approx 0.5\%$	R5××	$w(Cr)\approx 5\%$,$w(Mo)\approx 0.5\%$
R2××	$w(Cr)\approx 0.5\%$,$w(Mo)\approx 0.5\%$	R6××	$w(Cr)\approx 7\%$,$w(Mo)\approx 1\%$
R3××	$w(Cr)=1\%\sim 2\%$,$w(Mo)=0.5\%\sim 1\%$	R7××	$w(Cr)\approx 9\%$,$w(Mo)\approx 1\%$
R4××	$w(Cr)\approx 2.5\%$,$w(Mo)\approx 1\%$	R8××	$w(Cr)\approx 11\%$,$w(Mo)\approx 1\%$

(3)低温钢焊条牌号。首字母"W"或汉字"温"字表示低温钢焊条,后面两位数字表示焊接工作温度级别,如表3.11所示。第三位数字表示药皮类型和焊接电流类型,如表3.7所示。

牌号示例:

```
        W 70 7
             └─ 低氢钠型药皮,直流电源
          └──── 工作温度等级为-70℃
        └────── 低温钢焊条
```

表3.11 低温钢焊条工作温度级别

焊条牌号	工作温度/℃	焊条牌号	工作温度/℃
W70×	-70	W19×	-196
W90×	-90	W25×	-253
W10×	-100		

(4)不锈钢焊条牌号。牌号首字母"G"或汉字"铬"表示铬不锈钢焊条,若为"A"或汉字"奥",表示奥氏体铬镍不锈钢焊条;后面第一位数字表示熔敷金属主要化学成分组成等级,如表3.12所示;第二位数字表示同一熔敷金属主要化学成分组成等级中的不同牌号,对同一等级可有10个序号,从0,1,2,…,9顺序排列;第三位数字表示药皮类型及焊接电流类型,如表3.7所示。

牌号示例:

```
        G 2 0 2
              └─ 钛钙型药皮,交、直流两用
            └─── 牌号编号为0
          └───── 熔敷金属主要化学成分组成等级:w(Cr)≈13%
        └─────── 铬不锈钢焊条
```

```
        A 0 2 2
              └── 钛钙型药皮，交、直流两用
            └──── 牌号编号为2，18-12型
          └────── 熔敷金属主要化学成分等级：w(C)≤0.04%(超低碳)
        └──────── 奥氏体不锈钢焊条
```

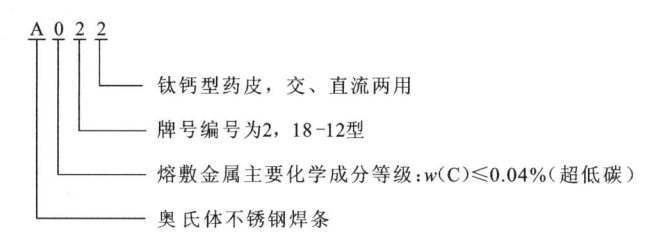

表 3.12 不锈钢焊条熔敷金属主要化学成分组成等级

焊条牌号	熔覆金属主要化学成分组成等级	焊条牌号	熔敷金属主要化学成分组成等级
G2××	$w(Cr)\approx 13\%$	A4××	$w(Cr)\approx 26\%$，$w(Ni)\approx 21\%$
G3××	$w(Cr)\approx 17\%$	A5××	$w(Cr)\approx 16\%$，$w(Ni)\approx 25\%$
A0××	$w(C)\leq 0.04\%$(超低碳)	A6××	$w(Cr)\approx 16\%$，$w(Ni)\approx 35\%$
A1××	$w(Cr)\approx 19\%$，$w(Ni)\approx 10\%$	A7××	Cr-Mn-N 不锈钢
A2××	$w(Cr)\approx 18\%$，$w(Ni)\approx 12\%$	A8××	$w(Cr)\approx 18\%$，$w(Ni)\approx 18\%$
A3××	$w(Cr)\approx 23\%$，$w(Ni)\approx 13\%$	A9××	$w(Cr)\approx 20\%$，$w(Ni)\approx 34\%$

（5）堆焊焊条牌号。牌号首字母"D"或汉字"堆"表示堆焊焊条，后面第一位数字表示焊条主要用途或熔敷金属主要成分类型，如表3.13所示；第二位数字表示同一熔敷金属主要化学成分组成等级中的不同牌号，对同一等级可有10个序号，从0，1，2，…，9顺序排列；第三位数字表示药皮类型及焊接电流类型，如表3.7所示。

牌号示例：

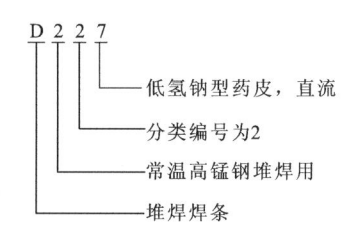

```
        D 2 2 7
              └── 低氢钠型药皮，直流
            └──── 分类编号为2
          └────── 常温高锰钢堆焊用
        └──────── 堆焊焊条
```

表 3.13 堆焊焊条牌号第一位数字含义

焊条牌号	主要用途或主要成分类型	焊条牌号	主要用途或主要成分类型
D0××	不规定	D5××	阀门堆焊焊条
D1××	不同硬度的常温堆焊条	D6××	合金铸铁型堆焊焊条
D2××	高温高锰钢堆焊焊条	D7××	碳化钨型堆焊焊条
D3××	堆焊铸钢或锻钢	D8××	钴基合金型堆焊焊条
D4××	刀具、工具堆焊焊条	D9××	待发展

（6）铸铁焊条牌号。牌号首字母"Z"或汉字"铸"表示铸铁焊条，后面第一位数字表示熔敷金属主要化学成分组成类型，如表3.14所示；第二位数字表示同一主要成分组在类型中的不同编号，以0，1，2，…，9编排；第三位数字表示药皮类型及焊接电流类型，如表3.7所示。

牌号示例:

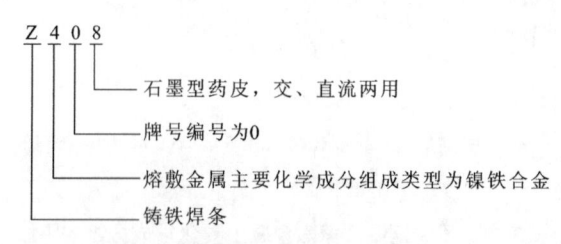

```
Z 4 0 8
│ │ │ └── 石墨型药皮,交、直流两用
│ │ └──── 牌号编号为0
│ └────── 熔敷金属主要化学成分组成类型为镍铁合金
└──────── 铸铁焊条
```

表 3.14　铸铁焊条牌号第一位数字含义

焊条牌号	熔覆金属主要化学成分组成类型	焊条牌号	熔覆金属主要化学成分组成类型
Z1××	碳素钢或高钒钢	Z5××	镍铜合金
Z2××	铸铁(包括球墨铸铁)	Z6××	铜铁合金
Z3××	纯镍	Z7××	待发展
Z4××	镍铁合金		

(7) 非铁金属材料焊条牌号。非铁金属材料焊条牌号包括镍及镍合金焊条、铜及铜合金焊条和铝及铝合金焊条的牌号,分别以"Ni"或"镍""T"或"铜""L"或"铝"作首位,后面第一位数字都表示熔敷金属主要化学成分组成类型,如表 3.15 所示。第二位数字表示同一主要成分类型中的不同编号,以 0,1,2,…,9 编排;第三位数字表示药皮类型及焊接电流类型,如表 3.7 所示。

牌号示例:

```
Ni 1 1 2
│  │ │ └── 钛钙型药皮,交、直流
│  │ └──── 牌号编号为1
│  └────── 熔敷金属化学成分组成类型为纯镍
└───────── 镍及镍合金焊条
```

```
T 2 2 7
│ │ │ └── 低氢钠型药皮,直流
│ │ └──── 牌号编号为2
│ └────── 熔敷金属化学成分组成类型为青铜
└──────── 铜及铜合金焊条
```

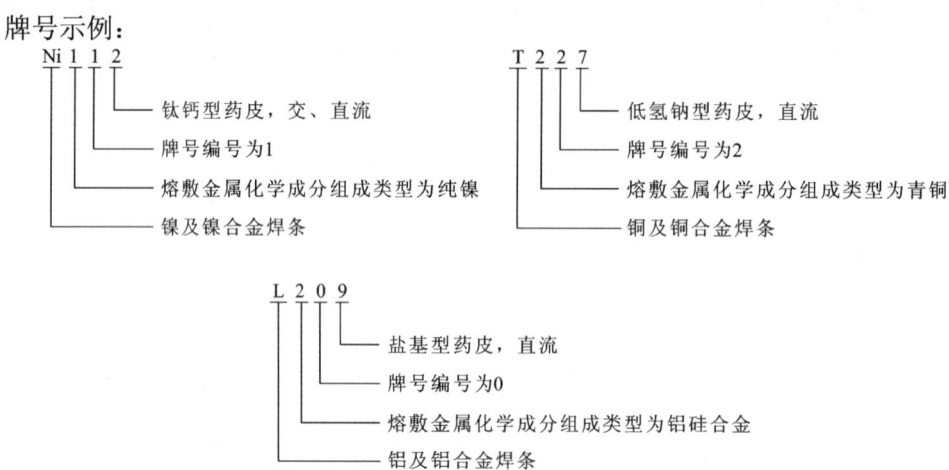

```
L 2 0 9
│ │ │ └── 盐基型药皮,直流
│ │ └──── 牌号编号为0
│ └────── 熔敷金属化学成分组成类型为铝硅合金
└──────── 铝及铝合金焊条
```

表 3.15　非铁金属焊条牌号第一位数字含义

焊条牌号		熔覆金属主要化学成分组成类型
镍及镍合金焊条	Ni1××	纯镍[$w(Ni) \geqslant 92\%$]
	Ni2××	镍铜合金
	Ni3××	铬铁镍基合金[$w(Cr) \approx 15\%$, $w(Ni) \approx 70\%$]
	Ni4××	待发展
铜及铜合金焊条	T1××	纯铜
	T2××	青铜
	T3××	白铜
	T4××	待发展

续表

焊条牌号		熔覆金属主要化学成分组成类型
铝及铝合金焊条	L1××	纯铝
	L2××	铝硅合金[w(Si)≈5%，Al 余量]
	L3××	铝锰合金[w(Mn)≈1.3%，Al 余量]
	L4××	铝镁合金[w(Mg)≈3.0%，Al 余量]

（8）特殊用途焊条牌号。特殊用途焊条牌号用字母 TS 表示，后面第一位数字表示主要用途，如表 3.16 所示。第二位数字表示同一用途中的不同编号，以 0，1，2，…，9 编排；第三位数字表示药皮类型及焊接电流类型，如表 3.7 所示。

牌号示例：

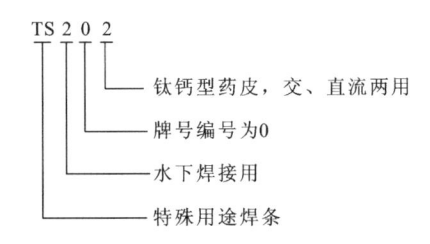

TS 2 0 2
- 钛钙型药皮，交、直流两用
- 牌号编号为0
- 水下焊接用
- 特殊用途焊条

表 3.16 特殊用途焊条牌号第一位数字含义

焊条牌号	主要用途	焊条牌号	主要用途
TS2××	水下焊接用	TS5××	电渣焊用管状焊条
TS3××	水下切割用	TS6××	铁锰铝焊条
TS4××	开坡口用	TS7××	高硫堆焊条

需注意，目前有些焊条生产厂家为了宣传自己的品牌产品而采用具有企业特征的焊条牌号，例如在焊条同一牌号前面加上企业名称或者代号，甚至不再考虑传统牌号而另行命名，但一般都会在自己产品的说明书上注明"符合国家标准""相当于国家标准"，若不加标注，即表示与国家标准不符。用户应根据产品性能要求，对照标准去选用。

3.2 焊丝与焊剂

焊丝是焊接时作为填充金属或同时作为电极的金属丝，它是埋弧焊、气体保护焊、自保护焊、电渣焊和气电立焊等各种工艺方法的焊接材料。

焊剂是焊接时能够熔化形成熔渣和气体，对熔化金属起保护和对冶金处理作用的一种颗粒状物质。焊剂主要用于埋弧焊及电渣焊，本节重点讲述焊剂的种类、组成、性能及用途。

埋弧焊及电渣焊所使用的焊接材料是焊剂和焊丝（或板极、带极）。焊丝的作用相当于焊条中的焊芯，焊剂的作用相当于焊条中的药皮。在焊接过程中焊剂的作用是：隔离空气、保护焊接区金属使其不受空气的侵害，以及进行冶金处理作用。因此，焊剂与焊丝配合使用是决定焊缝金属化学成分和力学性能的重要因素。

3.2.1 焊丝

1. 焊丝的分类

（1）按焊丝材质可分为黑色金属合金焊丝、有色金属合金焊丝。黑色金属合金焊丝通常指碳素结构钢、低合金结构钢及不锈钢焊丝；有色金属合金焊丝，通常指铜及铜合金、铝及铝合金和硬质合金堆焊焊丝。

（2）按焊丝的断面形状，一般分为实芯焊丝和药芯焊丝。药芯焊丝是将类似焊条涂料的药粉包在薄钢带卷成的异形管中，或直接填充在细钢管中，经轧拨成一定直径的焊丝，图 3.1 是几种典型药芯焊丝的断面结构示意图。

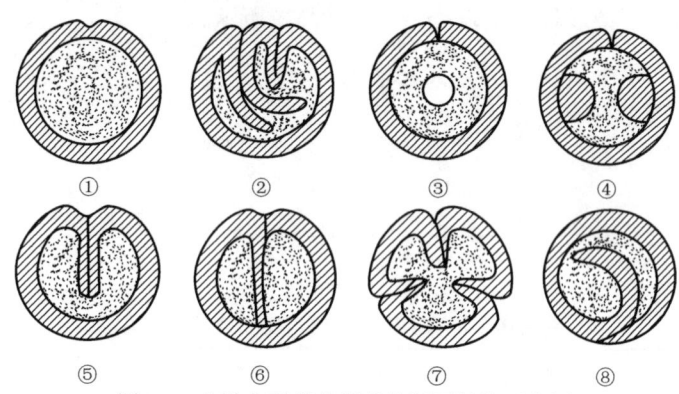

图 3.1　几种典型药芯焊丝的断面结构示意图

药芯焊丝与实芯焊丝相比具有焊缝外观美、焊缝过渡平滑、飞溅小、操作性能好、熔敷效率高等优点。所以，药芯焊丝的使用和发展具有广阔的前景。

（3）按焊丝表面有否镀层分类，可分为镀铜焊丝和不镀铜焊丝。其中，不镀铜焊丝需妥善存放，防止锈蚀，使用前应彻底清除焊丝表面的油污、锈迹等杂质。镀铜焊丝可防止生锈，有利于保存，并可改善焊丝的导电性能，提高焊接过程的稳定性。

（4）按焊接方法分，可将焊丝分为焊条用焊丝（即焊芯）、埋弧焊用实心焊丝、电渣焊焊丝、CO_2 气体保护焊焊丝和气焊焊丝等。

2. 各类焊丝的性能及用途

1）埋弧焊用实心焊丝

低锰焊丝。含锰量为 0.2%～0.8%，例如 H08A。配合高锰焊剂应用于低碳钢及强度级别较低的低合金钢焊接。

中锰焊丝。含锰量为 0.8%～1.5%，例如 H08MnA，H10MnSi。主要用于低合金钢焊接，并可配合低锰焊剂用于低碳钢焊接。

高锰焊丝。含锰量为 1.5%～2.2%，例如 H10Mn2，H08Mn2Si，用于低合金钢焊接。

Mn-Mo 焊丝。含锰量为 1%以上，含 Mo 量为 0.3%～0.7%，例如 H08MnMoA，H08Mn2MoA。主要应用于强度级别较高的低合金钢焊接。

埋弧焊用实心焊丝的直径，一般在 1.6～6.4 mm。

2）CO_2气体保护焊实心焊丝

CO_2气体保护焊常用焊丝的化学成分和用途，如表 3.17 所示。

表 3.17 CO_2气体保护焊常用焊丝的化学成分和用途

焊丝牌号	合金元素/%								用途
	C	Si	Mn	Cr	Ni	Mo	S 不大于	P 不大于	
H10MnSi	≤0.14	0.60～0.90	0.8～1.10	≤0.20	≤0.30	—	0.030	0.040	焊接低碳钢，低合金钢
H08MnSi	≤0.10	0.7～1.0	1.0～1.30	≤0.20	≤0.30	—	0.030	0.040	
H08MnSiA	≤0.10	0.60～0.85	1.40～1.70	≤0.20	≤0.25	—	0.030	0.035	焊接低碳钢，低合金钢
H08Mn2SiA	≤0.10	0.70～0.95	1.80～2.10	≤0.20	≤0.25	—	0.030	0.035	
H04Mn2SiTiA	≤0.04	0.70～1.10	1.80～2.20	—	—	Ti0.2～0.40	0.025	0.025	焊接低合金高强度钢
H04MnSiAlTiA	≤0.04	0.40～0.80	1.40～1.80	—	—	Ti0.65～0.95 Al0.20～0.40	0.025	0.025	
H10MnSiMo	≤0.14	0.70～1.10	0.90～1.20	≤0.20		0.15～0.25	0.030	0.040	
H08Cr3Mn2MoA	≤0.10	0.30～0.50	2.00～2.50	2.5～3.0		0.35～0.50	0.030	0.030	焊接贝氏体钢
H18CrMnSiA	0.15～0.22	0.90～1.10	0.80～1.10	0.80～1.10	<0.30	—	0.025	0.030	焊接高强度钢

CO_2气体保护焊焊丝必须含较高的 Mn、Si 等脱氧元素的含量，最常用的焊丝牌号 H08Mn2SiA 等。它具有良好的焊接工艺性能及力学性能。适宜于焊接低碳钢和强度小于 500 MPa 的低合金钢。当焊接强度级别较高的钢种时，则应选用含 Mo 的焊丝，例如焊丝牌号 H10MnSiMo 等。

3）其他用途的实心焊丝

电渣焊焊丝。在焊接过程中主要起填充金属及合金化的作用。低碳钢、低合金钢电渣焊常用焊丝牌号为 H08MnA，H10Mn2，H10Mn2Si，H08MnMoA，H08Mn2MoA，H10Mn2Mo 及 H10Mn2MoVA 等。

氩弧焊焊丝。通常按照焊件母材的化学成分和焊缝力学性能选用焊丝。有时也可采用母材的切条作为手工钨极氩弧焊的填充焊丝。

药芯焊丝。药芯焊丝按造渣的碱度可分为钛型（酸性渣）、钙钛型（中性或碱性渣），及钙型（碱性渣）药芯焊丝。钛型渣系焊丝的焊道成形美观，焊接工艺性能优良，但是焊缝的抗裂性及韧性稍差；钙型渣系的焊缝抗裂性及韧性优良，而焊道成形和焊接工艺性能稍差；钙钛型渣系介于上述二者之间。

3. 焊丝的型号与牌号

1）焊丝的型号

不同用途焊丝型号的表示方法可查阅表 3.18 所示的相关国家标准。此处分别以气体保护焊用碳钢、低合金钢焊丝的型号和非合金钢及细晶粒钢药芯焊丝的型号为例说明实心焊丝和药芯焊丝的表达方法。

表 3.18　不同用途焊丝国家标准

焊丝类型	国家标准
实心焊丝	《熔化极气体保护电弧焊用非合金钢及细晶粒钢实心焊丝》（GB/T 8110—2020）
	《铸铁焊条及焊丝》（GB/T 10044—2022）
	《不锈钢焊丝和焊带》（GB/T 29713—2013）
	《铜及铜合金焊丝》（GB/T 9460—2008）
	《铝及铝合金焊丝》（GB/T 10858—2008）
	《镍及镍合金焊丝》（GB/T 15620—2008）
	《钛及钛合金焊丝》（GB/T 30562—2014）
药芯焊丝	《非合金钢及细晶粒钢药芯焊丝》（GB/T 10045—2018）
	《热强钢药芯焊丝》（GB/T 17493—2018）
	《高强钢药芯焊丝》（GB/T 36233—2018）
	《不锈钢药芯焊丝》（GB/T 17853—2018）

（1）气体保护焊用碳钢、低合金钢焊丝的型号。《熔化极气体保护电弧焊用非合金钢及细晶粒钢实心焊丝》（GB/T 8110—2020）规定，这类焊丝的型号按化学成分和熔化极气体保护电弧焊熔敷金属的力学性能进行分类。

焊丝型号以字母"ER"开头，表示气体保护电弧焊用焊丝；ER 后面用两位数字表示熔敷金属的最低抗拉强度；两位数字后用半字线"-"与后面的字母或数字隔开，该字母或数字表示焊丝化学成分的分类代号。如果还附加其他化学成分时，可直接用该元素符号表示，并以半字线"-"与前面的字母或数字隔开。

型号示例：

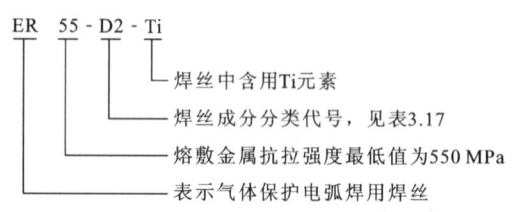

ER 55 - D2 - Ti
- 焊丝中含用Ti元素
- 焊丝成分分类代号，见表3.17
- 熔敷金属抗拉强度最低值为550 MPa
- 表示气体保护电弧焊用焊丝

（2）非合金钢及细晶粒钢药芯焊丝的型号。《非合金钢及细晶粒钢药芯焊丝》（GB/T 10045—2018）按照熔敷金属力学性能、使用特性、焊接位置、保护类型、焊后状态和熔敷金属化学成分等对焊丝进行分类标识。

非合金钢及细晶粒钢药芯焊丝的型号由八部分组成。第一部分用字母"T"表示药芯焊丝；第二部分为两位阿拉伯数字，表示多道焊时熔敷金属在焊态或焊后热处理状态下的抗拉强度代号；或单道焊时焊接接头在焊态下的抗拉强度代号；第三部分为一位阿拉伯数字，表示对应于 27J 冲击吸收能量的试验温度代号，仅适用于单道焊的焊丝没有该部分；第四部分为 T 加一位或两位阿拉伯数字，表示使用特性代号；第五部分为一位阿拉伯数字，表示焊接位置代号；第六部分表示保护气体类型代号，N 表示自保护，其他代号表示保护气体成分；对于仅适用于单道焊的焊丝，保护类型代号后面添加字母"S"；第七部分表示焊后状态代号，"A"表示焊态，"P"表示焊后热处理状态，"AP"表示焊态和焊后热处理状态均可；第八部分表示熔敷金属化学成分分类，仅适用于单道焊的焊丝没有该部分。除了以上强制部分外，后面还有两个可选部分，第一部分用"U"表示在规定试验温度下冲击吸收能量不小于 47 J；

第二部分用 H 加一位或二位阿拉伯数字表示熔敷金属中扩散氢的最大含量。

多道焊焊丝型号示例：

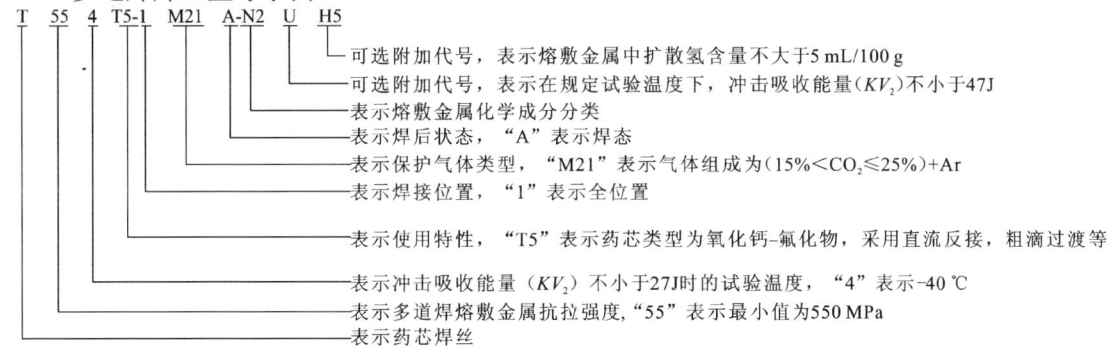

T 55 4 T5-1 M21 A-N2 U H5
- 可选附加代号，表示熔敷金属中扩散氢含量不大于5 mL/100 g
- 可选附加代号，表示在规定试验温度下，冲击吸收能量(KV_2)不小于47J
- 表示熔敷金属化学成分分类
- 表示焊后状态，"A"表示焊态
- 表示保护气体类型，"M21"表示气体组成为(15%<CO_2≤25%)+Ar
- 表示焊接位置，"1"表示全位置
- 表示使用特性，"T5"表示药芯类型为氧化钙-氟化物，采用直流反接，粗滴过渡等
- 表示冲击吸收能量（KV_2）不小于27J时的试验温度，"4"表示-40 ℃
- 表示多道焊熔敷金属抗拉强度，"55"表示最小值为550 MPa
- 表示药芯焊丝

仅适用于单道焊的焊丝型号示例：

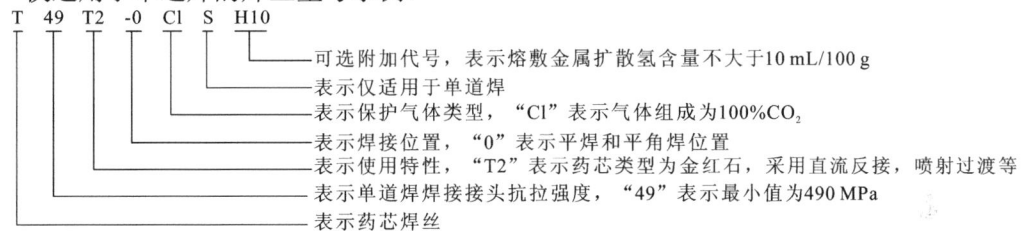

T 49 T2 -0 C1 S H10
- 可选附加代号，表示熔敷金属扩散氢含量不大于10 mL/100 g
- 表示仅适用于单道焊
- 表示保护气体类型，"C1"表示气体组成为100%CO_2
- 表示焊接位置，"0"表示平焊和平角焊位置
- 表示使用特性，"T2"表示药芯类型为金红石，采用直流反接，喷射过渡等
- 表示单道焊焊接接头抗拉强度，"49"表示最小值为490 MPa
- 表示药芯焊丝

2）焊丝的牌号

（1）铸铁焊丝的牌号。铸铁焊丝的牌号以"HS4XX"表示，其中末两位用数字表示牌号的编号。表 3.19 列出铸铁焊丝的牌号及化学成分。

表3.19 铸铁焊丝的牌号及化学成分

焊丝牌号		化学成分的质量分数/%								
		C	Si	Mn	S	P	Fe	Ni	Mo	Ce	球化剂
HS401	气焊、热焊	3.0～4.2	2.8～3.6	0.3～0.8	≤0.08	≤0.05	余量	—	—	—	—
	气焊、冷焊	3.0～4.2	3.8～4.8	0.3～0.8							
HS402	钇基重稀土焊丝气焊	3.8～4.2	3.0～3.6	0.5～0.8	≤0.05	≤0.05		—	—	—	钇基重稀土 ∑RE: 0.08～0.15
	轻稀土镁焊丝、气焊	3.5～4.0	3.5～3.9	0.5～0.8	≤0.10	≤0.30					稀土镁 Mg: 0.035～0.05 ∑RE: 0.03～0.04

（2）高温合金焊丝的牌号。高温合金焊丝牌号的编制方法是在变形高温合金牌号的前面加"H"字母，表示焊接用高温合金焊丝。

牌号示例：

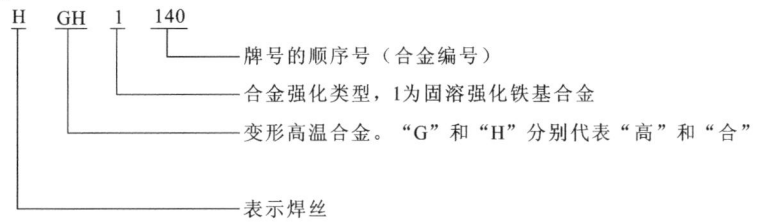

H GH 1 140
- 牌号的顺序号（合金编号）
- 合金强化类型，1为固溶强化铁基合金
- 变形高温合金。"G"和"H"分别代表"高"和"合"
- 表示焊丝

(3) 硬质合金堆焊焊丝的牌号。目前国产的硬质合金堆焊焊丝主要有高铬合金铸铁（索尔玛依特）和钴基合金（司太立）。但因它们都不能锻、轧、拉拔，故一般以铸造焊丝使用。它适用于气焊和气体保护焊。硬质合金堆焊焊丝的牌号按《焊接材料产品样本》统一规定，以"HS"表示焊丝，后接第一位数字"1"表示为硬质合金堆焊用焊丝，末两位数字为牌号的编号。表3.20列出硬质合金堆焊焊丝的牌号、主要化学成分、堆焊层硬度及主要用途。

表3.20 硬质合金堆焊焊丝的牌号、主要化学成分、堆焊层硬度及主要用途

牌号	名称	主要化学成分质量分数/%	堆焊层硬度（高温硬度为例值）	主要特性及用途
HS103	高铬铸铁堆焊焊丝（相当索尔玛伊特1号）	C：2.5~3.3 Mn：0.5~1.5 Si：2.8~4.2 Cr：25~31 Ni：3.0~5.0 Fe 余量	常温：48~54HRC 300℃：483HV 400℃：473HV 500℃：460HV 600℃：289HV	堆焊层具有良好的抗氧化和耐气蚀性能，硬度高，耐磨性好，但工作温度不宜超过500℃，否则硬度急剧降低。主要用于堆焊要求耐磨损、抗氧化或耐气蚀的场合，如铲斗齿、泵套、排汽叶片、气门等的堆焊
HS103	高铬铸铁堆焊焊丝（含B）	C：3.0~4.0 Mn≤3.0 Si≤3.0 Cr：25~32 Co：4.0~6.0 B：0.5~1.0 Fe 余量	常温：58~64HRC 300℃：857HV 400℃：848HV 500℃：798HV 600℃：520HV	堆焊层具有优良的抗氧化性能，硬度高，耐磨性好，但抗冲击性能差，难以进行切削加工，只可以研磨。主要用于要求强度强烈耐磨损的场合，如牙轮钻头小轴、煤孔挖掘器、破碎机辊等堆焊
HS111	钴基堆焊焊丝（低碳Co-Cr-W堆焊合金）（司太立合金）相当AWSRCo-Cr-A	C：0.9~1.4 Mn≤1.0 Si：0.4~2.0 Cr：26~32 W：3.5~6.0 Fe≤2.0 Co 余量	常温：40~45HRC 500℃：365HV 600℃：310HV 700℃：274HV 800℃：250HV	是Co-Cr-W堆焊合金中C及W含量最低、韧性最好的一种。能承受冷热条件下的冲击，产生裂纹的倾向小，具有良好的耐蚀、耐热和耐磨性能。主要用于要求在高温工作时能保持良好的耐磨性及耐蚀性的零部件的堆焊，如高温、高压阀门、热剪切刀刃及热锻模等
HS112	钴基堆焊焊丝铸造中碳Co-Cr-W合金（司太立合金）相当AWSRCo-Cr-A	C：1.2~1.7 Mn≤1.0 Si：0.4~2.0 Cr：26~32 W：7.0~9.5 Fe≤2.0 Co 余量	常温：45~50HRC 500℃：410HV 600℃：390HV 700℃：360HV 800℃：295HV	在Co-Cr-W堆焊合金中具有中等硬度，耐磨性比HS111好，但塑形性稍差。具有良好的耐蚀、耐热及耐磨性能，在650℃左右高温下仍能保持这些特性。主要用于高温、高压阀门、内燃机阀、高压泵轴套和内衬套筒、热轧辊孔形等堆焊
HS113	钴基堆焊焊丝（铸造高碳Co-Cr-W合金）（司太立合金）	C：2.5~3.3 Mn≤1.0 Si：0.4~2.0 Cr：27~33 W：15~19 Fe≤2.0 Co 余量	常温：55~60HRC 500℃：623HV 600℃：550HV 700℃：485HV 800℃：320HV	硬度高、耐磨性非常好，但抗冲击性较差，堆焊时产生裂纹倾向大。具有良好的耐蚀、耐热、耐磨性能，在650℃左右仍可保持这些性能。主要用于牙轮钻头轴承、锅炉的旋转叶片、粉碎机刃口、螺旋送料机等堆焊
HS114	钴基堆焊焊丝 高碳Co-Cr-W合金 相当AWSRCo-Cr-A	C：2.4~3.0 Mn≤1.0 Si≤2.0 Cr：26~30 Ni：4.0~6.0 W：11~14 Fe≤2.0 Co 余量	常温：≥52HRV 500℃：623HV 600℃：530HV 700℃：485HV 800℃：320HV	高碳Co-Cr-W合金堆焊焊丝，耐磨性、耐蚀性好，但冲击韧性差，主要用于牙轮钻头、轴承、锅炉旋转叶片等磨损部件的堆焊

（4）药芯焊丝的牌号。药芯焊丝牌号的表示方法是以字母"Y"表示药芯焊丝，第二个字母及其后的三位数字与焊条牌号编制方法相同，在牌号尾部再用一位数字表示焊接时的保护方法，并用半字线"-"与前面数字分开，如表 3.21 所示。对于有特殊性能要求药芯焊丝和特殊用途的药芯焊丝，需在牌号后面加注起主要作用的元素或表示其主要用途的字母，一般不超过两个。

表 3.21 药芯焊丝牌号的表示方法

牌号	焊接时的保护方法
YJ×××-1	气体保护
YJ×××-2	自保护
YJ×××-3	气体保护、自保护两用
YJ×××-4	其他保护形式

药芯焊丝牌号示例：

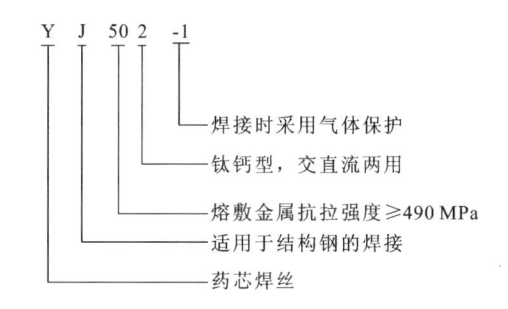

```
Y J 50 2 -1
│ │ │  │  │
│ │ │  │  └─ 焊接时采用气体保护
│ │ │  └──── 钛钙型，交直流两用
│ │ └─────── 熔敷金属抗拉强度≥490 MPa
│ └───────── 适用于结构钢的焊接
└─────────── 药芯焊丝
```

3.2.2 焊剂

1. 焊剂的分类

焊剂有许多分类方法。如按焊剂的用途和制造方法分类；按焊剂的化学成分、化学性质、颗粒结构等进行分类。焊剂的分类方法如图 3.2 所示。

1）按焊剂用途分类

（1）被焊材料。可分为钢用焊剂和有色金属用焊剂。其中，钢用焊剂又可分为碳钢、合金结构钢及高合金钢用焊剂。

（2）焊接工艺方法。可分为埋弧焊焊剂和电渣焊焊剂。

2）按焊剂制造方法分类

（1）熔炼焊剂。将一定比例的各种配料放在炉内熔炼，然后经过水冷粒化、烘干、筛选而制成的焊剂。

（2）非熔炼焊剂。根据焊剂烘焙温度不同又分为黏结焊剂与烧结焊剂。

黏结焊剂，是指将一定比例的各种粉状配料加入适量黏结剂，经混合搅拌、粒化和低温（400 ℃以下）烘干而制成的焊剂（原称陶质焊剂）。

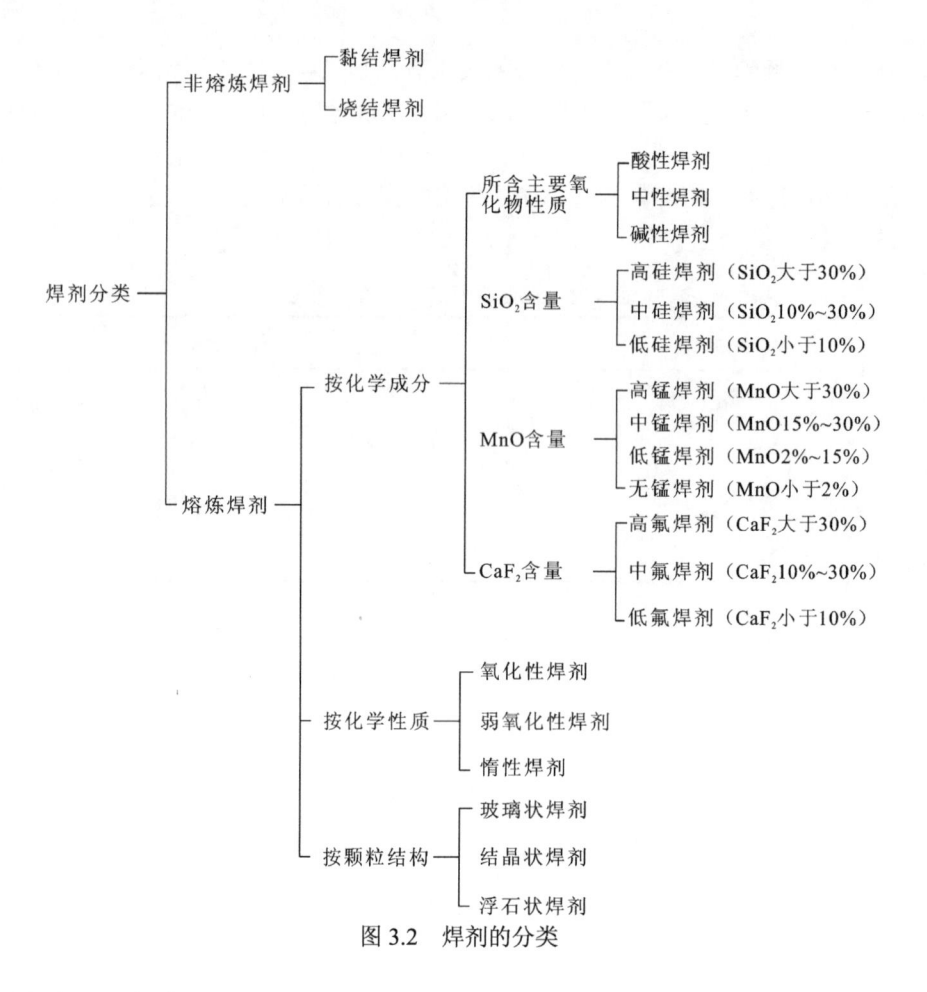

图 3.2 焊剂的分类

烧结焊剂,是指将一定比例的各种粉状配料加入适量黏结剂,混合搅拌后经高温(400~1000℃)烧结成块,经过粉碎、筛选而制成的焊剂。

3) 按焊剂化学成分分类

(1) 根据所含主要氧化物性质分为酸性焊剂、中性焊剂和碱性焊剂。

(2) 根据 SiO_2 含量分为高硅焊剂、中硅焊剂和低硅焊剂。

(3) 根据 MnO 含量可分为高锰焊剂、中锰焊剂、低锰焊剂和无锰焊剂。无锰焊剂中的 MnO 是混入的杂质,一般应小于 2%。

(4) 根据 CaF_2 含量可分为高氟焊剂、中氟焊剂和低氟焊剂。

4) 按焊剂化学性质分类

(1) 氧化性焊剂。焊剂对被焊金属有较强的氧化作用。可分为两种类型:一种是含有大量 SiO_2、MnO 的焊剂;另一种是含有较多 FeO 的焊剂。

(2) 弱氧化性焊剂。焊剂中含 SO_2、MnO、FeO 等活性氧化物较少,因此对金属有较弱氧化作用。这种情况下的焊缝金属含氧量比较低。

(3) 惰性焊剂。焊剂中基本不含 SiO_2、MnO、FeO 等氧化物,所以对于焊接金属没有氧化作用。此类焊剂的成分是由 Al_2O_3、CaO、MgO、CaF_2 等组成。

5）按焊剂颗粒结构分类

（1）玻璃状焊剂呈透明状颗粒。

（2）结晶状焊剂的颗粒具有结晶体的特点。

（3）浮石状焊剂是泡沫状颗粒。

2. 对焊剂的质量要求

（1）焊剂应具有良好的冶金性能。在焊接时配合适当的焊丝及合理的焊接工艺，焊缝金属应能得到适宜的化学成分及良好的力学性能，以及较强的抗气孔、抗裂纹的能力。

（2）焊剂应具有良好的工艺性能。焊接过程中电弧燃烧稳定，熔渣具有适宜的熔点、黏度和表面张力。焊缝表面成形良好、脱渣容易，产生的有毒气体少。

（3）焊剂颗粒度符合要求。普通颗粒度的焊剂，粒度为40～8目。40目以下的细粒不得大于5%，8目以上的粗粒不得大于2%。细颗粒度的焊剂，粒度为60～14目。60目以下的细粒不得大于5%，14目以上的粗粒不得大于2%。

（4）焊剂含水量不得大于0.10%。

（5）焊剂中机械夹杂物的含量不得大于0.30%。

（6）焊剂的含硫量不得大于0.060%，含磷量不得大于0.080%。

3. 焊剂的性能及用途

1）熔炼焊剂

熔炼焊剂可以分为以下几类。

（1）高硅焊剂。以硅酸盐为主的焊剂，焊剂中含 $SiO_2>30\%$。由于 SiO_2 含量高，焊剂有向焊缝中过渡硅的作用。

使用高硅焊剂焊接，由于通过焊剂向焊缝中过渡硅，焊丝不必再特意加硅。高硅焊剂应按下列配合方式焊接低碳钢或某些合金钢：

a. 高硅无锰或低锰焊剂应配合高锰焊丝（Mn＝1.5%～1.9%）；

b. 高硅中锰焊剂应配合中锰焊丝（Mn＝0.8%～1.1%）；

c. 高硅高锰焊剂应配合低碳钢焊丝或低锰焊丝，这是国内目前应用最广泛的一种配合方式，多用于焊接低碳钢或某些低合金钢，采用高硅高锰焊剂的焊缝金属含氧量及含磷量较高，韧性转变温度高，不宜焊接对于低温韧性要求较高的结构。

（2）中硅焊剂。由于焊剂中含 SO_2 的数量较少，碱性氧化物 CaO 或 MgO 的含量较多，所以焊剂的碱度较高。大多数中硅焊剂属于弱氧化性焊剂，焊缝金属含氧量较低，所以焊缝的韧性更高一些。因此，这类焊剂配合适当的焊丝可用于焊接合金结构钢。但是中硅焊剂的焊缝金属含氢量较高，这对于提高焊缝金属抗冷裂纹的能力是很不利的。在中硅焊剂中，如加入相当数量的 FeO，由于提高了焊剂的氧化性就能减少焊缝金属的含氢量。这种焊剂属于中硅氧化性焊剂，是焊接高强度钢的一种新型焊剂。

（3）低硅焊剂。这类焊剂是由 CaO、Al_2O_3、MgO、CaF_2 等组成。焊剂对于金属基本上没有氧化作用，配合相应焊丝可用来焊接高合金钢，如不锈钢、热强钢等。

熔炼焊剂的配用焊丝及用途列于表3.22，可供选用埋弧焊焊接材料时参考。

表 3.22　国产熔炼焊剂用途及配用焊丝

焊剂牌号	焊剂类型	配用焊丝	焊剂用途
HJ130	无锰高硅低氟	H10Mn2	低碳结构钢低合金钢，如 16Mn 等
HJ131	无锰高硅低氟	Ni 基焊丝	焊接镍基合金薄板结构
HJ230	低锰高硅低氟	H08MnA，H10Mn2	焊低碳结构钢及低合金结构钢
HJ260	低锰高硅中氟	铬 10 镍 9 型焊丝	焊接不锈钢及轧辊堆焊
HJ330	中锰高硅低氟	H08MnA，H08Mn2，H08MnSi	焊接重要的低碳钢结构和低合金钢，如 Q235A，16Mn，15MnVTi 等
HJ430	高锰高硅低氟	H08A，H10Mn2A，H10MnSiA	焊接低碳钢结构及低合金钢
HJ431	高锰高硅低氟	—	焊低碳结构钢及低合金钢
HJ433	高锰高硅低氟	H08A	焊低碳结构钢
HJ150	无锰中硅中氟	2013 或 3G2W8 铜焊丝	堆焊轧辊，焊铜
HJ250	低锰中硅中氟	H08MnMoA，H08Mn2MoA	焊接 15MnV，14MnMoV，18MnMoNb 等
HJ350	中锰中硅中氟	相应焊丝	焊接锰钼、锰硅、及含镍低合金高强度钢
HJ172	无锰低硅高氟	相应焊丝	焊接高铬铁素体热强钢（15Cr11CuNiWV）或其他高合金钢

2）烧结焊剂

烧结焊剂是继熔炼焊剂之后发展起来的新型焊剂。目前国外已广泛采用烧结焊剂焊接碳钢、高强度钢和高合金钢。

黏结焊剂与烧结焊剂都属于非熔炼焊剂。黏结焊剂又称为低温烧结焊剂，烧结焊剂又称为高温烧结焊剂。由于黏结焊剂与烧结焊剂并无本质不同，所以可以将它们归为一类。

烧结焊剂的可以灵活地调整焊剂的合金成分，其特点如下。

（1）可以连续生产，劳动条件较好。

（2）成本低，一般为熔炼焊剂的 1/3～1/2。

（3）焊剂碱度可在较大范围内调节。熔炼焊剂的碱度最高为 2.5 左右。烧结焊剂当其碱度高达 3.5 时，仍具有良好的稳弧性及脱渣性，并可交直流两用，烟尘量也很小。

（4）烧结焊剂碱度高，冶金效果好，能获得较好的强度、塑性和韧性的配合。

（5）焊剂中可加入脱氧剂及其他合金成分，具有比熔炼焊剂更好的抗锈能力。

（6）焊剂的松装密度较小，一般为 0.9～1.2 g/cm^3，焊接时焊剂的消耗量较少。可以采用大的焊接电流值（可达 2 000 A），焊接速度可高达 150 m/h，适用于多丝大电流高速自动埋弧焊工艺。

（7）烧结焊剂颗粒圆滑，在管道中输送和回收焊剂时阻力较小。

（8）缺点是吸潮较大，焊缝成分易随焊接工艺参数变化而波动。

国产的烧结焊剂有以下几种。

（1）SJ101 为氟碱型烧结焊剂，属于碱性焊剂，呈灰色圆形颗粒状。配合 H08MnA、H08MnMoA、H08Mn2MoA、H10Mn2 等焊丝可焊接多种低合金结构钢。焊接产品为锅炉、压力容器以及管道等重要结构，其焊缝金属具有较高的低温冲击韧度。它可用于多丝埋弧焊，特别适用于大直径容器的双面单道焊。

（2）SJ301 为硅钙型烧结焊剂，属于中性焊剂，呈黑色圆形颗粒状。配合 H08MnA、H08MnMoA、H10Mn2 等焊丝可焊接普通结构钢、锅炉钢及管线钢等。这种焊剂可用于多丝快速焊接,特别适用于双面单道焊。由于它属于短渣,可以焊接小直径的管线。

(3) SJ401 为硅锰型烧结焊剂,属于酸性焊剂,呈灰褐色到黑色圆形颗粒状。配合 H08A 焊丝可以焊接低碳钢及某些低合金钢,多应用于矿山机械及机车车辆等金属结构的焊接。其焊接工艺性能良好,具有较高的抗气孔性能。

(4) SJ501 为铝钛型烧结焊剂,属于酸性焊剂,呈深褐色圆形颗粒。配合 H08A、H08MnA 等焊丝可焊接低碳钢及 16Mn、15MnV 等低合金钢,多应用于船舶、锅炉、压力容器的焊接施工中。该焊剂具有较强的抗气孔能力,对少量铁锈及高温氧化膜不敏感。

(5) SJ502 为铝钛型烧结焊剂,属于酸性焊剂,呈灰褐色圆形颗粒状。配合 H08A 焊丝可以焊接重要的低碳钢及某些低合金钢的重要结构,例如锅炉、压力容器等。

总之,烧结焊剂具有松装密度比较小,熔点比较高等特点,适用于大线能量焊接。此外,烧结焊剂较容易向焊缝中过渡合金元素。所以,在焊接特殊钢种时宜选用烧结焊剂。

熔炼焊剂与烧结焊剂性能比较列于表 3.23 中,可供选择焊剂时参考。

表 3.23 熔炼焊剂与烧结焊剂性能比较

项目	性能	熔炼焊剂	烧结焊剂
焊接工艺	高速焊接性能	焊道均匀,不易产生气孔和夹渣	焊道无光泽,易产生气孔,夹渣
	大电流焊接性能	焊道凸凹显著,易黏渣	焊道均匀,易脱渣
	吸潮性能	比较小,可不必再烘干	比较大,必须再烘干
	抗锈性能	比较敏感	不敏感
焊缝	韧性	受焊丝成分和焊剂碱度影响大	比较容易得到较好的韧性
	成分波动	焊接规范变化时成分波动小,均匀	成分波动大,不容易均匀
	多层焊性能	焊缝金属的成分变动小	焊缝金属成分波动比较大
	合金剂的添加	几乎不可能	容易

4. 焊剂的型号与牌号

1) 焊剂的型号

《埋弧焊和电渣焊用焊剂》(GB/T 36037—2018)规定,焊剂型号按适用焊接方法、制造方法、焊剂类型和适用范围进行分类标识。

焊剂型号由四部分组成:第一部分表示焊剂适用的焊接方法,"S"表示适用于埋弧焊,"ES"表示适用于电渣焊;第二部分表示焊剂制造方法,"F"表示熔炼焊剂,"A"表示烧结焊剂,"M"表示混合焊剂;第三部分表示焊剂类型代号;第四部分表示焊剂适用范围代号。

除以上强制分类代号外,焊剂型号还有三个可选的附加部分。第一部分表示焊剂冶金性能代号,用数字、元素符号、元素符号和数字组合等表示焊剂导致的合金元素烧损或增加程度;第二部分表示适用的电流类型代号,"DC"表示适用于直流焊接,"AC"表示适用于交流和直流焊接;第三部分为扩散氢代号"HX",其中 X 可为数字 2、4、5、10 或 15,用于表示每 100 g 熔敷金属中扩散氢含量的最大值(mL)。相关代号含义可查《埋弧焊和电渣焊用焊剂》(GB/T 36037—2018)。

埋弧焊用焊机型号示例:

```
S F CS 1 67 AC H10
```
- 可选附加代号，表示熔敷金属扩散氢含量不大于10 mL/100 g
- 可选附加代号，表示电流类型，适用于交流和直流焊接
- 可选附加代号，表示冶金性能，增加0.1%~0.3%Si，增加0.3%~0.5%Mn（质量分数）
- 表示焊剂适用范围
- 表示焊剂类型，硅钙型
- 表示焊剂制造方法，熔炼型
- 表示适用于埋弧焊

电渣焊用焊剂型号示例：

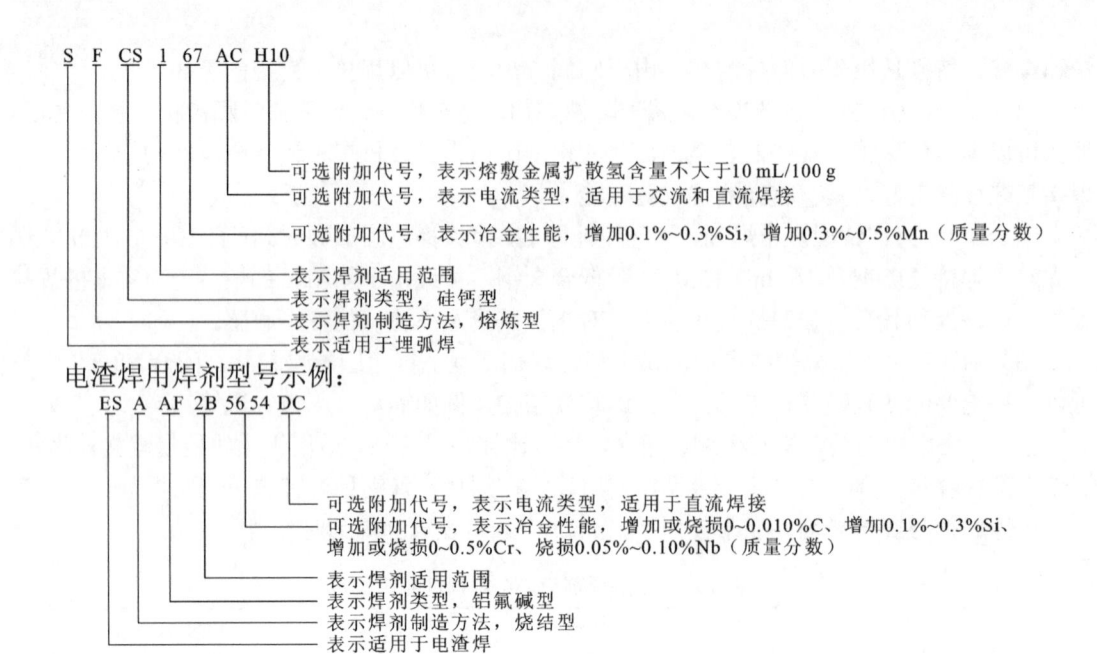

```
ES A AF 2B 56 54 DC
```
- 可选附加代号，表示电流类型，适用于直流焊接
- 可选附加代号，表示冶金性能，增加或烧损0~0.010%C、增加0.1%~0.3%Si、增加或烧损0~0.5%Cr、烧损0.05%~0.10%Nb（质量分数）
- 表示焊剂适用范围
- 表示焊剂类型，铝氟碱型
- 表示焊剂制造方法，烧结型
- 表示适用于电渣焊

2）焊剂的牌号

《焊接材料产品样本》[①]中规定的焊剂同一牌号，在有关焊剂国家标准之前就已编制，习用至今仍很盛行。熔炼焊剂和烧结焊剂的牌号编制方法各不相同。

（1）熔炼焊剂

用汉语拼音字母"HJ"表示埋弧焊及电渣焊用熔炼焊剂；"HJ"后第一位数表示氧化锰含量，如表3.24所示；第二位数字表示二氧化硅与氟化钙含量，如表3.25所示；第三位数字为同一类型的不同编号，按0、1、2、…、9顺序排列。

表3.24 熔炼焊剂牌号中第一位数字（X_1）含义

焊剂类型	质量分数（MnO）/%
无锰	<2
低锰	2~15
中锰	15~30
高锰	>30

表3.25 熔炼焊剂牌号中第二位数字（X_2）含义

焊剂类型	质量分数（SiO_2）/%	质量分数（CaF_2）/%
低硅低氟	<10	—
中硅低氟	10~30	<10
高硅低氟	>30	—
低硅中氟	<10	—
中硅中氟	10~30	10~30
高硅中氟	>30	—
低硅高氟	<10	>30
中硅高氟	10~30	—
其他	不规定	不规定

① 机械工业部. 焊接材料产品样本. 北京：机械工业出版社，1997.

当同一牌号焊剂生产两种颗粒度时,在细颗粒焊剂牌号后面加半字线"-",再加表示"细"的汉语拼音字母"X",有些生产厂商常在牌号前加上厂商标识代号,中间用圆点"·"分开。

熔炼焊剂牌号示例:

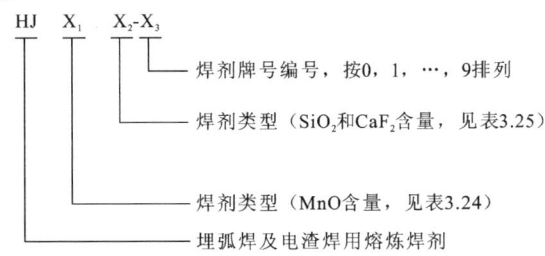

$$HJ \quad X_1 \quad X_2\text{-}X_3$$

- 焊剂牌号编号,按0,1,…,9排列
- 焊剂类型(SiO_2和CaF_2含量,见表3.25)
- 焊剂类型(MnO含量,见表3.24)
- 埋弧焊及电渣焊用熔炼焊剂

例如,HJ431表示此为高锰高硅低氟埋弧焊用熔炼焊剂。

(2)烧结焊剂

用汉语拼音字母"SJ"表示埋弧焊用烧结焊剂,后面第一位数字表示焊剂熔渣渣系,如表3.26所示;第二、第三位数字表示相同渣系焊剂中的不同牌号,按01、02、…、09顺序排列。

示例:

$$SJ \quad X_1 \quad X_2X_3$$

- 牌号编号(同一渣系类型焊剂的不同牌号按01,02,…,09顺序编排)
- 焊剂熔渣渣系(表3.26)
- 埋弧焊用烧结焊剂

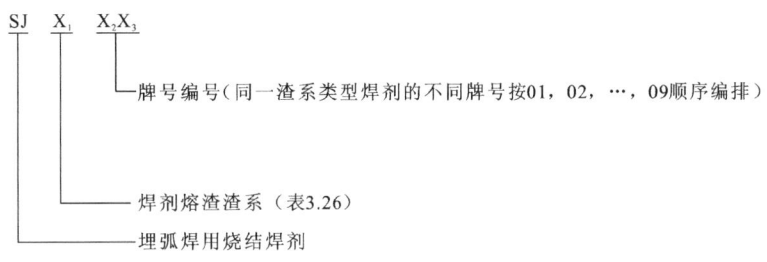

表3.26 烧结焊剂熔渣渣系

类型	主要化学成分的质量分数/%
氟碱型	$CaF_2 \geq 15$ $CaO+MgO+MnO+CaF_2 > 50$ $SiO_2 < 20$
高铝型	$Al_2O_3 \geq 20$ $Al_2O_3+CaO+MgO > 45$
硅钙型	$CaO+MgO+SiO_2 > 60$
硅锰型	$MnO+SiO_2 > 50$
铝钛型	$Al_2O_3+TiO_2 > 45$
其他型	不规定

3.3 焊接使用的保护气体及辅助材料

3.3.1 焊接保护气体

1. 氩气

氩气是一种无色、无味的单原子惰性气体,在高温下不分解,不与焊缝金属发生化学反应,也不溶解于液体金属。在空气中(按体积计算)的质量分数为0.93%,比空气略重。氩弧焊对氩气的纯度要求为不小于99.95%。电弧弧柱在氩气流的作用下产生压缩效应和冷却，使电弧热量集中，加之单原子氩气不会产生阴离子，没有一般分子气体在电弧高温作用下分解为原子过程中的大量吸热作用；并且，氩的导热系数和热容较小，散热能力差，这也使电弧的热能利用率较高，有利于气体的热电离，从而电弧能稳定地燃烧。所以，在氩弧焊中由于氩气的电离电位最高，引燃电弧比较困难，而维持电弧燃烧却是容易的，一旦引燃后电弧会很稳定。因此在氩弧焊设备中都应考虑采用各种引弧措施。

2. CO_2 气体

焊接用的 CO_2 气体都是将 CO_2 气体压缩成液态，储存在钢瓶中备用。由于 CO_2 由液态变成气态的沸点很低（-78 ℃），所以在常温下，钢瓶中的液态 CO_2 就能汽化成气体 CO_2 直接供焊接使用。

液态 CO_2 是无色液体，不能按体积计算，只能按质量计量。一般容量为 40 L 的标准钢瓶，可以灌入 25 kg 的液态 CO_2。1 kg 液态 CO_2 可汽化成 509 L 气态的 CO_2，所以一瓶液态 CO_2 可以生成 12.72 m^3 的气体 CO_2，若焊接时气体流量为 10 L/min，则可连续使用约 24 h。

焊接用 CO_2 气体的纯度，多数国家规定不应低于 99.5%。我国工业使用的液化 CO_2 气体按照国家标准《工业液体二氧化碳》（GB/T 6052—2011）规定，焊接用 CO_2 要求 CO_2 纯度为＞99.5%。

3. 混合保护气体

气体保护焊除用单一保护气体外，目前混合保护气体已获得了行业内广泛应用。特别对于熔化极气体保护焊，采用混合气体保护的趋向越来越强。因为混合保护气体具有良好的综合性能，能适应不同的金属材料和焊接工艺的需要，以获得最佳的保护效果、电弧特性、熔滴过渡特性，以及焊缝成形，并能改善接头性能等。

混合保护气体主要有：$Ar+He$、$Ar+O_2$、$Ar+CO_2$、$Ar+H_2$、$Ar+N_2$、$Ar+CO_2+O_2$、CO_2+O_2 等。各种保护气体适用的焊接方法与焊件材料如表 3.27 所示。

表 3.27 各种保护气体适用的焊接方法与焊接材料

保护气体	适用焊接方法	焊丝直径/mm	适用的金属材料	焊件厚度/mm	施焊方式	焊接位置	备注
纯 Ar	TIG	—	有色金属奥氏体不锈钢高温合金	—	手工焊，自动焊	—	—
	MIG 喷射过渡	0.8～1.6		3～5	半自动焊自动焊	全位置	立焊向下
		1.6～5.0		5～40		平焊	—
	MIG 脉冲喷射过渡	0.8～2.0		1.5～5		全位置	立焊向下
		1.6～5.0		6～40		平焊	—
纯 He	TIG	—	有色金属奥氏体不锈钢高温合金	—	手工焊，自动焊	—	—
	MIG 喷射过渡	0.8～1.2		4～6	半自动焊，自动焊	全位置	立焊向下
		1.2～4.0		6～40	自动焊	平焊	—
	MIG 脉冲喷射过渡	0.8～1.2		2～5	半自动焊，自动焊	全位置	立焊向下
		2.0～4.0		8～40		平焊	—

（1）Ar+He。由于 He 的电离电位和导热率较 Ar 高，当 Ar 中加入 He 后，能控制阴极斑点的位置，提高电弧对焊件的热输入，使熔池的流动性、熔深形状和熔池中气体的析出条件等都得到改善。这对铝及其合金的焊接极为重要。对于中等厚度以上的铜及铜合金的焊接，可降低其焊前预热温度，甚至实现无预热焊接。根据被焊材料与工艺要求，加 He 的比例为 25%～95%。

在 Ar+He 混合气体中也可以再加入少量的 CO_2 或 O_2。其中，掺入少量 CO_2，既可改善电弧稳定性和熔深，又不降低焊缝耐蚀性能。掺入少量的 O_2，可改善熔池的流动性，焊缝成形及减少气孔。这种混合气体保护焊已广泛用于不锈钢的焊接。

（2）Ar+O_2。氧是表面活性元素，能降低液态金属的表面张力。当它加入氩气中时，会降低临界电流值，细化熔滴尺寸，改善过渡性能。因 Ar+O_2 混合气具有一定的氧化性，故能稳定和控制电弧阴极斑点的位置，可以避免因阴极斑点的游动而使电弧产生飘移，熔滴过渡不稳，气体保护作用被破坏以及焊缝成形不规则，产生咬边和未熔合等缺陷。少量氧的存在，还可以降低弧柱空间的游离氢，使焊缝产生气孔和裂纹的倾向减小。但氧的加入，使混合气具有一定的氧化性。为了防止合金元素的氧化烧损、焊缝含氧量增加而生成夹渣以及抑制金属飞溅等，氩气中加入的氧量通常应控制在 1%～5%的范围内。这种混合气体常用于焊接不锈钢，也可用于焊接碳钢和合金钢等。

（3）Ar+CO_2。CO_2 是氧化性气体，其氧化性相当于 Ar+O_2 混合气的 10%～20%。氩气中加入 CO_2 可稳定与控制阴极斑点的位置，改善焊缝熔深及外观成形，从蘑菇状变为扁平状。在焊接含碳量小于 0.17%的钢（包括低碳钢、不锈钢和耐热钢等）时，因钢中含有碳化物形成元素，CO_2 气体将对母材产生渗碳作用。

当 CO_2 量为 3%～10%时，焊缝熔深仍呈蘑菇状，故易生成气孔；当 CO_2 量为 10%～15%时，焊缝金属的韧性最好，且可改善焊缝熔深形状，气孔率降低；当 CO_2 量超过 30%，则不可能获得稳定的喷射过渡，飞溅增多，焊缝外观成形显著变差。因此，氩气中加入 CO_2 量通常在 5%～30%范围内。当 CO_2 含量超过 25%时，将随着 CO_2 含量的增加，在工艺特性上越来越接近 CO_2 气体保护焊，熔滴过渡特性逐渐恶化，飞溅也相应增加。Ar+CO_2 混合气体，通常用于焊接碳钢、合金结构钢和不锈钢等。

（4）Ar+H_2。氩气中加入少量氢气，可提高焊接电压，而使焊接电流降低，缩小了电弧尺寸和焊缝宽度。但由于氢的加入，电弧的稳定性略有变差。所以，Ar+H_2 混合气体只推荐用于钨极自动焊。因为自动焊时，钨极和工件之间的距离可强制保持不变。Ar+H_2 混合气体适用于焊接不锈钢、耐酸钢及高合金钢等，加入氢气的比例一般为 5%～15%。Ar+H_2 混合气体也可用作等离子弧焊接的保护气体。

（5）Ar+N_2。N_2 的导热率及弧柱电场强度均较 Ar 高，在 Ar 中加入 N_2 后，会增大电弧的热功率，且对于铜及铜合金来说，N_2 相当于惰性气体。因此，Ar+N_2 混合气体主要用于焊接具有高导热率的铜及铜合金，其 N_2 含量一般为 15%左右。此外，若用于焊接不锈钢及耐酸钢，与 Ar+O_2 或 Ar+CO_2 气体相比，可进一步改善其熔透性和气体析出条件，还可避免在晶界形成碳化铬的危险。但在 Ar 中加入 N_2 有使熔滴变大，过渡特性变差的缺点。因此，可以在 Ar+N_2 混合气体中再加入少量 O_2，即可克服这一缺点。在此指出，N_2 是促进奥氏体形成的元素，在不利的条件下，往往不能形成所要求的少量 δ 铁素体，而出现全奥氏体组织。

（6）CO_2+O_2。CO_2 气体中加入一定量的 O_2 后，氧化反应加剧，因而释放出更多的热量，使焊丝熔化率增加，同时因熔池温度提高，熔深增大。例如，75%CO_2+25%O_2 混合气体保护

焊比纯 CO_2 气体能提高熔池的温度 205～308 ℃。在 CO_2+O_2 混合气体中，O_2 的比例一般在 4%～30%，常用比例为 20%～25%，最多不超过 40%，否则，焊缝金属中的含氧量就会显著增加。

需要指出，CO_2+O_2 混合气体的氧化性很强，必须配用具有强脱氧能力的焊丝，（即提高焊丝中的 Si、Mn 含量或加 Ti、Al 等脱氧元素）。CO_2+O_2 混合气体保护焊因其生产效率高，焊缝含氢量低，熔深大，目前在船厂得到了广泛的应用。

3.3.2 钨极

手工钨极氩弧焊要求电极材料应具有较强的电子发射能力，能形成稳定的电弧，具有较高的熔点和沸点，在电弧高温下不易蒸发和耗损，能承受较大的电流且具有足够的强度和耐磨损性能。

手工钨极氩弧焊常用的电极材料有下面几种。

（1）纯钨极。是使用最早的一种电极材料，由于纯钨极发射电子所要求的电压较高，所以，要求焊机具有高空载电压。另外纯钨极易烧损，电流越大，烧损越严重。目前纯钨极使用不多。

（2）钍钨极。在钨中加入 3%以下的二氧化钍，制成钍钨极，具有较高的热电子发射能力和耐熔性。尤其用于交流电源焊接时，允许电流值比同直径的纯钨极提高 1/3，空载电压可显著降低。但钍钨极的粉尘具有微量的放射性，在磨削电极时要注意防护。

（3）铈钨极。在钨中加入 2%以下的氧化铈，制成铈钨极，适用于直流小电流焊接，引弧容易，电弧稳定，引弧电流比钍钨极低 50%；电弧弧柱压缩程度好，在相同的焊接规范下，铈钨极弧束较长，光亮带窄，热能集中；烧损小，可减少打磨电极的次数；最大许用电流密度增加 5%～8%，放射剂量极低。因此，铈钨极是目前最为理想的电极材料，应用广泛。

第4章 熔池凝固和焊缝固态相变

熔池凝固及焊缝固态相变过程对焊缝金属的组织和性能具有重要影响。焊接过程中，由于熔池中的冶金反应和冷却条件不同，可能得到组织性能差异很大的焊接接头。在熔池凝固过程中还可能会产生气孔、裂纹、夹杂、偏析等缺欠，这些缺欠会严重影响焊缝金属的性能，以致成为发生失效事故的隐患。焊接熔池凝固以后的连续冷却过程中，焊缝金属将发生组织转变，转变后的组织性能取决于焊缝的化学成分及冷却条件。所以，根据焊接特点和母材成分的不同进行分析是必要的。

4.1 熔池凝固

熔焊过程中，母材在高温热源的作用下发生了局部熔化，并且与熔化的焊丝金属混合，形成熔池。在熔滴及熔池形成的过程中，进行了剧烈而复杂的冶金反应。当焊接热源离开以后，熔池金属逐渐冷却，当温度达到母材的固相线时，熔池开始凝固结晶，最终形成焊缝金属。

由于焊接过程处于非平衡的热力学状态，所以，熔池金属在凝固过程中会产生一些晶体缺陷。分析焊接时熔池的凝固过程，应讨论熔池凝固的特点、熔池凝固的规律、熔池结晶的速度、熔池结晶的形态等。

4.1.1 熔池凝固的特点

焊接熔池的凝固过程与一般铸钢锭的凝固结晶过程不同，焊接熔池的凝固有以下特点。

1. 熔池的体积小、冷却速度大

在电弧焊的条件下，熔池的最大体积约为 30 cm³，熔池的质量在单丝埋弧焊时，最大约为 100 g，而铸钢锭可达数吨以上。由于熔池的体积小，而周围又被冷金属所包围，所以熔池的冷却速度很大，平均为 4~100 ℃/s。而铸钢锭的平均冷却速度，由于尺寸、形状的不同，为 3~150×10⁻⁴ ℃/s。由此可见，熔池的平均冷却速度比铸钢锭的平均冷却速度大 10⁴ 倍左右。因此，对于含碳量较高、合金元素较多的钢种容易产生淬硬组织，甚至焊道上产生裂纹。由于冷却很快，熔池中心和边缘有较大的温度梯度，致使焊缝中的柱状晶能够迅速成长。所以，通常情况下电弧焊的焊缝中几乎没有等轴晶。

2. 半熔化状态的母材金属晶粒是熔池结晶的"模壁"

铸钢锭的结晶是从铸锭模壁开始形核及长大的。焊接熔池的凝固结晶，是从母材半熔化晶粒开始生长的，它的"模壁"就是温度等于熔点的熔池等温面。

3. 熔池中的液态金属处于过热状态

在电弧焊的条件下，对于低碳钢或低合金钢，熔池的平均温度可达 1770±100℃，而熔滴的温度更高，约为 2300±200℃。一般铸钢锭的温度很少超过 1550℃。因此，熔池中的液态金属处于过热状态。由于熔池液体金属的过热程度较大，合金元素的烧损比较严重，使熔池中非自发晶核的原始质点数大为减少，这也是促使焊缝中柱状晶得到发展的原因之一。

4. 熔池在运动状态下结晶

铸钢锭的结晶是在钢锭模中静态下进行的，而一般熔焊时，熔池凝固是随热源移动而进行的。在熔池中金属的熔化和凝固过程是同时进行的，如图 4.1 所示，在熔池的前半部 abc 进行熔化过程，而熔池的后半部 cda 进行凝固过程。此外，在焊接条件下，气体的吹力、焊条的摆动以及熔池内部的气体外逸，都会产生搅拌作用。这一点对于排除气体和夹杂是有利的，并且也有利于得到致密而性能良好的焊缝。

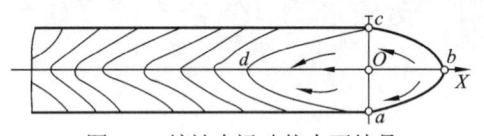

图 4.1 熔池在运动状态下结晶

4.1.2 熔池结晶的一般规律

熔池金属的结晶与一般金属的结晶基本一样，同样包括形核和晶核长大的结晶过程。由于熔池凝固的特点，其结晶过程有其自身的规律。

1. 熔池中晶核的形成

从金属学理论可知，生成晶核的热力学条件是过冷度而造成的自由能降低，进行结晶过程的动力学条件是自由能降低的程度。这两个条件在焊接过程中都具备。

根据结晶理论，晶核的生成分为自发晶核和非自发晶核。但在液相中无论形成自发晶核或非自发晶核都需要消耗一定的能量。在液相中形成自发晶核所需的能量为

$$E_K = \frac{16\pi\sigma^3}{3\Delta F_V^2} \tag{4.1}$$

式中：σ 为新相与液相间的表面张力系数；ΔF_V 为单位体积内液固两相自由能之差。

研究表明，在焊接熔池结晶中，非自发晶核起到主要作用。在液相金属中有非自发晶核存在时，可以降低形成临界晶核所需的能量，使结晶易于进行。

在液相中形成非自发晶核所需的能量为

$$E'_K = \frac{16\pi\sigma^3}{3\Delta F_V^2}\left(\frac{2 - 3\cos\theta + \cos^3\theta}{4}\right) \tag{4.2}$$

即

$$E'_K = E_K \left(\frac{2 - 3\cos\theta + \cos^3\theta}{4}\right) \tag{4.3}$$

式中：θ 为非自发晶核的浸润角，如图 4.2 所示。

由式（4.3）可见，当 $\theta=0°$ 时，$E'_K=0$，说明液相中有大量的悬浮质点和某些现成表面。当 $\theta=180°$ 时，$E'_K=E_K$，说明液相中只存在自发晶核，不存在非自发晶核的现成表面。由此

可见，当 $\theta=0°\sim180°$ 时，$E'_K/E_K=0\sim1$，这说明在液相中有现成表面存在时，将会降低形成临界晶核所需要的能量。

试验研究证明，角 θ 的大小决定于新相晶核与现成表面之间的表面张力。如果新相晶核与液相中原有现成表面固体粒子的晶格结构越相似，也就是点阵类型与晶格常数相似，那么二者之间的表面张力越小，角 θ 也越小，形成非自发晶核的能量也越小。

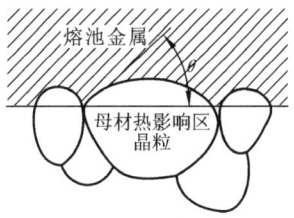

图 4.2 非自发晶核的浸润角

在焊接条件下，熔池中存在有两种现成表面：一种是合金元素或杂质元素的悬浮质点，通常情况下这种现成表面所起作用不大；另一种是熔合区附近加热到半熔化状态的母材金属的晶粒表面，非自发晶核就依附在这个表面上，并以柱状晶的形态向焊缝中心生长，形成所谓交互结晶，也称为联生结晶，如图 4.3 所示。

为了改善焊缝金属的性能，通过焊接材料加入一定量的合金元素（如 Mo、V、Ti、Nb 等）作为熔池中非自发晶核的质点，从而达到细化焊缝金属晶粒的目的。

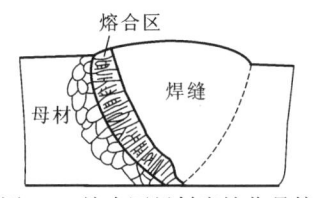

图 4.3 熔合区母材半熔化晶粒上成长的柱状晶

2. 熔池中晶核的长大

熔池中晶核形成后，以这些新生的晶核为核心，不断地向焊缝中成长。熔池金属结晶开始于熔合区附近母材半熔化晶粒的现成表面。也可以说，熔池金属开始结晶时，是从靠近熔合线处的母材上以联生结晶的形式长大。由于每个晶粒的长大趋势不尽相同，有的柱状晶迅速长大，一直长到焊缝中心；有的晶粒却在长大途中停止，不再继续长大；少数晶粒没有明显长大。

晶粒是由众多的晶胞组成的。在一个晶粒内部晶胞具有相同的方位，称为"位向"。不同的晶粒具有不同的位向，称为各向异性。因此，在某一方向上的晶粒最容易长大。此外，散热的方向对晶粒的长大也有很大的影响。当晶体最容易长大的方向与散热最快的方向（或最大温度梯度方向）一致时，最有利于晶粒长大，这些晶粒优先长大，可以一直长大至熔池的中心，形成粗大的柱状晶体。有些晶体由于其取向不利于成长，与散热最快方向又不一致，这时晶粒的成长就会停止，如图 4.4 所示，这就是焊缝中柱状晶选择长大的结果。应指出，柱状晶体成长的形态与焊接条件有着密切的关系，例如焊接热输入、焊缝位置、熔池的搅拌与振动等。

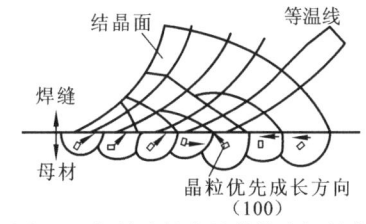

图 4.4 焊缝中柱状晶体的选择长大

4.1.3 熔池结晶的线速度

焊接实践证明，熔池的结晶方向和结晶速度对焊接质量有很大的影响。特别是对裂纹、气孔、夹杂等缺欠的形成影响更大。

焊接熔池的外形是椭球状曲面，即结晶等温面，熔池的散热方向垂直于结晶等温面。因此，晶粒的成长方向也垂直于结晶等温面。由于结晶等温面是曲面，理论上认为，晶粒成长的主轴必然是弯曲的。这种理论上的推断已经被大量实验证实，晶粒主轴的成长方向与结晶等温面正交，并且以弯曲的形状向焊缝中心成长。

试验证明，熔池在结晶过程中晶粒成长的方向与晶粒主轴成长的线速度及焊接速度等有密切的关系。

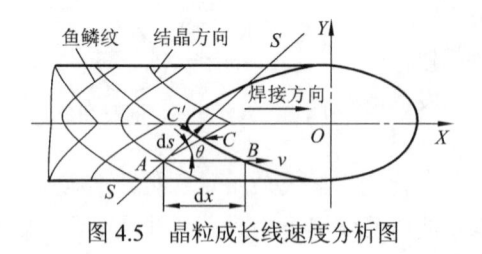

晶粒成长线速度分析图如图 4.5 所示。任一个晶粒主轴，在任一点 A 的成长方向是过 A 点的法线（S-S 线）。此方向与 X 轴之间的夹角为 θ，若结晶等温面在 dt 时间内，沿 X 轴移动 dx，此时结晶等温面从 A 移到 B，同时晶粒主轴由 A 成长到 C。当 dx 很小时，可把 AC 看作 $\overline{AC'}$，同时还可以认为 $\triangle ABC'$ 是直角三角形，若令 $\overline{AC'} = ds$，则

$$ds = dx\cos\theta$$

图 4.5 晶粒成长线速度分析图

两端除以 dt，则 $\dfrac{ds}{dt} = \dfrac{dx}{dt}\cos\theta$，即

$$v_c = v\cos\theta \tag{4.4}$$

式中：v_c 为晶粒成长的平均线速度（cm/s）；v 为焊接速度（cm/s）；θ 为 v_c 与 v 方向之间的夹角（°）。

由式（4.4）可见，在一定的焊接速度下，晶粒成长平均线速度主要取决于 $\cos\theta$ 的值。而 $\cos\theta$ 值又决定于焊接参数和被焊金属的热物理性能。利用焊接传热学理论可以推导出它们之间的数学关系。这种计算虽然是定性的，但仍能概要说明熔池中金属结晶的规律。

为了深入了解角 θ 的影响因素，将熔池的形状简化为半个椭球体（图 4.6），可以推导出以下方程式：

（1）厚大焊件的表面上快速堆焊时

$$\cos\theta = \left[1 + A\dfrac{qv}{\alpha\lambda T_M}\left(\dfrac{K_y^2 + K_z^2}{1 - K_y^2 - K_z^2}\right)\right]^{-\frac{1}{2}} \tag{4.5}$$

式中：A 为常数，$A = 0.043\,217$；q 为热源的有效功率（J/s）；v 为焊接速度（cm/s）；α 为热扩散率（cm²/s）；λ 为热导率 [W/(cm·℃)]。

$K_y = Y/OB$（图 4.6），OB 为熔池椭球短轴的一半；$K_z = Z/OH$，OH 为熔池椭球的熔深半轴。

（2）薄板上自动焊时

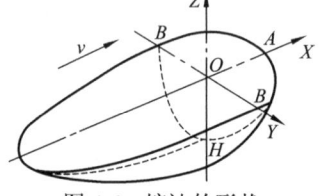

图 4.6 熔池的形状

$$\cos\theta = \left\{1 + A\left(\dfrac{q}{\delta\lambda T_M}\right)^2\left(\dfrac{K_y^2}{1 - K_y^2}\right)\right\}^{-\frac{1}{2}} \tag{4.6}$$

式中：δ 为薄板的厚度（cm）。

分析式（4.4）～式（4.6）可知：

（1）晶粒成长的平均线速度 v_c 是变化的。在式（4.6）中，当 $y = OB$ 时，$K_y = 1$、$\cos\theta = 0$、$\theta = 90°$、$v_c = 0$，说明在熔合线上晶粒开始成长的瞬间，成长的方向垂直于熔合线，晶粒成长的平均线速度等于零。

当 $y = 0$ 时，$\cos\theta = 1$，$\theta = 0°$、$v_c = v$，说明当晶粒成长到接触 OX 轴时，晶粒成长的平均

线速度等于焊接速度。

由此可见，在晶粒成长过程中，当 y 由 OB 逐渐趋近于 O 时，θ 值由 90°逐渐趋近于 0°，晶粒成长的平均线速度 v_c 由 0 逐渐增大到 v。这表明晶粒成长的方向是变化的；晶粒成长的平均线速度也是变化的，在熔合线上最小（其值为零），在焊缝中心最大（其值等于焊接速度）。

（2）焊接参数对晶粒成长方向及平均线速度的影响。由式（4.5）可知，当焊接速度 v 越小时，角 θ 越小，晶粒主轴的成长方向越弯曲[图 4.7（a）]。当焊接速度 v 越大时，角 θ 越大，晶粒主轴的成长方向越垂直于焊缝的中心线[图 4.7（b）]。工业纯铝 TIG 不同焊接速度时的晶粒成长方向如图 4.8 所示。

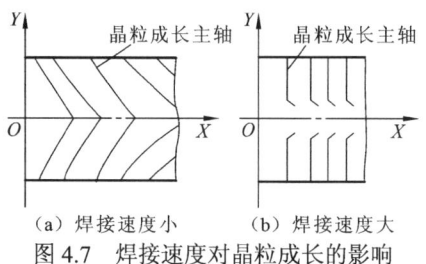

（a）焊接速度小　　（b）焊接速度大

图 4.7　焊接速度对晶粒成长的影响

（a）焊接速度 25cm/min　　（b）焊接速度 150cm/min

图 4.8　工业纯铝 TIG 的晶粒成长方向

当晶体主轴垂直于焊缝中心时，容易形成脆弱的结合面。因此，采用过大的焊接速度时，在焊缝中心常出现纵向裂纹。例如，焊接奥氏体钢和铝合金时应特别注意不能采用大的焊接速度。实际上，熔池结晶速度与焊接热源作用的周期性变化、化学成分的不均匀性、合金元素的扩散、结晶潜热的释放等因素都有密切关系。因此，熔池结晶速度的变化规律是很复杂的。

研究表明，焊缝晶粒成长的线速度围绕着平均线速度作波浪式变化，而且波浪式起伏的振幅越来越小，最终趋向于平均线速度。应指出，晶粒（核）长大需要一定的能量，这个能量由两部分组成：一是因为体积长大而使体系自由能下降；二是因体积长大而产生的新固相表面使体系的自由能增高。晶核长大时所增加的表面能比形成晶核时所增加的表面能要小，晶核长大比形核所需的过冷度要小。因此，焊缝金属开始凝固时，优先在母材的基体上进行联生长大。

4.1.4　熔池结晶的形态

对焊缝断面进行金相分析发现，焊缝中的晶体形态主要是柱状晶和少量等轴晶。在显微镜下进行微观分析时，可以发现在每个柱状晶内有不同的结晶形态，如平面晶、胞状晶以及树枝状晶等。结晶形态的不同，是由于金属纯度及散热条件不同引起的。

熔池结晶过程中晶体的形核和长大都必须具有一定的过冷度。由于在纯金属凝固结晶过程中不存在化学成分的变化，所以，纯金属的凝固点理论上为恒定的温度。液相中的过冷度取决于实际结晶温度低于凝固点温度的数值。冷却速度越快，实际结晶温度越低，过冷度就越大。

工业上用的金属多为合金，即使是纯金属，也没有达到理论上的纯度。合金的结晶温度与其成分有关，先结晶与后结晶的固、液相成分也不相同，会造成固-液界面一定区域的成分变化。因此，合金凝固时，除了因实际温度造成的过冷之外（温度过冷），还存在固-液界面处成分变化而造成的成分过冷。所以合金结晶时不需要很大的过冷度就可以析出树枝状晶，而且随着过冷度的不同，晶体成长出现不同的结晶形态。

根据成分过冷理论的分析，由于过冷度的不同，会使焊缝组织出现不同的形态。试验表明，结晶形态大致可分为平面晶、胞状晶、胞状树枝晶、树枝状晶及等轴晶。不同的结晶形态具有内在的因素。结晶形态主要取决于合金中溶质的浓度 C_0、结晶速度 R（或晶粒长大速度）和液相中温度梯度 G 的综合作用。它们对结晶形态的影响如图 4.9 所示。

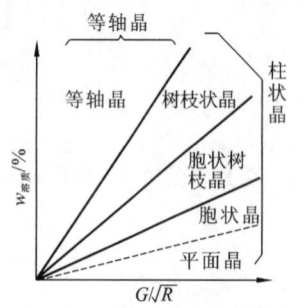

图 4.9 C_0、R 和 G 对结晶形态的影响

当结晶速度 R 和温度梯度 G 不变时，随合金中溶质浓度的提高，成分过冷增加，从而使结晶形态由平面晶变为胞状晶、胞状树枝晶、树枝状晶，最后得到等轴晶。

当合金中溶质的浓度 C_0 一定时，结晶速度 R 越快，成分过冷的程度越大，结晶形态也可由平面晶过渡到胞状晶、树枝状晶，最后得到等轴晶。

当合金中溶质浓度 C_0 和结晶速度 R 一定时，随液相温度梯度的提高，成分过冷的程度减小，因而结晶形态的演变方向恰好相反，由等轴晶、树枝晶逐步演变到平面晶。

上述关于不同结晶条件对晶体成长形态影响的一般规律，对于分析焊缝金属的凝固结晶组织、提高焊缝金属的性能和防止缺欠等有重要的指导意义。

1. 实际焊缝的结晶形态

焊接熔池中成分过冷的情况在焊缝的不同部位是不同的，因此会出现不同的焊缝结晶形态。在熔池的熔化边界，由于温度梯度 G 较大，结晶速度 R 较小，成分过冷近乎零，所以平面晶得到发展。随着远离熔化边界向焊缝中心过渡时，温度梯度 G 逐渐变小，而结晶速度逐渐增大，所以结晶形态将由平面晶向胞状晶、胞状树枝晶，直至等轴晶的方向发展。图4.10 可见结晶形态的变化过程。在对焊缝凝固组织的金相观察中，证实了上述结晶形态变化的趋势。

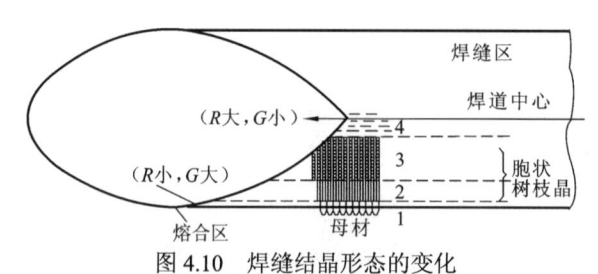

图 4.10 焊缝结晶形态的变化

1—平面晶；2—胞状晶；3—胞状树枝晶；4—等轴晶

需要指出，实际焊缝中，由于母材的化学成分、厚度及接头形式不同，不一定具有上述全部的结晶形态。

2. 焊接参数对熔池结晶形态的影响

（1）焊接电流的影响。当焊接速度一定时，焊接电流对焊缝结晶组织的影响如图 4.11 所示。焊接电流较小时，焊缝得到胞状组织[图 4.11（a）]；增加电流时，得到胞状树枝晶[图 4.11（b）]；电流继续增大，出现更为粗大的胞状树枝晶[图 4.11（c）]。

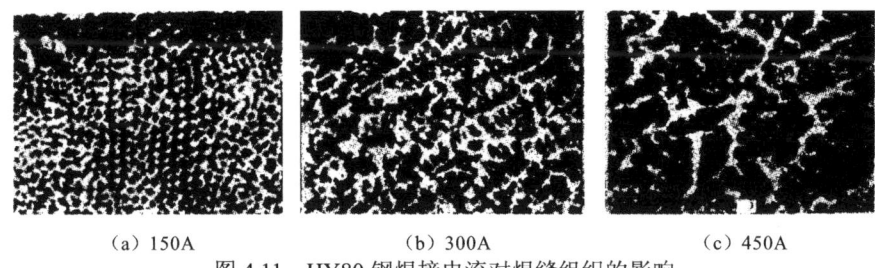

（a）150A　　　　　　　　　（b）300A　　　　　　　　　（c）450A
图 4.11　HY80 钢焊接电流对焊缝组织的影响

（2）焊接速度的影响。当焊接速度增大时，熔池中心的温度梯度下降很多。低速焊接时，在熔合线附近出现胞状树枝晶，在焊缝中心出现较细的胞状树枝晶[图 4.12（a）（b）]；快速焊接时，在焊缝中心往往出现大量的等轴晶[图 4.12（c）]。

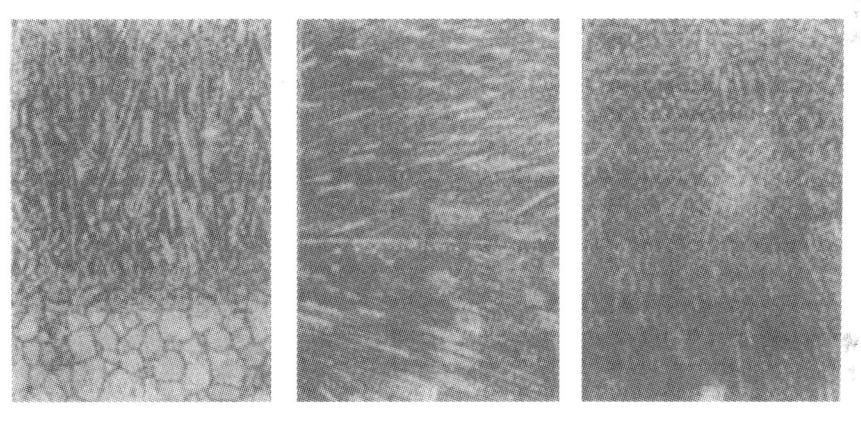

（a）低焊接速度（6 cm/min）　　（b）中焊接速度（16 cm/min）　　（c）高焊接速度（64 cm/min）
　　下熔合区的胞状树枝晶　　　　　下焊缝中心的胞状树枝晶　　　　下焊缝中心的等轴晶
图 4.12　蒙乃尔合金 TIG 焊缝结晶形态

4.1.5　焊缝金属的化学成分不均匀性

在熔池结晶过程中，由于冷却速度很快，熔池金属中化学成分来不及扩散，所以合金元素的分布是不均匀的，这个区域成为焊接接头的薄弱地带。

1. 焊缝中的化学成分不均匀性

熔池金属在结晶过程中，由于来不及扩散而表现出化学成分的不均匀性。例如，在低碳钢焊缝的晶界，碳的含量要比焊缝的平均含碳量略高一些，称为晶界偏析，这是一种微观偏析。这种现象将影响焊缝的组织性能，严重时会引起焊接裂纹。根据焊接过程的特点，焊缝中的偏析主要有以下几种。

（1）显微偏析。根据金属学平衡结晶过程理论可知，钢在凝固过程中，液固两相的合金成分都在变化着。一般地，先结晶的固相含溶质的浓度较低，也就是先结晶的固相比较纯；而后结晶的固相含溶质的浓度较高，并富集了较多的杂质。由于焊接的冷却速度较快，固相内的成分来不及扩散，而在相当大的程度上保持着由于结晶有先后所产生的化学成分不均匀性。当焊缝结晶的固相呈胞状晶长大时，在胞状晶体的中心，含溶质的浓度最低，而在胞状晶体相邻的边界上，溶质的浓度最高。

当固相呈树枝晶长大时，先结晶的树干含溶质的浓度最低，后结晶的树枝含溶质浓度略高，最后结晶的部分，即填充树枝间的残液，也就是树枝晶和相邻树枝晶之间的晶界上，溶质的浓度是最高的。

焊缝中的组织由于结晶形态不同，也会造成不同程度的偏析。例如，低碳钢（w_C=0.19%，w_{Mn}=0.50%）焊缝中不同结晶形态时，Mn的偏析如表4.1所示。从表4.1的数据可知，树枝状晶的晶界偏析较胞状晶的晶界偏析严重。

表4.1 不同结晶形态的偏析

位置	w_{Mn}/%
树枝状晶的晶界	0.59
胞状晶的晶界	0.57
胞状晶的中心	0.47

此外，细晶粒的焊缝金属，由于晶界的增多，偏析分散，偏析的程度将会减弱。所以，就减小焊缝金属中的偏析而言，希望得到细晶粒的胞状晶。

（2）区域偏析。焊接时由于熔池中存在激烈的搅拌，同时焊接熔池又不断地向前移动，新的液体金属不断地溶入熔池。所以，结晶后的焊缝，从宏观上不会有大体积的区域偏析。但是，在焊缝结晶时，由于柱状晶继续长大和推移，会把溶质或杂质"赶"向溶池的中心。这时熔池中心的杂质浓度逐渐升高，致使在最后凝固的部位产生较严重的区域偏析。

当焊接速度较大时，成长的柱状晶最后会在焊缝中心附近相遇，如图4.13所示。溶质和杂质都聚集在此处，凝固后在焊缝中心附近出现的区域偏析，在应力作用下很容易产生焊缝的纵向裂纹。

（3）层状偏析。在焊缝断面经过腐蚀的金相试件上，可以明显地看出层状分布图像。这些分层反映出结晶过程的周期性变化是由化学成分分布不均匀所造成的，这种化学成分不均匀性称为层状偏析，如图4.14所示。

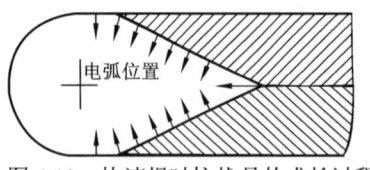

图4.13 快速焊时柱状晶的成长过程

层状偏析
（a）焊条电弧焊　（b）电子束焊
图4.14 焊缝的层状偏析

熔池金属结晶时，在结晶前沿的液体金属中，溶质浓度较高，同时富集了一些杂质。当冷却速度较慢时，这一层浓度较高的溶质和杂质可以通过扩散而减轻偏析的程度。但冷却速度很快时，成分还没有来得及"均匀化"就已凝固，从而造成溶质和杂质较多的结晶层。由于结晶过程放出结晶潜热及熔滴过渡时热输入的周期性变化，致使凝固界面的液体金属成分也会发生周期性的变化。采用放射性同位素进行焊缝中元素分布规律的研究证明，产生层状偏析的原因是热的周期性作用而引起的。

层状偏析集中了一些元素如 C、S、P 等，因而缺欠也往往出现在偏析层中。图 4.15 是 X7106 铝合金钨极氩弧焊焊缝中由层状偏析所造成的气孔层状分布。层状偏析也会使焊缝的力学性能不均匀、耐蚀性下降，以及断裂韧性降低等。

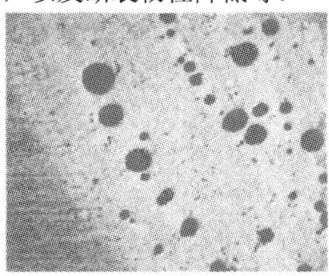

图 4.15　X7106 铝合金钨极氩弧焊焊缝中由层状偏析所造成的气孔层状分布

2. 熔合区的化学成分不均匀性

熔合区是焊接接头中的一个薄弱地带，许多焊接结构的失效事故常常是由熔合区的某些缺欠而引起的，例如冷裂纹、再热裂纹和脆性相等常起源于熔合区。因此，对这个区域的一些组织和性能，应给以足够的重视。

（1）熔合区的形成。在焊接条件下，熔化过程是很复杂的，即使焊接参数十分稳定，但因各种因素的影响，也会使热能的传播极不均匀，例如熔滴过渡的周期性、电弧吹力的变化等。此外，在半熔化的基本金属上，晶粒的导热方向彼此不同，有些晶粒的主轴方向有利于热的传导，所以该处受热较快，熔化的金属较多。因此，对于不同的晶粒，熔化的程度可能会有所不同。如图 4.16 所示，阴影部分是熔化的晶粒，其中有些晶粒有利于导热而熔化得较多，如图中的 1、3、5 所示区域，有些晶粒熔化较少，如图中的 2、4 区域。所以母材与焊缝交界的位置并不是一条线，而是一个区，称为熔合区。

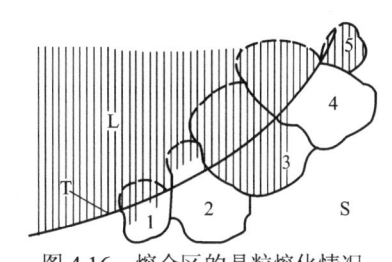

图 4.16　熔合区的晶粒熔化情况

T—温度等于母材熔点的等温面；L—液态金属（熔池）；S—固态金属（热影响区）

（2）熔合区的宽度。熔合区的大小取决于材料的液相线与固相线之间的温度范围、被焊材料本身的热物理性质和组织状态。熔合区的宽度可按式（4.7）进行估算：

$$A = \frac{T_\text{L} - T_\text{S}}{\left(\dfrac{\Delta T}{\Delta Y}\right)} \tag{4.7}$$

式中：A 为熔合区的宽度（mm）；T_L 为被焊金属的液相线温度（℃）；T_S 为被焊金属的固相线温度（℃）；$\dfrac{\Delta T}{\Delta Y}$ 为温度梯度（℃/mm）。

碳钢、低合金钢熔合区附近的温度梯度为 80～300 ℃/mm，液、固相线的温度差约为 40 ℃。因此，一般电弧焊的条件下，熔合区宽度约为

$$A = \frac{40}{300 \sim 80} = 0.13 \sim 0.50 \text{ (mm)}$$

对于奥氏体钢的电弧焊，$A = 0.06 \sim 0.12$ mm。

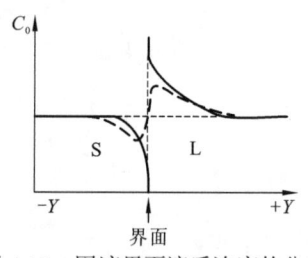

图 4.17 固液界面溶质浓度的分布

（3）熔合区的成分分布。熔合区由于存在着严重的化学成分不均匀性，导致性能下降，成为焊接接头中的一个薄弱地带。通过试验研究和理论分析可知，在固-液界面溶质浓度的分布如图 4.17 所示。界面附近溶质浓度的波动是比较大的，图中的实线表示固-液两相共存时溶质浓度的变化，虚线表示凝固后溶质浓度变化。与界面不同距离处的溶质浓度的理论计算公式为

当 $y<0$ 时，

$$C_S(y,t) = C_0 - \frac{C_0 - K_0 C_0'}{K_0 \left(\frac{D_S+1}{D_L}\right)^{1/2}} \left[1 + \Phi\left(\frac{y}{2(D_S t)^{1/2}}\right)\right] \quad (4.8)$$

当 $y>0$ 时，

$$C_L(y,t) = C_0' - \frac{K_0 C_0' - C_0}{K_0 + \left(\frac{D_L}{D_S}\right)^{1/2}} \left[1 - \Phi\left(\frac{y}{2(D_L t)^{1/2}}\right)\right] \quad (4.9)$$

式（4.8）和式（4.9）中：$C_S(y,t)$ 表示距界面为 y，接触时间为 t 时，溶质在固相中的质量分数；

$C_L(y,t)$ 表示距界面为 y，接触时间为 t 时，溶质在液相中的质量分数；

C_0、C_0' 表示溶质在固、液相中的质量分数；

D_S、D_L 表示溶质在固液共存时，在固液相中的扩散系数；

$K_0=C_S/C_L$ 表示溶质在固液相中的分配系数，K_0 值如表 4.2 所示；

$\Phi(A)$ 表示高斯积分函数（又称克兰伯超越函数），读者可查相关的专用函数表。

由式（4.8）和式（4.9）可见，熔合区固-液界面附近溶质元素的浓度分布决定于该元素在固、液相中的扩散系数和分配系数。

表 4.2 δ-Fe 中各元素的平衡分配系数 K_0

元素	分配系数	元素	分配系数
Al	0.92	Ni	0.83
B	0.11	N	0.25
C	0.20	P	0.13
Cr	0.95	Si	0.83
Co	0.94	S	0.02
Cu	0.90	Ti	0.40
H	0.27	W	0.95
Mo	0.86	V	0.96
Mn	0.90	Zr	0.50
O	0.02		

在焊接条件下，熔合区元素的扩散转移是激烈的，特别是 S、P、C、B、O 和 N 等。采用放射性同位素 S[35] 研究熔合区中硫的分布如图 4.18 所示，图中排在上面的数据是在热输入

E=11.76 kJ/cm 条件下测得的；排在下面的数据是热输入 E=23.94 kJ/cm 条件下测得的。由该图可以看出，硫在熔合区的分布是跳跃式变化的。

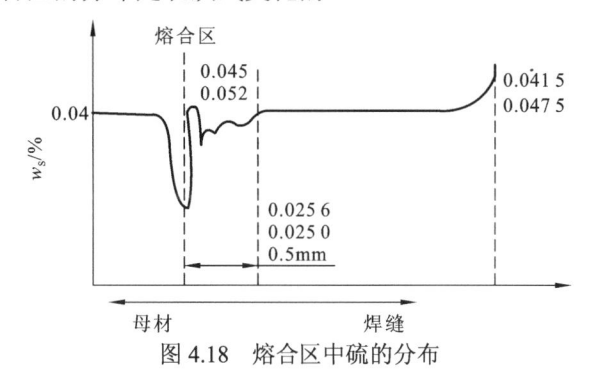

图 4.18 熔合区中硫的分布

总之，熔合区存在着严重的化学成分不均匀性及组织性能上的不均匀性，是焊接接头中的薄弱部位。关于熔合区组织性能的研究，越来越广泛地引起国内外焊接研究者的重视，特别是异种金属焊接时的接头不均匀性更是学术研究的热点之一。

4.2 焊缝固态相变

焊接熔池完全凝固以后，随着连续冷却过程的进行，焊缝金属组织将会发生转变。焊缝金属的组织状态，取决于焊缝的化学成分和冷却条件的影响。焊缝金属固态相变的机理与一般钢铁材料固态相变的机理相同，可根据焊接特点，结合低碳钢、低合金钢的相变特点进行分析。

4.2.1 低碳钢焊缝的固态相变

由于低碳钢的含碳量较低，所以低碳钢焊缝固态相变后的结晶组织主要是铁素体加少量珠光体。铁素体一般是沿原奥氏体边界析出，这样就勾画出凝固组织的柱状晶轮廓，其晶粒十分粗大，甚至一部分铁素体还具有魏氏组织的形态。魏氏组织的特征是铁素体在奥氏体晶界呈网状析出，也可从奥氏体晶粒内部沿一定方向析出，具有长短不一的粗针状或条片状，可直接插入珠光体晶粒之中。魏氏组织主要出现在晶粒粗大的过热的焊缝中（图 4.19），它的脆性较大，韧性差，在焊缝中一般不希望出现这种组织。

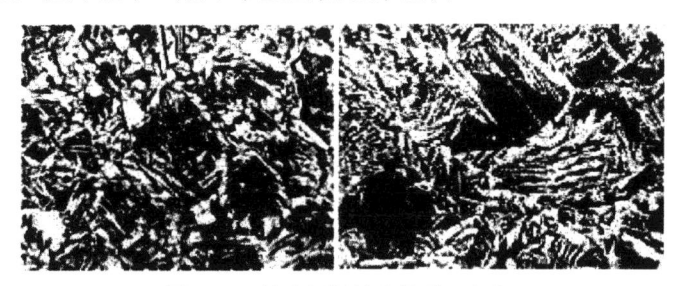

图 4.19 低碳钢焊缝中的魏氏组织

在多层焊的焊缝及经过热处理的焊缝金属中，由于焊缝受到了重复加热或二次加热，焊缝的性能将会得到改善。这时焊缝的组织是细小的铁素体和少量珠光体，并使柱状晶组织得到改善。一般使钢中柱状晶消失的临界温度在 A_3 点以上 20~30 ℃。图 4.20 为低碳钢单层焊缝柱状晶消失的临界温度与加热温度及加热时间的关系。由图可看出，约在 900 ℃以上短时间加热，即可使柱状晶组织消失。

但是，多层焊时由于加热温度和时间不同，所以柱状晶消失的程度也不相同。由图 4.21 可见，低碳钢单层焊缝受不同温度的再加热时，柱状晶的细化程度不同，因而具有不同的冲击韧度。在 900 ℃附近低碳钢的再加热效果最好，超过 1 100 ℃时则发生晶粒粗化；在 600 ℃左右加热时，由于焊缝金属中的碳、氮元素发生时效而使冲击韧度下降。

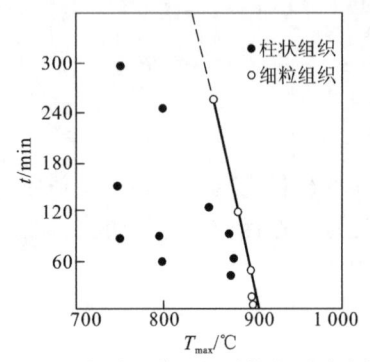

图 4.20　低碳钢单层焊缝柱状晶消失的临界温度与加热温度及加热时间的关系

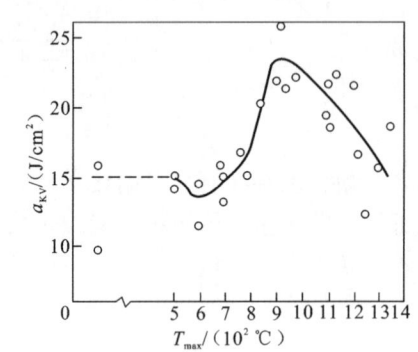

图 4.21　低碳钢单层焊缝再加热时的冲击韧度变化（20 ℃）

相同化学成分的焊缝金属，由于冷却速度不同，也会使焊缝的组织、性能有明显的变化。冷却速度越大，焊缝金属中的珠光体越多，晶粒越细化，硬度增高。低碳钢焊缝冷却速度对组织和硬度的影响如表 4.3 所示。

表 4.3　低碳钢焊缝冷速对组织和硬度的影响

冷却速度/(℃/s)	焊缝组织（体积分数）/%		焊缝硬度 HV
	铁素体	珠光体	
1	82	18	165
5	79	21	167
10	65	35	185
35	61	39	195
50	40	60	205
110	38	62	228

4.2.2　低合金钢焊缝的固态相变

低合金钢焊缝固态相变后的组织比低碳钢焊缝组织要复杂得多，随着焊接材料、熔合比与母材混合后的化学成分及冷却条件不同，可出现不同的焊缝组织。除铁素体和珠光体之外，还会出现多种形态的贝氏体和马氏体，它们对焊缝金属的性能有十分重要的影响。应指出，低合金钢焊缝中的铁素体、珠光体与低碳钢焊缝中的铁素体、珠光体虽然在组织结构上相同，但在形态上有很大的差别，因此也会表现出不同的性能。此外，焊缝是在非平衡状态下进行凝固和固态相变的,所以相变后的组织也不会像母材那样均匀。由于焊缝是铸态组织,焊缝中的氧含量往往比母材高 10 倍以上(氧的质量分数可达 0.01%)。较高的氧含量不仅影响焊缝的性能,同时也影响组织转变,使连续冷却转变图向左移动。

根据低合金钢焊缝化学成分和冷却条件的不同,可能出现以下几种固态相变。

1. 铁素体转变

研究表明,低合金钢焊缝中的铁素体形态比较复杂,对于焊缝金属的强韧性有重要的影响。目前虽然对低合金钢焊缝的组织做了许多研究,但对金相组织的分类及本质的认识尚未完全统一,在名词术语上也有一些分歧。根据多数研究者的习惯用法,低合金钢焊缝中的铁素体大体可分为以下几类。

(1) 先共析铁素体(proeutectoid ferrite,PF)。焊缝中的先共析铁素体是焊缝冷却到较高温度时,由奥氏体晶界处首先析出(转变温度为 770~680 ℃),也称为晶界铁素体。在奥氏体晶界析出的 PF 数量,与焊接热循环的冷却条件有关。高温停留时间越长,冷却速度越慢,PF 数量就越多。PF 在晶界析出的形态是变化的,与合金成分和冷却条件有关,一般情况下,PF 呈细条状分布在奥氏体晶界,有时也呈块状出现,如图 4.22 所示。

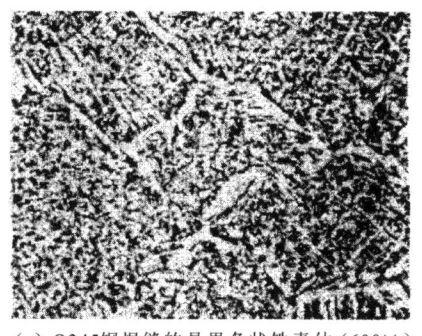

(a) Q345钢焊缝的晶界条状铁素体(600×)　　(b) 15MnVN钢焊缝的块状铁素体(400×)

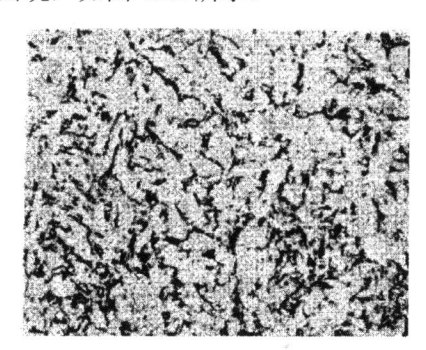

图 4.22　低合金钢焊缝 PF 的形态

(2) 侧板条铁素体(ferrite side plate,FSP)。侧板条铁素体的形成温度比先共析铁素体稍低,在 700~550 ℃它的转变温度范围较宽。侧板条铁素体是从奥氏体晶界 PF 的侧面以板条状向晶内成长,从形态上看如镐牙状,如图 4.23 所示。它的转变温度偏低,使低合金钢焊缝中的珠光体转变受到抑制。由于扩大了贝氏体的转变领域,这种组织也称为无碳化物贝氏体(carbide-free bainite,CFB)。

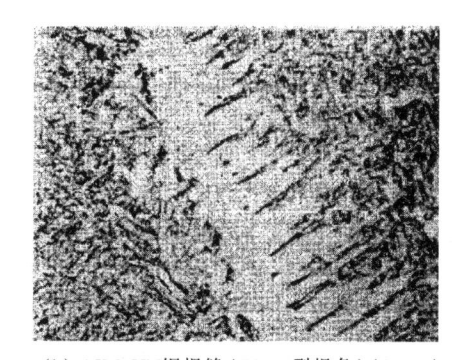

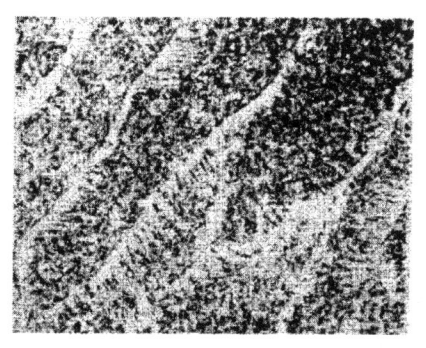

(a) 15MnVN钢焊缝(E5015型焊条)(160×)　　(b) 15MnVN钢焊缝(E5015型焊条)(400×)

图 4.23　焊缝中的侧板条铁素体

(3)针状铁素体(acicular ferrite,AF)。针状铁素体的形成温度比 FSP 更低些,约在 500 ℃ 附近形成。它在原始奥氏体晶内以针状分布,常以某些氧化物弥散夹杂质点为核心放射性成长。典型针状铁素体组织如图 4.24 所示,从该图可以看到在先共析铁素体作为晶界的晶粒内部就是针状铁素体组织。

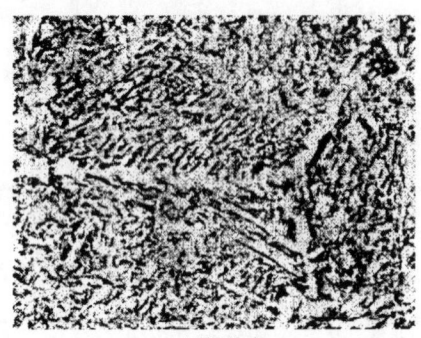

(a) 15MnVN 钢焊缝中 AF(500×) (b) 15MnVN 钢焊缝中 AF(800×)
图 4.24 低合金钢焊缝中的针状铁素体组织

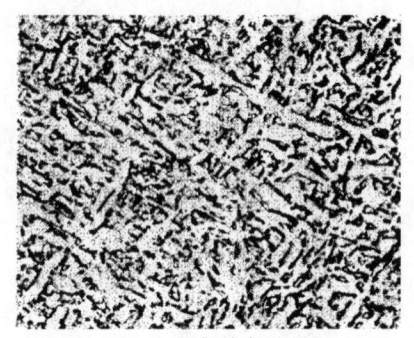

(4)细晶铁素体(fine-grained ferrite,FGF)。细晶铁素体在奥氏体晶粒内形成,通常低合金钢材质含有细化晶粒的 Ti、B 等元素。在细晶铁素体之间有珠光体和碳化物(Fe_3C)析出。细晶铁素体是介于铁素体与贝氏体之间的转变产物,故又称贝氏铁素体(bainite ferrite,BF)。细晶铁素体的转变温度通常在 500 ℃ 以下,如果在温度约 450 ℃ 时转变,可以获得上贝氏体(B_U)组织。图 4.25 是 Q345(16Mn)钢采用国家标准 E5015 型焊条得到的焊缝组织,其中为多量的细晶铁素体加少量的珠光体组织。

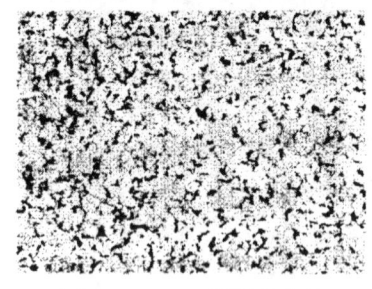

图 4.25 Q345 钢焊缝中的细晶铁素体,400×

上述四种铁素体类型是低合金钢焊缝中常见的基本组织形态。应指出,由于焊接条件下影响因素比较复杂,往往会多种组织同时存在,有时可能会有珠光体、贝氏体甚至马氏体等组织。但上述四种铁素体类型也不只是在低合金钢焊缝中出现,有时在低碳钢焊缝中也会出现,只是所占的比例不同。

2. 珠光体转变

焊接条件属于非平衡的介稳状态,通常在低合金钢焊缝的固态转变中很少能得到珠光体组织。除非在很缓慢的冷却条件下,例如采取预热、缓冷和后热等技术措施的情况下,有可能获得珠光体组织。

在接近平衡状态下,例如热处理时的连续冷却过程,珠光体转变大约发生在 Ar_1~550 ℃ 之间,碳和铁原子的扩散都比较容易进行,属于典型的扩散型相变。然而在焊接条件下,珠光体转变将受到抑制,也就是合金元素来不及充分扩散,因此扩大了铁素体和贝氏体转变的领域。当焊缝中含有硼、钛等细化晶粒的元素时,珠光体转变可全部被抑制,如图 4.26 所示。

珠光体是铁素体和渗碳体的层状混合物,领先相为 Fe_3C。但随转变温度的降低,珠光体的层状结构越来越薄而密,在一般光学显微镜下须放大 1 000 倍以上方能观察到细层片的结构。根据细密程度的不同,珠光体又分为片层状珠光体(lamellar pearlite)、粒状珠光体(granular perlite)(又称托氏体)、细珠光体(又称索氏体)。

3. 贝氏体转变

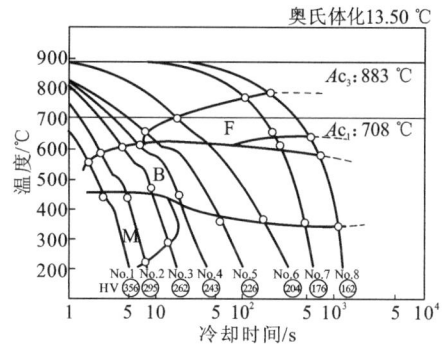

贝氏体（bainite，B）转变属于中温转变，此时合金元素已不能扩散，只有碳还能扩散，它的转变温度为 550 ℃～Ms。在焊接条件下，低合金钢焊缝金属的贝氏体转变机制十分复杂，出现许多非平衡条件下的过渡组织。按贝氏体形成的温度区间及其特性，可分为上贝氏体（upper bainite，B_U）和下贝氏体（lower bainite，B_L）。

在光学显微镜下观察时，上贝氏体呈羽毛状，一般沿奥氏体晶界析出，在电镜下于平行的条状铁素体间分布有渗碳体。

在光学显微镜下观察时，下贝氏体与回火板条马氏体相似。在电镜下可以看到许多针状铁素体和针状渗碳体机械混合，板条之间呈一定的角度。由于下贝氏体的转变温度较低，碳的扩散也较困难，所以铁素体内分布有碳化物颗粒。下贝氏体的形成温度区间在 450 ℃～Ms 之间。上贝氏体和下贝氏体的形态如图 4.27 所示。

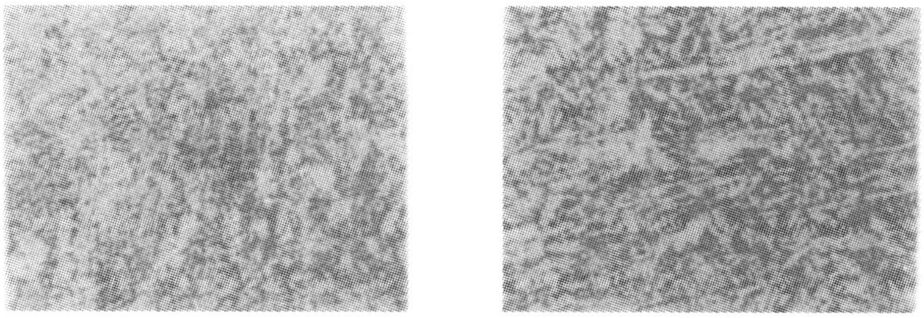

图 4.26 含硼、钛的低合金钢焊缝金属的连续冷却转变图

（w_C=0.09%，w_{Ti}=0.025%，w_B=0.000 6%，w_O=0.034%）

（a）上贝氏体（500×）　　（b）下贝氏体（300×）

图 4.27 低合金钢焊缝中的贝氏体

在贝氏体转变温度区间，由于焊缝化学成分和冷却条件的影响，还可能会出现粒状贝氏体组织。它是在块状铁素体形成之后，待转变的富碳奥氏体呈岛状分布在块状铁素体之中，在一定的合金成分和冷却速度下，这些富碳的奥氏体岛可以转变为富碳马氏体和残留奥氏体，即形成马氏体-奥氏体（M-A）组织，又称为 M-A 组元。

在块状铁素体上 M-A 组元以粒状分布时称为粒状贝氏体（granular bainite，B_g），如以条状分布时称为条状贝氏体（lath bainite，B_l）。焊缝中典型的粒状贝氏体的形态如图 4.28 所示。粒状贝氏体不仅在奥氏体晶界形成，也可在奥氏体晶内形成。

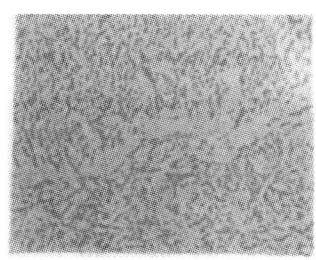

（a）Q345（16Mn）钢（440×）　　（b）Q345（16Mn）钢（4 800×）

图 4.28 焊缝中典型的粒状贝氏体

粒状贝氏体对焊缝强度和韧性的影响值得我们注意。多数研究表明，粒状贝氏体会降低焊缝的韧性；而少数研究认为，粒状贝氏体可提高韧性。这种相反的观点，主要是由于粒状贝氏体的奥氏体岛，可有不同的转变或分解。当岛内奥氏体在冷却过程中部分地转变为马氏体（形成 M-A 组元）时，此时韧性下降；而岛内奥氏体也可能在较缓慢冷却时部分分解为铁素体和渗碳体并有残留奥氏体，此时焊缝的韧性上升。

4. 马氏体转变

当焊缝金属的含碳量偏高或合金元素较多时，在快速冷却条件下，奥氏体过冷到 Ms 温度以下将发生马氏体转变。根据含碳量的不同，可形成不同形态的马氏体。

（1）板条马氏体（lath martensite，LM）。低碳低合金钢焊缝金属在连续冷却条件下，常出现板条马氏体。它的特征是在奥氏体晶粒的内部形成细条状马氏体板条，条与条之间有一定的交角，如图 4.29（a）所示。

透射电镜观察表明，马氏体板条内存在许多位错，这种马氏体又称为位错马氏体（dislocation martensite）。由于这种马氏体的含碳量低，也称为低碳马氏体（low carbon martensite）。研究表明，低碳马氏体不仅具有较高的强度，也具有良好的韧性。一般低碳低合金钢焊缝中出现的马氏体主要是低碳马氏体。

（2）片状马氏体（plate martensite，PM）。焊缝中含碳量较高（$w_C \geqslant 0.4\%$）将会出现片状马氏体，它与低碳板条马氏体在形态上的主要区别是：马氏体片不相互平行，初始形成的马氏体较粗大，往往贯穿整个奥氏体晶粒，使以后形成的马氏体片受到阻碍。片状马氏体的大致形态如图 4.29（b）所示。在低合金钢焊缝中，由于含碳量较低，通常不存在这种组织。透射电镜观察薄膜试样表明，片状马氏体内部的亚结构存在许多细小平行的带纹，称为孪晶带，所以片状马氏体又称为孪晶马氏体（twin martensite）。这种马氏体的含碳量较高，又称为高碳马氏体。孪晶马氏体的硬度很高，而且很脆，但在焊缝中不希望出现这种组织。因此，焊接时应尽可能降低焊缝中的碳含量，某些中、高碳低合金钢焊接时，甚至采用奥氏体焊条，所以焊缝中一般不会出现孪晶马氏体。只有含碳量较高的焊接热影响区，在预热温度不足的情况下才会出现孪晶马氏体组织。

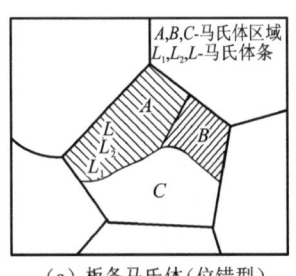

（a）板条马氏体（位错型）　　（b）片状马氏体（孪晶型）

图 4.29　马氏体形态

低碳板条马氏体与高碳孪晶马氏体在电镜下的组织形态，如图 4.30 所示。

低合金钢焊缝的组织比较复杂，随化学成分和强度级别的不同，可出现不同的组织，一般情况下是几种组织混合存在。根据以上讨论，低合金钢焊缝金属的组织可能出现的形态如图 4.31 所示。

(a) 低碳板条马氏体（8 000×）　　(b) 高碳孪晶马氏体（20 000×）

图 4.30　电镜下马氏体的形态

铁素体（F）	粒界铁素体（GBF）	侧板条铁素体（FSP）	针状铁素体（AF）	细晶铁素体（FGF）
贝氏体（B）	上贝氏体（B_U）	下贝氏体（B_L）	粒状贝氏体（B_g）	条状贝氏体（B_1）
珠光体（P）	层状珠光体（P_L）	粒状珠光体（托氏体）（P_R）	细珠光体（索氏体）（P_S）	
马氏体（M）	板条马氏体（位错）	片状马氏体（孪晶）	岛状M-A单元	

图 4.31　低合金钢焊缝的组织形态分类

低合金钢焊缝金属连续冷却转变图（WM-CCT 图），对于预测焊缝的组织及调节焊缝的性能具有重要的意义。近年来相关研究者进行了许多研究工作，建立了一些低合金钢焊缝金属的连续冷却转变图。

焊缝金属连续冷却转变图根据所用焊接材料化学成分的不同可有较大的差异，这里仅按一般等强度匹配的低合金钢焊缝进行讨论。焊缝金属成分为 $w_C=0.11\%$、$w_{Si}=0.31\%$、$w_{Mn}=1.44\%$、$w_O=0.071\%$，焊态的组织根据冷却条件的不同，主要有先共析铁素体和侧板条铁素体，并有一定的针状铁素体、贝氏体和少量马氏体等。焊缝金属连续冷却转变图（WM-CCT 图）示例如图 4.32 所示。由图可见，缓慢冷却可得到块状的先共析铁素体和珠光体，冷却快时可得到针状铁素体、细晶铁素体和马氏体。

如果焊缝中的合金元素增多或含氧量降低时，将使焊缝金属连续冷却转变图（WM-CCT）向右移动，如图 4.33 所示。

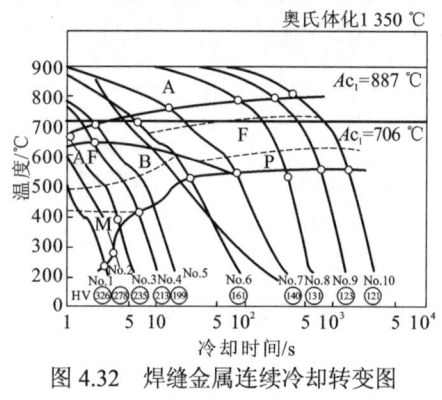

图 4.32 焊缝金属连续冷却转变图（WM-CCT 图）示例

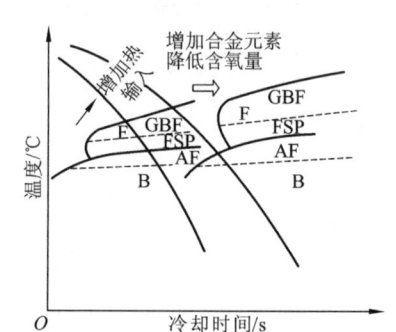

图 4.33 合金元素和含氧量对焊缝金属连续冷却转变图（WM-CCT 图）的影响

4.3 焊缝性能的改善

相同化学成分的焊缝金属，由于结晶形态和组织不同，在性能上会有很大的差异。通常，焊接构件在焊后不进行热处理。所以，应尽可能保证焊缝凝固以后，经过固态相变就具有良好的性能。在焊接工作中用于改善焊缝金属性能的途径很多，归纳起来主要是焊缝的固溶强化、变质处理（微合金化）和调整焊接工艺。

4.3.1 焊缝金属的强化与韧化

改善焊缝金属凝固组织性能的有效方法之一是向焊缝中添加某些合金元素，起到固溶强化和变质处理的作用。根据目的和要求的不同，可加入不同的合金元素，以改变凝固组织的形态，从而提高焊缝金属的性能。特别是近年来采用添加多种微量合金元素，大幅度地提高了焊缝金属的强度和韧性。

研究结果表明，通过焊接材料（焊条、焊丝和焊剂等）向熔池中加入细化晶粒的合金元素，如 Mo、V、Ti、Nb、B、Zr、Al 和稀土等，可以改变焊缝结晶形态，使焊缝金属的晶粒细化，既可提高焊缝的强度和韧性，又可改善抗裂性。

1. Mn 和 Si 对焊缝性能的影响

Mn 和 Si 是一般低碳钢和低合金钢焊缝中不可缺少的合金元素，它们一方面可使焊缝金属充分脱氧，另一方面可提高焊缝的抗拉强度（属于固溶强化），但对韧性的影响比较复杂。

单纯采用 Mn、Si 提高焊缝的韧性是有限的，特别是在采用大热输入方法进行焊接时，很难避免产生粗大先共析铁素体和侧板条铁素体。因此，必须向焊缝中加入其他细化晶粒的合金元素才能进一步改善组织，提高焊缝的韧性。

2. Mo 对焊缝性能的影响

低合金钢焊缝中加入少量的 Mo 不仅可以提高强度，也能改善韧性。焊缝中的 Mo 含量少时，形成粗大的先共析铁素体；当 Mo 含量太高时（$w_{Mo}>0.5\%$），组织转变温度降低，形成上贝氏体的板条状组织（即无碳贝氏体），韧性显著下降。当 $w_{Mo}=0.20\%\sim0.35\%$ 时，有利于形成均一的细晶铁素体，韧性明显增加。如果向焊缝中再加入微量 Ti，更能发挥 Mo 的有益作用，使焊缝金属的组织更加均一化，韧性显著提高。

经过正火处理的焊缝，才可以通过焊接材料向低合金钢焊缝中加入 Nb 和 V。因为正火处理才能使 Nb、V 和 N 的析出相脱离与基体的共格关系，改善焊缝韧性和降低强度。

3. Nb 和 V 对焊缝性能的影响

适量的 Nb 和 V 可以提高焊缝的韧性。因为 Nb 和 V 在低合金钢焊缝金属中可以固溶，从而推迟冷却过程中奥氏体向铁素体的转变，能抑制焊缝中先共析铁素体、侧板条铁素体的产生，有利于形成细小的针状铁素体组织。如 $w_{Nb}=0.03\%\sim0.04\%$，$w_V=0.05\%\sim0.1\%$ 可使焊缝具有良好的韧性。另外，Nb 和 V 还可以与焊缝中的氮化合生成 NbN、VN，从而固定焊缝中的可溶性氮，这也会使焊缝金属提高韧性。但是，采用 Nb 和 V 来韧化焊缝，当焊后不再进行正火处理时，V、Nb 的氮化物，以微细的共格沉淀相存在，导致焊缝的强度大幅度提高，焊缝的韧性下降。

4. Ti、B 对焊缝性能的影响

低合金钢焊缝中有 Ti、B 存在可以大幅度地提高冲击韧度。但 Ti、B 对焊缝金属组织细化的作用是很复杂的，与 O、N 有密切的关系。

Ti 与 O 的亲和力很大，焊缝中的 Ti 以微小颗粒氧化物 TiO 的形式弥散分布于焊缝中，从而促进焊缝金属晶粒细化。此外，这些微小颗粒状的 TiO 还可以作为针状铁素体的形核质点。

Ti 在焊缝中保护 B 不被氧化，因此 B 可以原子状态偏聚于晶界，由于 B 的原子半径很小，仅为 9.8×10^{-9} mm，高温下极易向奥氏体晶界扩散。这些聚集在奥氏体晶界的 B 原子降低了晶界能，抑制了先共析铁素体、侧板条铁素体的形核与生长，从而促使针状铁素体形成，改善了焊缝组织的韧性。

5. Ni 对焊缝性能的影响

Ni 既可以提高钢的强度，又可以使钢的韧性（特别是低温韧性）保持很高的水平。当 Ni 含量小于 0.3%（质量分数）时，其韧脆转变温度可达-100℃以下；当 Ni 量增高到 4%～5%（质量分数）时，韧脆转变温度可降至-180℃。由于镍是奥氏体化形成元素，所以增加一

定的含镍量可以提高钢材和焊缝的耐蚀性。在高强高韧焊接材料的开发中，增加一定的含镍量可以提高焊缝的低温冲击吸收能量。但是，这种高镍类型的焊接材料价格比较贵。

4.3.2 改善焊缝性能的工艺措施

焊接实践表明，通过调整焊接工艺措施可以改善焊缝的性能，所采用的焊接工艺措施有以下几种。

1. 焊后热处理

焊后热处理可以改善焊接接头的组织，充分发挥焊接结构的潜在性能。因此，一些重要的焊接结构，一般都要进行焊后热处理。例如珠光体耐热钢的电站设备、电渣焊的厚板结构，以及中碳调质钢的飞机起落架等，焊后都要进行不同的热处理，以改善结构的性能。例如可以采用焊后回火、正火或调质进行处理，有关焊后热处理的具体工艺参数等，在后面章节将详细介绍。

2. 多层多道焊

对于相同板厚焊接结构，采用多层多道焊可以有效地提高焊缝金属的性能。这种方法一方面由于每层焊缝的热输入变小而改善了熔池凝固结晶的条件，以及减少了热影响区性能恶化的程度；另一方面，后一层对前一层焊道具有附加热处理的退火作用，从而改善了焊缝固态相变的组织。

多层多道焊已发展成为由计算机控制热输入的多丝焊接，丝间距离、焊接参数和层间厚度均由计算机程序进行控制，从而可以获得理想的焊接质量。

3. 锤击焊道表面

锤击焊道表面既能改善后层焊缝的凝固结晶组织，也能改善前层焊缝的固态相变组织。因为锤击焊道可使前一层焊缝不同程度地发生晶粒破碎，使后层焊缝在凝固时晶粒细化，这样逐层锤击焊道就可以改善整个焊缝的组织性能。此外，锤击可产生塑性变形而降低残余应力，从而提高焊缝的韧性和疲劳性能。对于一般碳钢和低合金钢多采用风铲锤击，锤头圆角半径以 1.0～1.5 mm 为宜，锤嵌深度为 0.5～1.0 mm，锤击的方向及顺序，应先中央后两侧，依次进行，如图 4.34 所示。

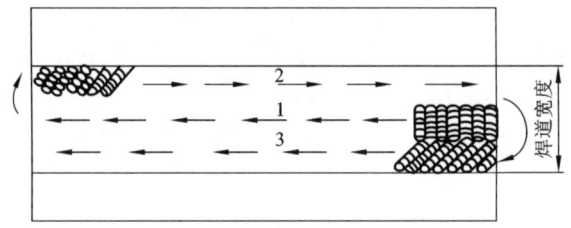

图 4.34 锤击的方向及顺序

4. 跟踪回火处理

跟踪回火处理就是每焊完一道焊缝立即用火焰加热焊道表面，温度控制在 900～1 000 ℃。

例如，厚度 9 mm 的板采用焊条电弧焊方法焊接三层时，每层焊道的平均厚度约为 3 mm，则第三层焊完时进行的跟踪回火，对前两层焊缝有不同程度的热处理作用。对上层焊缝（0～3 mm）相当于进行正火处理，对中层焊缝（3～6 mm）相当于进行约 750 ℃的高温回火，对下层焊缝（6～9 mm）相当于进行 600 ℃左右的回火处理。所以采用跟踪回火，不仅能改善焊缝的组织，同时也改善焊接区的性能，因此焊接质量得到显著的提高。

5. 振动结晶

振动结晶是改善熔池凝固结晶的一种方法。振动结晶采用振动的方法来打碎正在成长的柱状晶粒，从而获得细晶组织。根据振动方式的不同，可分为低频机械振动、高频超声波振动和电磁振动等。

（1）低频机械振动。振动频率在 1×10^4 Hz 以下的属于低频振动。这种振动一般是采用机械方式实现的，其振动器固定在工件或焊丝上。振幅一般在 2 mm 以下。这种振动所产生的能量足以使熔池中成长的晶粒遭到破碎，同时也可使熔池金属发生强烈的搅拌作用，不仅使成分均匀，也可使气体和夹杂等快速上浮，从而改善熔池金属的凝固状态，提高焊缝金属的质量与性能。

（2）高频超声波振动。利用超声波发生器可得到 2×10^4 Hz 以上的振动频率，但振幅只有 10^{-4} mm。超声波振动对改善熔池凝固结晶、消除气孔、结晶裂纹及夹杂等比低频振动更为有效。有研究指出，超声波振动可使焊接熔池中正在进行结晶的金属承受拉压交变的应力，从而形成一种强大的冲击波，可以有足够的能量打碎正在成长的晶粒，这样就可以增加结晶核心，改变结晶形态，使凝固后的焊缝金属得到晶粒细化。但这种方法需要大功率的超声波发生器，成本较高，因而限制了它在生产上的应用。

（3）电磁振动。这种方法是利用强磁场使熔池中的液态金属发生强烈的搅拌，不断冲刷成长中的晶粒，使晶粒破碎，从而使晶粒细化，并且打乱晶粒的结晶方向，改善结晶形态。但这种方法实施起来比较烦琐，所以也限制了它在生产上的应用。

第 5 章 焊接热影响区

> 焊接过程中母材因受焊接热的影响（但未熔化），而发生金相组织和力学性能变化的区域称为热影响区（heat affected zone，HAZ）。焊缝、热影响区和母材构成焊接接头。图 5.1 所示为焊接接头的热影响区示意图。由于距焊缝远近不同的各部位所经历的焊接热过程不同，其组织性能差异较大。焊接热影响区是焊接接头的薄弱环节。本章主要针对低合金高强钢焊接过程中，由于不均匀加热和冷却所引起的热影响区组织性能的变化，进行详细的讨论。

5.1 焊接热循环

焊接热循环是在焊接热源的作用下，焊件上某点的温度 T 随时间 t 变化的过程。这是一个升温，然后降温的过程。焊接热循环曲线如图 5.2 所示的 T-t 曲线，可用函数 $T=f(t)$ 表示。焊接热循环与热处理的热过程相比，具有加热速度快、加热的峰值温度高、在某一温度的保温时间又非常短的重要特征。焊接热循环是表征焊接热源对母材金属的热作用和焊接热影响区组织性能的重要数据。

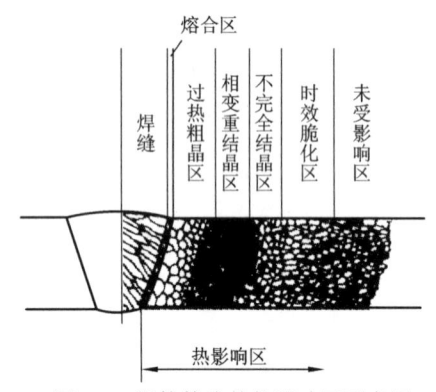

图 5.1 焊接接头的热影响区示意图 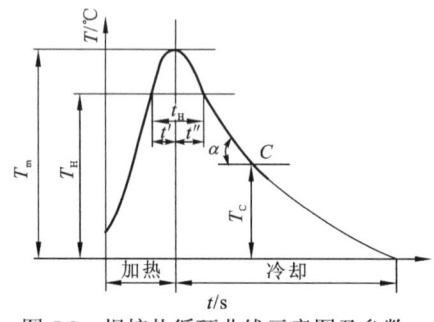   图 5.2 焊接热循环曲线示意图及参数

5.1.1 焊接热循环主要参数

1. 加热速度

焊接时的加热速度（ω_H）比热处理条件下快得多，它直接影响奥氏体的均匀化和碳化物的溶解过程。因此，也会影响到冷却时的组织转变和性能。

加热速度的影响因素主要有焊接方法、焊接热输入、母材的几何尺寸及其热物理性质等。由于实际焊接过程中，随着电弧的移动及热量向焊件内的传导，每个瞬时的加热速度并不完全相同，一般比较关注的是接近和高于相变点的加热速度，所以，常用 900 ℃时的加热速度作为评定加热快慢的指标。

2. 加热的最高温度

加热的最高温度（T_m）又称峰值温度，是热循环的重要参数之一。加热的最高温度对于焊接热影响区金属的晶粒长大、相变组织及碳氮化合物溶解等有很大影响，同时也决定焊件产生内应力的大小和接头中塑性变形区的范围。焊接时，焊缝两侧热影响区加热的最高温度不同、冷却速度不同，就会有不同的组织和性能。例如，在熔合区附近的过热段，由于温度高，晶粒发生严重的长大，从而使韧性下降。一般对于低碳钢和低合金钢来讲，熔合区的温度可达 1300～1350 ℃。

3. 高温停留时间

高温停留时间（t_H）对于扩散均匀化及晶粒的长大、相的溶解或析出影响很大，对于某些活泼金属，高温停留时间还将影响焊接接头对周围气体介质的吸收或相互作用的程度。对于低合金高强度钢，高温停留时间越长，越有利于奥氏体的均匀化过程，但温度太高时（如 1100 ℃以上）即使停留时间不长，也会引起奥氏体晶粒的严重长大（如电渣焊）。

为了便于分析研究，常把高温停留时间分为加热过程的停留时间 t_H 和冷却过程的停留时间 t。

4. 冷却速度和冷却时间

冷却速度（ω_C）是决定热影响区组织性能的主要参数。应当指出，焊接的冷却过程在不同阶段的冷却速度是不同的，在某一温度下的瞬时冷却速度可用热循环曲线上该点切线的斜率表示。对于低合金钢，在连续冷却条件下，由于在 540 ℃左右组织转变最快，所以，常用熔合线附近 540 ℃的瞬时冷却速度作为冷却过程的评价指标。为了方便，也可采用一定温度范围内的平均冷却速度。由于测定冷却时间更方便，所以很多国家常采用某一温度范围内的冷却时间（$t_{8/5}$、$t_{8/3}$、t_{100}）来研究热影响区组织和性能，如 800～500 ℃的冷却时间 $t_{8/5}$ 常用于不易淬火钢，易淬火钢常用 800～300 ℃的冷却时间 $t_{8/3}$，以及从峰值温度（T_m）降至 100 ℃的冷却时间 t_{100} 等，这要根据不同的研究对象来决定。

焊接热影响区不同点的热循环是不同的，距离焊缝越近的点，加热的最高温度越高。焊接方法不同，焊接热输入的大小和分布不同，其热循环曲线的形状也会发生较大的变化。由此可见，焊接热循环是焊接接头经受的特殊热处理过程，也是焊件经受热作用的清晰描述。已知焊接热循环，可预测热影响区的组织、性能和裂纹倾向；反之，根据对热影响区组织和性能的要求，可合理地选择热循环参数，并指导人们正确地制定焊接工艺。

5.1.2 焊接热循环主要参数的计算

焊接热循环的测试是焊接研究和工程施工中获取数据的重要手段，尽管这种直接测定也存在误差。焊接热循环可以用热像法、热电偶测量法等进行测试。由于热像法所需测量设备较昂贵，目前大量使用的仍是热电偶测量法。

热电偶测量法，对于钢来说，一般用铂铑-铂热电偶或镍铬-镍硅（镍铬-镍铝）热电偶。

热电偶直径一般为 0.2～0.3 mm，直径过大将使测量误差增大。

根据焊接传热学的理论，可以推导出焊接热循环的几个主要参数，并可以近似地进行计算。

1. 最高温度（峰值温度）的计算

根据焊接传热理论，焊件上某点的温度随时间的变化可用式（5.1）和式（5.2）表示。

厚大焊件（点热源）：

$$T = T_0 + \frac{E}{2\pi\lambda t}e^{-\frac{r_0^2}{4at}} \tag{5.1}$$

薄板（线热源）：

$$T = T_0 + \frac{E/\delta}{2(\pi\lambda c\rho t)^{1/2}}e^{-\frac{r_0^2}{4at}-bt} \tag{5.2}$$

当 $\frac{\partial T}{\partial t}=0$ 时，即可求得最高温度 T_m。

点热源：

$$T_m = T_0 + \frac{2E}{\pi e c\rho r_0^2} \tag{5.3}$$

线热源：

$$T_m = T_0 + \frac{E/\delta}{\sqrt{2\pi e}c\rho y_0}\left(1-\frac{by_0^2}{2a}\right) \tag{5.4}$$

从式（5.3）和式（5.4）可见：热输入越大，加热的最高温度越高；计算点离热源运行轴线的距离越远，加热的最高温度越低；焊接厚板时加热的最高温度与板厚无关，而焊接薄板时加热的最高温度与板厚成反比。

因焊接传热理论的一些假设条件与焊接的实际情况有较大差异，故在准确性方面还有不足之处。如果考虑金属的熔点，可建立如下经验公式：

厚板：

$$\frac{1}{\sqrt{T_m-T_0}} = r_0\sqrt{\frac{\pi e c\rho}{E}}+\frac{1}{\sqrt{T_M-T_0}} \tag{5.5}$$

薄板：

$$\frac{1}{T_M-T_0} = \frac{\sqrt{2\pi e}c\rho\delta y_0}{E}+\frac{1}{T_M-T_0} \tag{5.6}$$

在式（5.1）～式（5.6）中：E 为焊接热输入（J/cm）；λ 为热导率 [W/(cm·℃)]；c 为比热容 [J/(g·℃)]；ρ 为密度（g/cm³）；a 为热扩散率（cm²/s），$a=\frac{\lambda}{c\rho}$；δ 为板厚（cm）；b 为薄板的表面散温系数（1/s），$b=\frac{2\beta}{c\rho\delta}$，$\beta$ 为表面传热系数 [J/(cm²·s·℃)]；r_0 为厚焊件上某点距热源运行轴线的垂直距离（cm），$r_0=\sqrt{y_0^2+z_0^2}$；y_0 为薄板上某点距热源运行轴线的垂直距离（cm）；t 为热源到达所求点所在截面后的传热时间（s）；T_0 为钢板的初始温度（℃）；T_M 为钢板的熔点（℃）。

以上最高温度计算公式只适用于邻近焊缝的热影响区。最高温度计算公式有：确定热影响区特定部位的峰值温度；估计热影响区的宽度；计算出预热对热影响区宽度的影响这几种应用。

2. 高温停留时间的计算

t_H是个复杂的函数，计算十分烦琐。因此，常采用计算与查表相结合的方法求解。

厚大焊件：

$$t_H = f_3 \frac{E}{\lambda(T_m - T_0)} \tag{5.7}$$

薄板：

$$t_H = f_2 \frac{(E/\delta)^2}{\lambda c \rho (T_m - T_0)^2} \tag{5.8}$$

上两式中：f_3为厚大焊件的修正系数；f_2为薄板的修正系数，是温度无因次系数 $\theta = \frac{T - T_0}{T_m - T_0}$ 的函数，可从图5.3中查出；T_0为预热温度（℃）；T为停留温度（℃）；T_m为热循环的最高温度（℃）。

从式（5.7）和式（5.8）可见，t_H主要与焊接热输入、预热温度和母材的热物理常数有关。对于厚大焊件，t_H与板厚无关；而对于薄板，t_H对板厚、热输入和预热温度的变化比厚板敏感得多。因此，焊接薄板比厚板更容易过热。

3. 瞬时冷却速度的计算

焊缝或热影响区的某点达到最高温度后，随后的冷却速度对金属组织、性能等都有重大影响，尤其是对于热处理强化钢更为重要。熔合区是焊接接头的薄弱部位，在此着重讨论熔合区的冷却速度。

试验证明，焊缝和熔合区的冷却速度几乎相同，最大相差5%～10%。为方便起见，可用焊缝的冷却速度代替熔合区的冷却速度。

根据式（5.1）和式（5.2），令 $r_0 = 0$、$y_0 = 0$，并由 $\omega_C = \frac{\partial T}{\partial t}$ 确定焊缝及熔合区冷至某一温度 T_c 时的瞬时冷却速度。

厚大焊件（点热源）：

$$\omega_C = -2\pi\lambda \frac{(T_c - T_0)^2}{E} \tag{5.9}$$

薄板（线热源）：

$$\omega_C = -2\pi\lambda c\rho \frac{(T_c - T_0)^3}{(E/\delta)^2} \tag{5.10}$$

上两式中：T_c为所求冷却速度的瞬时温度（℃）；T_0为焊件的初始温度（或预热温度）（℃）。

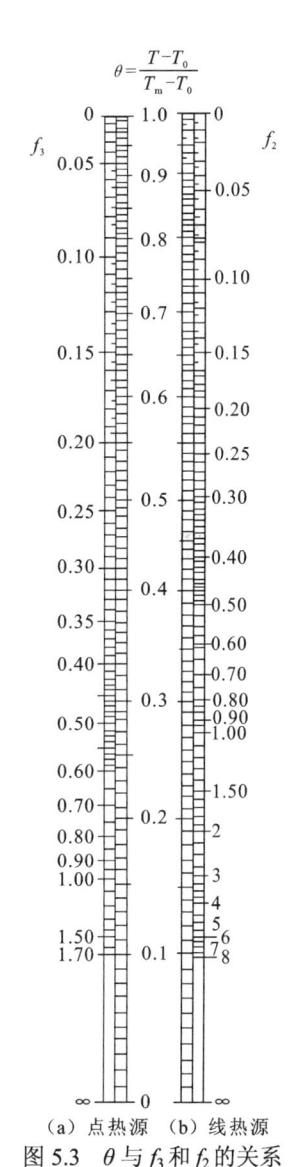

（a）点热源 （b）线热源
图5.3 θ与f_3和f_2的关系

热向焊缝下方和水平方向三维传播时，可使用式（5.9）厚大焊件计算公式。单道全熔透焊接（或热切割）可使用式（5.10）薄板计算公式。公式的选用主要根据热的传播方式，不能单靠板厚确定，如 300 mm 厚的钢板采用电渣焊时，使用薄板公式计算冷却速度较为合理，因为这种工艺是单道全熔透。

除一些特殊的焊接工艺（如电渣焊、气电立焊等）外，一般情况下可以通过临界厚度 δ_{cr} 选用计算公式，临界厚度是对冷却速度没有影响的最小厚度，δ_{cr} 的计算公式为

$$\delta_{cr} = \sqrt{\frac{E}{c\rho(T_c - T_0)}} \tag{5.11}$$

式中：$\delta \geq \delta_{cr}$ 采用厚大焊件公式，$\delta < \delta_{cr}$ 时采用薄板计算公式。

对于低碳钢和低合金钢，在焊条电弧焊条件下，根据经验，厚度 25 mm 以上的属于厚大焊件，厚度小于 8 mm 属于薄板。如焊件厚度在 8~25 mm 之间，求某点的冷却速度时，应将式（5.9）乘以修正系数 K 后得到中厚板的瞬时冷却速度。

中厚板：

$$\omega_C = -K\frac{2\pi\lambda(T_c - T_0)^2}{E} \tag{5.12}$$

式中：K 是无因次系数 ε 的函数，即 $K=f(\varepsilon)$。

$$\varepsilon = -\frac{2E}{\pi c\rho\delta^2(T_c - T_0)} \tag{5.13}$$

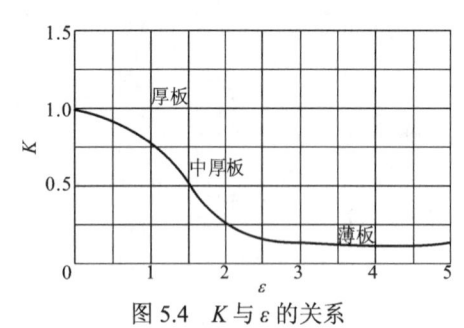

根据 ε 的计算值，可从图 5.4 上查得 K 值，然后再用式（5.12）求出中厚板上焊缝或熔合区的瞬时冷却速度。

从式（5.9）~式（5.13）可见，冷却速度 ω_C 主要与焊接热输入、预热温度、板厚及母材的热物理性能参数有关。提高焊接热输入 E 和预热温度 T_0，可以降低冷却速度 ω_C。因此，对于冷裂倾向较大的钢种，为了降低淬硬倾向，防止冷裂

图 5.4　K 与 ε 的关系

纹的产生，往往采用提高预热温度，适当增加热输入的工艺方法。但是，提高热输入和预热温度，又会使 t_H 增大，促使晶粒长大，增加焊接接头的脆化倾向。所以，在调节 E 和 T_0 时，应兼顾各方面的影响。

冷却速度公式可用于确定焊接条件下的临界冷却速度以及计算预热温度。

对于其他接头形式或有坡口的对接接头，应对板厚 δ 和热输入 E 进行修正，板厚修正系数 K_1 和热输入修正系数 K_2 如表 5.1 所示。

表 5.1　板厚 δ 和热输入 E 的修正系数

修正系数	接头形式				
	平板上堆焊	60°坡口对接焊	搭接接头	T 形接头	十字接头
板厚 δ 的修正系数 K_1	1	3/2	1	1	1
热输入 E 的修正系数 K_2	1	3/2	2/3	2/3	1/2

计算时，应用 $K_1\delta$ 和 K_2E 分别代替冷却速度计算公式中的 δ 和 E 求解 ω_C。

4. 冷却时间的计算

测定某温度下的瞬时冷却速度会带来较大的误差，目前多采用一定温度范围内的冷却时间来代替冷却速度，并以此作为研究焊接热影响区组织、性能和抗裂性的重要参数。

对于低合金钢，由于在 $A_{c3}\sim500℃$ 的温度范围内组织转变最快，所以，在这一温度内的冷却速度或冷却时间对热影响区组织性能影响最大。钢材的成分不同，其 A_{c3} 也有差异，为了统一，常用 $800\sim500℃$ 范围的冷却时间（$t_{8/5}$）代替 $A_{c3}\sim500℃$ 的冷却时间以研究热影响区的组织性能。对于冷裂倾向较大的钢种，也可以采用 $800\sim300℃$ 的冷却时间（$t_{8/3}$）或由加热的最高温度冷至 $100℃$ 的冷却时间（t_{100}）。

与其他热循环参数一样，冷却时间（$t_{8/5}$、$t_{8/3}$、t_{100} 等）可通过实测得到，也可用计算方法求出。为了使焊接热影响区获得优良的组织性能，提高其抗裂能力，常用冷却时间 $t_{8/5}$、$t_{8/3}$ 等控制最佳焊接参数。

根据焊接传热学理论的推导，$t_{8/5}$ 的计算公式如下。

对于三维传热（厚板）：

$$t_{8/5}=\frac{\eta E}{2\pi\lambda}\left(\frac{1}{500-T_0}-\frac{1}{800-T_0}\right) \tag{5.14}$$

对于二维传热（薄板）：

$$t_{8/5}=\frac{(\eta E/\delta)^2}{4\pi\lambda c_p}\left[\left(\frac{1}{500-T_0}\right)^2-\left(\frac{1}{800-T_0}\right)^2\right] \tag{5.15}$$

上两式中：η 为焊接热效率；E 为焊接热输入（J/cm），$E=\dfrac{\eta UI}{v}$，其中 U 为电弧电压（V），I 为焊接电流（A），v 为焊接速度（cm/s）；δ 为板厚（cm）；T_0 为预热温度或初始环境温度（℃）；λ 为热导率[W/(cm·℃)]；c_p 为体积比热容[J/(cm³·℃)]。

应指出，在利用式（5.14）和式（5.15）计算时，首先应确定传热方式。传热方式除了与板厚有关外，还与热输入、钢板的预热温度及热物性参数等因素有关。为此引入"临界板厚 δ_{cr}"的概念，δ_{cr} 为 $t_{8/5}$ 不发生影响的板厚，利用式（5.14）和式（5.15）相等可求出 δ_{cr} 的数学表达式为

$$\delta_{cr}=\sqrt{\frac{\eta E}{2c_p}\left(\frac{1}{500-T_0}+\frac{1}{800-T_0}\right)} \tag{5.16}$$

只要实际板厚 $\delta\geqslant\delta_{cr}$，应属于三维热传导；当 $\delta<\delta_{cr}$ 时，应属于二维热传导。

5.1.3 多层焊接热循环

在实际焊接生产中，多数是采用多层多道焊接，特别是厚板结构有时要焊几十层，甚至上百层。因此，讨论多层焊接热循环具有更为普遍的意义。

多层焊接实质上是由许多单层焊接热循环叠加而成，在相邻焊层之间彼此具有热处理的作用，因此，从提高焊接质量来看，多层焊比单层焊更为优越。

在实际生产中，根据要求不同，多层焊分为长段多层焊和短段多层焊。

1. 长段多层焊焊接热循环

长段多层焊,即每道焊缝的长度较长（一般 1 m 以上）,这样在焊完第一层再焊第二层时,第一层已基本冷至较低的温度（一般在 100~200 ℃ 以下）,其焊接热循环的变化如图 5.5 所示。由图 5.5 可以看出,相邻各层之间有依次热处理的作用,为防止最后一层淬硬,可多加一层退火焊道从而使焊接质量有所改善。

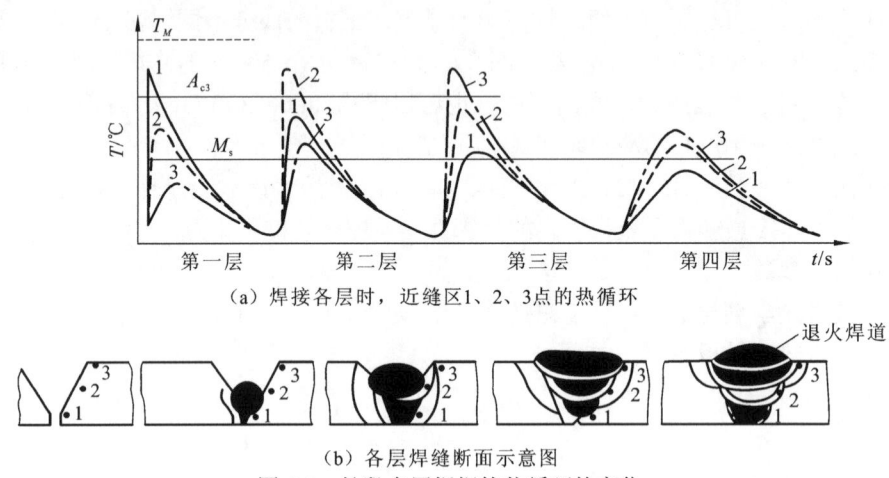

(a) 焊接各层时,近缝区1、2、3点的热循环

(b) 各层焊缝断面示意图

图 5.5 长段多层焊焊接热循环的变化

应当指出,对于一些淬硬倾向较大的钢种,不适于长段多层焊接。因为这些钢在焊第一层后,在焊接第二层之前,近缝区或焊缝由于淬硬倾向较大而有可能产生裂纹。所以焊接这种钢种时,应特别注意与其他工艺措施的配合,例如,焊前预热、层间温度控制,以及后热缓冷等。

2. 短段多层焊焊接热循环

短段多层焊是指每道焊缝长度较短（50~400 mm）,在这种情况下,未等前层焊缝冷却到较低温度（如 M_s 点）就开始焊接下一道焊缝。短段多层焊的热循环如图 5.6 所示。

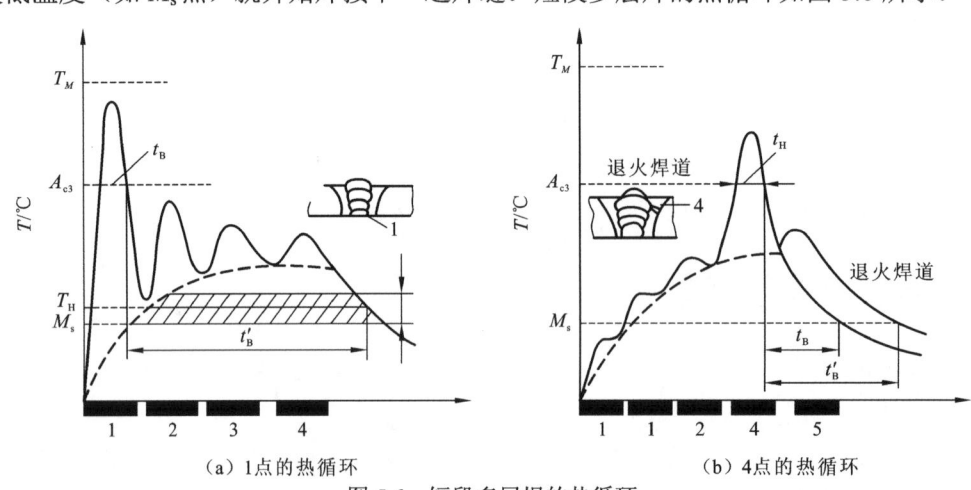

(a) 1点的热循环　　　　　　(b) 4点的热循环

图 5.6 短段多层焊的热循环

t_B 由 A_{c3} 冷至 M_s 的冷却时间

由图 5.6 可知,近缝区 1 点和 4 点所经历的焊接热循环是比较理想的。对于近缝区 1 点:一方面使该点在 A_{c3} 以上停留时间较短,避免了晶粒长大;另一方面减缓了 A_{c3} 以下的冷却速度,从而防止淬硬组织产生。对于近缝区 4 点,它是在预热的基础上开始焊接的,若焊缝的长度控制合适,则 A_{c3} 以上的停留时间仍可很短,使晶粒不易长大。为了防止最后一层产生脆硬组织,可多一层退火焊道,以便增长奥氏体的分解时间(由 t_B 增至 t'_B)。

由此可见,短段多层焊对焊缝和热影响区组织都具有一定的改善作用,适于焊接晶粒易长而又易于淬硬的钢种。但是,短段多层焊的操作工艺十分烦琐,生产率低,只能在特殊情况下才采用。

5.2 焊接热循环条件下的组织转变

在焊接热循环的作用下,热影响区的组织性能将发生变化。焊接热影响区相变的条件同样取决于系统的热力学条件,即新相与母相间的自由能之差。由于焊接热过程的特点与热处理相比具有较大的差异,所以,焊接时的相变及组织变化也与热处理不同,这就使焊接时的组织转变具有一些特殊性。焊接热过程主要有以下几个特点。

(1)加热温度高。在热处理条件下,最高加热温度一般为 950~1050 ℃(A_{c3} 以上 100~200 ℃),而焊接时熔合区附近的加热温度,一般接近于金属的熔点。焊接低碳钢和低合金钢时,最高加热温度一般在 1350 ℃以上。

(2)加热速度快。热处理时为了保证加热均匀和减少热应力,对加热速度有严格的限制,一般为 0.1~1 ℃/s。因焊接采用的热源强烈集中,故加热速度比热处理要快得多,往往比热处理的加热速度高出几十倍甚至几百倍。

(3)高温停留时间短。焊接时由于热循环的特点,在 A_{c3} 以上的停留时间很短,一般焊条电弧焊为 4~20 s,埋弧焊为 30~100 s。

(4)自然条件下连续冷却。热处理时可以根据需要来控制冷却速度或在冷却过程的不同阶段进行保温。焊接时一般是在自然条件下连续冷却,冷却速度快,但个别情况下也进行焊后保温或焊后热处理。

(5)局部加热。热处理时工件是在炉中整体加热,焊接属于局部集中加热,温度分布不均匀,且随热源移动,局部加热区域也在不断地向前移动,在焊接区造成一个复杂的应力、应变场。焊接热影响区是在这样一个复杂的应力应变状态下进行着不均匀的组织转变。

综上所述,由于焊接热过程的特点,热影响区的组织转变与热处理有着不同的规律。如果完全按照金属学热处理的理论去研究焊接热影响区的性能往往难以得到令人满意的结果,所以必须根据焊接时的特点去研究热影响区的组织性能变化规律。

5.2.1 焊接加热过程中的组织转变

1. 再结晶

在相变钢加热时,会发生铁素体 F 向奥氏体 A 转变的相变过程。对某些奥氏体不锈钢及没有相变的金属来说,再结晶是最受关注的过程。再结晶主要与它发生的温度、先期的变形量、金属的纯度三个因素有关。

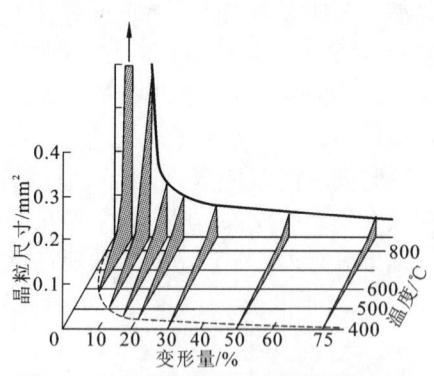

图 5.7 纯铁的再结晶时初始晶粒尺寸、先期变形量与再结晶温度的关系

再结晶晶粒的成核率及生长率由再结晶温度决定，而再结晶发生的实际温度与材料的先期变形有很大关系。有些金属若没有先期变形，在 T_m 以下的任何温度都不会发生再结晶。再结晶不可缺少的前提是多边化，也就是位错重新排列，以形成新的边界。然后这些边界在所积聚的变形能的驱动下，产生移动。变形与金属的位错密度有关。试验表明，产生了某一最小变形的金属，再结晶后的晶粒大小与温度关系不大。在细晶粒的金属中，所需的临界变形量不过是百分之几。材料的杂质含量对再结晶影响很大，对多边化起阻碍作用。图 5.7 是纯铁的再结晶时初始晶粒尺寸、先期变形量与再结晶温度的关系。可见，较小的变形量与较高的再结晶温度相配合，可获得最大的晶粒生长；未变形的金属，不发生再结晶。

2. 奥氏体化过程

焊接时的加热速度快，高温停留时间短，这对金属的相变温度和高温奥氏体的均质化有显著影响。焊接低碳钢和低合金钢时，不同焊接方法的加热速度如表 5.2 所示。

表 5.2 不同焊接方法的加热速度

焊接方法	板厚/mm	加热速度 ω_H/(℃/s)
焊条电弧焊、TIG	5~1	200~1 000
单层自动埋弧焊	25~10	60~200
电渣焊	200~50	3~20

（1）相变温度。加热速度越快，母材相变点 A_{c1} 和 A_{c3} 的温度越高，而且 A_{c1} 和 A_{c3} 之间的温度差越大。加热时珠光体向奥氏体的转变和铁素体向奥氏体的溶解过程属于扩散型转变，转变时形成晶核需要孕育期。在焊接快速加热的条件下，还没达到扩散所需的孕育期，温度就已经提高了。因此，A_{c1} 和 A_{c3} 被推向更高的温度，在这种条件下，转变过热度大，形核率高，转变速度更快。

钢中含有较多的碳化物形成元素时，随着加热速度的提高，如表 5.3 所示，相变点 A_{c1} 和 A_{c3} 显著提高（如钢种 18Cr2WV）。这是由于该类钢中的碳化物形成元素（Cr、W、Mo、Ti、V、Nb 等）的扩散速度更小（是碳的 1/1 000~1/10 000），阻碍碳的扩散，因而减缓了奥氏体的转变过程。

表 5.3 加热速度对相变点 A_{c1} 和 A_{c3} 温差的影响

钢种	相变点	平衡温度/℃	加热速度 ω_H/(℃/s)				A_{c1} 与 A_{c3} 温差/℃		
			6~8	40~50	250~300	1 400~1 700	40~50	250~300	1 400~1 700
45 钢	A_{c1}	730	770	775	790	840	60	70	110
	A_{c3}	770	820	835	860	950			
40Cr	A_{c1}	740	735	750	770	840	50	80	100
	A_{c3}	780	775	800	850	940			

续表

钢种	相变点	平衡温度/℃	加热速度 ω_H/(℃/s) 6~8	40~50	250~300	1 400~1 700	A_{c1}与A_{c3}温差/℃ 40~50	250~300	1 400~1 700
23Mn	A_{c1}	735	750	770	785	830	80	105	110
	A_{c3}	830	810	850	890	940			
30CrMnSi	A_{c1}	740	740	775	825	920	60	65	60
	A_{c3}	820	790	835	890	980			
18Cr2WV	A_{c1}	710	800	860	930	1 000	60	90	120
	A_{c3}	810	860	930	1 020	1 120			

随着加热速度的提高，A_{c1}和A_{c3}的温度差加大，珠光体向奥氏体的转变是在铁素体和渗碳体的界面上形核，因相界面积大，碳的扩散距离短，形核所需的孕育期较短，故A_{c1}提高较少。而铁素体转变为奥氏体，需要碳原子和铁原子做较长距离的扩散，孕育期较长，因而A_{c3}被推向更高的温度，使A_{c1}和A_{c3}的温差加大。

（2）奥氏体的均匀化。刚刚转变形成的奥氏体成分是不均匀的，原来为渗碳体的区域含碳量高，而原来为铁素体的区域含碳量低，甚至还有残留的碳化物质点。如在A_{c3}以上的停留时间长，则成分扩散均匀化，使奥氏体的成分趋于一致。

焊接的加热速度快，在A_{c3}以上的停留时间短，合金元素来不及完成扩散均匀化，所以奥氏体的均匀化程度低，甚至残留碳化物，这对冷却时的相变有明显的影响。特别是钢中含有碳化物形成元素时，影响更为显著。

（3）焊接热影响区奥氏体晶粒的长大。焊接热影响区晶粒粗大对韧性极为不利。奥氏体晶粒的长大实质上是大晶粒吞并小晶粒的晶格改建过程，是自动进行的。这一过程需要原子的扩散，温度越高，原子的扩散能力越强，奥氏体晶粒的长大速度越快。

恒温加热时的晶粒长大与加热温度、保温时间有关，可由下式给出：

$$D^\alpha - D_0^\alpha = K_0 t \exp\left(-\frac{E_Q}{RT}\right) \tag{5.17}$$

式中：D为加热后长大的晶粒直径（mm）；D_0为加热前的晶粒直径（mm）；t为保温时间（s）；T为加热温度（K）；α为常数；K_0为与温度无关的常数；E_Q为激活能（J/mol）；R为气体常数。

计算焊接热循环条件下的晶粒长大时，把热循环曲线在时间域上离散化，可认为在每个时间段的加热温度是不变的，即将热循环曲线分为若干个加热温度不同的恒温加热过程。式（5.17）适用于每个加热阶段，然后用叠加方法便可得出热循环过程的晶粒直径计算公式为

$$D_j^\alpha - D_0^\alpha = K_0 \sum_{i=1}^{j}\left[t_i \exp\left(-\frac{E_Q}{RT_i}\right)\right] \tag{5.18}$$

式中：D_j为第j个加热时间段终了的晶粒直径（mm）；t_i为第i个加热时间段的加热时间（s）；T_i为第i个加热时间段的加热温度（K）。

研究表明，在热影响区1 100 ℃以上，随着温度的上升奥氏体晶粒急剧长大，并且晶粒长大主要集中在最高温度附近。在冷却过程中，奥氏体晶粒尺寸还会进一步长大，与加热过程相比，长大量减少。

（4）影响奥氏体晶粒长大的因素。焊接热影响区的奥氏体晶粒长大与焊接热输入、焊接热循环参数、钢材的化学成分及原始组织状态有关。

1）焊接热输入的影响

焊接热输入不仅影响奥氏体晶粒的大小，而且影响晶粒的分布。焊接热输入与焊接热影响区奥氏体晶粒直径的关系如下：

$$\lg(D^4 - D_0^4) = -92.64 + 2\lg\eta'E' + \frac{1.291\times 10^{-1}}{\left(\dfrac{y'}{\eta'E'}\right) + 1.587\times 10^{-3}} \tag{5.19}$$

式中：D 为晶粒直径（mm）；D_0 为 $t=0$ 时的晶粒直径（mm）；E' 为单位板厚的焊接热输入（J/cm²）；y' 为熔合区的距离（mm）；η' 为换算系数，以晶粒尺寸为基准的经验数据，通过调节其值使高温加热范围的晶粒尺寸的计算值与实际情况接近。如对 HT80 钢，TIG 时取 0.65，埋弧焊时取 0.85。

图 5.8 为焊接热输入对 HT80 钢焊接热影响区奥氏体晶粒尺寸的影响。由图可见，焊接热输入越大，距熔合区越近（即 y 越小），晶粒直径越大；随着焊接热输入的提高，不仅熔合区奥氏体晶粒直径增大，而且奥氏体长大的范围也增大。因此，可通过调节焊接热输入限制焊接热影响区晶粒的长大。

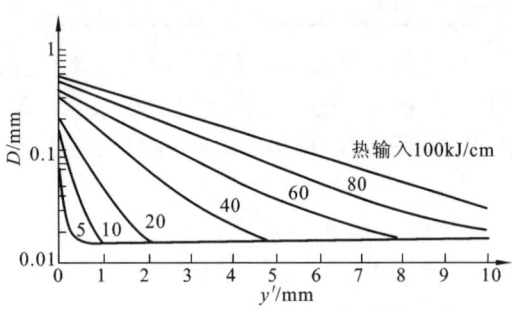

图 5.8 焊接热输入对 HT80 钢焊接热影响区奥氏体晶粒直径的影响

2）焊接热循环参数的影响

最高加热温度（T_m）的影响。T_m 越高，原子的扩散速度越快，晶粒长大越剧烈。钢中的碳化物形成元素对晶粒长大有较大的影响。如图 5.9 所示，加热时间一定的情况下，对于 45 钢，T_m 超过 1100 ℃以后，随着最高加热温度的提高，奥氏体晶粒迅速长大；而对于含有碳化物形成元素的 18Cr2WV 钢，只有当 T_m 高于 1200 ℃以后，奥氏体晶粒才随 T_m 的提高而迅速增大。

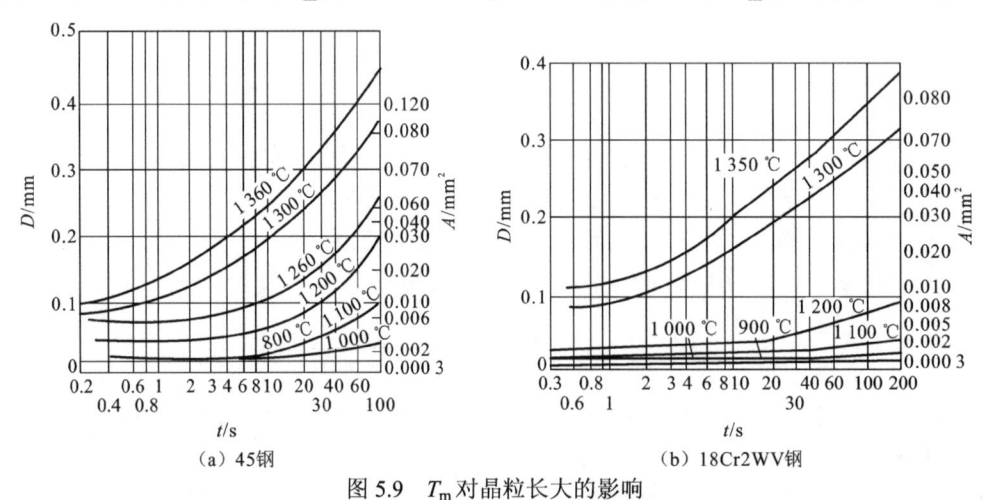

（a）45钢 　　（b）18Cr2WV钢

图 5.9 T_m 对晶粒长大的影响

A—平均晶粒面积；D—平均晶粒直径

焊接热影响区距离焊缝中心线越近的点，最高加热温度越高，晶粒尺寸越大。

高温停留时间（t_H）的影响。不同焊接方法的高温停留时间 t_H 不同，热影响区晶粒长大的倾向也呈现出较大的差异。焊条电弧焊、埋弧焊和电渣焊所用的焊接热输入显著不同，在最高温度相同的条件下（T_m = 1 300～1 350 ℃），晶粒长大也存在显著差异，这与 t_H 不同有关。焊条电弧焊在 A_{c3} 以上的停留时间 t_H 只有 20 s，晶粒长大不严重（晶粒直径 D = 0.1～0.3 mm）；埋弧焊的热输入比焊条电弧焊的大，t_H 为 30～100 s，晶粒明显长大（D = 0.3～0.4 mm）；电渣焊时，因 t_H 过长，达 600～2 000 s，故晶粒严重长大（D = 0.4～0.6 mm）。

由于电渣焊时晶粒严重长大，焊后必须通过正火处理才能改善焊接接头的性能，否则将使焊接接头的韧性显著变差。

3）加热速度和冷却速度的影响

在保证焊接热输入不变的条件下，采用大的焊接电流和快的焊接速度，则加热速度提高，相变点 A_{c3} 和晶粒显著长大的温度也提高，加热过程的高温停留时间 t' 减小，有利于降低晶粒的粗化倾向，如图 5.10（a）所示。

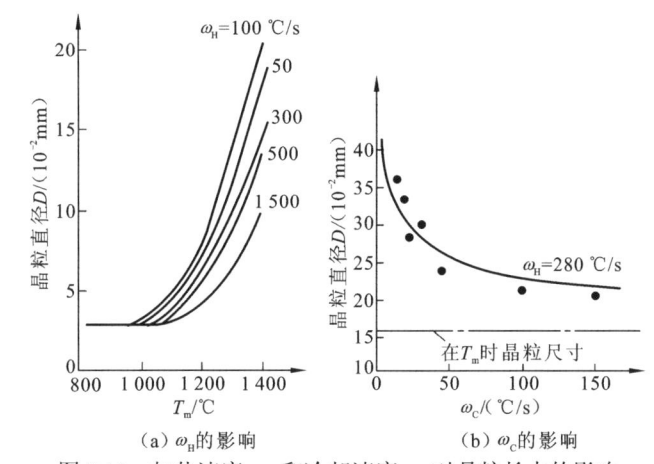

图 5.10　加热速度 ω_H 和冷却速度 ω_c 对晶粒长大的影响

在高温冷却过程中，晶粒继续长大。如高温冷却速度较快，则冷却过程中的高温停留时间 t'' 减小，也有利于抑制晶粒长大，如图 5.10（b）所示。

4）化学成分的影响

化学成分对焊接热影响区的晶粒长大有明显影响，如钢中含有碳化物或氮化物形成元素（Mo、V、Ti、Nb、W、Zr、Al、B 等）和阻碍碳扩散的元素（如 Ni）都可降低晶粒长大的倾向。在微合金钢中，碳化物和氮化物的存在通过对晶粒边界的沉淀作用，妨碍晶界迁移，阻止晶粒长大。钢中的碳化物和氮化物在焊接热循环的作用下将发生溶解，使对晶粒长大的抑制作用减弱或消失。

图 5.11 为奥氏体中不同碳化物和氮化物完全溶解时温度与时间的关系（图中只有 Ti 的氮化物溶解 26%）。由图 5.11 可见，Nb 的碳氮化物比 Nb 的碳化物有着更低的溶解度，Ti 的氮化物 TiN 呈现出了最高的溶解温度。实际上，即使温度达到熔化温度，

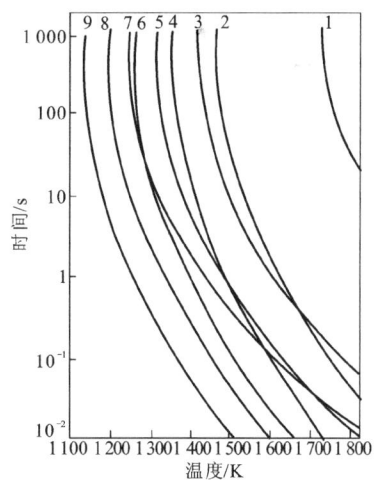

图 5.11　奥氏体中不同碳化物和氮化物完全溶解时温度与时间的关系

1—Ti 的氮化物（26%溶解）；2—Nb 的碳氮化物；
3—Al 的碳化物；4—Nb 的碳化物；
5—V 的氮化物；6—Mo 的碳化物；
7—Ti 的碳化物；8—V 的碳化物；
9—Cr 的碳化物

TiN 仍不能完全溶解。基于 TiN 沉淀弥散的含 Ti 微合金钢即是上述结果的应用实例。

图 5.12 为不同成分微合金钢在不同最高温度下保温 30 min 后奥氏体晶粒尺寸的热模拟试验结果，六种钢 C、Si、Mn 的质量分数范围为 C 0.09%～0.11%、Si 0.29%～0.38%、Mn 1.21%～1.39%，Ti 钢含 Ti 0.009%，TiNb 钢含 Ti 0.008%和 Nb 0.022%，TiV 钢含 Ti 0.01%和 V 0.05%，TiNbV 钢含 Ti 0.009%、V 0.054%和 Nb 0.024%、LC-TiNb 钢含 Ti 0.006%和 Nb 0.029%。可见，含 Ti 微合金钢的平均奥氏体晶粒尺寸是 CMn 钢的 1/15-1/6（1350 ℃，保温 30 min）；普通含 Ti 钢一直到 1300 ℃时都有极好的奥氏体晶粒长大抗力。V 和（或）Nb 的存在会削弱晶粒粗化抑制能力，但这些钢仍优于 CMn 钢。TiNb 钢呈现出稍好一些的晶粒粗化抗力，这说明沉淀物可能比 TiV 钢更稳定一些。

由图 5.12 还可见，CMn 钢达到 1 000 ℃时，晶粒尺寸迅速长大，由于缺乏 TiN 沉淀，在 1 000～1 250 ℃之间奥氏体的晶粒尺寸增加 7 倍，当少量的 Ti 加入钢中时，晶粒长大抗力将增加。钢中 TiN 对于抑制奥氏体晶粒长大效果明显，所以，在开发适宜大热输入焊接的钢材时，需要加入适量的碳化物或氮化物形成元素，特别是加入 Ti 形成 TiN。碳化物或氮化物形成元素能在钢中形成稳定的碳化物或氮化物，以弥散的质点分布在晶界上，加热时这些难熔质点阻碍晶界的移动，能降低晶粒粗化的程度。只有加热温度很高或高温停留时间较长，难溶质点全部溶入奥氏体之后，晶粒才会明显地长大。

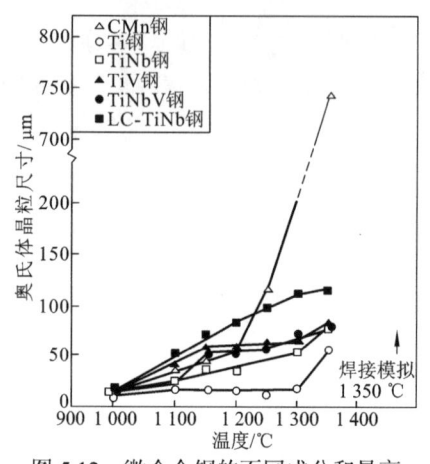

图 5.12 微合金钢的不同成分和最高温度对奥氏体晶粒尺寸的影响

综上所述，焊接时热影响区的晶粒度取决于母材成分、焊接方法和焊接参数。焊接热影响区的奥氏体晶粒度不仅决定了冷却后的实际晶粒度，还影响过冷奥氏体的稳定性，进而影响冷却后的组织和性能。

5.2.2 焊接冷却过程中的组织转变

在本章我们对焊接热影响区组织性能的分析进行了相关评价。但是因为焊接热影响区所经历的热过程和热处理条件下有显著不同，所以冷却过程的组织转变也有显著的差异，这一点越来越多地被大量实验所证实。

由于焊接热影响区熔合线附近是整个焊接接头的薄弱地带，所以本小节以此区的冷却过程组织转变作为主要研究对象。

为了便于比较焊接条件和热处理条件下奥氏体转变的不同特点，现以 45 钢和 40Cr 钢为例说明在两种不同热过程组织转变的差异。两种材料的焊接和热处理时的热过程如图 5.13 所示。可见，在两种热过程中，加热速度、加热的最高温度和高温停留时间的不同，两种情况下的冷却曲线 1、2、3……也具有各自相同的冷却速度。

根据上述的实验条件，采用专用的焊接热模拟试验机和快速相变仪，得到两种钢在焊接和热处理条件下连续冷却的组织转变图（continuous cooling transformation diagram，CCT），即 CCT 图，如图 5.14 和图 5.15 所示。而表 5.4 是 45 钢和 40Cr 钢在焊接和热处理时同样冷却速度条件下的组织百分比。

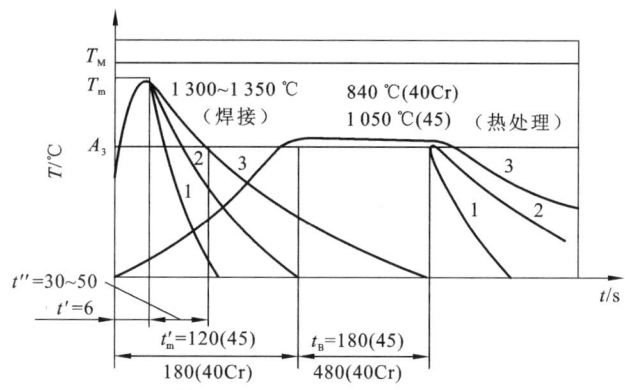

图 5.13 焊接和热处理时加热及冷却过程的示意图

T_M—金属熔点;T_m—峰值温度;$t_H(t'+t'')$—加热时间;t_m—热处理加热时间;t_B—热处理保温时间

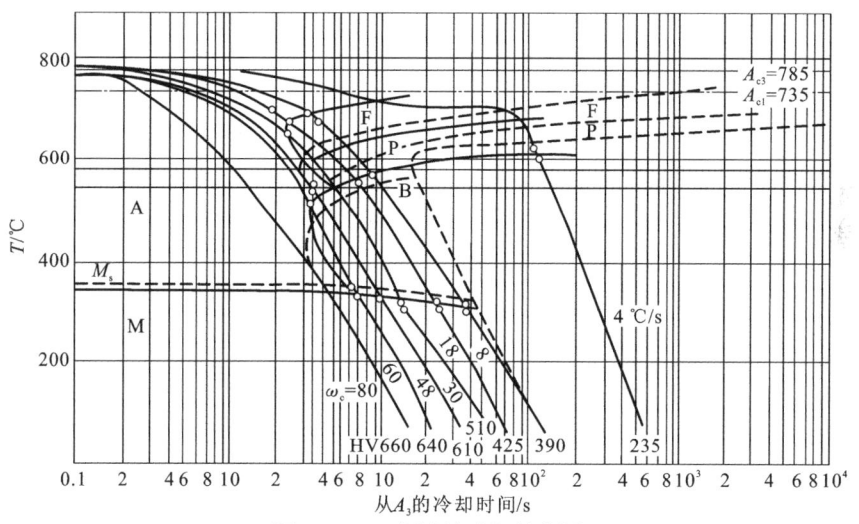

图 5.14 45 钢连续冷却转变图

F—铁素体;P—珠光体;B—贝氏体;A—奥氏体;M—马氏体;M_s—马氏体开始转变点;

实线—焊接($T_m=1350$ ℃,$t'=4.5$ s);虚线—热处理($T_m=1050$ ℃,$t_B=3$ min)

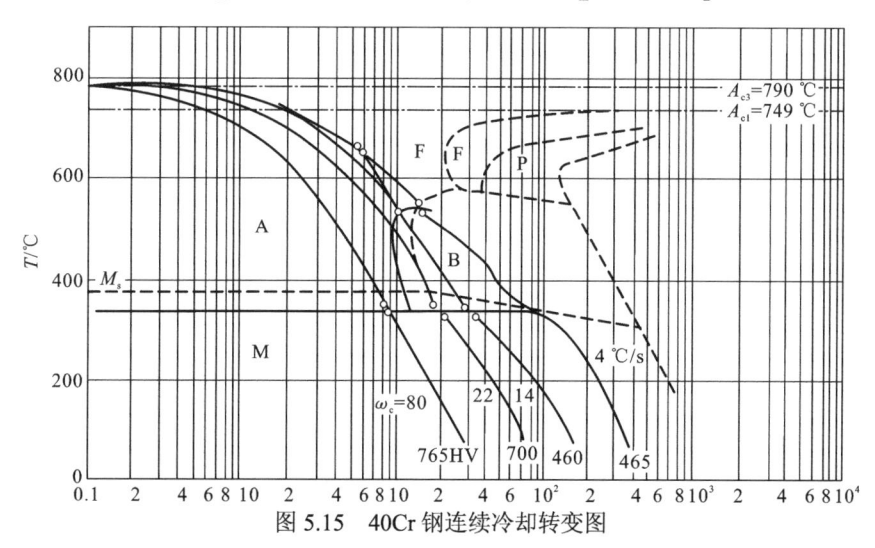

图 5.15 40Cr 钢连续冷却转变图

实线—焊接($T_m=1350$ ℃,$t'=4.5$ s);虚线—热处理($T_m=840$ ℃,$t_B=8$ min)

· 111 ·

由图 5.14 和图 5.15 及表 5.4 可知，45 钢在焊接条件下比在热处理条件下的 CCT 曲线稍向右移（主要考虑 M_s 附近）。这说明在相同冷却速度条件下，焊接时比热处理时的淬硬倾向大。例如，冷却速度为 30℃/s，焊接时可得到 92% 马氏体，而热处理时只得到 69% 马氏体。

相反，40Cr 钢在焊接条件下的连续冷却转变图向左移动，也就是在同样冷却速度下焊接比热处理时的淬硬倾向小。例如，焊接条件下当冷却速度为 36℃/s 时，可得到体积分数为 100% 的马氏体，而热处理条件下冷却速度只要 22℃/s 时即得到体积分数为 100% 的马氏体。

两种热过程组织转变的差异与焊接和热处理的不同特点及母材的化学成分有关对于 40Cr 钢，由于含有碳化物形成元素 Cr，所以在焊接加热速度快、高温停时间短些的条件下，残留着一些碳化物颗粒，机械地阻碍奥氏体晶粒的长大，降低了奥氏体的程度。在冷却过程中，这些碳化物颗粒又可作为非自发核心加速奥氏体的转变，因而确定了奥氏体的稳定性，从而使焊接条件下的连续冷却转变图比热处理条件下地向左移，如图 5.14 所示。

对于 45 钢，由于不含有碳化物形成元素，在高温下奥氏体晶粒容易长大，均质化程度也比较高。所以在冷却时奥氏体的稳定性比较强，具体在图 5.15 中就是焊接条件下连续冷却转变图比热处理条件下右移。

应当指出，增加钢中的合金元素（除 Co 外），无论是在焊接条件下，还是在热处理条件下，都会增加钢的淬硬倾向。不要误认为钢中的碳化物形成元素越多，焊接时的淬硬倾向越小。实际上，在同样的焊接条件下，40Cr 钢的淬硬倾向比 45 钢大。

综上所述，焊接条件的连续冷却转变图与热处理时的不同，不能用热处理条件下的连续冷却转变图研究焊接热影响区的组织转变，必须根据焊接热循环的特点建立焊接条件下的连续冷却转变图。

表 5.4 焊接和热处理条件下的组织百分比

钢种	冷却速度/(℃/s)	组织（体积分数/%）		
		铁素体	马氏体	珠光体及贝氏体
45 钢	4	5（10）	0（0）	95（90）
	18	1（3）	90（27）	9（70）
	30	1（1）	92（69）	7（30）
	60	0（0）	98（98）	2（2）
40Cr	4	1（0）	75（95）	24（5）
	14	0（0）	90（98）	10（2）
	22	0（0）	95（100）	5（0）
	36	0（0）	100（100）	0（0）

注：有（ ）者为热处理的组织百分比。

5.2.3 影响过冷奥氏体转变的因素

奥氏体的稳定性可用焊接连续冷却转变图判断。影响奥氏体稳定性的因素主要有奥氏体的化学成分、奥氏体化的温度和时间、冷却速度和应力及应变等。

1. 奥氏体化学成分的影响

除 Co 以外，所有固溶于奥氏体的合金元素都使奥氏体稳定性增大，并降低 M_s 点。应指出，形成碳化物和氮化物的元素只有固溶于奥氏体之后，才能增加奥氏体的稳定性。若加热时，碳化物并未溶解，这时碳化物可以成为奥氏体分解的新相核心，加速分解转变，降低了奥氏体的稳定性。如图 5.16 所示，在正常热处理的奥氏体化温度下（920～960 ℃），含有 V、N 元素的钢，奥氏体稳定性反而较小（曲线向左移动）。这是因为形成的 VN 化合物在奥氏体中的溶解温度大体在 980 ℃以上，所以 VN 化合物可作为奥氏体分解转变的新相核心，而加速其转变。

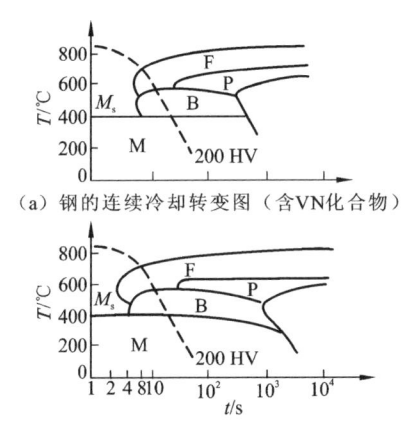

(a) 钢的连续冷却转变图（含VN化合物）

(b) 钢的连续冷却转变图（不含VN化合物）

图号	w_C(%)	w_{Si}(%)	w_{Mn}(%)	w_{Cu}(%)	w_{Al}(%)	w_V(%)	w_N(%)
a	0.17	0.48	1.30	0.12	0.023	—	0.006
b	0.18	0.48	1.51	0.16	0.018	0.16	0.018

(c) 钢中各元素含量分布

图 5.16　VN 化合物对连续冷却转变图的影响

2. 奥氏体化温度和时间的影响

奥氏体化温度和时间是指形成奥氏体的最高加热温度和在该温度下的保温时间，对于过冷奥氏体的稳定性影响很大。

奥氏体化的加热温度越高，保温时间越长，过冷奥氏体的稳定性越大，如图 5.17 所示。这是因为加热温度越高，奥氏体晶粒越粗大，并使碳化物及其他可作为奥氏体分解产物的现成核心易于溶解到奥氏体中，促使增大奥氏体的均匀化程度。这些都不利于奥氏体的分解转变。

晶粒粗化对奥氏体的分解转变及转变产物的形态影响很大。晶粒越粗大，可以形核的晶界总面积越小，也就减少了形核的机会。晶粒粗化后，可以得到典型的板条或片状马氏体；当晶粒细小时，在光学显微镜下无法判定是属于哪类马氏体，在奥氏体晶粒小于 10 μm（11 级）时，板条马氏体和针状马氏体在形态上是十分相似的。

奥氏体化的加热温度越高，保温时间越长，或加热时间越长，碳化物在奥氏体中的溶解量就越多，板条马氏体的相对量就会减少，残留奥氏体数量也有所增多。对于中碳钢，短时加热不仅可保持细小的晶粒，而且由于奥氏体固溶碳量减少，M_s 提高，可得到较多的板条马氏体，较少的残留奥氏体。从图 5.18 可见，在焊接热模拟条件下，提高加热速度也有利于降低奥氏体的稳定性。

3. 冷却速度的影响

当冷却速度很大时，冷却速度对 M_s 点也有一定影响。如图 5.19 所示，M_s 点随着冷却速度的增大而有所上升。快速冷却引起较大的内应力有助于马氏体相变，因而 M_s 点上升。当冷却速度较小时，易使碳扩散而形成碳原子位错偏聚使母相强化，马氏体形核所需切变能量增高，所以 M_s 下降；当冷却速度增大到影响碳的扩散时，由于母相强度降低，马氏体形核

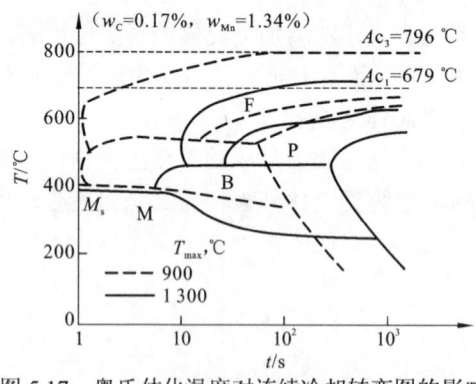

图 5.17 奥氏体化温度对连续冷却转变图的影响（炉中缓慢加热）

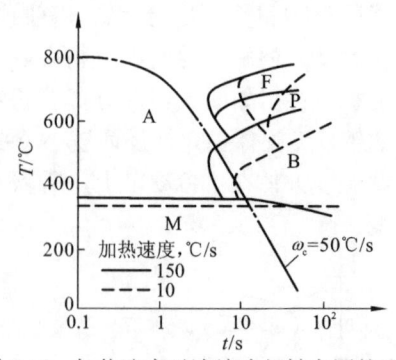

图 5.18 加热速度对连续冷却转变图的影响（45 钢，$T_{max}=1350\ ℃$）

所需切变能量减小，因而 M_s 上升；当冷却速度增大到碳原子位错偏聚不能形成时，M_s 升至最高值，随冷却速度的进一步增大，M_s 保持不变；当增大冷却速度使马氏体对滑移的抗力增大时，不均匀切变以孪生方式进行，马氏体就由板条状变为针状。在较低的冷却速度下，缓慢冷却使碳化物析出时，M_s 升高，易得到板条状马氏体。

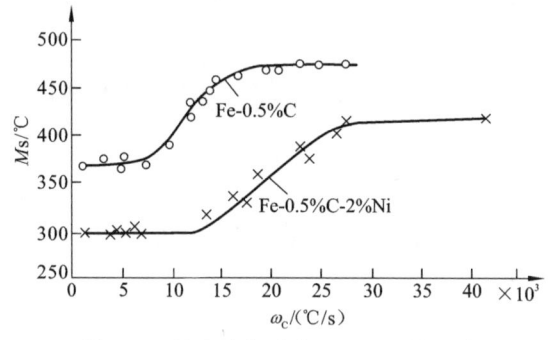

图 5.19 淬火冷却速度 ω_c 对 M_s 的影响

4. 应力、应变的影响

外加应力以及焊接应力所引起的弹性和塑性形变，对热影响区过冷奥氏体转变有重要影响。不仅影响到珠光体和贝氏体等扩散型转变，也影响非扩散型的马氏体转变。图 5.20 为拉应力对焊接连续冷却转变图的影响，可见有拉应力作用时，连续冷却转变图向左上方偏移，即拉应力明显地降低了奥氏体的稳定性。

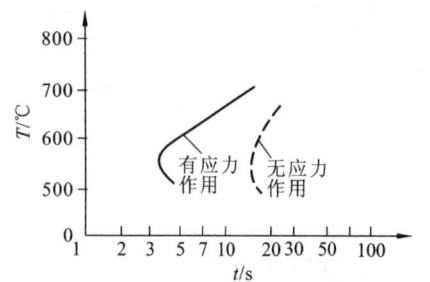

图 5.20 拉应力对焊接连续冷却转变图的影响

材料：GCr15；奥氏体化温度：930 ℃；
负荷温度：850 ℃；拉应力：+92 MPa

高温下奥氏体的屈服强度较低，易产生塑性变形，使晶体中位错和空位密度增加，晶格变形，这些都可增加奥氏体的内能，从而加速扩散过程，有利于扩散型相变，必然影响到马氏体转变的进行。拉应力造成的弹性形变可以提高 M_s 和马氏体转变量。M_s 点附近产生的塑性变形，则可促进马氏体转变，即 M_s 升高和马氏体转变量增加。形变温度越接近 M_s，形变量越大，形变激发马氏体转变的影响也越强烈；形变温度越高，其影响越弱。

5.3 热影响区的组织及性能

焊接热影响区距焊缝不同距离的点所经历的焊接热循环不同，各点所发生的组织转变也不相同，造成热影响区组织转变的不均匀性，在局部位置还可能产生硬化、脆化和软化等现象。这些现象的发生，使热影响区的性能低于母材，以致成为焊接接头的薄弱环节。

焊接热影响区的组织性能不仅取决于所经历的热循环，而且还取决于母材的成分和原始状态。

5.3.1 焊接热影响区的组织分布

1. 不易淬火钢热影响区的组织分布

不易淬火钢是指在焊后空冷条件下不易形成马氏体的钢种，如固溶强化和沉淀强化的低合金钢。对于这类钢，按照热影响区中不同部位加热的最高温度及组织特征的不同，如图 5.21 所示。

（1）熔合区。紧邻焊缝的母材部位，包括半熔化区（加热温度在液相线和固相线之间）。此区范围很窄，一般只有几个晶粒宽。由于该区化学成分和组织性能存在严重的不均匀性，对接头的强度、韧性有很大的影响。在许多情况下是产生裂纹和脆性破坏的发源地。

（2）过热区。加热温度在固相线以下到晶粒开始急剧长大的温度（一般 1 100 ℃）范围区域。由于该区加热温度高，奥氏体晶粒严重长大，冷却后会得到粗大的过热组织，所以又称为粗晶区。该区焊后晶粒粗大，韧性很低，通常冲击吸收能量降低 20%～30%。与熔合区一样，该区也容易产生脆化和裂纹。过热区和熔合区都是焊接接头的薄弱部位。

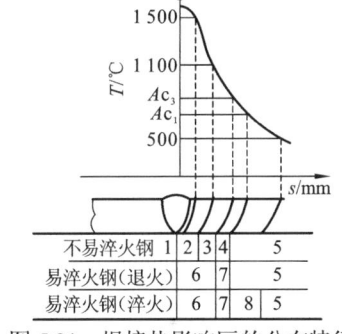

图 5.21 焊接热影响区的分布特征

1—熔合区；2—过热区；3—正火区；
4—不完全重结晶区；5—母材；
6—完全淬火区；7—不完全淬火区；8—回火区

过热区的大小与焊接方法、焊接热输入和母材的板厚等有关。气焊和电渣焊时过热区较宽，且常出现粗大的魏氏组织，焊条电弧焊和埋弧焊时过热区较窄，而电子束焊、激光焊时过热区几乎不存在。

（3）相变重结晶区（正火区）。该区的加热温度范围是 A_{c3} 至晶粒开始急剧长大的温度（一般 1 100 ℃）。在该温度范围内，铁素体和珠光体全部转变为奥氏体，因加热温度较低（低于 1 100 ℃），奥氏体晶粒未显著长大，因此在空气中冷却以后会得到均匀而细小的铁素体和珠光体，相当于热处理时的正火组织，该区又称为正火区。此区的综合力学性能较好，是热影响区中组织性能最好的区域。

（4）不完全重结晶区。该区的加热温度处于 $A_{c1} \sim A_{c3}$ 之间，因此在加热过程中，原来的珠光体全部转变为细小的奥氏体，而铁素体仅部分溶入奥氏体，剩余部分继续长大，成为粗大的铁素体。冷却时奥氏体变为细小的铁素体和珠光体，粗大的铁素体被保留下来。此区的特点是晶粒大小不一，组织不均匀，力学性能也不均匀。

以上这四个区是低碳钢、低合金钢焊接热影响区的主要组织特征。对于时效应变敏感性强的钢，若母材焊前经过冷加工变形或由于焊接应力而产生应变，则在 A_{c1} 以下将发生再结晶和应变时效现象，尽管其金相组织没有明显变化，但处于 A_{c1}～300℃左右的热影响区将发生脆化现象，表现出较强的缺口敏感性。

Q345（16Mn）钢焊条电弧焊热影响区各区域的组织特征如图 5.22 所示。图 5.22（a）为焊接接头的低倍组织，可见焊缝组织极细，焊缝周围黑色环为母材热影响区；图 5.22（b）为接头组织，左边柱状晶为焊缝金属，中间黑色区为母材热影响区，右边为原始母材；图 5.22（c）为焊缝组织，先共析铁素体分布于柱状晶界上，少量无碳贝氏体从晶界伸向晶内，晶内为针状铁素体与珠光体，个别部位有粒状贝氏体；图 5.22（d）为熔合区组织，左侧为焊缝，右侧为母材过热区；图 5.22（e）为过热组织，可见少量由晶界向晶内生长的无碳贝氏体（图中下部位），右边是呈羽毛状的上贝氏体，晶内为板条马氏体；图 5.22（f）为正火区组织，由块状铁索体与珠光体组成；图 5.22（g）为不完全重结晶区组织，由铁素体与呈絮状聚集的珠光体组成；图 5.22（h）为母材组织，由大块状铁素体与珠光体组成。对于 Q345（16Mn）钢，只有在快速冷却的条件下（如厚板焊条电弧焊）才可能出现马氏体组织。焊接热影响区的大小受多种因素的影响，如焊接方法、板厚、热输入以及焊接工艺等，用不同焊接方法焊接低碳钢时热影响区的平均尺寸如表 5.5 所示。

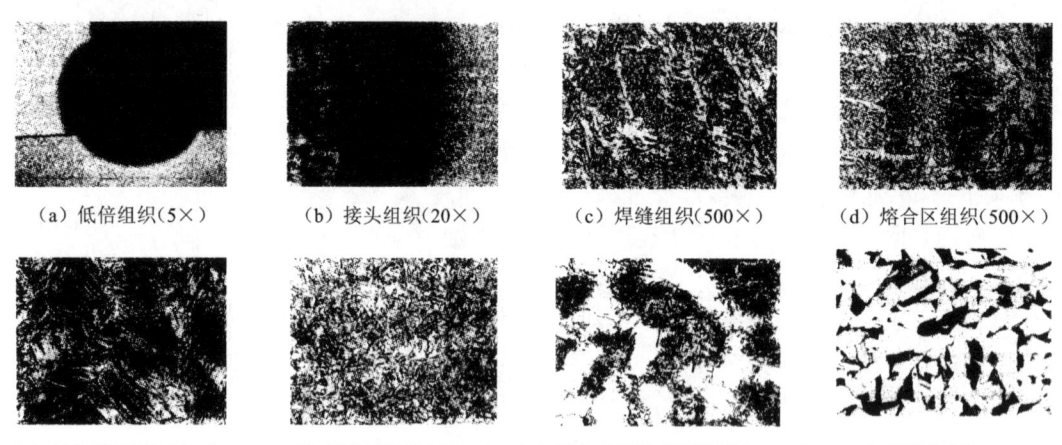

(a) 低倍组织(5×)　(b) 接头组织(20×)　(c) 焊缝组织(500×)　(d) 熔合区组织(500×)

(e) 过热区组织(500×)　(f) 正火区组织(500×)　(g) 不完全重结晶区组织(500×)　(h) 母材组织(500×)

图 5.22　Q345（16Mn）钢焊条电弧焊热影响区各区域的组织特征（电弧焊，J507 焊条）

表 5.5　不同焊接方法焊接低碳钢时热影响区的平均尺寸

焊接方法	过热区	相变相变重结晶区	不完全重结晶区	总宽度/mm
焊条电弧焊	2.2～3.0	1.5～2.5	2.2～3.0	6.0～8.5
埋弧焊	0.8～1.2	0.8～1.7	0.7～1.0	2.3～4.0
电渣焊	18.0～20.0	5.0～7.0	2.0～3.0	25.0～30.0
氧乙炔焊	21	4.0	2.0	27.0
真空电子束焊	—	—	—	0.05～0.75

（各区的平均尺寸/mm）

2. 易淬火钢热影响区的组织分布

易淬火钢是指在焊接空冷条件下容易淬火形成马氏体的钢种，如低碳调质钢、中碳钢和中碳调质高强度钢等。这类钢焊接热影响区的组织分布特征与母材焊前的热处理状态有关。如果母材焊前是正火或退火状态,热影响区根据其组织特征分为完全淬火区和不完全淬火区。如果母材焊前为淬火+回火状态,热影响区除完全淬火区和不完全淬火区外,还存在一个回火软化区。

(1) 完全淬火区。该区的加热温度处于固相线到 A_{c3} 之间。由于这类钢淬硬倾向大,冷却时将淬火形成马氏体。在焊缝附近的热影响区粗晶区,由于晶粒快速长大,会得到粗大的马氏体组织,而相当于正火区的部位得到细小的马氏体组织。这个区域的组织只是粗细不同,属于同一组织类型(马氏体),所以称为完全淬火区。根据冷却速度的不同,该区内还可能出现马氏体和贝氏体的混合组织。

(2) 不完全淬火区。该区的加热温度在 $A_{c1} \sim A_{c3}$ 之间。在快速加热条件下,珠光体(或贝氏体、索氏体)转变为奥氏体,铁素体很少溶入奥氏体,未溶入奥氏体的铁素体得到进一步长大。因此冷却时奥氏体会转变为马氏体,粗大的铁素体被保留下来,并有不同程度的长大,从而形成马氏体和铁素体的混合组织,故称为不完全淬火区。当母材含碳量和合金元素含量不高或冷却速度较慢时,也可能出现贝氏体、索氏体或珠光体。

(3) 回火软化区。出现于淬火+回火状态低合金钢的热影响区,回火软化区的组织性能发生变化的程度取决于焊前的回火温度。例如,母材在焊前的回火温度为 T_t,焊接时加热温度在 $A_{c1} \sim T_t$ 的部位,加热温度高于回火温度 T_t,其组织性能将发生变化,出现软化现象。加热温度低于 T_t 的部位,组织性能不发生变化。

焊接热影响区的组织性能不仅与母材的化学成分有关,而且还和焊接工艺条件和母材焊前的热处理状态有关。

3. 焊接热影响区组织的分析方法

在焊接快速加热和连续冷却的条件下,热影响区的转变属于非平衡转变,会得到多种混合组织,给金相组织的分析和鉴别造成困难。在一定条件下,热影响区组织主要与母材的化学成分和焊接工艺条件有关,在分析热影响区组织时应该注意如下几点。

(1) 母材的化学成分及原始状态。对于含碳或合金元素较低的低碳钢及低合金钢,淬硬倾向较小,热影响区主要为铁素体、珠光体和魏氏组织,可能有少量的贝氏体或马氏体。对于淬硬倾向较大的钢,热影响区主要为马氏体,并依冷却速度的不同可能出现贝氏体、索氏体等组织。

对于不含碳化物形成元素的钢,奥氏体的稳定性(即淬硬倾向)主要取决于奥氏体晶粒长大的倾向。奥氏体晶粒越粗大,越容易产生淬硬组织。对于含碳化物形成元素的钢(如18MnMoNb 等),只有当碳化物溶解于高温奥氏体时,才增加淬硬倾向,否则会降低淬硬倾向。对于易淬硬钢,热影响区马氏体类型主要取决于含碳量,当含碳量较低时得到低碳马氏体,否则会得到高碳马氏体。

钢中存在较严重的偏析时,会出现反常情况。在正常成分范围内出现一些预料不到的硬化和裂纹时,偏析可能是造成这种情况的原因之一。例如含锰钢的偏析倾向比较大,在焊接快速加热和冷却条件下,热影响区奥氏体的成分极不均匀,在含碳量比较高的部位,有可能形成脆硬的马氏体而致裂。

应指出,母材的原始组织状态也是分析热影响区组织的重要依据。了解母材的原始组织,对认识热影响区经焊接热循环作用之后的组织性能变化有重要帮助,尤其是对于不完全重结晶区。

（2）焊接工艺条件。主要指焊接方法、焊接热输入和预热温度等。它们主要影响焊接的加热速度、高温停留时间和冷却速度，在一定成分条件下决定了奥氏体晶粒的长大倾向、均质化程度和冷却时的组织转变。对于一定钢种，高温停留时间越长，冷却速度越快，得到的淬硬组织所占的比例越大。

在快速加热和冷却的条件下，即使对于低碳钢，加热温度在 $A_{c1}\sim A_{c3}$ 的不完全重结晶区，也可能出现马氏体淬硬组织。这是因为在快速加热条件下，原珠光体的部位转变为高碳奥氏体，来不及扩散均匀化，当冷却速度很快时，这部分高碳奥氏体就转变为马氏体。而铁素体在急热、急冷的过程中始终未发生变化，最后得到马氏体和铁素体的混合组织。

（3）结合焊接热影响区的连续冷却转变图确定热影响区的组织。焊接热影响区的连续冷却转变图把焊接工艺条件与焊后的组织性能联系起来，它是判定热影响区组织的重要依据。根据焊接工艺条件获得 $t_{8/5}$ 后，可通过相应的连续冷却转变图求出该条件下热影响区组织的类型及其所占比例。

（4）借助其他分析方法。对于同一类组织，可分为多种组织类型。如铁素体按形态不同可分为先共析铁素体、侧板条铁素体、针状铁素体和粒状铁素体等。对于不同形态的组织，还应辅以显微硬度测试、电镜分析以及按组织所处的位置及分布状态等加以确认。

5.3.2 焊接热影响区的热模拟实验

焊接热影响区的组织性能对焊接接头的质量影响很大，因此对焊接热影响区中各个区段的组织性能进行研究是十分必要的。但由于热影响区中各个区段十分狭窄，很难取出相应的试件进行研究，而焊接接头的常规力学性能试验方法，只能反映热影响区的整体性能。为了解决上述问题，各国对焊接热模拟技术及其装置的研究比较重视，并取得了很大进展。

1. 焊接热模拟试验的原理及应用

焊接热模拟试验方法是利用特定的装置在试样上造成与实际焊接时相同或近似的热循环，通过控制加热速度或加热时间、最高加热温度、高温停留时间、冷却速度或冷却时间，使得试样的金相组织与所需研究的热影响区特定部位的组织相同或近似，但这一组织区域比实际焊接接头热影响区要放大很多倍。也就是说，在模拟试样上有一个相当大的范围获得这一特定部位的均匀组织，从而可以制备足够尺寸的试样，对其进行各种性能的定量测试。先进的焊接热模拟试验方法除了在试样上施加焊接热循环以外，还可在试样上模拟焊接时的应力或应变，研究热影响区中某一特定部位的各种性能。

Gleeble-1500 型热模拟试验机试样的夹持装备示意如图 5.23 所示，热模拟后试样的冷却一是靠试样与夹具的接触传导冷却，二是使用喷水（或喷气）急冷装置冷却。与加热过程一样，接触传导时的冷速取决于试样的材质、尺寸、夹持试样的卡头材料以及夹持试样的自由跨度。热量由试样中心向卡头方向轴向传导，通常使用几倍试样宽度的水冷铜卡头夹持试样可以获得较大的冷速，但要获得极快的冷速还需要采用喷水急冷装置。

采用热模拟试验机可以开展下面几项研究工作：

（1）金属材料在特定热循环条件下相变行为的研究，特别是模拟焊接热影响区连续冷却转变图（简称 SH-CCT 图）的分析；

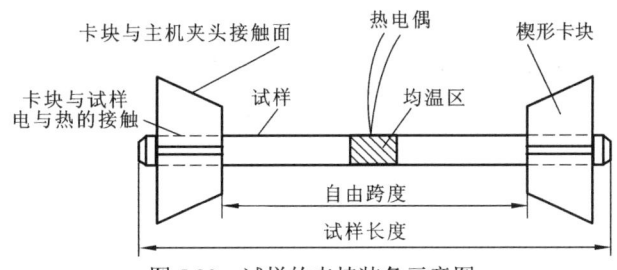

图 5.23 试样的夹持装备示意图

（2）焊接热影响不同区段（特别是过热区）组织性能的模拟；
（3）定量研究冷裂纹、热裂纹、再热裂纹和层状撕裂的形成条件及机理；
（4）模拟应力、应变对组织转变及裂纹形成的影响规律。

通过上述研究，可为焊接工作者确定最佳的焊接工艺及焊接参数，为保证焊接热影响区的质量提供可靠的技术数据。

2. 焊接模拟试验方法的局限性

由于焊接热影响区是温度梯度急剧变化的一个狭窄区域，在该区内各点的组织性能连续变化而又相互制约，而热模拟试样是加热温度、组织变化均匀的隔离体。所以，热模拟试样在加热和冷却过程中的动态行为和组织性能与实际热影响区存在如下差异：

经过对比研究发现，在热循环完全一致的条件下，模拟热影响区的奥氏体晶粒比实际热影响区的晶粒要大。造成这一现象的原因，除模拟最高温度的测定和控制误差以外，主要是由于实际热影响区的温度分布不均匀造成。热影响区中某一点奥氏体晶粒的长大，是朝低温度区和高温度区扩展。但向低温区长大受到能量限制，向高温区长大又受到高温区晶粒长大的阻止。所以，实际热影响区某点奥氏体晶粒的长大受到温度梯度和组织梯度的阻碍。而模拟试样中奥氏体是在均温区长大，不存在上述阻碍，所以其奥氏体晶粒度比实际热影响区中相应点的奥氏体晶粒度大。这说明若使模拟组织与热影响区中的实际组织一致，模拟最高温度应略低于热影响区中的实际最高温度。

由于热影响区中（特别是熔合区附近）的动态应力应变过程十分复杂，难以实测，应力应变的模拟为一假定曲线。事实证明，焊接热影响区的应力应变行为对组织转变及裂纹的形成都有重要影响。所以，如何模拟出实际的应力-应变曲线，仍为模拟工作者的研究目标之一。

目前焊接热模拟技术还存在一定的局限性，需改进提高。但不可否认焊接热模拟技术已成为材料焊接性研究的重要测试手段之一，特别是在测定新钢种 SH-CCT 图方面，在研究焊接冷裂纹倾向、脆化倾向以及焊接接头力学性能方面，仍具有十分重要的作用。

5.3.3 焊接 CCT 图及其应用

焊接条件下的连续冷却转变图是采用焊接热模拟技术测定的，因此称为 SH-CCT 图，利用该图可以方便地预测焊接热影响区的组织和性能。影响焊接条件下连续冷却转变图的因素主要有钢材的化学成分、最高温度、晶粒度、加热和冷却速度以及应力应变等。不同的钢材具有不同的化学成分，焊接热影响区不同部位的最高温度、晶粒度、加热速度、冷却速度、高温停留时间等存在差异，而这些因素对组织转变有重要影响。因此，不同的钢材、热影响区的不同部位，其连续冷却转变图也有很大差异。由于热影响区的熔合区是焊接接头的最薄弱部位，所以研究焊接热影响区连续冷却转变图时主要针对靠近熔合区的区域。

图 5.24 为 Q345（16Mn）钢的连续冷却转变图及冷却时间与组织、硬度的关系和不同冷却条件下的典型金相组织。由图 5.24 可见，只要知道在焊接条件下熔合区附近（$T_m = 1\,300 \sim 1\,350\,℃$）的冷却时间 $t_{8/5}$，就可以在此图上查出相应的组织和硬度。这样就可预测这种焊接条件下的接头组织性能，也可预测此钢种的淬硬倾向及产生冷裂纹的可能性。同时也可以作

（a）Q345钢的SH-CCT图

（b）$t_{8/5}$ 与组织的关系

（c）$t_{8/5}$ 与硬度的关系

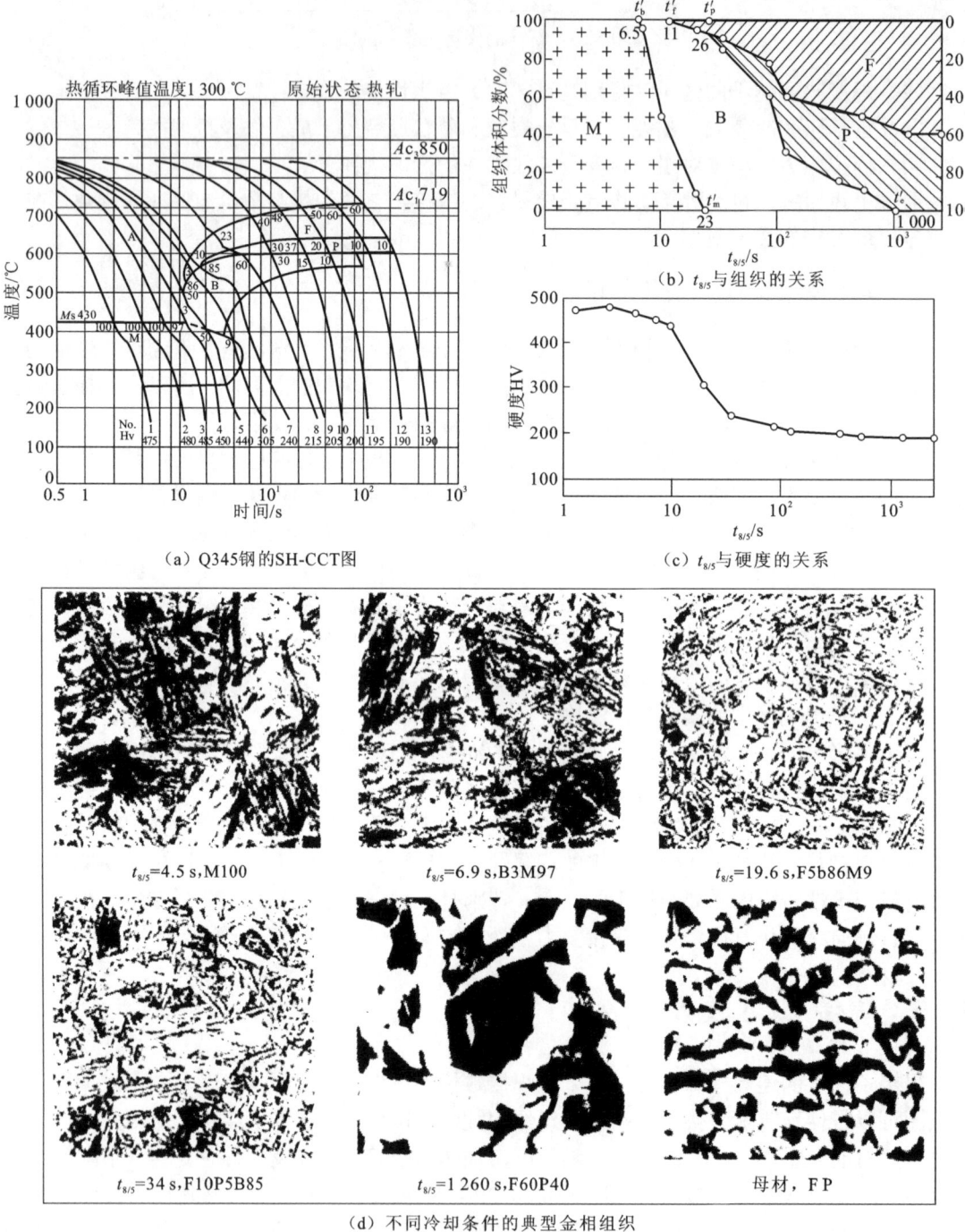

$t_{8/5} = 4.5\,\text{s}$, M100

$t_{8/5} = 6.9\,\text{s}$, B3M97

$t_{8/5} = 19.6\,\text{s}$, F5b86M9

$t_{8/5} = 34\,\text{s}$, F10P5B85

$t_{8/5} = 1\,260\,\text{s}$, F60P40

母材，FP

（d）不同冷却条件的典型金相组织

图 5.24　Q345（16Mn）钢的连续冷却转变图及不同冷却条件下的金相组织

为调节焊接参数和改进工艺（预热、后热及焊后热处理等）的依据。不同焊接条件下的 $t_{8/5}$ 可以通过计算或实测的方法获得。因此，建立焊接条件下的连续冷却转变图和 $t_{8/5}$ 与组织硬度的分布图对于焊接性分析和提高焊接接头的质量具有十分重要的意义。

图 5.25（a）是 40CrNi2Mo 中碳调质钢模拟焊接热影响区粗晶区的连续冷却转变图。图 5.25（b）和图 5.25（c）分别为不同 $t_{8/5}$ 的组织图和硬度变化图。可见，该钢马氏体的起始转变温度为 300 ℃，当 $t_{8/5}$ 小于 140 s 时，热影响区粗晶区的组织全部为马氏体，马氏体的最大硬度高达 800HV，这样高硬度的马氏体组织必然导致较低的韧性。

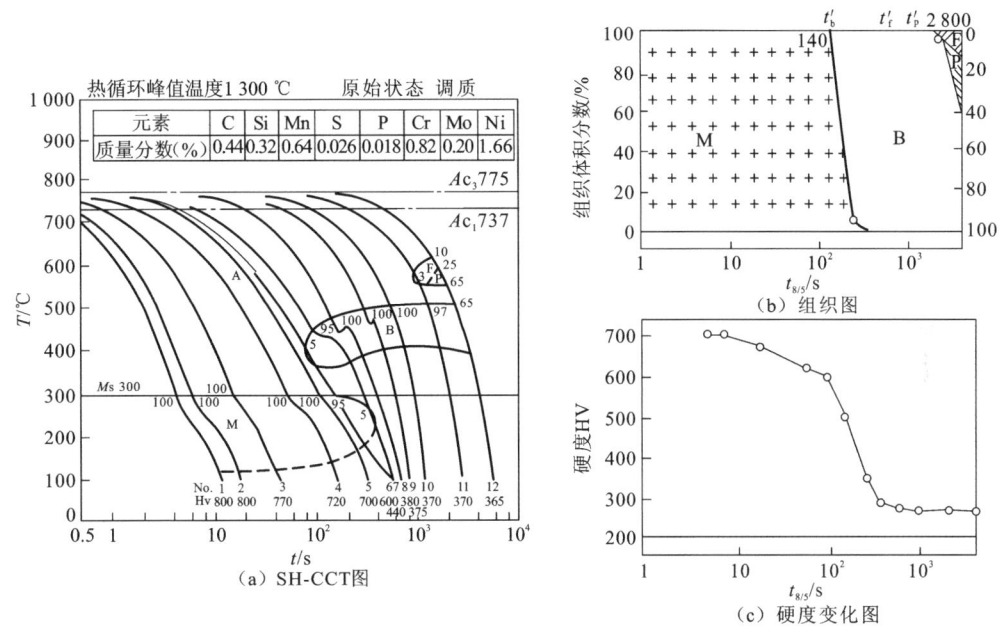

图 5.25 40CrNi2Mo 中碳调质钢模拟焊接热影响区粗晶区的 SH-CCT 图及不同 $t_{8/5}$ 的组织和硬度变化图

为了减少热影响区的脆化，从减小淬硬脆化倾向出发，应采用大的热输入焊接工艺，但由于这种钢的淬硬倾向大，仅通过增大热输入还难以避免马氏体的形成，相反却增大奥氏体的过热，促使形成粗大的马氏体，使热影响区中过热区的脆化更加严重。所以，防止热影响区脆化的工艺措施主要是采用小的热输入，同时采取预热、缓冷和后热等措施。因为，采用小的热输入可减少高温停留时间，避免奥氏体的过热，同时采取预热和缓冷等措施能降低冷却速度，这样对改善热影响区的性能是有利的。

在焊接生产中，热影响区出现的许多问题，如淬硬、冷裂纹、局部脆化等，几乎都与焊接热影响区的组织转变有关。因此，焊接热影响区连续冷却转变图在焊接生产和焊接研究中有着广泛的用途。它是分析焊接热影响区组织性能进而评价钢材焊接性的重要工具，也是合理制订焊接工艺的重要依据。目前许多国家在新钢种大量投产前，就建立该钢种焊接热影响区的连续冷却转变图。焊接热影响区连续冷却转变图主要应用于：①预先推断焊接热影响区的组织性能；②评价热影响区的冷裂倾向；③合理地制订焊接工艺。

5.3.4 焊接热影响区的性能

焊接热影响区的组织分布是不均匀的，从而导致热影响区性能也不均匀。焊接热影响区与焊缝不同，焊缝可以通过化学成分的调整再配合适当的焊接工艺来保证性能要求，而热影响区性能不能进行成分上的调整，它是由焊接热循环作用引起的不均匀性问题。对于一般焊接结构，焊接热影响区的性能主要考虑硬化、脆化、韧化、软化，以及综合的力学性能、耐蚀性和疲劳性能等，这要根据焊接结构的使用要求来决定。

常规焊接接头力学性能的试验结果，反映的是整个接头的平均水平，不能反映热影响区中某个区段（如过热区、相变重结晶区等）的实际性能。焊接热模拟技术的发展为研究热影响区不同部位的组织性能创造了良好的条件。

1. 焊接热影响区的硬度

焊接热影响区的硬度与其力学性能相关。一般而言，随着硬度的增大，强度升高，塑性和韧性下降，冷裂纹倾向增大。通过测定焊接热影响区的硬度分布可间接地估计热影响区的力学性能及抗裂性等。焊接热影响区的硬度与被焊钢材的化学成分和冷却条件有关，因硬度试验比较方便，常用热影响区的最高硬度 H_{max} 间接判断焊接接头的抗裂性。

焊接热影响区的硬度分布反映了各部位的组织变化。一般地，得到的淬硬组织越多，硬度越高。表 5.6 为一般低合金钢不同比例混合组织的维氏硬度和相应金相组织的显微硬度。由表 5.6 可见，同一金相组织的硬度也不相同，这与钢的含碳量和合金元素的含量有关。如高碳马氏体的硬度可达 600 HV，而低碳马氏体只有 350 HV，这说明马氏体数量增多，并不意味着硬度一定高，马氏体的硬度随着含碳量的增加而增大。

表 5.6 不同混合组织和金相组织的硬度

显微硬度 HV				金相组织（体积分数）/%				最高宏观硬度 HV
F	P	B	M	F	P	B	M	
202～246	232～249	240～285	—	10	7	83	0	212
216～258	—	273～336	245～383	1	0	70	29	298
—	—	293～323	446～470	0	0	19	81	384
—	—	—	454～508	0	0	0	100	393

除冷却速度之外，钢的含碳量和合金元素的含量是影响焊接热影响区硬度的重要因素。常采用碳当量来表述钢中合金元素含量对热影响区淬硬性的影响，并通过大量焊接工艺性试验和数学方法建立焊接热影响区硬度的计算公式。世界各国根据具体情况建立的碳当量公式对于解决工程实际问题起了良好的作用。

随着钢材碳当量 P_{cm}、$CE_{(IIW)}$ 的增加，热影响区的淬硬倾向增大，硬度提高。经过对大量试验数据的回归分析，可得关系式为

$$H_{max} = 1\,274 P_{cm} + 45 \tag{5.20}$$

$$H_{max} = 559 CE_{(IIW)} + 100 \tag{5.21}$$

低合金高强度钢冷却时间 $t_{8/5}$ 与焊接热影响区最高硬度 H_{max} 的关系如图 5.26 所示。在焊接热影响区的熔合区附近硬度值最高，远离熔合区，硬度降低，并逐渐接近于母材的硬度水

平。强度级别越高的钢材，相应的最大允许硬度 H_{max} 也越高。

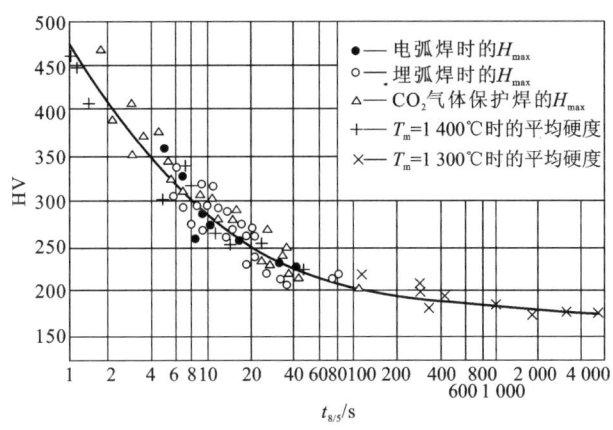

图 5.26 H_{max} 与 $t_{8/5}$ 的关系

板厚 20 mm；成分：w_C=0.12%，w_{Mn}=1.4%，w_{Si}=0.48%，w_{Cu}=0.15%

2. 焊接热影响区淬硬和脆化

随着锅炉、压力容器向大型化和高参数化（高温、高压或低温）方向发展，防止热影响区脆性破坏便成为一个重要的问题。为了保证焊接结构安全运行的可靠性，须防止焊接热影响区的脆化，因此提高热影响区的韧性是极为重要的。

许多材料的缺口韧性和温度的关系密切，可用温度指标评价材料的缺口韧性，即由韧性断裂变为脆性断裂的转变温度评价。许多试验方法（如静弯试验、冲击试验和落锤试验等）能确定韧脆转变温度 T_{rs}，但应说明，同种材料用不同方法测得的韧脆转变温度并不相同，即使是同一试验方法但试件形式不同（如缺口形状和尺寸不一），结果也不相同。因此，不同的试验方法可以得到不同的韧脆转变温度 T_{rs}。如通过冲击试验，根据断口标准确定的韧脆转变温度 T_{rs} 是指断口形貌中韧性断口或脆性断口各占 50%的温度。由于热影响区各区段所经历的热作用不同，组织性能各异，各区段的韧性也不相同。

如果用 T_{rs} 作为判据，C-Mn 钢热影响区不同部位韧脆转变温度的变化如图 5.27 所示。从焊缝到热影响区，韧脆转变温度有两个峰值：一是过热区；二是 A_{c1} 以下的时效脆化区（400～600 ℃）。而在 900 ℃附近的细晶区具有最低的 T_{rs}，说明这个部位的韧性高，抗脆化的能力强。

（1）粗晶脆化。粗晶脆化主要出现在过热区，是由于奥氏体晶粒严重长大造成的。一般晶粒越粗，韧脆转变温度越高，如图 5.28 所示。晶粒长大受到多种因素的影响，其中钢的化学成分、组织状态和加热温度及时间的影响最大。

热影响区粗晶脆化是在化学成分、组织状态不均匀的非平衡状态下形成的，常与组织脆化交混在一起，是两种脆化的叠加。对不同的钢种，粗晶脆化的机制有所侧重。对于易淬火钢主要是由于产生脆性组织所造成（如孪晶马氏体、非平衡的粒状贝氏体以及组织遗传等）；对于淬硬倾向较小的钢，粗晶脆化主要是晶粒长大，甚至形成魏氏组织造成的，如含碳量较低（w_C<0.18%）的低合金钢。焊接这类钢时应采用比较小的热输入，防止晶粒长大，这种情况下，即使发生淬火，也形成低碳马氏体和下贝氏体组织，具有良好的韧性。

（2）淬硬脆化。一般出现于碳和合金元素含量较多的易淬火钢的焊接热影响区，主要是热影响区形成硬脆的孪晶马氏体造成的。

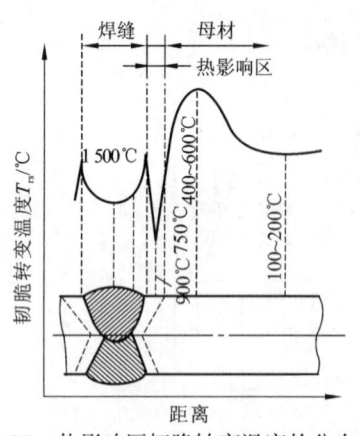

图 5.27 热影响区韧脆转变温度的分布（C-Mn 钢） 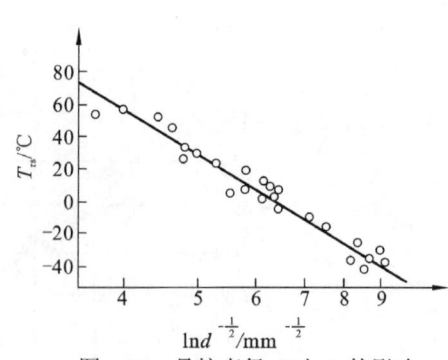　　图 5.28 晶粒直径 d 对 T_{rs} 的影响

焊接这类钢时，需配合预热、后热等措施，以降低冷却速度，避免出现脆硬的马氏体。对于淬硬脆化倾向更大的钢种，需要进行焊后高温回火或调质处理来改善热影响区的韧性。

（3）析出相脆化。金属或合金在焊接冷却或焊后回火过程中，从过饱和固溶体中析出氮化物、碳化物时，引起热影响区脆性增大的现象，称为析出相脆化。

焊接含有碳化物或氮化物形成元素的钢时，过热区原有的第二相（碳化物或氮化物）可大部分溶解。在冷却过程中，由于溶解度的降低，这些碳、氮化物再次发生沉淀。由于焊接时高温停留时间短、奥氏体均匀化程度低，所以再次沉淀的碳、氮化物以块状形式不均匀析出。例如，Ti(C, N) 在晶内析出，AlN 在晶界析出，都呈块状形式。这种形态的第二相严重阻碍位错的运动，导致过热区脆化。若 Fe_3C 沿晶界呈薄膜状析出或形成粗大碳化物，也会导致脆化。

在快速冷却条件下，若碳、氮化物来不及析出，在焊后回火或时效过程中也可能产生脆化（如回火脆性）。若析出物以细小弥散的质点均匀分布在晶内和晶界时，不但不发生脆化，还有利于改善韧性。杂质元素（如 S、P、Sn、Sb 等）在晶界偏析会严重地损害韧性。钢中杂质元素越多，脆性越高，因为这些杂质元素均降低金属的结合能。

（4）M-A 组元脆化。高强度钢在加热到熔点后缓冷，或承受最高温度位于铁素体和奥氏体两相区的热循环后，组织中含有岛状的马氏体。经电镜和衍射分析表明，该组织含有残留奥氏体。目前一般将其称为 M-A 组元。

M-A 组元是在上贝氏体转变温度区间形成的。在上贝氏体形成过程中，由于铁素体含碳量低，随着铁素体的长大，大部分碳富集到被铁素体包围的岛状奥氏体中去（其碳的质量分数可达 0.5%～0.8%）。中、高碳的岛状奥氏体，在中等冷却速度下会形成孪晶马氏体和部分残留奥氏体的混合物，即 M-A 组元。奥氏体合金化程度越高，其稳定性也越高，越容易形成 M-A 组元。

研究表明，对于高强度钢的粗晶区，当冷却速度大时（$t_{8/5} < 20\,s$），主要形成马氏体和下贝氏体；当冷却速度小时（$t_{8/5} > 50\,s$），M-A 组元将发生分解形成铁素体和碳化物；只有当冷却速度中等时（$t_{8/5} = 20 \sim 50\,s$），M-A 组元才最易形成。一般焊接热影响区中 M-A 组元的最大体积分数在 10%～20%。

M-A 组元属于脆性相，随着 M-A 组元数量的增多，韧脆性转变温度将显著升高。

除过热区易形成 M-A 组元外，加热温度处于 $A_{c1} \sim A_{c3}$ 的不完全重结晶区也可能出现 M-A 组元。在该温度区间，珠光体转变成富碳的奥氏体（C 的质量分数可达 0.8%），而铁素体未发生溶解。在快速加热和冷却条件下，奥氏体来不及均匀化，在珠光体中原来为渗碳体的地方，形成的奥氏体含碳量更高，稳定性更强，因此急冷后即可形成 M-A 组元。在急冷、急热的条件下，即便是低碳钢，也可能在不完全重结晶区形成 M-A 组元，并导致该区脆化。

M-A 组元本身或 M-A 组元与基体之间的界面容易萌生裂纹，并且位于 M-A 组元与基体应变差最高的界面。

研究结果也表明，M-A 组元的体积含有率对脆化影响不大，细长 M-A 组元的含有率则对脆化有重要影响，即随着细长 M-A 组元含有率的增大，脆化也变得更加严重；M-A 组元的间隔大，韧性就低。这说明即使细长 M-A 组元含有量相同，但呈邻近分布，韧性劣化程度则会降低。也有相关研究结果指出，球状的 M-A 组元不会导致韧性降低。

3. 防止焊接热影响区脆化的措施

1）控制母材的成分和组织

对于低合金高强度钢，采用低碳多种微量元素（如 Ti、Nb、Al、稀土元素等）合金化，并严格控制杂质（如 S、P、O 等）含量，在提高强度的同时，可使韧性得到改善。在焊接的冷却条件下，使热影响区获得低碳马氏体、下贝氏体和针状铁素体等韧性较好的组织，从而可避免或降低热影响区的脆化程度。

另外，控制钢中硫化物、磷化物以及硅酸盐夹杂的数量、大小及分布形态也可改善热影响区的韧性。如 MnS 常分布在晶界，轧制时呈层状分布，因而在韧性上表现出各向异性，有时在热影响区还会增大液化裂纹的倾向。当钢中夹杂物数量比较少，且呈细小颗粒均匀分布时，对热影响区的韧性影响较小。

2）采用合适的焊接工艺

（1）确定最佳的 $t_{8/5}$ 范围。$t_{8/5}$ 的大小将最终决定热影响区的组织和性能。图 5.29 是不同强度级别的钢（日本钢号，HT50～HT100），其热影响区韧脆转变温度 T_{rs} 与 $t_{8/5}$ 和热输入的关系。可见，强度级别越高的钢，其 T_{rs} 随 $t_{8/5}$ 的变化越显著，只有超低碳的 HT60 钢对 $t_{8/5}$ 的变化不敏感，而且每种钢所适宜的最佳 $t_{8/5}$ 是不同的。强度级别越高的钢种，合适的 $t_{8/5}$（或 E）越大。最佳韧性对应的 $t_{8/5}$，刚好对应于马氏体+下贝氏体组织。$t_{8/5}$ 小于或大于该值时韧性都会下降。当 $t_{8/5}$ 小时，得到 100%马氏体，且来不及进行自回火，即便是低碳马氏体，其韧性也并非最佳。当 $t_{8/5}$ 大时，除了因奥氏体晶粒长大引起的脆化，还可能出现上贝氏体和 M-A 组元引起脆化。实践证明，最佳韧性对应的组织为马氏体+10%～30%（体积分数）下贝氏体。

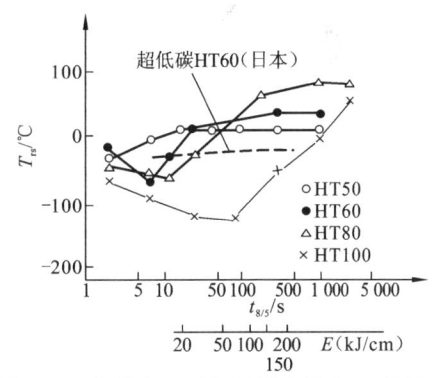

图 5.29 热输入 E 对韧脆转变温度 T_{rs} 的影响

热模拟，$T_m=1350℃$；HT50、HT60、HT80、HT100 指日本钢号

为了使热影响区获得最佳韧性，应利用相应的 SH-CCT 图或通过试验方法确定最佳的 $t_{8/5}$ 值的上、下限，然后再利用焊接传热计算方法确定最佳热输入。

（2）采用多层多道焊。单道焊时，热影响区仅经受一次热循环。但在多层多道焊时，后续焊道对前层焊道的热影响区有正火或高温回火作用，从而使组织性能得到改善。对于表面焊道的热影响区，最好采用附加"回火焊道"（如 TIG 重熔焊道）的方法，改善其韧性。

（3）采用焊后热处理。为了改善焊接热影响区的韧性，采用焊后调质或正火处理是有益的。但这在工程上不易实现，而且还会提高工艺成本。实际上，只有要求消除焊接残余应力的结构，焊后才进行回火处理（或称去应力退火）。焊后高温回火对消除淬硬脆化和 M-A 组元引起的脆化无疑是有利的。但对于有回火脆性和再热裂纹倾向的钢种，回火时应避开回火脆性和再热裂纹敏感的温度区间，否则，不仅韧性不能改善，反而会使脆性加剧，甚至产生再热裂纹等缺欠。

在焊接接头中，软化区仅是很窄的一层，并处于强体之间（即硬夹软），它的塑性变形受到相邻强体的拘束，受力时将产生应变强化的效果。软夹层越窄，约束强化越显著，失强率越低。

带热影响区软化区的接头屈服强度 $(\sigma_s)_J$ 可表示为

$$(\sigma_s)_J = k\sigma_{SB}\left(\frac{1}{m}+\pi\right) \tag{5.22}$$

式中：σ_{SB} 为软化区屈服强度；m 为相对宽度，$m = b/\delta$（b 为软化区宽度，δ 为板厚）；k 为常数。

由式（5.22）可见，减小相对宽度，即减小软化区宽度，可提高接头强度。可以看出，对于板厚较小的焊件，相对宽度较大，其接头软化也比较严重，因而更需要限制焊接热输入和预热温度；增大板厚，相对宽度降低，软化区的影响将减弱。

利用焊接传热学的计算模型，可以计算出位于 A_{c1} 至峰值温度 T_p 之间的热影响区软化区宽度，即

$$b = \frac{E/\delta}{\sqrt{2\pi e}c\rho}\left(\frac{1}{A_{c1}-T_0}-\frac{1}{T_p-T_0}\right) \tag{5.23}$$

可见，软化区强度一定时，板厚越大，焊接热输入越小，初始预热温度越低，焊接接头的强度越高（失强越小）。焊接中只要设法减小软化区的宽度，即可将焊接热影响区软化的危害降到最低程度。因此，低碳调质钢焊接时不宜采用大的焊接热输入或较高的预热温度。

第 6 章 焊接缺欠与缺陷

> 焊接缺欠和缺陷的存在影响焊接接头的质量,而接头质量又直接影响到结构件的安全使用。正确分析焊接缺陷(超标焊接缺欠),一方面能够找出缺陷产生的原因,从而在材料、工艺、结构、设备等方面采取有效措施防止缺陷;另一方面在焊接结构件的制造和使用过程中,能够正确选择焊接检验方法,及时发现缺陷。定性或定量评定焊接结构件的质量,使焊接检验达到预期的目的。

6.1 焊接缺欠与缺陷概述

6.1.1 焊接缺欠与缺陷的关系

焊接缺欠与缺陷本无原则区别,均表征产品不完整或有缺损。但对于焊接结构而言,基于适合于使用准则,有必要对缺欠与缺陷赋予不同的含义。在焊接接头中的不连续性、不均匀性和其他不健全等焊接缺欠,统称为焊接缺欠(weld imperfection)。不符合焊接构件或产品使用性能要求的焊接缺欠,称为焊接缺陷(weld defect)。也就是说,焊接缺陷是属于焊接缺欠中不可接受的一种缺欠,该缺陷必须经过修复处理才能使用。即焊接缺欠的存在使焊接接头的质量下降、性能变差,超标焊接缺欠就是缺陷。

不同的焊接产品对焊接缺欠有不同的容限标准,国际焊接学会(International Institute of Welding,IIW)第Ⅴ委员会从质量管理角度提出的焊接缺欠的容限标准如图 6.1 所示。图中用于正常质量管理的质量标准为 Q_A,它是生产厂家努力的目标(也是用户的期望标准),必须按 Q_A 进行生产管理。Q_B 是根据适合于使用准则确定的反映缺欠容限的最低质量水平,只要产品质量不低于 Q_B 水平,该产品即使有缺欠,也能满足使用要求。也就是说,使具体焊接产品不符合其使用性能要求的焊接缺欠,即不符合 Q_B 水平要求的缺欠,称为焊接缺陷。

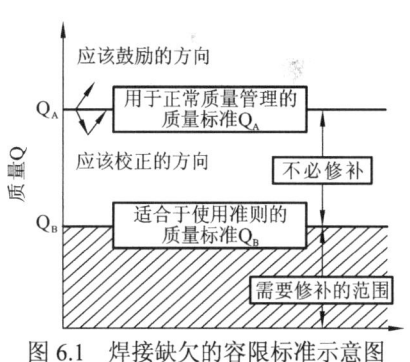

图 6.1 焊接缺欠的容限标准示意图

焊接缺欠,按其尺寸可分为宏观缺欠和显微缺欠。宏观缺欠是指肉眼可以辨认的焊接缺欠,如裂纹、气孔、夹杂和焊缝几何形状偏差等;显微缺欠主要是指焊缝金属中的元素偏析、非金属夹杂物和晶间微裂纹等。

焊接结构在制作过程中,由于受到设计、工艺、材料、环境等各种因素影响,生产出的每一件产品不可能完美无缺,不可避免地会有一些焊接缺欠,缺欠的存在不同程度地影响到产品的质量和安全使用。存在焊接缺欠,即便使焊接接头的质量和性能下降,但不超过容限标准,不影响设备的运行,是可以容许的,但需对焊接结构的运行不致产生危害。

焊接缺陷是焊接过程中或焊后在接头中产生的不符合标准要求的缺欠，或者说焊接缺陷超出了焊接缺欠的容限，是不容许的，存在焊接缺陷的产品应被判废或必须进行返修。因为焊接缺陷的存在将直接影响焊接结构件的安全使用。

在图 6.1 中，达不到 Q_A 标准的焊接产品便是有焊接缺欠的产品，达不到 Q_B 标准的焊接产品为有焊接缺陷的产品，处于 Q_A 和 Q_B 标准之间的产品就属于虽有缺欠但可使用的一般质量的产品。这里 Q_B 的质量水平便成为产品验收的最低标准。

由于各类焊接缺陷的分布形态不同，所产生的应力集中程度也不同，对结构的危害程度各不一样。也就是焊接缺陷对每一结构，甚至每一结构中的每一构件都不相同。

例如，在锅炉和压力容器制造中，对焊接质量提出相当严格的要求。如果焊接接头中存在某种缺陷，就可能在焊接应力和工作应力或其他环境条件（如腐蚀介质）的联合作用下逐渐扩展，深入到母材并最终导致整台容器的提前失效或破断。严重的危险性缺陷甚至会导致灾难性的事故。

按我国现行的锅炉和压力容器制造标准和规程的规定，在各种承压容器焊接接头中，不允许存在裂纹、未焊透和未熔合之类的平面缺陷，气孔、夹杂和咬边等缺陷的容限尺寸也应控制在较严格的范围内。在锅炉、压力容器、石化（石油、天然气、炼油）管线、电力管道等焊接生产中，防止各种焊接缺陷是一项很重要的任务。

6.1.2 焊接缺欠对接头质量的影响

焊接结构随着强度、韧性、耐热和耐腐蚀性等性能的提高，对焊接质量提出了更高的要求，控制焊接缺欠和防止焊接缺陷是提高焊接产品质量的关键。据相关统计，世界上各种焊接结构的失效事故中，除属于设计不合理、选材不当和操作上的问题之外，绝大多数焊接事故是由焊接缺陷，特别是焊接裂纹所引起的。

焊接缺欠对工程结构制造与生产的影响因素包括：人员是关键要素；母材和焊材是决定要素；焊接设备状况为重要因素；标准/规范的执行状况、环境管理状况为施工管理要素。

焊接缺陷对产品质量的影响不仅给生产带来许多困难，而且可能带来灾难性的事故。由于焊接缺陷的存在减小了结构承载的有效截面积，更重要的是在缺陷周围产生了应力集中。所以，焊接缺陷对结构的承载强度、疲劳强度、脆性断裂及抗应力腐蚀开裂都有重要的影响。

1. 对结构承载强度的影响

焊缝中出现成串或密集气孔缺陷时，由于气孔的截面较大，同时还可能伴随着焊缝力学性能的下降（如氧化等），使承载强度明显降低。所以，成串气孔要比单个气孔危险性大。夹杂对强度的影响与其形状和尺寸有关。单个的间断小球状夹杂物并不比同样尺寸和形状的气孔危害大。直线排列、细条状且排列方向垂直于受力方向的连续夹杂物是比较危险的。焊接缺陷对结构的静载破坏和疲劳强度有不同程度的影响，在一般情况下，材料的破坏形式多属于塑性断裂，这时缺陷所引起的强度降低，大致与它所造成的承载截面积的减小成比例。焊接缺陷对疲劳强度的影响要比静载强度大得多。例如，焊缝内部的裂纹由于应力集中系数较大，对疲劳强度的影响较大；气孔引起的承载截面积减小 10%时，疲劳强度的下降可达 50%。焊缝内部的球状夹杂物当其面积较小，数量较少时，对疲劳强度的影响不大，但当夹杂物形成尖锐的边缘时，对疲劳强度的影响十分明显。

咬边对疲劳强度的影响比气孔、夹杂大得多。带咬边接头在 10^6 次循环条件下的疲劳强度大约仅为致密接头的 40%，其影响程度也与负载方向有关。此外，焊缝成形不良，焊趾区及焊根处的未焊透、错边和角变形等外部缺陷都会引起应力集中，易产生疲劳裂纹而造成疲劳破坏。

夹渣或夹杂物主要根据其截面积的大小成比例地降低材料的抗拉强度，但对屈服强度的影响较小。几何形状造成的不连续性缺陷，如咬边、焊缝成形不良或焊穿等不仅会降低构件的有效截面积，而且会产生应力集中。当这些缺陷与结构中的残余应力或热影响区脆化晶粒区相重叠时，会引发脆性不稳定扩展裂纹。

未熔合和未焊透比气孔和夹渣更有害。虽然当焊缝有增高量或用优于母材的焊条制成焊接接头时，未熔合和未焊透的影响可能不十分明显，事实上许多焊接结构已经使用多年，焊缝内部的未熔合和未焊透并没有造成严重事故，但是这类缺欠在一定条件下可能成为脆性断裂的引发点。

裂纹被认为是危险的焊接缺陷，易造成结构的断裂。裂纹一般产生在拉伸应力较大和热影响区的粗晶组织区，在静载非脆性破坏条件下，如果塑性变形发生在裂纹失稳扩展之前，那么结构中的残余拉应力不会产生很大的影响，而且也不会产生脆性断裂，但是一旦裂纹失稳扩展，就会对焊接结构产生严重的影响。

2. 对应力集中的影响

焊接接头中的裂纹、未熔合和未焊透比气孔和夹渣的危害大，它们不仅降低了结构的有效承载截面积，而且更重要的是产生了应力集中，有诱发脆性断裂的可能性。尤其是裂纹，在其尖端存在着缺口效应，容易诱发出现三向应力状态，导致裂纹的失稳和扩展，以致造成整个结构的断裂，所以裂纹（特别是延迟裂纹）是焊接结构中最危险的缺陷。

焊接接头中的裂纹常常呈扁平状，如果加载方向垂直于裂纹的平面，那么裂纹两端会引起严重的应力集中。焊缝中的气孔一般呈单个球状或条虫形，因此气孔周围应力集中并不严重。焊缝中的单一夹杂具有不同的形状，其周围的应力集中也不严重。但如果焊缝中存在密集气孔或夹杂时，在负载作用下，出现气孔间或夹杂间的连通，那么将导致应力区的扩大和应力值的急剧上升。

焊缝的形状不良、角焊缝的凸度过大及错边、角变形等焊接接头的外部缺陷，也都会引起应力集中或产生附加应力。

焊缝增高量、错边和角变形等几何不连续缺欠，有些虽然为现行规范所允许，但都会在焊接接头区产生应力集中。因接头形式的差别也会出现应力集中，在焊接结构常用的接头形式中，对接接头的应力集中程度最小，角接头、T 形接头和正面搭接接头的应力集中程度相差不多。重要结构中的 T 形接头，如动载下工作的 H 形板梁，可采用开坡口的方法使接头处应力集中程度降低；但搭接接头不能做到这一点，侧面搭接焊缝沿整个焊缝长度上的应力分布很不均匀，而且焊缝越长，不均匀度越严重，故一般钢结构设计规范规定侧面搭接焊缝的计算长度不得大于 60 倍焊脚尺寸。超过此限定值后即使增加侧面搭接焊缝的长度，也不会降低焊缝两端的应力峰值。

含裂纹的结构与含占同样面积的气孔的结构相比，前者的疲劳强度比后者降低 15%。对未焊透来说，随着其面积的增加疲劳强度明显下降。而且，这类平面形缺陷对疲劳强度的影响与负载方向有关。

3. 对结构脆性断裂的影响

脆性断裂是一种低应力下的破坏，具有突发性，事先难以发现，因此危害性较大。焊接结构经常会在有缺陷处或结构不连续处引发脆性断裂，造成灾难性的破坏。一般认为，结构中缺陷造成的应力集中越严重，脆性断裂的危险性越大。由于裂纹尖端的尖锐度比未焊透、未熔合、咬边和气孔等缺陷要尖锐得多，所以裂纹对脆性断裂的影响最大，其影响程度不仅与裂纹的尺寸、形状有关，而且与其所在的位置有关。如果裂纹位于拉应力高值区，就容易引起低应力破坏；如果位于结构的应力集中区，那么更加危险；如果焊缝表面有缺陷，那么裂纹很快在缺陷处萌生。因此，焊缝的表面成形和粗糙度、焊接结构上的拐角、缺口、缝隙等都对裂纹形成和脆性断裂有很大的影响。

气孔和夹渣等体积类缺陷低于5%时，如果结构的工作温度不低于材料的塑性脆性转变温度，对结构安全影响较小。带裂纹构件的临界温度要比含夹渣构件高得多。除用转变温度来衡量各种缺陷对脆性断裂的影响外，许多重要焊接结构都采用断裂力学作为评价的依据，因为用断裂力学可以确定断裂应力和裂纹尺寸与断裂韧度之间的关系。许多焊接结构的脆性断裂是由微裂纹引发的，在一般情况下，由于微裂纹未达到临界尺寸，结构不会在运行后立即发生断裂。但是微裂纹在装备运行期间会逐渐扩展，最后达到临界值，导致发生脆性断裂。

所以，在结构使用期间要进行定期检查，及时发现和监测接近临界条件的缺欠，是防止焊接结构脆性断裂的有效措施。当焊接结构承受冲击或局部发生高应变和恶劣环境影响时，容易使焊接缺陷引发脆性断裂，如疲劳载荷和应力腐蚀环境都能使裂纹等缺陷变得更尖锐，裂纹的尺寸增大，加速达到临界值。

4. 对抗应力腐蚀开裂的影响

焊接缺陷的存在也会导致接头出现应力腐蚀疲劳断裂，应力腐蚀开裂通常是从表面开始。若焊缝表面有缺陷，则裂纹很快在缺陷处萌生。因此，焊缝的表面粗糙度和焊接结构上的拐角、缺口、缝隙等都对应力腐蚀有很大的影响。这些外部缺陷使浸入的介质局部浓缩，加快了微区电化学过程的进行和阳极的溶解，为应力腐蚀裂纹的扩展成长提供了条件。

应力集中对腐蚀疲劳也有很大的影响。焊接接头应力腐蚀裂纹的扩展和腐蚀疲劳破坏，大都是从焊趾处开始，然后扩展穿透整个截面导致结构的破坏。因此，改善焊趾处的应力集中也能大大提高接头抗腐蚀疲劳的能力。错边和角变形等焊接缺陷也能引起附加的弯曲应力，对结构的脆性破坏也有影响，并且角变形越大，破坏应力越低。

综上所述，焊接结构中存在焊接缺陷会明显降低结构的承载能力。焊接缺陷的存在，减小了焊接接头的有效承载面积，造成了局部应力集中。非裂纹类的应力集中源在焊接产品的工作过程中也极有可能演变成裂纹源，导致裂纹的萌生。焊接缺陷的存在甚至还会降低焊接结构的耐蚀性和疲劳寿命。所以，焊接产品的制造过程中应采取措施，防止产生焊接缺陷，例如在焊接产品的使用过程中应进行定期检验，及时发现缺陷，采取修补措施，避免事故的发生。

6.2 焊接缺欠分类及特征

6.2.1 焊接缺欠的分类

熔焊焊接缺欠根据其性质、特征可分为不连续性缺欠（如裂纹、夹渣、气孔和未熔合等）和几何偏差缺欠。国家标准《金属熔化焊接头缺欠分类及说明》（GB/T 6417.1—2005）根据缺欠的性质和特征将焊接缺欠分为裂纹、孔穴、固体夹杂、未熔合及未焊透、形状和尺寸不良及其他缺欠 6 个种类。每种中又按缺欠存在的位置及状态分为若干小类。为了方便使用和管理，标准采用缺欠代号表示各种焊接缺欠。

1. 裂纹

一种在固态下由局部断裂产生的缺欠，它可能源于冷却或应力效果。在显微镜下才能观察到的裂纹称为微观裂纹。裂纹缺欠有以下几种。

（1）纵向裂纹。基本与焊缝轴线相平行的裂纹，它可能位于焊缝金属、熔合线、热影响区及母材等区域。

（2）横向裂纹。基本与焊缝轴线相垂直的裂纹。

（3）放射状裂纹。具有某一公共点的放射状裂纹，其中这种类型的小裂纹称为"星形裂纹"。

（4）弧坑裂纹。在焊缝弧坑处的裂纹，它可能是纵向的、横向的或放射状的。

（5）间断裂纹群。一群在任意方向间断分布的裂纹。

（6）枝状裂纹。源于同一裂纹并连在一起的裂纹群。

横向裂纹、放射状裂纹、间断裂纹群及枝状裂纹都可能位于焊缝金属、热影响区及母材的区域。

2. 孔穴

孔穴缺欠包括气孔、缩孔、微型缩孔等。

（1）气孔。残留气体形成的孔穴，表 6.1 为常见气孔及其特征。

表 6.1 常见气孔及其特征

类型	特征
球形	近似球形的孔穴
均布	均匀分布在整个焊缝金属中的一些气孔
局部密集	呈任意几何分布的一群气孔
链状	与焊缝轴线平行的一串气孔
条形	长度与焊缝轴线平行的非球形长气孔
虫形	因气体逸出而在焊缝金属中产生的一种管状气孔穴。其形状和位置由凝固方式和气体的来源所决定。通常该气孔成串聚集并呈鲱骨形状，有些虫形气孔可能暴露在焊缝表面上
表面	暴露在焊缝表面的气孔

（2）缩孔。由于凝固时收缩造成的孔穴，可以分为以下几种。
- 结晶缩孔：冷却过程中在树枝晶之间形成的长形缩孔，可能残留有气体。这种缺欠通常可在焊缝表面垂直处发现。
- 弧坑缩孔：焊道末端的凹陷孔穴，未被后续焊道消除。
- 末端弧坑缩孔：在焊道末端，减少焊缝横截面处的外露缩孔。

（3）微型缩孔：仅在显微镜下可以观察到的缩孔等，有以下两种。
- 微型结晶缩孔：冷却过程中，沿晶界在树枝晶之间形成的长形缩孔。
- 微型穿晶缩孔：凝固时，穿过晶界形成的长形缩孔。

3. 固体夹杂

固体夹杂是在焊缝金属中残留的固体夹杂物，包含以下几种。
- 夹渣。残留在焊缝中的熔渣。
- 焊剂夹渣。残留在焊缝中的焊剂渣。
- 氧化物夹杂。凝固时残留在焊缝中的金属氧化物。在某些情况下，特别是铝合金焊接时，因焊接熔池保护不良和紊流的双重影响而产生大量的氧化膜，称为皱褶缺欠。
- 金属夹杂。残留在焊缝金属中的外来金属颗粒。这些颗粒可能是钨、铜或其他金属。

夹渣、焊剂夹渣、氧化物夹杂等可能是线状的、孤立的或成簇的。

4. 未熔合及未焊透

- 未熔合。焊缝金属和母材或焊缝金属各焊层之间未结合的部分称为未熔合。它可以分为侧壁未熔合、焊道间未熔合及根部未熔合等。
- 未焊透。实际熔深与公称熔深之间有明显差异。在焊缝根部的一个或两个熔合面未熔化就是根部未焊透缺欠。

5. 形状和尺寸不良

焊缝的外表面形状或接头的几何形状不良包括以下各项。除此之外，还有焊缝超高、角度偏差、焊脚不对称、焊缝宽度不齐、根部收缩、根部气孔、变形过大等各种缺欠。
- 咬边。母材（或前一道熔敷金属）在焊趾处因焊接而产生的不规则缺口。可分为连续咬边、间断咬边、缩沟、焊道间咬边、局部交错咬边等缺欠。
- 凸度过大。角焊缝表面上焊缝金属过高。
- 下塌。过多的焊缝金属伸出到了焊缝的根部。
- 焊缝形面不良。母材金属表面与靠近焊趾处焊缝表面的切面之间的夹角 α 过小。
- 焊瘤。覆盖在母材金属表面，但未与其熔合的过多熔敷金属。它可分为焊趾焊瘤及根部焊瘤等。
- 错边。两个焊件表面应当平行对齐时，未达到规定的平行对齐要求而产生的偏差，它包括板材的错边及管材的错边等。
- 下垂。由于重力而导致焊缝金属塌落。
- 烧穿。焊接熔池塌落导致焊缝内形成的孔洞。
- 未焊满。因焊接填充金属堆敷不充分，在焊缝表面产生纵向连续或间断的沟槽。
- 表面不规则。焊缝表面粗糙过度。
- 焊接接头不良。焊缝在引弧处局部表面不规则。它可能发生在盖面焊道及打底焊道。

- 焊缝尺寸不正确。是指与预先规定的焊缝尺寸产生的偏差。包括焊缝厚度过大、焊缝宽度过大、焊缝有效厚度不足或过大等缺欠。

6. 其他缺欠

其他缺欠是指以上5类未包含的所有其他缺欠。例如，电弧擦伤、飞溅、表面撕裂、磨痕、凿痕、打磨过量、定位焊缺欠（焊道破裂或熔合、定位未达到要求就施焊等）、双面焊道错开、回火色（不锈钢焊接区产生的轻微氧化表面）、表面鳞片（焊接区严重的氧化表面）、焊剂残留物、残渣、角焊缝的根部间隙不良，以及因凝固阶段保温时间加长使轻金属接头发热而造成的膨胀缺欠等。

6.2.2 外部缺欠和内部缺欠

根据焊接缺欠在焊缝中的位置，可将焊接缺欠分为外部缺欠和内部缺欠。

1. 外部缺欠

外部缺欠（也称宏观缺欠）是位于焊缝金属外表面的缺欠，是指用肉眼能够观察到的明显缺陷或用低倍放大镜和检测尺等能够检测出来的缺欠。外部缺欠大多是由于操作工艺不当引起的，易造成应力集中、设备泄漏，影响焊接结构的使用寿命。所以，一旦产生外部焊接缺欠要及时铲除、修补，把焊接缺欠控制在技术要求规定的容限范围内。

外部缺欠包括焊缝尺寸不符合要求，焊缝余高过高或过低、焊缝宽度差过大、接头过高或脱节、外部气孔、裂纹、未熔合、咬边、未焊透、烧穿、焊瘤、下塌、表面裂纹、弧坑、电弧擦伤和成形不良等。这些缺陷用肉眼或低倍放大镜即可观察到。

2. 内部缺欠

内部缺欠（也称微观缺欠）位于焊缝金属的内部，用肉眼看不见，与被焊构件的材质、结构形状、焊接材料及工艺等有关。焊接内部缺欠包括裂纹、气孔、夹渣、未焊透、未熔合、夹杂物等。其中危险性最大的内部缺欠是裂纹，焊接裂纹又分为热裂纹、冷裂纹、再热裂纹和层状撕裂等。内部缺欠需要使用无损探伤方法或破坏性试验来检验。

焊接接头常见缺欠的分类如表6.2所示。

表6.2 焊接接头常见缺欠的分类

缺欠名称	分类	
裂纹	根据产生原因分类：热裂纹、冷裂纹、再热裂纹、应力腐蚀裂纹等	根据形状分类：横向裂纹、纵向裂纹、弧坑裂纹、放射状裂纹等
气孔	根据产生原因分类：H_2气孔、CO气孔、N_2气孔	根据形状分类：根据产生原因分类：球形气孔、虫形
偏析	显微偏析、区域偏析和层状偏析	
夹杂	非金属夹杂、焊剂或溶剂夹杂、氧化物夹杂等	
其他	未熔合、未焊透、咬边、焊瘤、烧穿等	

6.2.3 焊接裂纹

裂纹是在焊接应力作用下，接头中局部区域的金属原子结合力遭到破坏所产生的缝隙。

根据焊接裂纹的形态及产生原因，可分为冷裂纹（包括延迟裂纹、淬硬脆化裂纹、低塑性裂纹）、热裂纹（包括结晶裂纹、液化裂纹和多边化裂纹）、再热裂纹、层状撕裂和应力腐蚀裂纹。各种裂纹的分类及特征如表 6.3 所示。

表 6.3 各种裂纹的分类及特征

裂纹分类		特征	敏感温度区间	母材	裂纹位置	裂纹走向
冷裂纹	延迟裂纹	在淬硬组织、氢和拘束应力的共同作用下而产生的具有延迟特征的裂纹	在 M_s 点以下	中、高碳钢，低、中合金钢，钛合金钢等	热影响区，少量在焊缝	沿晶或穿晶
	淬硬脆化裂纹	主要是由淬硬组织,在焊接应力作用下产生的裂纹	M_s 点附近	含碳的 NiCrMo 钢，马氏体不锈钢，工具钢	热影响区，少量在焊缝	沿晶或穿晶
	低塑性裂纹	在较低温度下，由于母材的收缩应变，超过了材料本身的塑性储备而产生的裂纹	在 400 ℃ 以下	铸铁、堆焊硬质合金	热影响区及焊缝	沿晶及穿晶
热裂纹	结晶裂纹	在结晶后期，由于低熔点共晶形成的液态薄膜削弱了晶粒间的连接，在拉伸应力作用下发生开裂	在固相线温度以上稍高的温度（固液状态）	杂质较多的碳钢，低、中合金钢，奥氏体钢，镍基合金及铝	焊缝上，少量在热影响区	沿奥氏体晶界开裂
	多边化裂纹	已凝固的结晶前沿，在高温和应力的作用下，晶格缺陷发生移动和聚集，形成二次晶界，在高温下处于低塑性状态，在应力作用下产生的裂纹	固相线以下再结晶温度	纯金属及单相奥氏体钢	焊缝上，少量在热影响区	沿奥氏体晶界开裂
	液化裂纹	在焊接热循环最高温度的作用下，在焊接热影响区和多层焊的层间发生重熔，在应力作用下产生的裂纹	固相线以下稍低温度	含 S、P、C 较多的镍基高强钢，奥氏体钢和镍基合金等	热影响区及多层焊的层间	沿晶界开裂
再热裂纹		厚板焊接结构消除应力处理过程中，在热影响区的粗晶区存在不同程度的应力集中时，由于应力松弛所产生的附加变形大于该部位的蠕变塑性，则产生再热裂纹	550～650 ℃	含有沉淀强化元素的高强钢、珠光体钢、奥氏体钢、镍基合金等	热影响区的粗晶区	沿晶界开裂
层状撕裂		主要是钢板的内部存在有分层的夹杂物（沿轧制方向），在焊接时产生的垂直于轧制方向的应力，致使在热影响区及其附近产生"台阶"式层状撕裂	在 400 ℃ 以下	含有杂质的低合金高强钢厚板结构	热影响区附近	沿晶或穿晶
应力腐蚀裂纹		某些焊接结构（如容器和管道等），在腐蚀介质和应力的共同作用下产生的延迟开裂	任何工作温度	碳钢、低合金钢、不锈钢、铝合金等	焊缝和热影响区	沿晶或穿晶

根据焊接裂纹的形态分布划分：在裂纹产生的区域上有焊缝裂纹和热影响区裂纹；在相对于焊道的方向上有纵向裂纹和横向裂纹，纵向裂纹的走向与焊缝轴线平行，横向裂纹的走向与焊缝轴线基本垂直；在裂纹的尺寸大小上有宏观裂纹和微观裂纹；在裂纹的分布上有表面裂纹、内部裂纹和弧坑裂纹；相对于焊缝垂直面的位置上有焊趾裂纹、根部裂纹、焊道下裂纹和层状撕裂等。这些焊接裂纹的分布形态如图6.2所示。

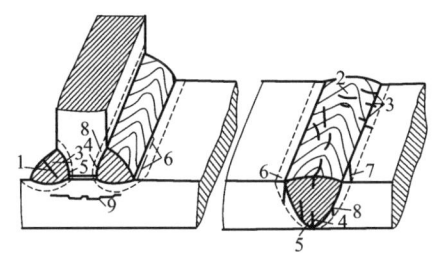

图 6.2 焊接裂纹的分布形态

1—焊缝中的纵向裂纹与弧形裂纹（多为结晶裂纹）；2—焊缝中的横向裂纹（多为延迟裂纹）；
3—熔合区附近的横向裂纹（多为延迟裂纹）；4—焊缝根部裂纹（延迟裂纹、热应力裂纹）；
5—近缝区根部裂纹（延迟裂纹）；6—焊趾处纵向裂纹（延迟裂纹）；7—焊趾处纵向裂纹（液化裂纹、再热裂纹）；
8—焊道下裂纹（延迟裂纹、液化裂纹、高温低塑性裂纹、再热裂纹）；9—层状撕裂

1. 冷裂纹

冷裂纹是焊接生产中最为普遍的一种裂纹，它是焊后冷却至较低温度下产生的。对于低合金高强钢，大约在马氏体转变温度 Ms 附近，由于拘束应力、淬硬组织和扩散氢的共同作用而产生。冷裂纹主要发生在低合金钢、中合金钢、中碳钢和高碳钢的焊接热影响区。个别情况下，如焊接超高强钢或某些钛合金时，冷裂纹也出现在焊缝金属上。

冷裂纹的起源多发生在具有缺口效应的焊接热影响区或物理化学性质不均匀的氢聚集的局部地带。冷裂纹有时沿晶界扩展，有时穿晶前进，这取决于焊接接头的金相组织、应力状态和扩散氢的含量。较多的是沿晶为主兼有穿晶的混合型断裂，裂纹的分布与最大应力方向有关。纵向应力大，则出现横向冷裂纹；横向应力大，则出现纵向裂纹。

冷裂纹可以在焊后立即出现，有时却要经过一段时间，如几小时、几天甚至更长时间才出现。开始时少量出现，随时间增长逐渐增多和扩展。我们将这类不是在焊后立即出现的冷裂纹称为延迟裂纹，它是冷裂纹中较为常见的一种形态。

根据被焊钢种和结构的不同，冷裂纹也有不同的类别，大致可以分为延迟裂纹、淬硬脆化裂纹（淬火裂纹）和低塑性脆化裂纹。

1）延迟裂纹

延迟裂纹的出现有一定的孕育期（又叫作潜伏期），具有延迟现象。延迟裂纹的产生决定于钢种的淬硬倾向、焊接接头的应力状态和熔敷金属中的扩散氢含量，其中扩散氢起着非常特殊的作用。根据延迟裂纹发生和分布位置的特征，可分为下面几类。

（1）焊趾裂纹。起源于母材与焊缝交界的焊趾处，并有明显应力集中的部位（如咬肉处）。裂纹从表面出发，往厚度的纵深方向扩展，止于近缝区粗晶部分的边缘，一般沿纵向发展。

（2）根部裂纹（焊根裂纹）。起源于坡口的根部间隙处，根据应力集中源的位置与母材及焊接金属的强度水平的不同，裂纹可以起源于母材的近缝区金属，在近缝区中大体平行于熔

合线扩展，或再进入焊缝金属中；也可以起源于焊缝金属的根部，在焊缝中扩展。

（3）焊道下裂纹。产生在靠近焊道之下的热影响区内部，距熔合线 0.1～0.2 mm 处，该处常常是粗大马氏体组织。这类裂纹走向大体与熔合线平行，一般不显露于焊缝表面。

2）淬硬脆化裂纹（淬火裂纹）

一些淬硬倾向很大的钢种，焊接时即使没有氢的诱发，仅在拘束应力的作用下就能导致开裂。如焊接含碳量较高的 Ni-Cr-Mo 钢、马氏体不锈钢、工具钢及异种钢等都有可能出现这种裂纹。它是由于冷却时发生马氏体相变而脆化造成的，与氢的关系不大，基本上没有延迟现象。这类裂纹焊后常立即出现，在热影响区和焊缝上都可能发生。

3）低塑性脆化裂纹

对于某些塑性较低的材料，冷至低温时，由于收缩而引起的应变超过了材料本身所具有的塑性储备或材质变脆而产生的裂纹。例如，铸铁补焊、堆焊硬质合金和焊接高铬合金时，就容易出现这类裂纹。这类裂纹通常也是焊后立即产生，无延迟现象。

2. 热裂纹

热裂纹是在焊接时高温下产生的，它的特征是沿原奥氏体晶界开裂。根据所焊材料不同（低合金高强钢、不锈钢、铸铁、铝合金等），产生热裂纹的形态、温度区间和主要原因也各有不同。根据产生的原因，热裂纹可分为结晶裂纹、液化裂纹和多边化裂纹。

1）结晶裂纹

结晶裂纹又称凝固裂纹，是在焊缝凝固过程的后期形成的，是焊接生产中最为常见的热裂纹之一。结晶裂纹多产生在焊缝中，呈纵向分布在焊缝中心，也有呈弧形分布在焊缝中心线两侧，而且这些弧形裂纹与焊波呈垂直分布。纵向裂纹通常较长、较深，而弧形裂纹较短、较浅。弧坑裂纹也属结晶裂纹，它产生于焊缝的收尾处。

结晶裂纹尽管形态、分布和走向有区别，但都有一个共同特点，即所有结晶裂纹都是沿一次结晶的晶界分布，特别是沿柱状晶的晶界分布。焊缝中心线两侧的弧形裂纹是在平行生长的柱状晶晶界上形成的。在焊缝中心线上的纵向裂纹则恰好是处在从焊缝两侧生成的柱状晶的汇合面上。

由于是在高温下产生的，多数结晶裂纹的断口上可以看到氧化的色彩，扫描电镜下观察结晶裂纹的断口具有典型的沿晶开裂特征，断口晶粒表面光滑。

2）液化裂纹

在母材近缝区或多层焊的前一焊道因受热作用而在液化晶界上形成的焊接裂纹称液化裂纹。液化裂纹是在高温下的沿晶断裂，如图 6.3 所示。

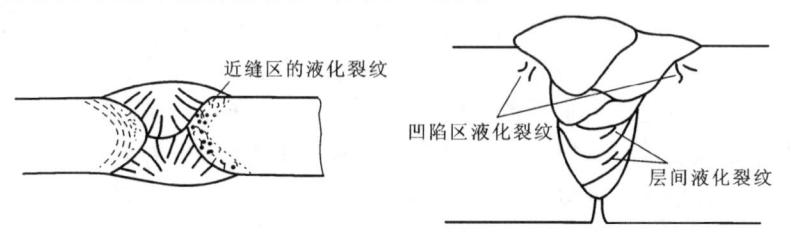

(a) 近缝区的液化裂纹　　　　(b) 多层焊层间的液化裂纹

图 6.3　液化裂纹在高温下的分布形态

近缝区上的液化裂纹多发生在母材向焊缝凸进去的部位,该处熔合线向焊缝侧凹进去而过热严重。液化裂纹多为微裂纹,尺寸很小,一般在 0.5 mm 以下,个别达到 1 mm,主要出现在合金元素较多的高强钢、不锈钢和耐热合金焊件中。

3）多边化裂纹

焊接时在金属多边化晶界上形成的热裂纹称为多边化裂纹。它是由于在高温时塑性很低而造成的,又称为高温低塑性裂纹。这种裂纹多发生在纯金属或单相奥氏体焊缝中,个别也出现在热影响区中。其特点是:

（1）在焊缝金属中裂纹的走向与一次结晶方向并不一致,常以任意方向贯穿于树枝状结晶中;

（2）裂纹多发生在重复受热的多层焊层间金属及热影响区中,其位置并不靠近熔合区;

（3）裂纹附近常伴随有再结晶晶粒出现;

（4）断口无明显的塑性变形痕迹,呈现高温低塑性开裂特征。

3. 再热裂纹

采用含有某些沉淀强化合金元素钢材的厚板焊接结构,在进行消除应力热处理或在一定温度下服役的过程中,在焊接热影响区粗晶区发生的裂纹。由于这种裂纹是在再次加热过程中产生的,所以称为再热裂纹,又称为"消除应力处理裂纹"。

再热裂纹多发生在低合金高强钢、珠光体耐热钢、奥氏体不锈钢和某些镍基合金的焊接热影响区粗晶区。再热裂纹的敏感温度,根据不同的钢种在 550~650 ℃。这种裂纹具有沿晶开裂的特点,但在本质上与结晶裂纹不同。

4. 层状撕裂

当焊接大型厚壁结构时,如果在钢板厚度方向受到较大的拉伸应力,就可能在钢板内部出现沿钢板轧制方向发展的具有阶梯状的裂纹,这种裂纹称为层状撕裂。层状撕裂常出现在角接T形接头、对接T形接头和对接角接头中,如图 6.4 所示。其中对接接头中较少出现,但在焊趾和焊根处,由于冷裂纹的诱导也会出现层状撕裂。

（a）角接T形接头　　（b）对接T形接头　　（c）对接角接头

图 6.4 焊接接头层状撕裂示意图

层状撕裂不发生在焊缝上,只产生于热影响区或母材的内部,一般在钢材表面上难以发现。由焊趾或焊根冷裂纹诱发的层状撕裂,有可能在这些部位暴露于金属表面。从焊接接头断面上可以看到,层状撕裂和其他裂纹的明显不同是呈阶梯状形态,裂纹是由基本平行轧制表面的平台和大体垂直于平台的剪切壁两部分组成。

层状撕裂与母材金属的强度级别无关,主要与母材中夹杂物的数量及其分布状态有关,在撕裂平台上常发现不同种类的非金属夹杂物。当沿钢的轧制方向有较多的片状 MnS 时,层状撕裂才以阶梯状形态出现；若是以硅酸盐夹杂物为主，层状撕裂则呈直线状；若以 Al_2O_3 夹杂物为主，层状撕裂则呈不规则的阶梯状。

层状撕裂外观上没有任何迹象，存在着隐蔽的危险性。现有的无损检测方法难以发现，即使发现，修复起来也相当困难，且成本很高。更为严重的是，发生层状撕裂的结构多为大型厚壁的重要结构，如海洋采油平台、核反应堆压力容器、潜艇外壳等。这些结构因层状撕裂而造成的事故是灾难性的，因此需在选材和施焊工艺中加以预防。

5. 应力腐蚀裂纹

焊接接头在一定温度下受腐蚀介质和拉伸应力共同作用下所产生的延迟破裂现象称应力腐蚀裂纹。在石油、化工、冶金、能源和海洋工程中，许多焊接结构都是在腐蚀介质下长期工作，而这些结构焊后常存在较大的残余应力，工作过程中应力也较大，最容易产生应力腐蚀裂纹。

从宏观形态看，应力腐蚀裂纹只产生在与腐蚀介质接触的金属表面，然后由表面向内部延伸，表面呈直线状、树枝状、龟裂状或放射状等多种形态，但都没有明显的塑性变形，裂纹走向与所受拉应力垂直。平焊缝上多为垂直焊缝的横向裂纹；而管材焊缝多为平行于焊缝的裂纹；U 形、蛇形或其他冷弯管部位，多为横向裂纹；管子与管板膨胀部位也多为横向裂纹。从微观形态看，深入金属内部的应力腐蚀裂纹呈干枯的树枝状，"根须"细长而带有分支，如图 6.5 所示。

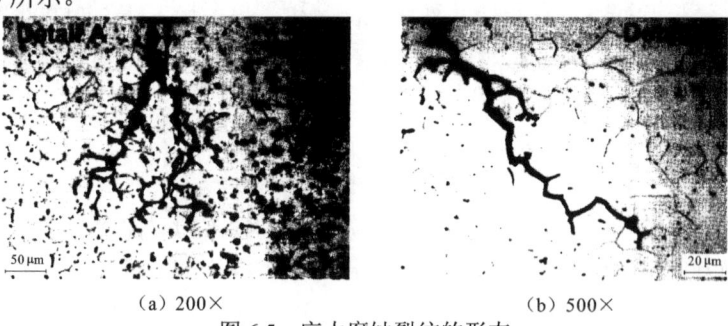

(a) 200×　　　　　　　　(b) 500×
图 6.5　应力腐蚀裂纹的形态

应力腐蚀裂纹断口为典型的脆性断口。一般情况下，低碳钢、低合金钢、铝合金、α 黄铜和镍合金等多为沿晶断裂，β 黄铜呈穿晶断裂。对于奥氏体不锈钢的断裂性质，因腐蚀介质不同而有所不同，例如在硝酸和硝酸盐中为沿晶断裂；在硫化氨水溶液中呈穿晶断裂；在硫酸、亚硫酸中呈穿晶与沿晶的混合断裂；在海水、河水、碱溶液中呈穿晶或穿晶与沿晶的混合断裂。

由应力腐蚀而引起的断裂是在没有明显宏观变形、无任何征兆的情况下发生的，破坏具有突发性。裂纹往往深入到金属内部，一旦发生很难修复，有时只能整台设备报废处理。因此，焊接过程中必须高度重视应力腐蚀裂纹。

6.2.4　孔穴和固体夹杂

1. 孔穴

焊接时，熔池在结晶过程中由于某些气体来不及逸出可能残存在焊缝中形成孔穴。孔穴是焊接接头中常见的缺陷，在碳钢、高合金钢、有色金属焊接接头中都有可能产生孔穴。例如：焊条、焊剂烘干不足,被焊金属和焊丝表面有锈、油污或其他杂质；焊接工艺不够稳定（电弧电压偏高、焊速太大和电流太小等）,以及焊接区保护不良等都会不同程度地出现孔穴。还应注意,电渣焊低碳钢时,由于脱氧不足在焊缝内部也会出现孔穴。

从外部形态上看,孔穴有表面气孔,也有焊缝内部气孔。有时以单个分布,有时成堆密集,也有时贯穿整个焊缝断面,还有时弥散分布在焊缝内部。这些气孔产生的根本原因是高温时金属溶解较多的气体（如氢、氮）；另外,冶金反应时又产生相当多的气体（如 CO、H_2O）。这些气体在焊缝凝固过程中来不及逸出时就会产生气孔。

根据形成气孔的气体来源不同,焊缝中的气孔主要有 H_2 气孔、N_2 气孔和 CO 气孔。由于产生气孔的气体不同,因而气孔的形态和特征也不同。

（1）H_2 气孔。对于低碳钢和低合金钢焊接接头,大多数情况下 H_2 气孔出现在焊缝的表面上,气孔的断面形状呈螺钉状,在焊缝的表面上形成喇叭口形,而气孔的四周有光滑的内壁。但这类气孔在特殊情况下也会出现在焊缝的内部。如焊条药皮中含有较多的结晶水,使焊缝中的含氢量过高,因而在凝固时来不及上浮而残存在焊缝内部。

例如在铝、镁合金焊接接头的 H_2 气孔常出现在焊缝内部。高温时,氢在熔池和焊缝金属中的溶解度很高,吸收了大量的氢气。冷却时,氢在金属中的溶解度急剧下降,而焊接熔池冷却很快,氢来不及逸出时,就会在焊缝中产生气孔。

（2）N_2 气孔。N_2 气孔也较多集中在焊缝表面,但多数情况下是成堆出现,与蜂窝类似。在焊接生产中由氮引起的气孔较少。氮的来源,主要是由于焊接过程保护不良,有较多的空气侵入熔池所致。

（3）CO 气孔。这类气孔主要是焊接碳钢时,由于冶金反应产生了大量的 CO,在结晶过程中来不及逸出而残留在焊缝内部形成的。气孔沿结晶方向分布,有些像条虫状卧在焊缝内部。

根据气孔的分布形态,可分为均布气孔、密集气孔和链状气孔。均布气孔在焊缝中分布均匀,密集气孔是许多气孔聚集在一起形成气孔群,链状气孔与焊缝轴线平行成串。根据气孔的形状,又分为球形气孔、长条形气孔、虫形气孔等。不同形状的气孔和缩孔在焊缝中的分布形态如表 6.4 所示。

表 6.4 不同形状的气孔和缩孔的分布形态

代号	名称	说明	示意图
201	气穴	熔池中的气泡在凝固时未能逸出而残留下来所形成的孔穴	—
2011	气孔	实质上为球形气穴	
2012	均布气孔	大量气孔比较均匀分布在整个焊缝金属中	
2013	局部聚集气孔	随机几何分布的一组气孔	

续表

代号	名称	说明	示意图
2014	链状气孔	与焊缝轴线平行成串的气孔	
2015	条形气孔	长度方向与焊缝轴线近似平行的非球形长气孔	
2016	虫形气孔	由于气孔在焊缝金属中上浮而引起的管状孔穴,其位置和形状是由凝固的形式和气孔的来源决定的,通常成群出现并呈"人"字形分布	
2017	表面气孔	暴露在焊缝表面的气孔	
202	缩孔	熔化金属在凝固过程中冷缩而产生的,残留在熔核中的孔穴	—
2021	结晶缩孔	冷却过程中在焊缝中心形成的长形收缩孔穴,可能有残留气体,这种缺陷通常在垂直焊缝表面方向上出现	
2022	微缩孔	在显微镜下观察到的缩孔	—
2023	枝晶间微缩孔	显微镜下观察到的枝晶间的微缩孔	—
2024	弧坑缩孔	焊道末端的凹陷,且在后续焊道焊接前或在后续焊道焊接过程中未被消除	

2. 固体夹杂

固体夹杂是指残留在焊缝金属中的非金属固体夹杂物。在使用填充焊剂、焊丝的焊接过程中,如埋弧焊,由于焊剂熔融不良容易生成熔渣。不用焊剂的 CO_2 气体保护焊中,脱氧的生成物产生熔渣,残留在多层焊焊缝金属内部也易形成夹杂。夹杂主要发生在坡口边缘和每层焊道之间非圆滑过渡的部位,在焊道形状发生突变或存在深沟的部位也容易产生夹杂。在横焊、立焊或仰焊时产生的夹杂比平焊多。

形状不同、大小不一的夹杂,尤其是呈多角形、尖角形的夹杂,不但对焊接接头的强度、塑性有很大危害,而且会造成严重的应力集中,降低接头的塑韧性,导致产生脆性破坏。特别是对淬硬倾向较大的焊缝金属，在夹杂尖角处还易产生裂纹。根据夹杂在焊接接头中的分布，可分为下面几种。

（1）焊缝根部夹渣。造成焊缝根部夹渣的主要原因之一是由于坡口根部形状及坡口角度狭窄或焊条不能充分靠近根部施焊，电弧不能充分熔合坡口根部而产生的。有时坡口虽然适当，但若所用焊条很粗、而焊接电流却较小，在第一层打底焊时也会产生焊缝根部夹渣。

（2）层间及焊缝交界面夹渣。层间夹渣是由于前一道焊层残留夹渣清理不好，或在坡口交界面处咬边，使部分熔渣不能上浮到熔池表面。有时由于坡口很窄，黏结在坡口处的熔渣不能上浮也会造成层间及焊缝交界面处产生夹渣。

（3）焊缝内夹渣。焊缝内夹渣是焊接过程中选材或运条不当，使焊缝内混入熔渣等造成的。

各种类型的固体夹杂在焊缝中的分布形态如表 6.5 所示。

表 6.5 各种类型的固体夹杂在焊缝中的分布形态

代号	名称	说明	示意图
301	夹渣	残留在焊缝中的非金属夹杂物，根据其形成的情况可以分为线状（3011）、孤立（3012）和其他类型（3013）	
302	焊剂或熔剂夹渣	残留在焊缝中的焊剂或熔剂，根据其形成的情况可以分为线状、孤立和其他类型	参见 3011—3013
303	氧化物夹杂	凝固过程中在焊缝金属中残留的细小金属氧化物夹杂	参见 3011—3013
3031	褶皱	在某些情况下，特别是铝合金焊时，由于对焊接熔池保护不良和熔池中紊流而产生的大量氧化膜	参见 3011—3013
304	金属夹杂	残留在焊缝中来自外部的金属颗粒，这些颗粒可能是钨、铜和其他金属	—

6.2.5 未熔合和未焊透

1. 未熔合

未熔合是焊接时焊道与母材之间或焊道与焊道之间未能完全熔化结合的部分。熔池金属在电弧力作用下被排向尾部而形成沟槽，当电弧向前移动时，沟槽中又填进熔池金属，如果这时槽壁处的液态金属层已经凝固，填进的熔池金属的热量又不能使金属再度熔化，那么就形成未熔合。未熔合常出现在焊接坡口侧壁、多层焊的层间及焊缝的根部。

产生未熔合的原因有焊接热输入太低、电弧发生偏吹、坡口侧壁有锈垢和污物、焊层间清渣不彻底等。防止未熔合的主要方法是熟练掌握焊接操作技术，焊接修复时注意运条角度和边缘停留时间，使坡口边缘充分熔化以保证熔合。

多层焊时底层焊道的焊接应使焊缝呈凹形或略凸形。焊前预热对防止未熔合有一定的作用，适当加大焊接电流可防止层间未熔合，适当拉长电弧也可减少表面未熔合缺陷的产生。高速焊时为防止未熔合缺陷，应设法增大熔宽或采用双弧焊等。未熔合在焊缝中的形态特征如图 6.6（a）所示。

2. 未焊透

未焊透是焊接接头根部未完全熔透的现象。形成未焊透的主要原因是焊接电流太小、焊接速度过快、坡口尺寸不合适或焊丝未对准焊缝中心等。单面焊和双面焊时都可能产生未焊透缺陷。细丝短路过渡 CO_2 气体保护焊时，由于工件热输入较低也容易产生未焊透现象。未焊透在焊缝中的形态特征如图 6.6（b）所示。

未焊透易导致焊缝的断面积减小，降低接头力学性能，而且还会引起焊缝根部出现应力集中，甚至扩展成裂纹，引起焊缝整体开裂、破坏焊接结构。尤其在动载工作条件下，未焊透对高温疲劳强度有很大影响。

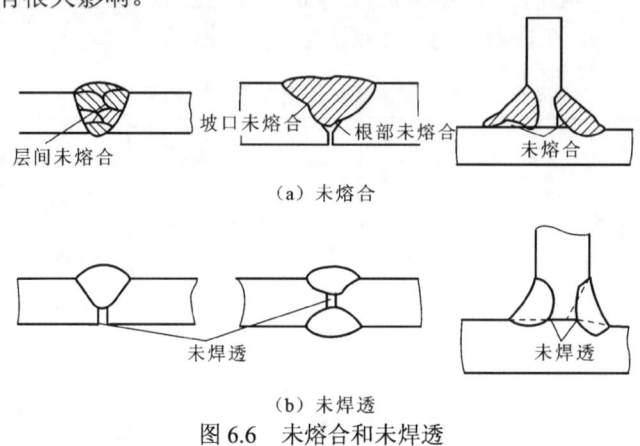

（a）未熔合

（b）未焊透

图 6.6 未熔合和未焊透

6.2.6 形状缺陷和其他缺陷

1. 形状缺陷

形状缺陷是由于焊接工艺参数选择不当或操作不合理而产生的焊缝外观缺陷。形状缺陷主要包括弧坑、咬边、烧穿、焊瘤、凹坑和下塌、疏松等。这些缺陷不仅影响焊接件的形状尺寸，降低接头的力学性能，甚至能引起接头漏水、漏气，严重影响设备的正常使用。

（1）弧坑。弧坑是焊接时在收弧处产生的表面下陷现象。弧坑使焊缝的断面减小，严重削弱焊缝强度，而且经常在焊缝弧坑处产生火口裂纹。

（2）咬边。咬边是焊接过程中熔敷金属未完全覆盖在母材的已熔化部分，在焊趾处产生的低于母材表面的沟，或是由于焊接电弧把焊件边缘熔化后，没有得到焊条熔化金属的补充所留下的缺口。过深的咬边能削弱接头强度，也可能在咬边处导致结构的破坏。

（3）烧穿。烧穿是在焊缝上形成的穿透性孔洞，可能导致熔化金属向下流漏，使焊缝的连续性和致密性受到破坏。烧穿常发生在焊条电弧焊和埋弧焊时，尤其焊接薄板时常见。造成烧穿的原因，可能是焊接电流过大、焊接速度过慢、接头组装间隙太大、钝边过小等。为防止烧穿，应尽量避免焊件加热温度过高，严格控制焊接电流、焊接速度和接头间隙。必要时可以先沿焊缝进行间距较小的点固焊，然后缩短电弧进行快速焊或背面加垫板。

（4）焊瘤。焊瘤是在焊接过程中，熔化金属流溢到焊缝以外未熔化的母材金属上，在焊缝边缘上形成的与母材未熔合的堆积物。焊瘤不但影响焊缝强度，而且经常与未焊透和夹渣等其他缺陷共同存在，严重影响焊缝的质量。焊接薄板时，焊瘤与烧穿往往同时存在。因为熔池温度过高、熔深过大，使液态金属从熔塌的熔池中流出来造成烧穿。因此，焊瘤不是单独存在的焊接缺陷，而是经常和其他焊接缺陷互相联系存在。

（5）凹坑和下塌。凹坑是焊后在焊缝表面或背面形成的低于母材表面的低洼部分。下塌是在单面熔焊中，由于焊接工艺不当造成的焊缝金属塌落现象。

（6）疏松。疏松是在气焊和电弧焊时，在收弧处容易产生的缺陷。它是由于熔池温度降低，金属夹杂物过多而引起的。

常见形状缺陷在焊缝中的分布形态如表6.6所示。

表6.6 常见形状缺陷在焊缝中的分布形态

代号	名称	说明	示意图
5011	连续咬边	因焊接造成的焊趾（或焊根）外的沟槽，咬边可能是连续或间断的	
5012	间断咬边		
5013	缩沟	由于焊缝金属的收缩，在根部焊道每一侧产生的浅沟槽	
502	焊缝超高	对接焊缝表面上焊缝金属过高	
503	凸度过大	角焊缝表面的焊缝金属过高	
504	下塌	穿过单层焊缝根部或多层焊时，前道熔敷金属塌落的过量焊缝金属	
5041	局部下塌	局部塌落	—
505	焊缝表面不良	母材金属表面与靠近焊趾处焊缝表面的切面之间的角度α过小	
506	焊瘤	焊接过程中，熔化金属流淌到焊缝外未熔化的母材上所形成的金属瘤	
507	错边	由于两个焊件没有对正而造成中心线平行偏差	
508	角度偏差	由于两个焊件没有对正而造成的表面不平行	
509	下垂	由于重力作用造成的焊缝金属塌落，分为焊缝垂直下垂（5091），平、仰焊缝下垂（5092），角焊缝下垂（5093）和边缘下垂（5094）	

续表

代号	名称	说明	示意图
510	烧穿	焊接过程中，熔化金属自坡口背面流出形成穿孔	
511	未焊满	由于填充金属不足，在焊缝表面形成纵向连续或间歇性的通道	
512	角焊缝焊脚不对称	—	
513	焊缝宽度不齐	焊缝宽度改变过大	
514	不规则表面	焊缝表面粗糙度过大	—
515	焊根凹陷	对接焊缝根部收缩造成的浅沟槽	
516	根部气孔	在凝固瞬间，由于焊缝析出气孔而在根部形成的多孔状组织	—
517	焊缝接头不良	焊缝衔接处的局部表面不规则	

2. 其他缺陷

焊接过程中或焊后处理时还可能产生电弧擦伤、飞溅、表面撕裂、磨痕、打磨过量以及层间错位等其他缺陷。这些缺陷的产生过程比较复杂，形成原因各不相同，既有冶金因素，又有焊后机械加工操作不当的原因。表面撕裂、磨痕、打磨过量及层间错位等缺陷会影响焊缝的外观质量，缺陷周围也容易产生应力集中，造成焊接结构的破坏。

（1）电弧擦伤。焊接时由于空间位置和操作不便所限制极易产生电弧擦伤，如图6.7（a）所示。电弧擦伤多属于人为不注意产生的，偶然不慎使焊条与施焊部位表面接触引起电弧就会造成表面擦伤。

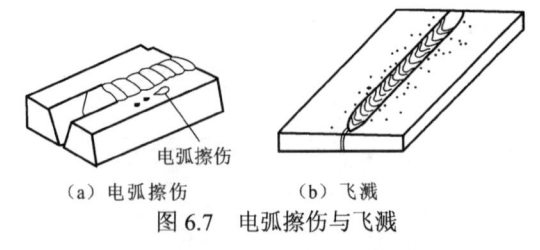

（a）电弧擦伤　　（b）飞溅
图6.7　电弧擦伤与飞溅

电弧擦伤的工件表面冷却速度极快，而且没有任何熔渣和气体的保护，电弧擦伤的部位易产生严重的脆化，导致裂纹及脆性破坏。缩短焊接件的使用寿命，甚至出现事故。所以焊接时，对其附近的表面一定要加以防护、注意不要引起电弧擦伤缺陷的产生。例如，热电厂风机叶片、水泥厂大窑齿轮牙断裂修复以及轴类零件的焊接时，是不允许存在电弧擦伤的。

（2）飞溅。焊接时熔滴爆裂后的液体颗粒溅落到工件表面形成的附着颗粒，严重时导致形成飞溅缺陷，如图6.7（b）所示。对于不锈钢焊接结构件，飞溅会降低抗晶间腐蚀的能力。为避免飞溅的产生，焊接时必须选用质量合格的焊条，并按规定进行烘干处理。采用碱性焊条时尽量使电弧缩短，并且避免采用飞溅严重的 CO_2 焊进行焊接，选用适当的焊接电流。对于不允许有飞溅的不锈钢件焊接时，可以在焊缝两侧覆盖一层厚涂料。

（3）表面撕裂、磨痕、打磨过量及层间位错等缺陷的特点，如表 6.7 所示。

表 6.7 表面撕裂、磨痕、打磨过量及层间位错等缺陷的特点

焊接缺陷	特点
表面撕裂	拆除临时焊接附件时在母材表面上产生的损伤
磨痕	打磨引起的局部表面损伤
凿痕	使用扁铲或其他工具铲凿金属而产生的局部损伤
打磨过量	打磨引起的工件或焊缝不允许地减薄
层间错位	不按规定操作熔敷的焊道

6.3 焊接缺陷评级和对产品质量的影响

焊接结构的生产朝着大型化、高温、高压、耐蚀、低温等方向发展的同时，所用钢材的强度和厚度不断提高，这就给焊接质量控制提出新的难题，其中防止和控制焊接缺陷是提高焊接产品质量的关键。据统计，在各种焊接结构的失效事故中，除少数是属于设计不合理、选材不当和操作上的问题之外，绝大多数是由焊接缺陷，特别是焊接裂纹所引起的。

6.3.1 焊接缺陷的评级

1. 评级依据

对有焊接产品设计规程或法定验收规则的产品，焊接缺陷应按这些规定，确定相应的级别。对无产品设计规程或法定验收规则的产品，可根据表 6.8 所列因素来确定焊接缺陷的级别。

表 6.8 确定焊接缺陷级别应考虑的因素

因素	内容
载荷性质	静载荷；动载荷；非强度设计
服役环境	温度；湿度；介质；磨耗
产品失效后的影响	能引起爆炸或因泄漏而引起严重人身伤亡并造成产品报废；造成产品损伤且由于停机造成重大经济损失；造成产品损伤，但仍可运行
选用材料	相对产品要求有良好的强度及韧性裕度；强度裕度不大但韧性裕度充足；高强度低韧性；焊接材料的相配性
制造条件	焊接工艺方法；企业质量管理制度；构件设计中的焊接可行性；检验条件

2. 焊接缺陷分级

焊接缺陷的分级在国家标准《钢的弧焊接头 缺陷质量分级指南》（GB/T 19418—2003）中有明确的规定。从表 6.9 可以看出，缺陷共分三级。不同级别的缺陷分别对应着各自焊缝的级别。显然，B 级缺陷的要求最严格，而 D 级缺陷的要求最低。

表 6.9 钢熔化焊接接头的焊接缺陷质量分级

缺陷	GB/T6417.1 代号	缺陷分级 一般 D	中等 C	严格 B
焊缝外形尺寸	—	按选用坡口由焊接工艺确定只需符合产品相关要求，本标准不做分级规定		
未焊满	511	长缺陷：不允许 短缺陷 ≤0.2t 且≤2 mm	≤0.1t 且≤1 mm	≤0.05t 且≤0.5 mm
根部收缩	515，5013	≤1.5 mm	≤1 mm	≤0.5 mm
咬边	5011，5012	≤1.5 mm	≤1 mm	≤0.5 mm
裂纹	100	不允许		
弧坑裂纹	104	允许	不允许	
电弧擦伤	601	验收准则可能受热处理影响。是否允许取决于母材种类，特别是母材对裂纹的敏感性		
飞溅	602	允许	不允许	
接头不良	517	允许	不允许	
焊瘤	506	允许短缺陷	不允许	
未焊透（按设计焊缝厚度为准）	402	长缺陷：不允许 短缺陷：≤0.2s 且≤2 mm	短缺陷：≤0.1s 且≤1.5 mm	不允许
表面夹渣	300	长缺陷： 对接焊缝≤0.5s 且≤2 mm 角焊缝≤0.5a 且≤2 mm 短缺陷： 对接焊缝≤0.5s 且≤4 mm 角焊缝≤0.5a 且≤4 mm	长缺陷：不允许 短缺陷： 对接焊缝≤0.4s 且≤3 mm 角焊缝≤0.4a 且≤3 mm	短缺陷： 对接焊缝≤0.3s 且≤2 mm 角焊缝≤0.3a 且≤2 mm
表面气孔	2017	每 50 mm 焊缝长度内允许直径≤0.4t 且≤3 mm 的气孔 2 个，孔间距≥6 倍孔径	每 50 mm 焊缝长度内允许直径≤0.3t 且≤2 mm 的气孔 2 个，孔间距≥6 倍孔径	不允许
角焊缝厚度不足（按设计焊缝厚度计）	—	≤0.3+0.05t 且≤2 mm，每 100 mm 焊缝内缺陷总长≤25 mm	≤0.3+0.05t 且≤1 mm，每 100 mm 焊缝内缺陷总长≤25 mm	不允许
角焊缝焊脚不对称	512	≤2+0.2a	≤2+0.15a	≤1.5+0.15a

注：①短缺陷在焊缝的任何 100 mm 长度范围内总长度不超过 25 mm；焊缝长度小于 100 mm 时，总长度不超过焊缝长度 25%的一个或多个缺陷；

②长缺陷在焊缝的任何 100 mm 长度范围内总长度超过 25 mm；焊缝长度小于 100 mm 时，总长度超过焊缝长度 25%的一个或多个缺陷；

③a 为角焊缝厚度；s 为对接焊缝公称厚度（或在不完全焊透的情况下规定的熔透深度）；t 为壁厚或板厚。

6.3.2 焊接缺陷的危害

焊接缺陷对产品质量的影响主要是对结构负载强度和耐腐蚀性能的影响。由于缺陷的存在减小了结构承载的有效截面面积，更主要的是在缺陷周围产生了应力集中。所以，焊接缺陷对结构的静载强度、疲劳强度、脆性断裂及抗应力腐蚀开裂都有重大的影响。由于各类焊接缺陷的分布形态不同，所产生的应力集中程度也不同，因而对结构的危害程度也各不一样。

1. 应力集中

焊缝中的气孔一般呈单个球状或条虫形，因此气孔周围应力集中并不严重。而焊接接头中的裂纹常常呈扁平状，如果加载方向垂直于裂纹的平面，那么裂纹两端会引起严重的应力集中。焊缝中的夹杂物具有不同的形状和包含不同的材料，但其周围的应力集中也不严重。当焊缝中存在密集气孔或夹渣时，在负载作用下，如果出现气孔间或夹渣间的连通，那么将导致应力区的扩大和应力值的急剧上升。

另外，对于焊缝的形状不良、角焊缝的凸度过大及错边、角变形等焊接接头的外部缺陷，也都会引起应力集中或者产生附加应力。

2. 静载强度

焊缝中出现成串或密集气孔时，由于气孔的截面较大，同时还可能伴随着焊缝力学性能的下降，使强度明显降低。所以，成串气孔比单个气孔危险些。夹渣对强度的影响与其形状和尺寸有关。单个小球状夹渣并不比同样尺寸和形状的气孔危害大，当夹渣呈连续的细条状且排列方向垂直于受力方向时，是比较危险的。

裂纹、未熔合和未焊透比气孔和夹渣的危害要大，它们不仅降低了结构的有效承载截面积，而且更重要的是产生了应力集中，具有诱发脆性断裂的可能。尤其是裂纹，在其尖端存在着缺口效应，容易出现三向应力状态，会导致裂纹的失稳和扩展，以致造成整个结构的断裂，所以裂纹是焊接结构中最危险的缺陷。

3. 疲劳强度

焊接缺陷对疲劳强度的影响要比静载强度的影响大很多。例如，气孔引起的承载截面减小10%时，疲劳强度的下降可达50%。焊缝内的平面形缺陷（如裂纹、未熔合、未焊透）由于应力集中系数较大，所以对疲劳强度的影响较大。含裂纹的结构与占同样面积的气孔的结构相比，前者的疲劳强度比后者降低15%。随着未焊透面积的增加，疲劳强度明显下降。而且，这类平面形缺陷对疲劳强度的影响与负载的方向有关。

例如焊缝内部的球状夹渣、气孔的面积较小、数量较少时，对疲劳强度的影响不大，但当夹渣形成尖锐的边缘时，则对疲劳强度的影响十分明显。

咬边对疲劳强度的影响比气孔、夹渣大。带咬边的接头在10^6次循环条件下的疲劳强度大约为致密接头的40%，其影响程度也与负载方向有关。此外，焊缝的成形不良，焊趾区及焊根处的未焊透、错边和角变形等外部缺陷都会引起应力集中，很易产生裂纹而造成疲劳破坏。

4. 脆性断裂

脆性断裂是一种低应力下的破坏，而且具有突发性，事先难以发现和加以预防，危害性较大。一般认为，结构中缺陷造成的应力集中越严重，脆性断裂的危险性越大。裂纹对脆性断裂的影响最大，其影响程度不仅与裂纹的尺寸、形状有关，而且与其所在的位置有关。如果裂纹位于拉应力高值区，就容易引起低应力破坏；若位于结构的应力集中区，则更危险。另外，错边和角变形等焊接缺陷也能引起附加的弯曲应力，对结构的脆性破坏也有影响，并且角变形越大，破坏应力越低。

5. 应力腐蚀开裂

应力腐蚀开裂通常是从焊缝表面开始。如果焊缝表面有缺陷，那么裂纹很快在缺陷处萌生。因此，焊缝的表面粗糙度，焊接结构上的拐角、缺口、缝隙等都对应力腐蚀有很大的影响。这些外部缺陷使浸入的介质局部浓缩，加快电化学过程的进行和阳极的溶解，为应力腐蚀裂纹的扩展成长提供了条件。

应力集中对腐蚀疲劳也有很大的影响。焊接接头的腐蚀疲劳破坏，大多数是从焊趾处开始，然后扩展，最后穿透整个截面导致结构的破坏。因此，改善焊趾处的应力集中程度也能大大提高接头的抗腐蚀疲劳的能力。

焊接结构中存在焊接缺陷会明显降低结构的承载能力，甚至还会降低焊接结构的耐蚀性和疲劳寿命。所以，焊接产品的制造过程中应采取措施，防止产生焊接缺陷，在焊接产品的使用过程中应进行定期检验，及时发现缺陷，采取修补措施，避免事故的发生。

6.3.3 焊接缺陷的产生原因及防止措施

1. 焊接缺陷的产生原因

焊接缺陷产生的原因是多方面的，对不同的缺陷，影响因素也不同。焊接缺陷的产生既有冶金的原因，又有应力和变形的作用。焊接缺陷通常出现在焊缝及其附近区域，而这些部位正是焊接结构中拉伸残余应力最大的地方。焊接缺陷产生的主要原因如表 6.10 所示。

表 6.10 焊接缺陷产生的主要原因

类别	名称	材料因素	结构因素	工艺因素
冷裂纹	氢致裂纹	①钢中 C 或合金元素含量高，使淬硬倾向增大 ②焊接材料含氢量高	①焊缝附近刚度较大，如大厚度、高拘束度 ②焊缝布置在应力集中区 ③坡口形式不合适（如 V 形坡口拘束应力较大）	①熔合区附近冷却时间小于出现铁素体临界冷却时间，热输入过小 ②未使用低氢焊条 ③焊接材料未烘干，焊口及工件表面有水分、油污及铁锈 ④焊后未进行保温处理
	淬火裂纹	①钢中 C 或合金元素含量高，使淬硬倾向增大 ②对于多元合金的马氏体钢，焊缝中出现块状铁素体		①对冷裂倾向较大的材料，预热温度未做相应提高 ②焊后未立即进行高温回火 ③焊条选择不合适
	层状撕裂	①焊缝中出现片状夹杂物（如硫化物、硅酸盐和氧化铝等） ②母材组织硬脆或产生时效脆化 ③钢中含硫量过多	①接头设计不合理，拘束应力过大（如 T 形填角焊、角接头和贯通接头） ②拉应力沿板厚方向作用	①热输入过大，使拘束应力增加 ②预热温度较低 ③焊根裂纹的存在导致层状撕裂的产生

续表

类别	名称	材料因素	结构因素	工艺因素
热裂纹	结晶裂纹	①焊缝金属中合金元素含量高 ②焊缝金属中S、P、C、Ni含量较高 ③焊缝金属中Mn/S比例不合适	①焊缝附近的刚度较大，如大厚度、高拘束度 ②接头形式不合适，如熔深较大的对接接头和角焊缝（包括搭接接头、丁字接头和外角接焊缝）抗裂性差	①焊接热输入过大，使近缝区过热，晶粒长大，引起结晶裂纹 ②熔深与熔宽比过大 ③焊接顺序不合适，焊缝不能自由收缩
热裂纹	液化裂纹	母材中的P、S、B、Si含量较多	①焊缝附近刚度较大，如大厚度、高拘束度 ②接头附近应力集中，如密集、交叉的焊缝	①热输入过大，过热区晶粒粗大，晶界熔化严重 ②熔池形状不合适，凹度太大
热裂纹	高温失塑裂纹	—		热输入过大，温度过高，容易产生裂纹
再热裂纹		①焊接材料的强度过高 ②母材中Cr、Mo、V、B、S、P含量较高 ③热影响区粗晶区组织未得到改善（未减少或消除马氏体组织）	①结构设计不合理造成应力集中（如对接焊缝和填角焊缝重叠） ②坡口形式不合适导致较大的拘束应力	①回火温度不够，持续时间过长 ②焊趾处咬边而导致应力集中 ③焊接次序不对使焊接应力增大 ④焊缝余高导致近缝区应力集中
气孔		①熔渣氧化性增大时，CO气孔倾向增加；熔渣还原性增大时，H_2气孔倾向增加 ②焊件或焊接材料不清洁（有铁锈、油污、水分等） ③与焊条、焊剂的成分及保护气体的气氛有关 ④焊条偏心，药皮脱落	仰焊、横焊易产生气体	①热输入不变，焊接速度增大时，气体产生倾向增加 ②电弧电压太高（即电弧过长） ③焊条、焊剂在使用前未烘干 ④使用交流电源易产生气体 ⑤气体保护焊时，气体流量不合适
夹渣		①焊材的脱氧、脱硫效果不好 ②渣的流动性差 ③原材料夹杂中含硫量较高及硫偏析程度较大	立焊、仰焊易产生夹渣	①电流大小不合适，熔池搅动不足 ②焊条药皮成块脱落 ③多层焊时清渣不够 ④电渣焊时焊接条件突然改变，母材熔深突然变小
未熔合		—	—	①焊接电流小或焊接速度快 ②坡口或焊道有氧化皮、熔渣及氧化物等高熔点物质 ③操作不当
未焊透		焊条偏心	坡口角太小、钝边太厚、间隙太小	①焊接电流小或焊接速度快 ②焊条角度不对或运条方法不当 ③电弧太长或电弧偏吹

续表

类别	名称	材料因素	结构因素	工艺因素
形状缺陷	咬边	—	立焊、仰焊时易产生咬边	①焊接电流过大或焊接速度太慢 ②立焊、横焊和角焊电弧太长 ③焊条角度不正确或运条不当
	焊瘤	—	坡口太小	①焊接工艺不当，电压过低，焊速不合适 ②焊条角度不对或未对准焊缝 ③运条不正确
	烧穿和下塌	—	①坡口间隙过大 ②薄板或管子的焊接易产生烧穿和下塌	①电流过大，焊速太慢 ②垫板托力不足
	错边	—	—	①装配不正确 ②焊接夹具质量不高
	角变形	—	①与坡口形状有关，如对接V形坡口的角变形大于X形坡口 ②与板厚有关，中等板厚角变形最大，厚板、薄板的角变形较小	①焊接顺序对角变形有影响 ②热输入增加，角变形也增加 ③反变形量未控制好 ④焊接夹具质量不高
	焊缝尺寸、形状不合要求	①熔渣的熔点和黏度太高 ②熔渣的表面张力较大，不能很好地覆盖焊缝表面，使得焊纹粗、焊缝高、表面不光滑	坡口不适合或装配间隙不均匀	①焊接工艺参数不合适 ②焊条角度或运条手法不当
电弧擦伤		—	—	①焊工随意在坡口外引弧 ②接地不良或电气接线不好
飞溅		①熔渣的黏度过大 ②焊条偏心	—	①焊条电流过大 ②电弧过长 ③碱性焊条的极性不合适 ④焊条药皮水分过多 ⑤焊接电源动特性、外特性不佳

2. 不同焊接操作中的常见缺陷及防止措施

1）熔化焊常见缺陷及防止措施

熔化焊时，由于加热温度较高，焊缝金属发生快速冷却凝固，如果选材、接头设计、工艺参数选择、焊接操作不当，都可能引起熔化焊接头组织性能的变化，产生裂纹或其他缺陷，降低接头的使用性能。熔化焊常见焊接缺陷的产生原因及防止措施，如表6.11所示。

表 6.11 熔化焊常见焊接缺陷的产生原因及防止措施

缺陷	产生原因	防止措施
气孔	①焊条、焊剂潮湿，药皮剥落 ②填充金属与母材坡口表面油、水、锈及污物等未清理干净 ③电弧过长，熔池过大 ④焊接电流过大，焊条发红，保护作用减弱 ⑤保护气体流量小，纯度低，气体保护效果差 ⑥气体火焰调整不合适，焊炬摆动幅度大 ⑦操作不熟练 ⑧焊接环境湿度大	①不使用药皮剥落、开裂、变质、偏心和焊芯锈蚀的焊条，焊条和焊剂应按照规程要求进行烘烤 ②根据焊接要求严格做好焊前清理工作 ③缩短电弧长度 ④选用适当的焊接参数，控制焊接电流 ⑤保证气体纯度，调整适当流量 ⑥气焊时采用中性焰，加强火焰对熔池的保护 ⑦提高操作技术 ⑧采取去潮措施，改善焊接环境
夹渣	①多道焊层间清理不彻底 ②电流过小，焊接速度快，熔渣来不及浮出 ③焊条或焊炬角度不当 ④操作不熟练 ⑤坡口设计不合理，焊层形状不良	①彻底清理层间夹渣 ②选用合理的焊接电流和焊接速度 ③适当调整焊条或焊炬的倾斜角度 ④提高操作技术 ⑤合理选用坡口，改善焊层成形
未熔合和未焊透	①焊条速度过快，焊炬角度不当，电弧偏吹 ②坡口设计不良 ③焊接电流过小，电弧过长等 ④坡口或夹层的渣、锈清理不彻底	①提高操作技术 ②选用合理的坡口形式 ③适当增加焊接电流，缩短焊接电弧 ④彻底清理坡口表面或层间锈渣等
咬边	①电流过大或电弧过长 ②焊条和焊丝的倾斜角度不合适 ③埋弧焊时电压过低	①适当减小焊接电流，缩短电弧 ②调整焊条和焊丝的倾斜角度 ③提高埋弧焊电压
焊瘤和下塌	①焊接电流偏大或焊接速度太慢 ②施焊操作不熟练	①选用合适的焊接工艺参数 ②提高操作技术
错边和角度偏差	①焊件装配不好 ②焊接变形	①准确装配焊件 ②采取控制焊接变形的措施
电弧擦伤	①焊把与工件无意接触 ②焊接电缆破损 ③未按规程操作在坡口内引弧，而在母材上任意引弧	①启动焊机前检查焊把，避免与工件短路 ②将破损焊接电缆包裹绝缘带 ③在坡口内引弧
飞溅	①焊接电流过大 ②未采取防护措施 ③CO_2气体保护焊焊接回路电感不合适	①适当减小焊接电流 ②采用涂白垩粉等措施进行保护 ③调整CO_2气体保护焊焊接回路的电感

2）堆焊常见缺陷及防止措施

由于材料、设备、工艺及操作等方面的原因，堆焊焊道有时会出现裂纹、气孔、未焊透等缺陷。堆焊工艺参数一般是在大量的工艺性试验后得出的，改变工艺参数会导致过渡合金元素、堆焊层组织性能的变化，降低抗裂性、产生裂纹或其他缺陷。所以，堆焊过程中应严格遵守工艺操作规程，随时注意工艺参数的变化并及时进行调整。堆焊常见焊接缺陷及防止措施如表 6.12 所示。

表 6.12　堆焊常见焊接缺陷及防止措施

缺陷	产生原因	防止措施
堆焊层或焊件尺寸、形状不合技术要求	①堆焊工艺参数选用不当 ②焊前准备工作未做好 ③堆焊夹具结构不良 ④堆焊操作不良	①正确选用堆焊工艺参数 ②防止变形或预变性 ③超差的过大尺寸用机械方法去除，不足尺寸可补焊
气孔	①堆焊材料选用不当 ②堆焊保护不良 ③堆焊电流过小，弧长过大，堆焊速度过快 ④工艺措施不当，如预热温度过低等	①正确选用堆焊材料和堆焊工艺 ②加强焊接过程的保护 ③铲除气孔处的金属并进行补焊
夹渣	①堆焊材料质量差 ②堆焊电流太小，焊接速度过快 ③多层堆焊时，层间处理不好 ④熔渣或焊接的密度太大	①正确选用堆焊材料 ②调整堆焊工艺参数 ③加强层间清理 ④铲除夹渣处的金属并进行补焊
裂纹	①堆焊材料选用不当 ②堆焊层内应力大 ③堆焊工艺措施不合理 ④材料裂纹敏感性强 ⑤堆焊结构设计不合理 ⑥由其他缺陷导致的裂纹	①正确选用堆焊材料 ②调整堆焊工艺参数 ③正确设计堆焊焊件结构 ④改善堆焊操作，如改进堆焊顺序等 ⑤在裂纹两端钻止裂孔或铲除裂纹处的金属并进行补焊
未熔合	①堆焊电流太小 ②堆焊速度过快，操作技术不佳 ③堆焊层间熔渣未清除干净	①正确选用堆焊工艺参数 ②铲去未熔的金属重新堆焊
稀释率过大	①基体或堆焊材料选用不当 ②堆焊工艺参数不当 ③堆焊操作技术欠佳 ④堆焊层的成分性能不符合要求	①正确匹配基体和堆焊材料 ②正确编制和执行堆焊工艺 ③提高堆焊操作水平 ④当影响耐磨、耐蚀性时，应予以报废
晶间腐蚀	①堆焊时合金元素被烧损 ②熔合比不当 ③堆焊材料、方法和工艺选用不当	①正确选用堆焊材料和工艺参数 ②铲除缺陷重新堆焊或予以报废
堆焊层耐蚀性差	①堆焊材料、方法和工艺参数不当 ②堆焊不当 ③保护不良 ④焊后热处理不当	①正确选用堆焊材料和方法及工艺参数 ②保护良好 ③改善焊后热处理工艺 ④铲除堆焊层重新堆焊

3）点焊和缝焊常见焊接缺陷

点焊是将焊件装配成搭接接头，并压紧在两个电极之间，利用电阻热熔化母材金属，形成焊点的电阻焊方法。缝焊是将焊件装配成搭接接头或对接接头并置于两滚轮电极之间，滚轮加压焊件并转动，连续或断续送电，形成一条连续焊缝的电阻焊方法。因此，电极形状、电极压力、缝焊速度、焊点布置和脉冲参数的正确选用成为控制点焊和缝焊质量的关键。若控制不当，则会出现焊缝形状不良、电极压痕过深、局部烧穿、熔化金属强烈飞溅等缺陷。点焊和缝焊时常见焊接缺陷及其产生原因如表 6.13 所示。

表 6.13　点焊和缝焊时常见焊接缺陷及其产生原因

缺陷形貌	产生原因
焊点压痕或焊缝缝痕形状不正确	①电极工作面形状不正确、磨损不均匀，或电极倾斜 ②缝焊速度太快
电极压痕过深或过热	①电极压力过大，电流过大 ②脉冲时间过长
局部烧穿或熔化金属强烈飞溅	①焊件或电极表面不干净 ②电极压力不足 ③接触面形状不正确
内部飞溅	①电流过大，压力不足 ②焊件倾斜 ③对于钢和镍铬合金钢，电极过分靠近搭接边缘
接头边缘被压坏和产生裂纹	①焊点过分靠近边缘 ②电流过大，脉冲时间较长 ③锻压力过大
焊点被拉开或撕破	装配不良，焊件过分被拉紧
未焊透或焊点核心小	①工件表面清理不好 ②接触面过大，电流过小 ③电极压力过大 ④焊有色金属时，搭接边缘太小，焊点布置不合理
焊点核心分布不对称	电极接触面的面积大小选择不当
焊透深度过大	电流过大，压力不足
焊缝接头不气密	①点距不适当，电流、焊速、电极压力、脉冲时间、滚盘表面尺寸稳定性被破坏 ②上、下盘直径相差太大
径向裂纹和缩孔	①电极压力不足，脉冲时间短 ②表面清理不良，锻压迟缓
环形裂纹	电流脉冲时间长
合金钢接头变脆	①焊接过程热循环不良 ②电流脉冲时间短
熔化金属扩展到接头表面和接头表面发黑	①焊件或电极表面清理不够仔细 ②电极压力不足，脉冲时间过长，电流过大

6.3.4 焊接缺陷控制与返修

焊接产品在制造过程中，不可避免地会出现不同类型的缺欠。分析焊接缺欠的产生原因是为了防止缺陷的产生，从而有针对性地采取相应的技术措施，减少或消除焊接缺陷，以提高焊接产品的质量水平。同时，还要对已经出现的缺欠进行分析，研究解决办法及补救的措施，并且明确指出缺欠达到什么程度时，就应当判定为"缺陷"。也就是要通过理论分析与计算确定缺欠的"容限"。结合具体的焊接产品，确定 Q_A、Q_B 的质量标准，这是非常重要的工作。

1. 焊接缺欠的控制

1）气孔的控制

（1）按国家标准要求，加强施工环境控制，现场建立合理的施工清洁区；严禁焊接场所有穿堂风，采取端部封堵等措施。

（2）按焊接施工方案要求进行坡口清理，严格控制坡口两侧的清洁度；加强现场通风条件，控制空气潮湿度不大于90%。

（3）加强焊工基本技能的培训，严格执行工艺规程，控制焊接电弧的合适长度。

（4）焊条电弧焊采用低氢型焊条，焊前按要求烘干焊条。

（5）氩弧焊控制氩气纯度（Ar≥99.99%）；按工艺评定要求，控制氩气流量，避免出现紊流。

（6）选择设备性能稳定且标定合格的焊接设备。

2）夹渣的控制

（1）加强焊工基本技能的培训，操作中控制铁水与熔渣分离。

（2）按焊接工艺文件要求，控制焊接电流。

（3）使用合适规格的焊条，加强焊接过程的层道间清理。

（4）焊接接地线应在工件中合理牢固接地，控制电弧偏吹。

3）未熔合的控制

（1）加强焊工基本技能的培训，从操作上消除根部未熔合缺陷产生。

（2）注意焊层之间的修整，避免出现沟槽及运条不当而导致未熔合。

（3）严格按焊接工艺文件要求，采用合理的焊接电流（或焊接热输入）。

（4）正确处理钨极的打磨角度和焊接停留时间。

4）未焊透的控制

（1）加强焊接坡口质量检查，控制合理的钝边量。

（2）加强装配质量检查，严把装配质量关，控制合理的装配间隙和错边量。

（3）加强焊工基本技能的培训，避免内部缺陷的错判。

（4）按焊接工艺文件要求采用合理的焊接电流（或焊接热输入）。

（5）使用合适规格的焊材（焊条、焊丝）。

（6）正确处理钨极的打磨角度。

5）错边的控制

（1）加强焊接坡口的检验，控制两部件的壁厚差达到标准要求。

（2）加强质量检验人员在现场对装配质量的检查，严把焊接装配质量关，控制合理的错边量。

（3）加强操作者自检，按要求进行点固焊，确保装配质量。

（4）加强装配图纸的审查，避免设计在设备、阀门与管道尺寸接口存在问题。

6）热裂纹的控制

（1）控制焊缝中硫、磷、碳等有害杂质的含量。

（2）改善焊缝结晶形态，利用"愈合"作用防止热裂纹。

（3）控制焊缝形状，降低接头的刚度和拘束度，减小应力集中。

（4）采用碱性焊条和焊剂。

（5）焊前预热。

（6）控制焊接热输入。

7）冷裂纹的控制

（1）控制母材的化学成分，合理选择和匹配焊接材料。

（2）选用低氢和超低氢焊接材料，严格烘干焊条或焊剂。

（3）控制焊缝形状，降低接头的刚度和拘束度，减小应力集中。

（4）正确制定焊接工艺，控制热输入。

（5）合理选择预热温度。

（6）焊后热处理（消氢处理或消应力处理）。

当产品焊接缺陷被检出后，除对它进行评定并作出处理外，还有一项更为重要的工作，即对产生的焊接缺陷进行原因分析，找出产生焊接缺陷的内外原因，才能"对症下药"，根治焊接缺陷，并防止缺陷的再次发生。

了解各种焊接缺陷对结构质量的影响，对控制焊接结构的安全是十分必要的。应明确哪些焊接缺陷可能对焊接结构带来灾难性的后果，哪些焊接缺欠不会对焊接结构安全运行有大的影响。通过严格控制缺欠，可确保优质焊接工程的实现。

2. 超标缺欠的返修

在焊接接头或焊接产品中出现的缺欠，如果不能满足"合于使用"的最低验收标准 Q_B，就应当考虑返修。否则，就判定为废品。对于影响焊接接头使用安全性的缺欠，必须进行认真的、细致的返修工作；对于符合产品安全使用要求的产品缺欠，可以不必返修。对于缺欠是否应当进行返修的决策时，必须认真地进行技术论证，并经总工程师批准。

焊接缺欠应当区分为表层缺欠与内部缺欠。表层缺欠应当根据缺欠的形状、尺寸及范围，可采用机械加工方法，有时还应配合焊接方法或表面工程技术进行返修。内部缺欠的返修，在机械加工等方式将缺欠清除干净后，主要是由焊接方法修复。

返修工作前应当认真制定返修工艺方案，经过返修焊接工艺评定试验及技术论证后，由该工程项目的总工程师批准。返修工作的原则是要确保产品质量、便于施工、注意节约能源及材料。

在返修工作开始时,清除超标缺欠必须彻底、干净,不留隐患。清除的范围应当比缺欠的部位大出 20~30 mm。返修工作中的焊接施工,应当由有经验的高级技工或技师进行认真操作。返修次数不宜超过 2 次。经过返修的部位,应当采用该产品焊接工艺规程中规定的无损检测方法进行复检。

第7章 焊接工艺与方法

焊接工艺与方法中，电弧焊是利用电弧作为热源的熔焊方法，简称弧焊。这一类方法主要由焊条电弧焊、埋弧焊、气体保护电弧焊等方法组成。电弧焊是现代焊接方法中应用最为广泛，也是最为重要的一类焊接方法。根据一些工业发达国家的相关统计，电弧焊在各国焊接生产劳动总量中所占比例一般都在60%以上，其重要的原因是电弧能有效而简便地把电能转换成焊接过程所需要的热能和机械能。

7.1 焊接电弧

7.1.1 电弧的形成和组成区域

电弧是一种气体导电现象，如图7.1所示。通常状态下气体由中性分子或原子组成，不能导电。为使气体导电，必须使两电极间的中性气体中产生带电粒子，同时还要有促使带电粒子做定向运动的电压。电弧稳定燃烧时，参与导电的带电粒子主要是电子和正离子。这些带电粒子是通过电弧中气体介质的电离和电极的电子发射这两个物理过程而产生的。在电弧现象中，气体的电离方式主要有热电离、电场电离和光电离，而且在电弧温度下是以一次电离为主。电极的电子发射方式主要有热发射、电场发射、光发射和碰撞发射。由于电子和正离子所带的电量相同，所受到的电场力相同，但是电子的质量远远小于正离子的质量，其运动速度要远远大于正离子的运动速度，所以电弧电流中约99.9%是电子流，正离子流只约占0.1%。值得注意的是，在每一瞬间，电弧中的正、负电荷数是相等的，电弧对外界呈现的是电中性。

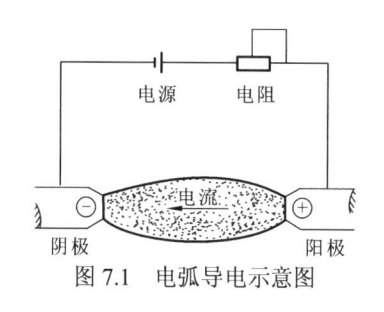

图7.1 电弧导电示意图

1. 电弧的构造

电弧是由阴极区、弧柱区和阳极区三个部分构成的。

（1）阴极区和阴极斑点。阴极区是指阴极外紧靠阴极表面的导电区域，其长度约为$10^{-6}\sim 10^{-2}$ cm。阴极区的任务是向弧柱区提供所需要的电子流，以满足电弧导电要求。阴极区提供的电子流与阴极材料种类、电流大小、气体介质等因素有关。当以钨、碳等高熔点材料作阴极且电流较大时，弧柱所需要的电子流主要依靠阴极热发射来供应。此时，阴极除了直接发射总电流的99.9%的电子流外还接受0.1%的正离子流。这样的阴极区称为热发射型阴极区，其阴极压降很小。若阴极材料为钨、碳且电流较小时，或阴极材料采用熔点较低的Al、Cu、Fe时，由于仅靠热发射远不能满足弧柱所需要的电子流，从而导致正离子在阴极的前面堆积。这样在阴极前面形成局部较高的电场强度,即形成阴极压降区(电场强度可达 $10^6 \sim 10^7$ V/cm),这样高的电场强度的存在,可以使阴极增加,也就是说这种情况下热发射和电场发射同时存在大电子发射量,从而向弧柱提供所需要的电子流。阴极区的正离子流要大于总电流的 0.1%,此外,除了存在明显的阴极压降外,在阴极表面存在导电区域很小、电流密度很高的阴极斑点;另外,在低电压小电流条件下,还会形成正离子比例更大的等离子型阴极导电机构。

阴极斑点是指阴极表面局部出现的发光强、电流密度高(可达 $5 \times 10^5 \sim 10^7$ A/cm^2)的区域。它产生于用熔点、沸点都较低的 Al、Cu、Fe 等冷阴极材料作阴极时,用高熔点材料(钨、碳等)作阴极时如果采用小电流也可产生这种阴极斑点。阴极斑点的形成要求有一定条件,首先该点应具有可能发射电子的条件(主要是电场发射和热发射),其次是电弧通过该点时能量消耗较小。所以阴极斑点有自动跳向温度高、热发射能力强的物质上的性能。如果金属表面有低逸出功的氧化膜存在时,阴极斑点有自动寻找氧化膜的倾向。例如,铝合金焊接时去除氧化膜的作用,就是利用了阴极斑点的这种特性。

(2) 弧柱区。弧柱长度可看作为电弧的实际长度。这个区域内发生气体粒子的各种电离、扩散、复合和亲和过程。因弧柱温度较高,约 5 000~30 000 K(等离子弧时可达 50 000 K),故弧柱的电离以热电离为主,弧柱中因扩散和复合而消失的带电粒子将由弧柱自身的热电离来补偿。通过弧柱的总电流由电子流和正离子流组成,电子流占 99.9%,正离子流占 0.1%。但从整体上,弧柱空间保持电中性,即每瞬间每个单位体积中正、负带电粒子数量相等,保证了电子流和正离子流通过弧柱时不受空间电荷电场的排斥作用,阻力小,从而使电弧放电具有小电压、大电流的特点。

(3) 阳极区和阳极斑点。紧靠阳极长度约为 $10^{-6} \sim 10^{-2}$ cm 的气体导电区域称为阳极区。阳极区的任务是接受由弧柱上过来的 $0.999I$ 流(I 电弧总电流)和向弧柱提供 $0.001I$ 离子流。阳极接受电子的过程是通过向阳极释放出相当于逸出功的能量实现的。由于阳极不能直接发射正离子,所以正离子只能由阳极区提供。一般认为弧柱中 $0.001\%I$ 离子流是在阳极区与弧柱界面上生成的。其形成途径有:①阳极区电场作用下的电离。因阳极不发射正离子,故电弧导电时,必将造成阳极前面电子的堆积,使阳极与弧柱之间形成一个负电性区,即所谓的阳极区。从弧柱中来的电子通过阳极区时将被加速并在阳极区内与中性气体粒子产生碰撞电离。当电弧电流较小时,阳极区的导电常属于这种机理;②当电弧电流大时,阳极的温度很高,导致阳极材料蒸发,从而使得聚集在阳极前面的金属蒸气产生热电离,通过这种热电离生成正离子供弧柱需要。这种情况下阳极压降(U_A)很小,甚至可以降到零。

阳极斑点是指阳极表面局部出现的发光强、电流密度大($10^2 \sim 10^3$ A/cm^2)的区域。它产生于熔化极电弧焊或小电流的非熔化极电弧焊。阳极斑点的形成条件是:首先该点有金属蒸发,其次是电弧通过该点时弧柱消耗能量较低。由于与纯金属相比,大多数金属氧化物的熔点和沸点以及电离电压均较高,所以,阳极斑点有自动寻找纯金属表面而避开氧化膜的倾向。

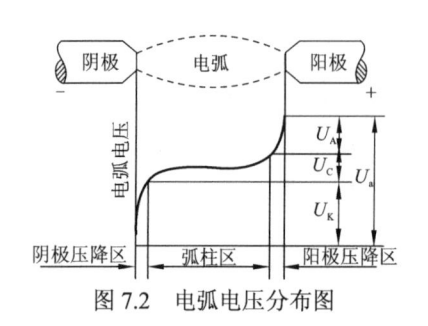

2. 电弧电压分布

当两电极之间产生电弧放电时,在电弧长度方向电场强度的分布是不均匀的。沿弧长方向测定的电压,其分布如图 7.2 所示。

由图可以看出,在阴极和阳极附近很小的区域里

图 7.2 电弧电压分布图

电压变化比较大，中间部分电压变化较小，而且比较均匀。由此可以把整个电弧分成三个区域：靠近阴极附近电压变化较大的区域为阴极压降区，其电压降用 U_K 表示；靠近阳极附近电压变化较大的区域为阳极压降区，其电压降用 U_A 表示；中间的区域为弧柱区，其电压降用 U_C 表示。总的电弧电压 U_a 是这三部分电压降之和，即

$$U_a = U_A + U_C + U_K$$

阴极压降区和阳极压降区在长度方向的尺寸均很小，而弧柱区的长度占电弧长度的绝大部分，可以认为电弧的长度等于弧柱区的长度。电弧温度的高低主要受电弧电流的大小、电弧周围气体介质的种类以及电弧的状态等因素的影响。

7.1.2 电弧气氛对电弧的影响

电弧稳定燃烧时把电能转化成为热能，其产热量的多少可以用它消耗电能的多少来表示。即电弧的产热可以表示为 IU_a，I 为电弧电流，U_a 为电弧电压。若考虑单位弧长的产热量，则可以表示为 IE_C。E_C 为弧柱的电场强度。电弧的热量散失主要是电弧与周围气体介质的热交换所散失的热量。热量散失的多少与两个因素有关：一个是电弧周围气体介质的热交换所散失的热量；另一个是电弧与气体介质的接触面积。当电弧的气氛一定时，散热多少主要取决于电弧的导热截面。电弧作为一种柔性导体，其导电截面的大小可用最小电压原理进行说明。最小电压原理的基本内容是对一个与轴线对称的电弧，在电流一定、周围条件一定的时候，处于稳定燃烧状态，其弧柱直径或温度应使弧柱的电场强度具有最小值。此原理说明，电弧稳定燃烧时，是依据保持能量消耗最小这一特性来确定电弧的导电截面。

弧柱电场强度说的大小反映出电弧导电的难易。当电流和电弧气氛一定时，弧柱的导电截面只能在保证 E_C 为最小的前提下确定，否则，都会引起 E_C 值的增加。如果电弧的直径变大，电弧与周围气体介质接触面积增加，会使散热条件增加，为了达到能量平衡，则要求电弧的产热（IE_C）也增加，在电流 I 一定的条件下，只有使 E_C 增加；相反，若电弧的直径变小，则电弧的电流密度增加，使电弧的电阻率增加，为了保持电流不变，必须增加 E_C 值。所以电弧只能确定一个能够保证 E_C 为最小值的断面。

最小电压原理是一个很重要的理论。它反映电弧周围气氛对电弧的影响，解释为什么当电流不变，而改变电弧气氛时电弧具有不同的形态。例如，当电弧周围气体介质导热性比较差时，电弧的散热减少，热损失降低，则电弧的弧柱发散，导电半径增加，电流密度小，弧柱的电场强度瓦值也较低。当电流保持不变的时候，改变电弧气氛使电弧周围气体导热性增加，或者对电弧进行强迫冷却使电弧的热损失增加时，根据最小电压原理，电弧一方面要收缩，以减小导电截面来减少散热；另一方面导电截面的减小使得电流密度增加，弧柱的电场强度 E_C 值增加以增加产热，并在新的条件下达到新的平衡。

7.1.3 焊接电弧的静特性

电弧的静特性是指在电极材料、气体介质和弧长一定的情况下，电弧稳定燃烧时，两极间稳态的电压与电流之间的变化关系，也称为电弧的伏安特性。

1. 电弧静特性曲线的形状

电弧静特性曲线的形状如图 7.3 所示，有三个不同的区域。在电流较小时，电弧的温度较低，电离度较小，电弧电压较高；随着电流的增加，电弧的温度升高，电离度迅速增加，电弧的等效电阻迅速降低，电导率增大，电弧电压反而降低。这就是电弧的负阻特性区，即图 7.3 中的 A 区。当电弧电流提高到中等电流范围内时，随着电流增加或温度升高，电导率的增长速度变得缓慢，弧柱的导电截面随电流的增加而增大，在一定范围内保持电流密度不变或增加不多，电弧电压不随电流的增加而增加，表现为平特性区，即图 7.3 中的 B 区。在大电流范围内，电导率随温度增长而增长的速率大大减小，电弧的电离度基本上不再增加，电弧的导电截面也不能再进一步扩大，这样，随着电流的增加，电弧电压也要升高，表现为上升特性区，即图 7.3 中的 C 区。

2. 影响电弧静特性的因素

（1）电弧长度的影响。电弧电压 U_a 由阴极区压降 U_K、阳极区压降 U_A 和弧柱压降 U_C 所组成。弧长的变化主要影响到弧柱的压降 $U_C=L_C E_C$（L_C 为弧长），从而影响到电弧电压 U_a。一般弧长增加，电弧电压增加，电弧的静特性曲线要平行上移，如图 7.4 所示。

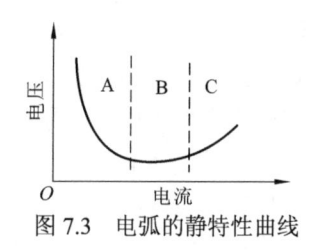

图 7.3 电弧的静特性曲线

图 7.4 电弧长度对电弧静特性的影响

（2）电弧周围气体介质的影响。电弧周围的气体介质对电弧静特性的影响，主要是由气体的热物理性能所决定。例如，气体的热导率大、多原子气体在高温下分解时吸收大量的解离能等都对电弧产生较强的冷却作用，使热损失增加，必然使电弧的产热增加，以保持能量平衡。当焊接电流 I 一定时，E_C 必然增加，从而引起电弧电压升高。图 7.5 为不同保护气体时电弧电压的差别。由图可知，Ar+50%H_2 的混合气体比纯 Ar 的电弧电压高得多，这主要是因为 H_2 的热导率要比 Ar 大得多（图 7.6）且对电弧的冷却作用强。

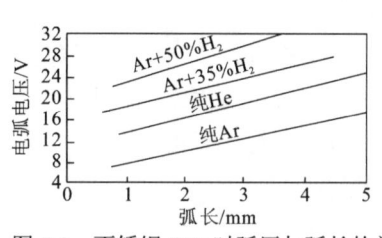

图 7.5 不锈钢 TIG 时弧压与弧长的关系

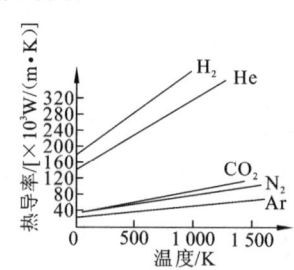

图 7.6 不同气体的热导率与温度的关系

7.1.4 焊接电弧力

电弧在燃烧过程中不仅要产生大量的热能，而且还会产生一些机械力，这些机械力称为电弧力。它对熔滴过渡、焊缝成形以及焊接过程均产生很大的影响。

1. 电弧力的种类

（1）电磁收缩力。由电工学可知，在两个相距不远的平行导体中通过同方向电流时，将产生相互吸引力，这个力称为电磁力。同理，在一个导体中通过电流时，可以把这个电流看成由无数条方向相同的电流线组成，在这些电流线之间也会产生相互吸引的电磁力。对于固态导体，这个力仅与弹性应变力相平衡，不会产生太大影响。如果是在流体导体中（如气体、液体），那么电磁力将会使导体变形产生收缩，如图7.7所示，此时的电磁力 F_1、F_2 称为电磁收缩力。如果这个导体是圆柱体，并且电流线分布均匀，那么这个导体每个截面上的收缩力都是相等的，实际上，在焊接中由于两电极尺寸相差悬殊，通常焊条（焊丝）的直径很小而工件的尺寸很大，电弧在焊条（焊丝）上将受到电极尺寸的限制，而在工件上可以自由扩展，所以焊接电弧不是一个圆柱体，而是一个可以抽象为截面不断变化的圆锥体（图7.8）。在这个圆锥体中，任意一点 A 的坐标 (L, φ)。当电流均匀分布时 A 点受到的电磁收缩力为

$$F_A = \frac{2I^2}{\pi L^2 (1-\cos\theta)^2} \ln \frac{\cos(\varphi/2)}{\cos(\theta/2)} \tag{7.1}$$

式中：I 为焊接电流；θ 为1/2锥顶角；φ 为 A 点与电极轴线的夹角；L 为 A 点距锥顶的距离。

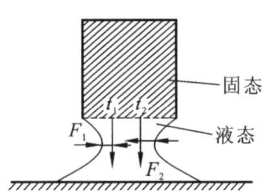

图7.7 液态导体中电磁力引起的收缩效应

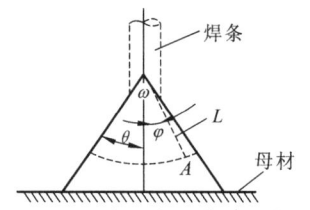

图7.8 圆锥形电弧模型示意图

从式（7.1）可知，A 点的电磁收缩力与电流的平方成正比，与距离的平方成反比，且 θ 与 φ 角有关。因此，可根据该公式绘出在一定条件下电弧中电磁收缩力的等压力曲线（图7.9）。由图7.9可以看出，在圆锥形电弧中每个截面上的电磁收缩力是不一样的，截面小的电磁收缩力大，而截面大的电磁收缩力小。由于这种压力差的存在，就会产生一个由小截面（焊条或焊丝）指向大截面（工件）的推力，这个推力称为电弧静压力。由于这个静压力在电弧中心最大，而在电弧的边缘较小，所以使熔池的液态金属表面凹陷形成如图7.10（a）所示的熔深。

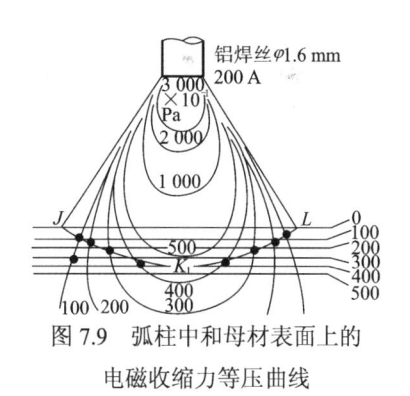

图7.9 弧柱中和母材表面上的电磁收缩力等压曲线

（2）等离子流力。等离子体是一种高度电离的电中性气体。在电弧导电中，由于电弧中心部分温度高，电流密度大，这里的气体处于高电离状态，形成了电弧等离子体。如前所述，由于电弧导电截面的变化，形成了由焊条指向工件的推力。当电弧电流比较大时，这个推力将推动电弧等离子体由焊条向工件运动。这样在电弧中将形成一股高速流动的气体，称为等离子流，如图7.11所示。为了保持流动的连续，外部的冷气流将从电极端部 C 区进行补充。这些冷气流进入电极后迅速被加热，电离后受推动力的作用从 A 区冲向 B 区。这部分等离子

流的运动速度很高,可以达到每秒数百米,如图7.12所示。这部分高速运动的物质将对熔池产生较大的压力,称为等离子流力,又称为电弧动压力。等离子流力的分布与等离子流速度分布相对应,在电弧中心线上压力最大,而且分布区间较小。这种较强的等离子流是形成如图7.10(b)所示的指状熔深的一个重要原因。

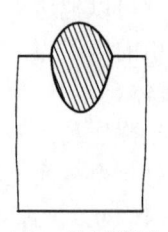

（a）一般电弧形成的焊缝　　（b）具有较强等离子流形成的焊缝

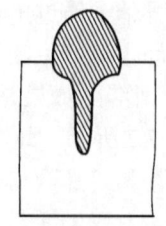

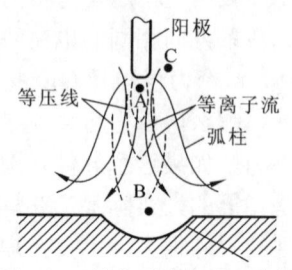

图7.10　焊缝熔深示意图

图7.11　等离子流产生示意图

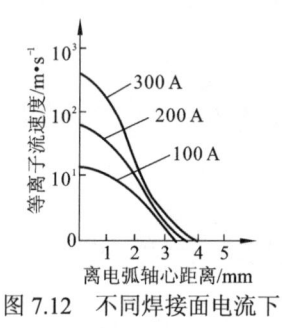

图7.12　不同焊接面电流下等离子流速度的分布

（3）斑点压力。当电极上形成斑点时,电弧电流将大部分从斑点处流入流出,因此这里的电流密度最大,温度最高。由于斑点的这些特点,将在斑点上形成较大的压力,称为斑点压力。带电粒子的撞击力阴极斑点要受到正离子的撞击,阳极斑点要受到电子的撞击。由于正离子的质量要比电子大得多,同时阴极压降也要比阳极压降大,所以阴极斑点受到的撞击力要比阳极斑点大。斑点压力主要由以下几种力构成。

电磁收缩力。当电极上形成电极斑点时,斑点处的电流密度最大,电极内部的电流密度小。对于由径向的电磁收缩力所合成的轴向力,其方向是由电流密度大的地方指向电流密度小的地方,即由电极表面斑点处指向电极内部。一般阴极斑点的电流密度要比阳极斑点大,所以阴极斑点的电磁收缩力要大于阳极斑点的电磁收缩力。

电极材料蒸发的反作用力。电极上形成斑点后,由于斑点处电流密度很大,温度很高,这将引起电极材料的强烈地蒸发。使金属蒸气以较高的速度从斑点表面射出,这就给斑点处一个反作用力,这个力也构成了斑点力的一部分。

综上所述,在通常情况下,阴极斑点的斑点力要比阳极斑点的斑点力大得多。斑点力在焊接过程中是不利因素,它将阻碍电极熔化金属的过渡。当斑点力太大时,可能造成较大的焊接飞溅。

（4）爆破力。当采用短路过渡时,电弧的燃烧和熄灭是周期性进行的。当熔滴短路时,电弧熄灭,电弧空间温度迅速降低。同时,因短路电流很大,在金属液柱中较大电磁收缩力的作用下使金属液柱产生缩颈,并逐渐变细形成液态金属小桥。电阻热使液态金属小桥的温度急剧升高,使液柱汽化爆断,此爆破力会造成较大的飞溅。液柱爆断后,电弧重新引燃,电弧空间的气体突然受到高温而急剧膨胀,对焊丝端头和熔池中的液态金属形成较大的冲击力,严重时也会造成飞溅。

（5）细熔滴的冲击力。在采用Ar或富Ar气体保护大电流焊接时,焊丝的熔化金属在等离子流力的作用下,以很小的体积及很高的加速度（可达重力加速度的40～50倍）沿电极轴线冲向熔池,对熔池金属形成很大的压力。这个力和等离子流力共同作用,便容易形成图7.10（b）

所示的指状熔深。

2. 电弧力的影响因素

影响电弧力的因素很多，但归纳起来主要有以下几种。

（1）气体介质其影响主要反映在气体介质的热物理性质上。当气体介质是多原子气体或者热导率比较大时，对电弧的冷却能力增加，迫使电弧收缩，使电弧力增加。

（2）电流和电压电弧中的电磁收缩力与电流的平方成正比，因此随电流增加，电弧力增加。电弧电压的增加，意味着弧长增加，电弧的飘摆性增加，引起电弧力减小。

（3）焊条（焊丝）的直径焊条的直径越细，电流密度越大，电磁力越大，使电弧力越大。

7.2 弧焊电源

弧焊电源是用来向电弧提供能量的一种装置，电弧将电源提供的能量转化为热能，以作为焊接工作的热源。弧焊电源对电弧的稳定燃烧和焊接过程有着重要的影响。因此了解并正确使用焊接电源，是实现良好的电弧焊接的前提条件。

7.2.1 弧焊电源的分类

弧焊电源可以分为以下几大类型。
（1）交流弧焊电源。包括弧焊变压器和矩形波交流弧焊电源。
（2）直流弧焊电源。包括弧焊整流器和直流弧焊发电机。
（3）弧焊脉冲电源。
（4）逆变式弧焊电源。

7.2.2 各种弧焊电源的特点和应用

（1）弧焊变压器。它把网络电压的交流电变成适宜于弧焊的低压交流电，由主变压器及所需的调节部分和指示装置等组成。它具有结构简单、易造易修、成本低、效率高等优点，但其电流波形为正弦波，电弧稳定性较差、功率因数低，一般应用于焊条电弧焊、埋弧焊和钨极脉冲氩弧焊等方法。

（2）矩形波交流弧焊电源。它采用半导体控制技术来获得矩形波交流电流，其电弧稳定性好，可调参数多，功率因数高。它除了用于交流钨极脉冲氩弧焊外，还可用于埋弧焊，甚至可代替直流弧焊，焊电源用于碱性焊条电弧焊。

（3）弧焊整流器。它把交流电经降压整流后获得直流电，由主变压器、半导体整流元件及获得所需外特性的调节装置等组成。与直流弧焊发电机比较，具有制造方便、价格低、空载损耗小、噪声小等优点，而且大多数可以远距离调节，能自动补偿电网电压波动对输出电压、电流的影响。可用作各种弧焊方法的电源。

（4）直流弧焊发电机。一般由特种直流发电机和获得所需外特性的调节装置等组成。它的优点是过载能力强、输出脉动小，可用作各种弧焊方法的电源，也可由柴油机驱动用于没有电源的野外施工；缺点是空载损耗较大、效率低、噪声大、维修难。

（5）弧焊脉冲电源。焊接电流以低频调制脉冲方式馈送，一般由普通的弧焊电源与脉冲发生电路组成，也有其他结构形式。它具有效率高、热输入量较小、可在较宽范围内控制热输入量等优点。这种弧焊电源用于对热输入量比较敏感的高合金材料、薄板和全位置焊接具有独特的优点。

（6）逆变式弧焊电源。它将单相（或三相）交流电经整流后，由逆变器转变为几百至几万赫兹的中频交流电，经降压后输出交流或直流电。整个过程由电子电路控制，使电源具有符合需要的外特性和动特性。它具有高效节电、质量轻、体积小、功率因数高、焊接性能好等独特的优点，可应用于各种弧焊方法，是一种最有发展前途的普及型弧焊电源。

7.2.3 对弧焊电源的基本要求

弧焊电源需要具备工艺适应性，即满足弧焊工艺对弧焊电源的要求：保证引弧容易；保证电弧的稳定性；保证焊接规范稳定；具有足够宽的焊接规范调节范围。

为了满足以上工艺要求，对弧焊电源的电气性能应该考虑以下三个方面：

1. 对弧焊电源外特性的要求

1）电源的外特性

在电源内部参数一定的条件下，改变负载时，弧焊电源输出电压 U_y 和输出电流稳定值 I_f 之间的关系曲线 $U_y = (I_f)$ 称为电源的外特性。对于直流电源，U_y 和 I_f 为平均值，而对于交流电则是有效值。

一般直流电源的外特性方程式为

$$U_y = E - I_f r_0$$

式中：E 为直流电源的电动势，V；r_0 为电源内部电阻，Ω。

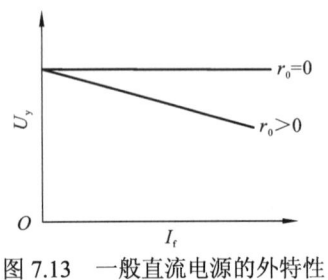

当电阻 $r_0 > 0$ 时，随着输出电流 I_f 增加，输出电压 U_y 下降，即其外特性是一条下倾直线，如图 7.13 所示。而且电阻越大，电源外特性下倾程度越大。

当电阻 $r_0 = 0$ 时，则电源输出电压 $U_y = E$，这时输出电压不随电流变化，电源的外特性平行于横轴，称为平特性或恒压特性。对于一般负载，要求供电的电源内阻越小越好，即外特性尽可能接近于平地。就是说，应能基本上保持电力电源输出的电压稳定不变。这样与电源并联的某个负载发生变化时，就不会影响其他负载的运行。

图 7.13 一般直流电源的外特性

2）弧焊电源外特性形状的种类

（1）下降特性。这种外特性的特点是当输出电流在运行范围内增加时，其输出电压随着急剧下降。在其工作部分每增加 100 A 电流，其电压下降一般应大于 7 V。根据斜率的不同下降特性又可分为垂直下降（恒流）特性、缓降特性和恒流带外拖特性。

垂直下降（恒流）特性。垂直下降特性也称为恒流特性。其特点是在工作部分当输出电压变化时输出电流基本不变，如表 7.1（a）所示。

缓降特性。缓降特性的特点是当输出电压变化时,输出电流变化较恒流特性的大。其中一种按接近于 1/4 椭圆的规律变化,如表 7.1 (b) 所示;另一种缓降特性的形状接近于一斜线,如表 7.1 (c) 所示。

恒流带外拖特性。恒流带外拖特性的特点是在工作部分的恒流段,输出电流基本上不随输出电压变化。但在输出电压下降到一定值(外拖拐点)之后,外特性转折为缓降的外拖段,随着输出电压的下降,输出电流将有较大的增加。而且外拖拐点和外拖斜率往往可以调节。除表 7.1 (d) 之外,还有其他形式的外拖特性。

(2) 平特性。平特性可以分为两类:一种是在运行范围内,随着输出电流的增大,电弧电压接近于恒定不变(恒压特性)或者稍有下降,电压下降率应小于 7 V/100 A,如表 7.1 (e) 所示;另一种是在运行范围内,随着输出电流的增大电压稍有增高(有时称上升特性),电压上升率应小于 10 V/100 A,如表 7.1 (f) 所示。

(3) 双阶梯形特性。这种特性的电源用于脉冲电弧焊。维弧阶段工作于 L 形特性上,而脉冲阶段工作于倒 L 形特性上。由这两种外特性切换而成双阶梯形特性或称框形特性,如表 7.1 (g) 所示。

3) 对弧焊电源空载电压的要求

(1) 保证引弧容易。引弧时,焊条(焊丝)和工件接触,因二者表面往往有杂质,所以需要较高的空载电压才能将高电阻的接触面击穿,形成导电通路。同时将电极间空隙气体转化为导体也需要较高的空载电压。所以,空载电压越高越好。

(2) 保证电弧的稳定燃烧。为确保交流电弧的稳定燃烧,要求 $U_0 > (1.8 \sim 2.25) U_f$。

(3) 保证电弧功率稳定。为了保证电弧功率稳定,要求 $1.57 < U_0/U_f < 2.5$。

(4) 有良好的经济性。要保证电弧稳定性和引弧容易,应尽可能采用较高的空载电压。但空载电压越高,所需材料就越多,质量也就越大。同时还会增加能量的消耗,降低弧焊电源的效率。

(5) 保证人身安全。为了保证人身安全必须有节制地提高空载电压。

综上所述,在设计弧焊电源确定空载电压时,应在满足弧焊工艺需要、确保引弧容易和电弧稳定的前提下,尽可能采用较低的空载电压,以利于人身安全和提高经济效益。对于通用的交流和直流弧焊电源的空载电压规定如下。

交流弧焊电源。为了保证引弧容易和电弧的稳定燃烧,通常采用 $U_0 \geqslant (1.8 \sim 2.25) U_f$。

焊条电弧焊电源为 $U_0 = 55 \sim 70$ V;

埋弧自动焊电源为 $U_0 = 70 \sim 90$ V;

直流弧焊电源。直流电弧比交流电弧易稳定,但为了引弧容易,一般取接近交流弧焊电源的空载电压 $U_0 = 60 \sim 90$ V。

根据有关规定,当弧焊电源输入电压为额定值和在整个调整范围内时,空载电压应符合:

弧焊变压器 $U_0 \leqslant 80$ V;

弧焊整流器 $U_0 \leqslant 85$ V;

弧焊发电机 $U_0 \leqslant 100$ V。

表 7.1 弧焊电源外特性形状的分类及其应用范围

指标	外特性							
	下降特性			平特性			双阶形特性
图形	(a)	(b)	(c)	(d)	(e)	(f)	(g)
特征	在运行范围内 $I_f \approx$ 常数，又称垂直下降特性或恒流特性	$U=f(I)$图形接近 1/4 椭圆，又称缓降特性，其焊接电流变化较恒流特性大	在运行范围内 $u=XD$ 图形接近一斜线，又称下降特性	在运行范围内恒流带外拖，外拖的斜率和拐点可调节	在运行范围内 $U_p \approx$ 常数，又称恒压特性，有时电压稍有下降	在运行范围内随电流增加电压稍有增高，又称上升特性	由 L 形和 T 形外特性切换而成双阶梯外特性
一般适用范围	钨极脉冲氩弧焊、非熔化极等离子弧焊	一般焊条手弧焊、变速送丝埋弧焊	一般焊条手弧焊，特别适合立焊、仰焊、粗丝 CO_2 焊、埋弧焊	一般焊条手弧焊	等速送丝的粗细丝气体保护焊和细丝（直径∨3 mm）埋弧焊	等速送丝的细丝气体保护焊（包括水下焊）	熔化极脉冲弧焊、微机控制的脉冲自动弧焊

需注意，上述空载电压范围是对下降特性弧焊电源而言的。在一般情况下，用于熔化极自动、半自动弧焊的平特性弧焊电源，应有较低的空载电压，并且根据额定焊接电流的大小作相应选择；对一些专用弧焊电源，例如带有引弧装置的熔化极气体保护焊电源，它的空载电压应定得低些。

2. 对弧焊电源调节性能的要求

1）电源的调节性能

在焊接过程中，由于焊件的材质、厚度和坡口形式不同必须选取不同的焊接工艺参数，因此与电源有关的焊接参数——电弧电压和电弧电流必须具备调节的性能。

电弧电压和电流是由电弧静特性与电源外特性曲线相交点决定的。同时，对应于一定的弧长，只有一个稳定工作点。因此，为获得一定范围所需的焊接电流和电压，弧焊电源的外特性必须具有可调节性能，以便与电弧静特性曲线在许多点相交，得到一系列的稳定工作点。因此弧焊电源能够满足不同工作电压、电流的要求而具有的可调性能称为调节性能。

在稳定工作的条件下，电弧电流、电压、空载电压和等效电阻之间的关系：

$$U_f = U_o - I_f Z$$

式中：U_f 为电弧电压，V；U_o 为空载电压，V；I_f 为电弧电流，A；Z 为等效电阻，Ω。

显而易见，可以通过调节空载电压和等效电阻来调节焊接工艺参数（焊接电压和焊接电流），根据焊接方法的不同来选取不同的外特性调节方式。

（1）焊条电弧焊。在焊条电弧焊中所用电流 I_f 的调节范围不大，即使电弧电压不变，也能保证得到所需要的焊缝成形，所以在焊接不同厚度的工件时，电弧电压一般保持不变，只调节焊接电流。一般要求交流弧焊电源空载电压 $U_o = (1.8 \sim 2.25)U_f$。因为电弧电压不变，所以电源空载电压不必做相应的改变。焊条电弧焊常用的弧焊电源调节外特性方式如图 7.14（a）所示。但是，在小电流焊接时，电子热发射能力弱，需要借助电场作用才容易引弧。因此为了使电弧稳定，在小电流焊接时，需要较高的空载电压；在大电流焊接时，空载电压可以适当降低以提高功率因数，节省电能。

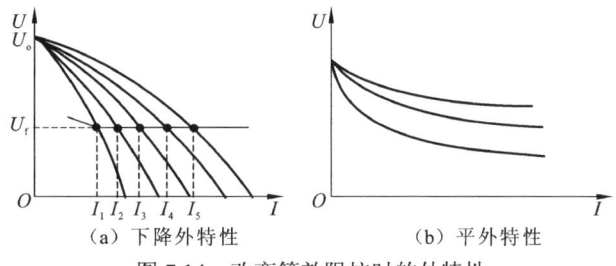

（a）下降外特性　　（b）平外特性

图 7.14　改变等效阻抗时的外特性

（2）埋弧焊。在埋弧焊中，一般当电弧电流增加时熔深随着增大，则要求增大电弧电压以使熔宽相应增加，从而保持合适的焊缝尺寸。当电弧电压增大时要求空载电压也增大以保持电弧的稳定。因此，宜采用如图 7.15 所示的调节外特性方式。

（3）等速送丝气体保护焊。电弧静特性为上升的熔化极气体保护焊可选用平外特性的弧焊电源和等速送丝的焊机，选用图 7.14（b）所示的外特性调节方式可使得电弧电压在较大范围调节时空载电压不变，从而保证电弧稳定。

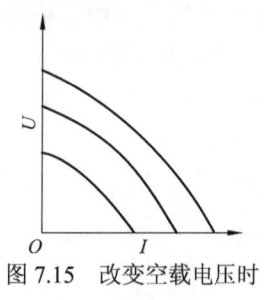

2）可调参数

（1）下降外特性弧焊电源的可调参数。

工作电流 I。它是在进行弧焊时的电弧电流或电源输出的电流。

工作电压 U_w。它是在焊接时，弧焊电源输出的负载电压。这时负载不仅包括电弧，还包括焊接回路的电缆在内。随着工作电流的增大，电缆上的压降也增大。为了保证一定的电弧电压，要求工作电压随工作电流增大。因而规定工作电压与工作电流的关系为缓升直线，称为负载特性。在国家标准中规定的有关焊接方法的负载特性如下。

图 7.15 改变空载电压时的下降外特性

焊条电弧焊和埋弧焊的负载特性：当 $I_f<600$ A，$U_w(V)=20+0.04I_f$；当 $I_t>600$ A，$U_w(V)=44$。

TIG 的负载特性：当 $I_f<600$ A，$U_w(V)=10+0.04I_f$；当 $I_f>600$ A，$U_w(V)=34$。

最大焊接电流 I_{fmax}。它是弧焊电源通过调节所能输出的与负载特性相应的上限电流。

最小焊接电流 I_{fmin}。它是弧焊电源通过调节所能输出的与负载特性相应的最小电流。

电流调节范围。它是在规定负载特性条件下，通过调节所能获得的焊接电流范围。通常要求：$I_{fmax}/I_e \geqslant 1.0$；$I_{fmin}/I_e \leqslant 0.20$，$I_e$ 为额定焊接电流。

（2）平外特性弧焊电源的可调参数。

工作电流 I_f。它是在进行弧焊时的电弧电流或电源输出的电流。

工作电压 U_w。它是在焊接时，弧焊电源输出的负载电压。规定的负载特性为：当 $I_f<600$ A，$U_w(V)=14+0.05I_f$；当 $I_f>600$ A，$U_w(V)=44$。

最大工作电压 U_{wmax}。焊接电源通过调节所能输出的，与规定负载特性相对应的最大电压。

最小工作电压 U_{wmin}。焊接电源通过调节所能输出的，与规定负载特性相对应的最小电压。

（3）弧焊电源的负载持续率与额定值。弧焊电源能输出多大功率与温升有密切关系。因为温升过高，弧焊电源的绝缘可能烧坏，甚至烧毁元件或整机。所以，在弧焊电源标准中对于不同绝缘级别，规定了相应的允许温升。

弧焊电源的温升除取决于焊接电流的大小以外，还取决于负荷的状态，即长时间连续通电还是间歇通电。对于不同负载状态，给弧焊电源规定了不同的输出电流。用负载持续率 FS 表述，即

$$FS = t/T \times 100\%$$

式中：T 为弧焊电源的工作周期（负载运行持续时间和休止时间之和）；t 为负载运行持续时间。

负载持续率额定级按国家标准新的规定有 35%、60% 和 100%。焊条电弧焊电源一般取 60%，自动焊电源取 60%或 100%。弧焊电源的额定电流 I_e 是指在规定环境条件下，按额定负载持续率 FS_e 规定的负载状态工作，而符合标准规定的温升限度下所输出的电流值，与额定电流相对应的工作电压称为额定电压 U_{we}。

FS、I_f 与 FS_e、I_e 之间的关系为

$$I_f^2 FS = I_e^2 FS_e$$

3. 对弧焊电源动特性的要求

1）焊条电弧焊和 CO_2 气体保护焊电源动特性和负载特点

弧焊电源的动特性是指，当电弧负载状态发生突然变化时，弧焊电源输出电压和电流的响应过程，可以用弧焊电源的输出电压和电流对时间的关系，即 $U_f=f(t)$、$I_f=f(t)$ 来表示。它说明弧焊电源对负载瞬变的适应能力。只有当弧焊电源的动特性合适，才能获得良好的引弧、燃弧和熔滴过渡状态，从而得到满意的焊缝质量。

对弧焊电源动特性的要求主要是针对采用短路过渡的熔化极电弧焊。因为在该焊接过程中电弧是动载，使弧焊电源常在空载、负载、短路三态之间转换，所以需要对弧焊电源的动特性有所要求。现在以焊条电弧焊和 CO_2 气体保护焊的熔滴过渡为例进行说明。

（1）焊条电弧焊。采用短路引弧，焊接开始焊条与焊件接触短路。此时弧焊电源电压迅速降至短路电压 U_d。与此同时，电流迅速增至最大值 I_{sd}，然后逐渐下降到稳态短路电流 I_{wd}。提起焊条，电源电压迅速上升，电流迅速下降，形成了电弧放电，这是引弧过程；在电弧稳定燃烧时，焊条端部形成熔滴并增大，电源电压逐渐下降，电流逐渐上升，这是燃弧过程；当熔滴使焊条和熔池短路时，电弧瞬时熄灭，电源电压下降，电流又上升至短路电流 I_{fd}，此时熔滴在重力和电磁收缩力下进入熔池，这是短路过程。待熔滴脱落，又重新进入引弧阶段。如此周而复始，出现循环过程：空载-短路-负载的引弧过程和负载-短路-负载的熔滴过渡过程。

（2）CO_2 气体保护焊。在焊接过程中，电弧引燃后焊丝端部形成熔滴并逐渐增大，直至电弧空隙短路。此时电弧瞬时熄灭，电压急剧下降，短路电流突然增大。熔滴在电磁收缩力作用下形成缩颈，并向熔池过渡。熔滴脱落后电压急剧增大，超过稳定电弧电压，并重新引弧，以后重复整个循环。

通过对两种弧焊方法的分析可知，随着电弧负载的变化，电源输出电压和电流响应过程的曲线就是电源的动特性。我们需要了解电源动特性对焊接过程的影响，对电源动特性规定若干指标，从而保证引弧容易、熔滴过渡良好。

2）焊条电弧焊对电源动特性的要求

（1）对瞬时短路电流峰值 I_{sd} 的要求。瞬时短路电流峰值是当焊接回路突然短路时，输出电流的峰值。一般考虑由空载到短路和负载到短路两种情况。由空载到短路时的 I_{sd} 值影响开始焊接的引弧过程。I_{sd} 太小，不利于热发射和热电离，使引弧困难；若此值太大，造成飞溅大甚至烧穿工件。对它的要求指标以其与稳态短路电流的比值 I_{sd}/I_{wd} 来衡量；由负载到短路的 I_{sd} 影响熔滴过渡的情况。I_{fd} 太大，使熔滴飞溅严重，使焊缝成形变坏，甚至引起工件烧穿、电弧不稳；I_{fd} 太小，造成功率不够，熔滴过渡困难。对它的指标要求以其与稳定工作电流之比 I_{fd}/I_f 来衡量。

（2）对恢复电压最低值的要求。用直流弧焊发电机进行焊条电弧焊开始引弧时，在焊条与工件被拉开后，也就是由短路到空载的过程，由于焊接回路中电感的影响，电源电压不能迅速恢复至空载电压，而是先出现一个峰值，紧接着下降到电压的最低值 U_{min}，然后再逐渐升高到空载电压。这个电压最低值就是恢复电压最低值。

根据有关规定，把对弧焊发电机和弧焊整流器动特性指标的要求分别列于表 7.2 和表 7.3。

表 7.2 弧焊发电机动特性指标

整定值	电流/A	额定电流		25%额定电流	
	电压/V	$U_w=(20+0.04I_f)$	20	$U_w=(20+0.04I_f)$	20
动特性要求	空载至短路，瞬时短路电流峰值对稳定短路电流之比值 I_{sd}/I_{wd}	≤2.5	—	≤3	—
	短路至空载，恢复电压最低值 U_{min}	≥30	—	≥20	—
	负载至短路，瞬时短路电流峰值对负载电流之比值 I_{fd}/I_f	—	≤2.5	—	≤3

表 7.3 弧焊整流器动特性指标

项目	额定值		指标
	电流/A	电压/V	
空载至短路 $\dfrac{I_{sd}}{I_{wd}}$	额定值	$U_w=(80+0.04I_f)$	≤3
	20%额定值		≤5.5
负载至短路 $\dfrac{I_{sd}}{I_f}$			≤1.5
	额定值		≤2.5
	20%额定值		≤3

7.3 焊条电弧焊

7.3.1 概述

焊条电弧焊是手工操作焊条进行焊接的一种电弧焊方法。焊条电弧焊时，在焊条末端和工件之间燃烧的电弧所产生的高温使焊条药皮与焊芯及工件熔化，熔化的焊芯端部迅速形成细小的金属熔滴，通过弧柱过渡到局部熔化的工件表面，融合一起形成熔池。药皮熔化过程中产生的气体和熔渣，不仅使熔池和电弧周围的空气隔绝，而且和熔化的焊芯、母材发生一系列冶金反应，保证所形成的焊缝的性能，随着电弧以一定的速度和弧长在工件上不断地前移，熔池液态金属不断的冷却结晶，形成焊缝。焊条电弧焊的过程如图 7.16 所示。

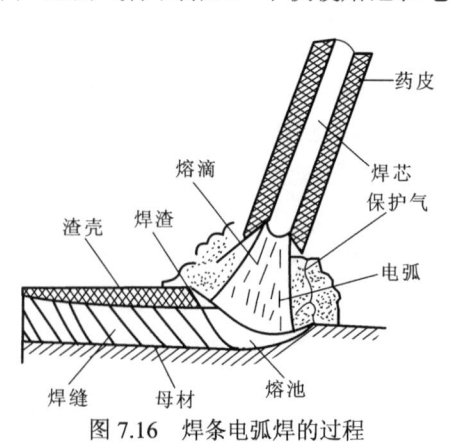

图 7.16 焊条电弧焊的过程

焊条电弧焊有以下优点。

（1）使用的设备结构简单，价格便宜，方便携带。焊接操作时不需要复杂的辅助设备，只需配备简单的辅助工具。因此，购置设备的投资少，而且维护方便，这是它广泛应用的原因之一。

（2）不需要辅助气体防护。焊条不但能提供填充金属，而且在焊接过程中能产生保护气体，并且具有较强的抗风能力。

（3）操作灵活，适应性强。焊条电弧焊适用于焊接单件或小批量的产品，短的和不规则的、空间任意位置的产品及其他不易实现机械化焊接的焊缝。凡是焊条能够达到的地方都能进行焊接。

（4）应用范围广，适用于大多数工业用的金属和合金的焊接。焊条电弧焊选用合适的焊条不仅可以焊接碳素钢、低合金钢，而且还可以焊接高合金钢和有色金属，不仅可以焊接同种金属，而且还可以焊接异种金属，还能进行铸铁焊补和各种金属材料的堆焊。

但是，焊条电弧焊有以下缺点。

（1）对焊工的操作要求高，焊工培训费用高。焊条电弧焊的焊接质量除了对设备、焊条、焊接工艺参数有要求外，主要靠焊工的操作技巧和经验，即焊条电弧焊的焊接质量在一定程度上取决于焊工操作的技术，因此必须经常进行焊工培训，所需要的培训费用很高。

（2）劳动条件差。焊条电弧焊接主要靠焊工的手工操作和眼睛观察全过程，并且处于高温烘烤和有毒烟尘环境中，劳动条件差，因此要注意劳动保护。

（3）生产效率低。焊条电弧焊主要靠手工操作，并且焊接工艺参数选择范围小，另外，焊接时要经常更换焊条，并且要进行焊渣的清理，与机械化焊接相比生产效率低。

（4）不适于特殊金属及薄板的焊接。对于活泼金属（如 Ti、Nb、Zr）和难熔金属（如 Ta、Mo），由于这些金属对氧的污染非常敏感，焊条的保护作用不足以防止这些金属氧化，保护效果不好，焊接质量很难达到要求，所以不能采用焊条电弧焊。对低熔点金属如 Pb、Sn、Zn 及其合金等，由于电弧的温度对其太高，所以也不能采用焊条电弧焊焊接。另外，焊条电弧焊的焊接工件厚度一般在 1.5 mm 以上、1 mm 以下的薄板不适于焊条电弧焊。

由于焊条电弧焊具备设备简单、操作方便、适应性强，能在空间任意位置焊接的特点，所以被广泛地应用于各个工业领域，是应用最广泛的焊接方法之一。

7.3.2 焊条电弧焊电弧的特性

1. 焊条电弧焊电弧的静特性

由于焊条电弧焊使用的焊接电流较小，特别是电流密度较小，所以焊条电弧焊电弧的静特性处于水平段，如图 7.17 所示。在焊条电弧焊电弧水平段区间，弧长基本保持不变时，若在一定范围内改变电流值，电弧电压几乎不发生变化，因而焊接电流在一定范围内变化时，电弧均稳定燃烧。

2. 电弧的温度分布

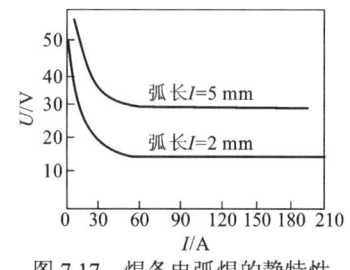

图 7.17 焊条电弧焊的静特性

焊条电弧焊电弧在焊条末端和工件间燃烧，焊条和工件都是电极，电弧阴、阳两极的最高温度接近于材料的沸点，焊接钢材时，阴极约 2 400 ℃，阳极约 2 600 ℃，电弧的温度为 6 000～7 000 ℃。随着焊接电流的增大，弧柱的温度也增高。因交流电弧两个电极的极性在不断地变化，故两个电极的平均温度是相等的，而直流电弧正极的温度比负极提高 200 ℃ 左右。

3. 电弧偏吹

焊接过程中，因气流干扰、磁场作用或焊条偏心等影响，使电弧中心偏离电极轴线的现象，称为电弧偏吹。

1）产生电弧偏吹的原因

（1）焊条偏心产生的偏吹。焊条的偏心度过大，造成焊条药皮较厚的一边比较薄的一边熔化时吸收的热量多，药皮较薄的一边很快熔化而使电弧外露，迫使电弧偏吹，如图 7.18 所示。

（2）电弧周围气流产生的偏吹。电弧周围气体流动过强也会产生偏吹。造成电弧周围气体流动过强的因素很多，主要是大气中的气流和热对流的作用。如在露天大风中焊接操作时，电弧偏吹就很严重；在管线焊接时，由于空气在管子中的流速较大，使电弧偏吹；如果对接接头的间隙较大，在热对流的影响下也会产生偏吹。

（3）工件焊接电弧的磁偏吹。直流电弧焊时，因受到焊接回路所产生的电磁力的作用而产生的电弧偏吹，称为焊接电弧磁偏吹。产生磁偏吹的原因有：①接地线位置不适当引起磁偏吹，如图 7.19 所示。通过焊件的电流在空间产生磁场，当焊条与焊件垂直时，电弧左侧的磁力线密度较大，而电弧右侧的磁力线稀疏，磁力线的不均匀分布致使密度大的一侧对电弧产生推力，使电弧偏离轴线。②不对称铁磁物质引起的磁偏吹，如图 7.20 所示。焊接时，在电弧一侧放置一块钢（导磁体）时，由于铁磁物质的导磁能力远远大于空气，铁磁物质侧的磁力线大部分都通过铁磁物质形成封闭曲线，致使电弧同铁磁物质之间的磁力线密度降低，所以在电磁力作用下电弧向铁磁物质一侧偏吹。③电弧运动至钢板的端部时引起磁偏吹，如图 7.21 所示。这是因为电弧到达钢板端头时导磁面积发生变化，引起空间磁力线靠近焊件边缘的地方密度增加，所以在电磁力作用下，产生了指向焊件内侧的磁偏吹。

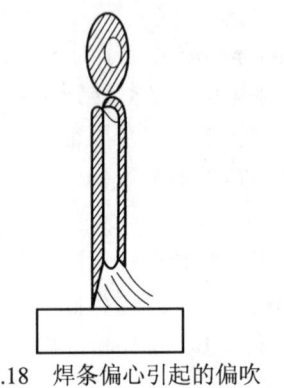

图 7.18 焊条偏心引起的偏吹

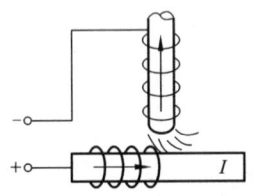

图 7.19 接地线位置不适当引起的磁偏吹

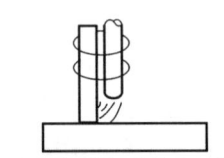

图 7.20 不对称铁磁物质基础引起的磁偏吹

2）防止电弧偏吹的措施

（1）焊接过程中遇到焊条偏心引起的偏吹，应立即停弧。如果偏心度较小，可转动焊条将偏心位置移到焊接前进方向，调整焊条角度后再施焊；如果偏心度较大，就必须更换新的焊条。

（2）焊接过程中若遇到气流引起的偏吹，要停止焊接，查明原因，采用遮挡等方法来解决。

（3）当发生磁偏吹时，可以将焊条向磁偏吹相反

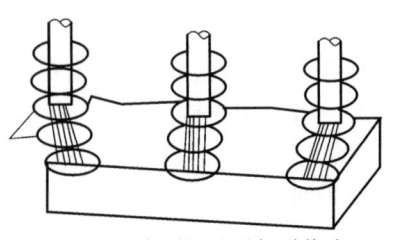

图 7.21 电弧运动引起磁偏吹

的方向倾斜，以改变电弧左右空间的大小，使磁力线密度趋于均匀，减小偏吹程度；改变接地线位置或在焊件两侧加接地线，可减少因导线接地位置引起的磁偏吹。因交流的电流和磁场的方向都是不断变化的，所以采用交流弧焊电源可防止磁偏吹。另外采用短弧焊，也可减小磁偏吹。

7.3.3 焊条电弧焊基础

1. 基本焊接电路

图 7.22 是焊条电弧焊的基本焊接电路。它由交流或直流弧焊电源、焊钳、电缆、焊条、电弧、工件及地线等组成。

用直流电源焊接时，工件和焊条与电源输出端正、负极的接法，称极性。工件接直流电源正极，焊条接负极时，称正接或负极性；工件接负极，焊条接正极时，称反接或正极性。无论采用正接还是反接，要从电弧稳定燃烧的条件来考虑。但用交流弧焊电源焊接时，极性在不断变化，所以不用考虑极性接法。

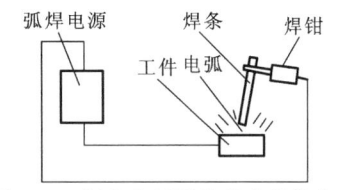

图 7.22 焊条电弧焊的基本焊接电路

2. 电源的选择

焊条电弧焊要求电源具有陡降的外特性、良好的动特性和合适的电流调节范围。选择焊条电弧焊电源应主要考虑这些因素：①所要求的焊接电流的种类；②所要求的电流范围；③弧焊电源的功率；④工作条件和节能要求等。

电流种类有交流、直流或交直两用，主要是根据所使用的焊条类型和所要焊接的焊缝形式进行选择。低氢钠型焊条必须选用直流弧焊电源，以保证电弧稳定燃烧。酸性焊条虽然交、直流均可使用，但一般选用结构简单且价格较低的交流弧焊电源。

3. 焊条的选择

焊条的基本特点及分类在本书 3.1 节中已介绍过，此处仅介绍焊条的选用原则。

焊条的种类繁多，每种焊条均有一定的特性和用途。选用焊条是焊接准备工作中一个很重要的环节。在实际工作中，除了要认真了解各种焊条的成分、性能及用途外，还应根据被焊焊件的状况、施工条件及焊接工艺等综合考虑。选用焊条一般考虑以下原则。

（1）焊接材料的力学性能和化学成分。

a. 对于普通结构钢，通常要求焊缝金属与母材等强度，应选用抗拉强度等于或稍高于母材的焊条。

b. 对于合金结构钢，通常要求焊缝金属的主要合金成分与母材金属相同或相近。

c. 在被焊结构刚性大、接头应力高、焊缝容易产生裂纹的情况下，可以考虑选用比母材强度低一级的焊条。

d. 当母材中 C 及 S、P 等元素含量偏高时，焊缝容易产生裂纹，应选用抗裂性能好的低氢型焊条。

（2）焊件的使用性能和工作条件。

a. 对承受动载荷和冲击载荷的焊件，除满足强度要求外，还要保证焊缝具有较高的韧性和塑性，应选用塑性和韧性指标较高的低氢型焊条。

b. 接触腐蚀介质的焊件，应根据介质的性质及腐蚀特征，选用相应的不锈钢焊条或其他耐腐蚀焊条。

c. 在高温或低温条件下工作的焊件，应选用相应的耐热钢或低温钢焊条。

（3）焊件的结构特点和受力状态。

a. 对结构形状复杂、刚性大及厚度大的焊件，由于焊接过程中产生很大的应力，容易使焊缝产生裂纹，应选用抗裂纹性能好的低氢型焊条。

b. 对焊接部位难以清理干净的焊件，应选用氧化性强，对铁锈、氧化皮、油污不敏感的酸性焊条。

c. 对受条件限制不能翻转的焊件，有些焊缝处于非平焊位置，应选用全位置焊接的焊条。

（4）施工条件及设备。

a. 在没有直流电源，而焊接结构又要求必须使用低氢型焊条的场合，应选用交、直流两用低氢型焊条。

b. 在狭小或通风条件差的场所，应选用酸性焊条或低尘焊条。

（5）改善操作工艺性能。

在满足产品性能要求的条件下，尽量选用电弧稳定、飞溅少、焊缝成形均匀整齐、容易脱渣的工艺性能好的酸性焊条。焊条工艺性能要满足施焊操作需要。如在非水平位置施焊时，应选用适于各种位置焊接的焊条。如在向下立焊、管道焊接、底层焊接、盖面焊、重力焊时，可选用相应的专用焊条。

（6）合理的经济效益。

在满足使用性能和操作工艺的条件下，尽量选用成本低、效率高的焊条。对于焊接工作量大的结构，应尽量采用高效率焊条，如铁粉焊条、高效率不锈钢焊条及重力焊条等，以提高焊接生产率。

4. 接头形式

焊条电弧焊常用的基本的接头形式有对接、搭接、角接和T形接头，如图7.23所示。选择接头形式时，主要根据产品的结构，并综合考虑受力条件、加工成本等因素。对接与搭接相比，具有受力简单均匀、节省金属等优点，故应用最多。但对接接头对下料尺寸和组装要求比较严格。

（a）对接接头　　（b）角接接头　　（c）搭接接头　　（d）T形接头

图7.23　接头的基本形式

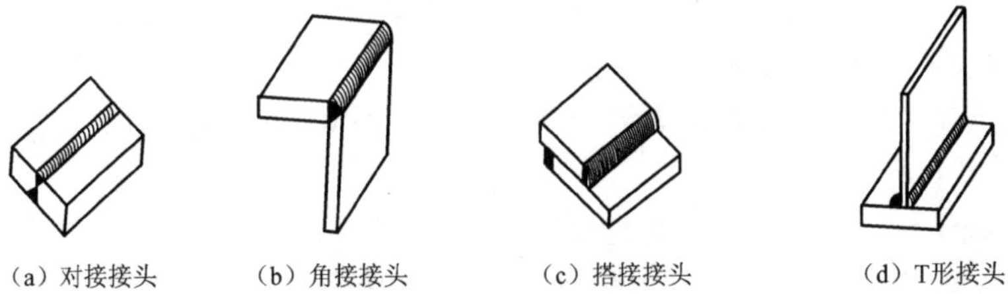

5. 坡口形式

根据设计或工艺需要，将焊件的待焊部位加工成一定几何形状，经装配后构成的沟槽称为坡口。利用机械（剪切、刨削或车削）、火焰或电弧（碳弧气刨）等加工坡口的过程称为开坡口。开坡口使电弧能深入坡口底层，保证底层焊透，便于清渣，获得较好的焊缝成形，还能调节焊缝金属中母材和填充金属的比例。

弧焊的坡口形式应根据焊件结构形式、厚度和技术要求选用，常用的坡口形式有I形、V形、X形、Y形、双Y形、U形坡口带钝边等。一般对接接头板厚1～6 mm时，用I形坡口采用单面焊或双面焊即可保证焊透；板厚23 mm时，为了保证焊缝有效厚度或焊透，改善焊缝成形，可加工成Y形、X形、U形等各种形状的坡口。

在板厚相同时，双面坡口比单面坡口、U形坡口比V形坡口消耗焊条少，焊接变形小，随着板厚增大，这些优点更加突出。但U形坡口加工较困难，坡口加工费用较高，一般用于较重要的结构。

当不同厚度的钢板对接时，应按有关标准和技术文件的要求对厚钢板坡口侧进行削薄处理。

坡口形式及其尺寸一般随板厚而变化，同时还与焊接方法、焊接位置、热输入量、坡口加工方法以及工件材质等有关。

6. 焊接位置

熔焊时，焊件接缝所处的空间位置称为焊接位置。按焊缝空间位置的不同可分为平焊、立焊、横焊和仰焊等，如图7.24所示。

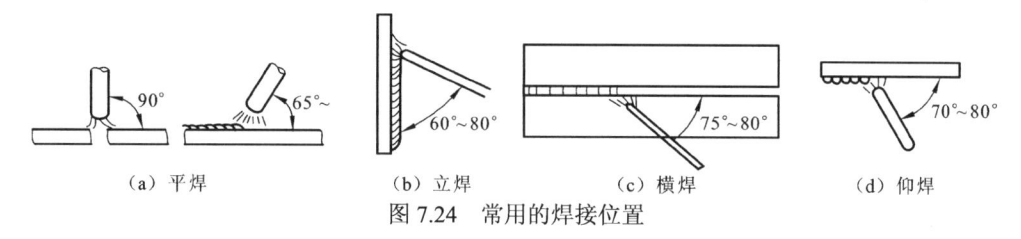

（a）平焊　　（b）立焊　　（c）横焊　　（d）仰焊

图7.24　常用的焊接位置

水平固定管的对接焊缝，包括了平焊、立焊和仰焊等焊接位置。类似这样的焊接位置施焊时，称为全位置焊接。

在平焊位置施焊时，熔滴可借助重力落入熔池。熔池中气体、熔渣容易浮出表面。所以，平焊可以用较大电流焊接，生产率高，焊缝成形好，焊接质量容易保证，劳动条件较好。一般应尽量在平焊位置施焊。当然，在其他位置施焊，也能保证焊接质量，但对焊工操作技术要求较高，劳动条件较差。

7.3.4　焊接工艺参数

焊接工艺参数是指焊接时，为保证焊接质量而选定的诸物理量（例如焊接电流、电弧电压、焊接速度、热输入等）的总称。焊条电弧焊的焊接工艺参数主要包括焊条直径、焊接电流、电弧电压、焊接速度和预热温度等。

1. 焊条直径

焊条直径是根据焊件厚度、焊接位置、接头形式、焊接层数等进行选择的。

厚度较大的焊件，搭接和T形接头的焊缝应选用直径较大的焊条。对于小坡口焊件，为了保证底层的熔透，宜采用较细直径的焊条，如打底焊时一般选用ϕ2.5 mm或ϕ3.2 mm焊条。

不同的位置，选用的焊条直径也不同，通常平焊时选用较粗的ϕ4.0～6.0mm的焊条，立焊和仰焊时选用ϕ3.2～4.0mm的焊条；横焊时选用ϕ3.2～5.0mm的焊条。对于特殊钢材，需要小工艺参数焊接时可选用小直径焊条。

根据工件厚度选择时，可参考表7.4。对于重要结构应根据规定的焊接电流范围（根据热输入确定）参照表7.5 焊接电流与焊条直径的关系来决定焊条直径。

表7.4 焊条直径与焊件厚度的关系

焊件厚度/mm	焊条直径/mm
2	2
3	3.2
4～5	3.2～4
6～12	4～5
>13	4～6

表7.5 各种直径焊条使用电流参考值

焊条直径/mm	焊接电流/A
1.6	25～40
2.0	40～60
2.5	50～80
3.2	100～130
4.0	160～210
5.0	200～270
5.8	260～300

2. 焊接电流

焊接电流是焊条电弧焊的主要工艺参数，焊工在操作过程中需要调节的只有焊接电流，而焊接速度和电弧电压都是由焊工控制的。焊接电流的选择直接影响着焊接质量和劳动生产率。

焊接电流越大，熔深越大，焊条熔化越快，焊接效率也越高。但是当焊接电流太大时，飞溅和烟雾大，焊条尾部易发红，部分涂层要失效或崩落，而且容易产生咬边、焊瘤、烧穿等缺陷，增大焊件变形，还会使接头热影响区晶粒粗大，焊接接头的韧性降低；当焊接电流太小时，则引弧困难，焊条容易粘连在工件上，电弧不稳定，易产生未焊透、未熔合、气孔和夹渣等缺陷，且生产率低。

因此，选择焊接电流时，应根据焊条类型、焊条直径、焊件厚度、接头形式、焊缝位置及焊接层数来综合考虑。首先应保证焊接质量，其次应尽量采用较大的电流，以提高生产效率。板厚较大的T形接头和搭接接头，在施焊环境温度低时，由于导热较快，所以焊接电流要大一些。但要考虑下面几点因素。

（1）焊条直径。焊条直径越粗，熔化焊条所需的热量越大，必须增大焊接电流。每种焊条都有一个最合适电流范围，表7.5是常用的各种直径焊条使用电流参考值。

当使用碳钢焊条焊接时，还可以根据选定的焊条直径，用下面的经验公式计算焊接电流：

$$I = dK$$

式中：I为焊接电流，A；d为焊条直径，mm；K为经验系数，A/cm，如表7.6所示。

表 7.6 焊接电流经验系数与焊条直径的关系

焊条直径 d/mm	经验系数 K/（A/cm）
1.6	20～25
2～2.5	25～30
3.2	30～40
4～6	40～50

（2）焊接位置。在平焊位置焊接时，可选择偏大的焊接电流，非平焊位置焊接时，为了易于控制焊缝成形，焊接电流比平焊位置小 10%～20%。

（3）焊接层次。通常焊接打底焊道时，为保证背面焊道的质量，使用的焊接电流较小；焊接填充焊道时，为提高效率，保证熔合好，使用较大的电流；焊接盖面焊道时，为防止咬边和保证焊道成形美观，使用的电流稍小些。

焊接电流一般可根据焊条直径进行初步选择，焊接电流初步选定后，要经过试焊，检查焊缝成形和缺陷，才可确定。对于有力学性能要求的如锅炉、压力容器等重要结构，要经过焊接工艺评定合格以后，才能最后确定焊接电流等工艺参数。

3. 电弧电压

当焊接电流调好以后，焊机的外特性曲线就确定了。实际上电弧电压主要是由电弧长度来决定的。电弧长，电弧电压高，反之则低。焊接过程中，电弧不宜过长，否则会出现电弧燃烧不稳定、飞溅大、熔深浅及产生咬边、气孔等缺陷；若电弧太短，容易粘焊条。一般情况下，电弧长度等于焊条直径的 0.5～1.0 倍为好，相应的电弧电压为 16～25 V。碱性焊条的电弧长度不超过焊条的直径，为焊条直径的一半较好，尽可能地选择短弧焊；酸性焊条的电弧长度等于焊条直径。

4. 焊接速度

焊条电弧焊的焊接速度是指焊接过程中焊条沿焊接方向移动的速度，即单位时间内完成的焊缝长度。焊接过快会造成焊缝变窄，严重凸凹不平，容易产生咬边及焊缝波形变尖；焊接速度过慢会使焊缝变宽，余高增加，功效降低。焊接速度还直接决定着热输入量的大小，一般根据钢材的淬硬倾向来选择。

5. 焊缝层数

厚板的焊接，一般要开坡口并采用多层焊或多层多道焊。多层焊和多层多道焊接头的显微组织较细，热影响区较窄。前一条焊道对后一条焊道起预热作用，而后一条焊道对前一条焊道起热处理作用。因此，接头的延性和韧性都比较好。特别是对于易淬火钢，后焊道对前焊道的回火作用，可改善接头的组织和性能。

对于低合金高强钢等钢种，焊缝层数对接头性能有明显影响。焊缝层数少，每层焊缝厚度太大时，由于晶粒粗化，将导致焊接接头的延性和韧性下降。

6. 热输入

熔焊时，由焊接能源输入给单位长度焊缝上的热量称为热输入。其计算公式为

$$Q = \frac{\eta I U}{v}$$

式中：Q 为单位长度焊缝的热输入，J/cm；I 为焊接电流，A；U 为电弧电压，V；v 为焊接速度，cm/s；η 为热效率系数，焊条电弧焊的 η 为 0.7~0.8。

热输入对低碳钢焊接接头性能的影响不大，因此，对于低碳钢焊条电弧焊一般不规定热输入。对于低合金钢和不锈钢等钢种，热输入太大时，接头性能可能降低；热输入太小时，有的钢种焊接时可能产生裂纹。因此，焊接工艺规定热输入。焊接电流和热输入规定之后，焊条电弧焊的电弧电压和焊接速度就间接地大致确定了。

一般要通过试验来确定既可不产生焊接裂纹、又能保证接头性能合格的热输入范围。允许的热输入范围越大，越便于焊接操作。

7. 预热温度

预热是焊接开始前对被焊工件的全部或局部进行适当加热的工艺措施。预热可以减小接头焊后冷却速度，避免产生淬硬组织，减小焊接应力及变形。它是防止产生裂纹的有效措施。对于刚性不大的低碳钢和强度级别较低的低合金钢的一般结构，一般不必预热。但对刚性大的或焊接性差的容易产生裂纹的结构，焊前需要预热。

预热温度根据母材的化学成分、焊件的性能、厚度、焊接接头的拘束程度和施焊环境温度及有关产品的技术标准等条件综合考虑，重要的结构要经过裂纹试验确定不产生裂纹的最低预热温度。预热温度选得越高，防止裂纹产生的效果越好；但超过必需的预热温度，会使熔合区附近的金属晶粒粗化，降低焊接接头的质量，劳动条件也将会更加恶化。整体预热通常用各种炉子加热，局部预热一般采用气体火焰加热或红外线加热。预热温度常用表面温度计测量。

8. 后热与焊后热处理

焊后立即对焊件的全部（或局部）进行加热或保温，使其缓冷的工艺措施称为后热。后热的目的是避免形成硬脆组织及使扩散氢逸出焊缝表面，从而防止产生裂纹。

焊后为改善焊接接头的显微组织和性能或消除焊接残余应力而进行的热处理称为焊后热处理。焊后热处理的主要作用是消除焊件的焊接残余应力，降低焊接区的硬度，促使扩散氢逸出，稳定组织及改善力学性能、高温性能等。因此，选择热处理温度时要根据钢材的性能、显微组织、接头的工作温度、结构形式、热处理目的来综合考虑，并通过显微金相和硬度试验来确定。

对于易产生脆断和延迟裂纹的重要结构，尺寸稳定性要求高的结构以及有应力腐蚀的结构，应考虑进行消除应力退火；对于锅炉、压力容器，则有专门的规程规定，厚度超过一定限度后要进行消除应力退火。消除应力退火的温度按有关规程或资料根据结构材质确定，必要时要经过试验确定。

重要的焊接结构，如锅炉、压力容器等，所制定的焊接工艺需要进行焊接工艺评定，按所设计的焊接工艺而焊接的试板的焊接质量和接头性能达到技术要求后，才予正式确定。焊接施工时，必须严格按规定的焊接工艺进行，不得随意更改。

7.3.5 焊条电弧焊常见的缺陷及防止措施

焊条电弧焊常见的焊接缺陷有焊缝形状缺陷、气孔、夹渣和裂纹等。焊接缺陷会导致应力集中，承载能力降低，使用寿命缩短，甚至造成脆断。一般技术规程规定：不允许有裂纹、未焊透、未熔合和表面夹渣等；咬边、内部夹渣和气孔等缺陷不能超过一定的允许值；对于超标缺陷必须进行彻底去除和焊补。

1. 焊缝形状缺陷及防止措施

焊缝的形状缺陷有：焊缝尺寸不符合要求、咬边、底层未焊透、未熔合、烧穿、焊瘤、弧坑、电弧擦伤、飞溅等。产生的原因和防止方法如下。

（1）焊缝尺寸不符合要求。焊缝尺寸不符合要求主要指焊缝余高及余高差、焊缝宽度及宽度差、错边量、焊后变形量等不符合标准规定的尺寸，焊缝高低不平，宽窄不齐，变形较大等，如图 7.25 所示。焊缝宽度不一致，除了造成焊缝成形不美观外，还影响焊缝与母材的结合强度；焊缝余高过大，造成应力集中，而焊缝低于母材，则得不到足够的接头强度；错边和变形过大，则会使传力扭曲及产生应力集中，造成强度下降。

产生的原因是坡口角度不当或钝边及装配间隙不均匀；焊接工艺参数选择不合理；焊工的操作技能较低等。预防措施是：选择适当的坡口角度和装配间隙；提高装配质量；选择合适的焊接工艺参数；提高焊工的操作水平等。

（2）咬边。由于焊接工艺参数选择不正确或操作工艺不正确，在沿着焊趾的母材部位烧熔形成的沟槽或凹陷称为咬边，如图 7.26 所示咬边不仅减弱了焊接接头的强度，而且因应力集中容易引发裂纹。

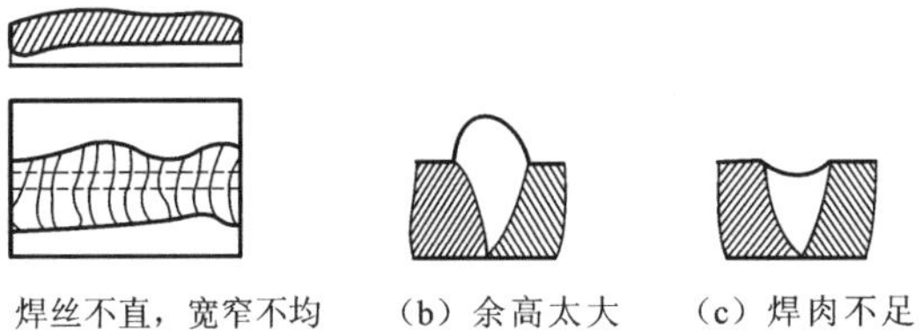

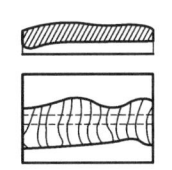

（a）焊丝不直，宽窄不均　（b）余高太大　（c）焊肉不足

图 7.25　焊缝尺寸不符合要求

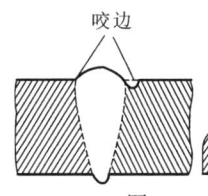

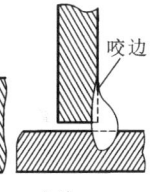

图 7.26　咬边

产生的原因主要是电流过大，电弧过长，焊条角度不正确，运条方法不当等。防止措施是：焊条电弧焊焊接时要选择合适的焊接电流和焊接速度，电弧不能拉得太长，焊条角度要适当，运条方法要正确。

（3）未焊透。未焊透是指焊接时焊接接头底层未完全熔透的现象，如图 7.27 所示。未焊透处会造成应力集中，并容易引起裂纹，重要的焊接接头不允许有未焊透。

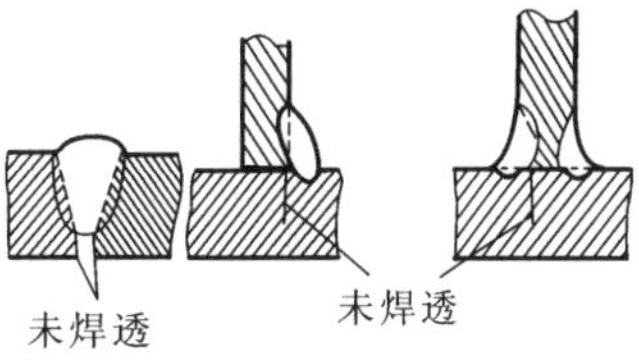

图 7.27　未焊透

焊条电弧焊未焊透的原因是坡口角度或间隙过小、钝边过大，焊接工艺参数选用不当或装配不良，焊工操作技术不良。预防措施是：正确选用和加工坡口尺寸，合理装配，保证间隙，选择合适的焊接电流和焊接速度，提高焊工的操作技术水平。

（4）未熔合。未熔合是指熔焊时，焊道与母材之间或焊道与焊道之间，未完全熔化结合的部分，如图 7.28 所示。未熔合直接降低了接头的力学性能，严重的未熔合会使焊接结构根本无法承载。

产生原因主要是焊接热输入太低，电弧指向偏斜，坡口侧壁有锈垢及污物，层间清渣不彻底等。防止措施是正确选择焊接工艺参数，认真操作，加强层间清理等。

（5）焊瘤。焊瘤是指焊接过程中熔化金属流淌到焊缝之外未熔化的母材上所形成的金属瘤，如图 7.29 所示。焊瘤不仅影响了焊缝的成形，而且在焊瘤的部位往往还存在夹渣和未焊透。

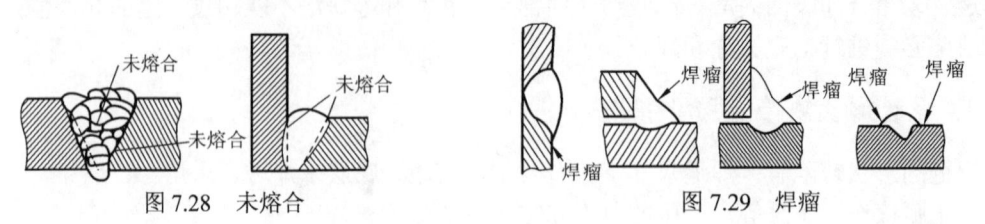

图 7.28 未熔合

图 7.29 焊瘤

焊瘤是由于熔池温度过高，液体金属凝固较慢，在自重的作用下形成的。防止措施是：焊条电弧焊时根据不同的焊接位置要选择合适的焊接工艺参数，严格地控制熔池的大小。

（6）弧坑。焊缝收尾处产生的下陷部分叫作弧坑。弧坑不仅使该处焊缝的强度严重削弱，而且由于杂质的集中，会产生弧坑裂纹。产生原因主要是熄弧停留时间过短，薄板焊接时电流过大。阻止措施是：焊条电弧焊接时焊条应在熔池处稍做停留或做环形运条，待熔池金属填满后再引向一侧熄弧。

2. 气孔、夹杂和夹渣及防止措施

（1）气孔。焊接时，熔池中的气体在凝固时未能逸出而残留下来所形成的空穴称为气孔，如图 7.30 所示。气孔是一种常见的焊接缺陷，分为焊接内部气孔和外部气孔。气孔有圆形、椭圆形、虫形、针状形和密集型等多种，气孔的存在不但会影响焊缝的致密度，而且将减少焊缝的有效面积，降低焊缝的力学性能。

产生原因：焊件表面和坡口处有油、锈、水分等污物存在；焊条药皮受潮，使用前没有烘干；焊接电流太小或焊接速度过快；电弧过长或偏吹，熔池保护效果不好，空气侵入熔池；焊接电流过大，焊条发红、药皮提前脱落，失去保护作用；运条方法不当，如收弧动作太快，易产生缩孔，接头引弧动作不正确，易产生密集气孔等。

防止措施：焊前将坡口两侧 20～30 mm 的油污、锈、水分清除干净；严格地按焊条说明书规定的温度和时间烘焙；正确地选择焊接工艺参数，正确操作；尽量采用短弧焊接，野外施工要有防风设施；不允许使用失效的焊条，如焊芯锈蚀，药皮开裂、剥落，偏心度过大等。

（2）夹杂和夹渣。夹杂是残留在焊缝金属中由冶金反应产生的非金属夹杂和氧化物。夹渣是残留在焊缝中的熔渣，如图 7.31 所示。夹渣可分为点状夹渣和条状夹渣两种。夹渣削弱了焊缝的有效断面，从而降低了焊缝的力学性能，夹渣还会引起应力集中，容易使焊接结构在承载时遭受破坏。

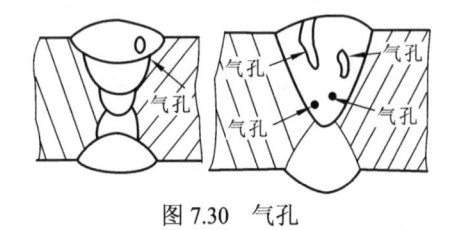

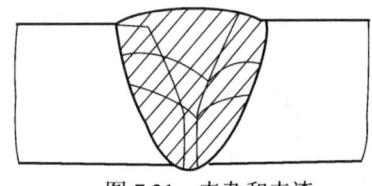

图 7.30 气孔

图 7.31 夹杂和夹渣

产生原因：焊接过程中的层间清渣不净；焊接电流太小；焊接速度太快；焊接过程中操作不当；焊接材料与母材化学成分匹配不当；坡口设计加工不合适等。

防止措施：选择脱渣性能好的焊条；认真地清除层间熔渣；合理地选择焊接参数；调整焊条角度和运条方法。

3. 裂纹产生的原因及防止措施

裂纹按其产生的温度和时间的不同分为冷裂纹、热裂纹和再热裂纹；按其产生的部位不同分为纵裂纹、横裂纹、焊根裂纹、弧坑裂纹、熔合线裂纹及热影响区裂纹等，裂纹是焊接结构中最危险的一种缺陷，甚至可能引起严重的生产事故。

焊接裂纹的特征和产生机理已在前面 6.2.3 节中进行详细论述，此处不再赘述，仅介绍相关裂纹的主要防止措施。

（1）热裂纹：严格地控制钢材及焊接材料的 S、P 等有害杂质的含量，降低热裂纹的敏感性；调节焊缝金属的化学成分，改善焊缝组织，细化晶粒，提高塑性，减少或分散偏析程度；采用碱性焊条，降低焊缝中杂质的含量，改善偏析程度；选择合适的焊接工艺参数，适当地提高焊缝成形系数，采用多层多道排焊法；断弧时采用与母材相同的引弧板，或逐渐灭弧，并填满弧坑，避免在弧坑处产生热裂纹。

（2）冷裂纹：选用碱性低氢焊条，使用前严格按照使用说明书的规定进行烘焙，焊前清除焊件上的油污、水分，减少焊缝中氢的含量；选择合理的焊接工艺参数和热输入，减少焊缝的淬硬倾向；焊后立即进行消氢处理，使氢从焊接接头中逸出；对于淬硬倾向高的钢材，焊前预热、焊后及时进行热处理，改善接头的组织和性能；采用降低焊接应力的各种工艺措施。

（3）再热裂纹：在满足设计要求的前提下，选择低强度的焊条，使焊缝强度低于母材，应力在焊缝中松弛，避免热影响区产生裂纹；尽量减少焊接残余应力和应力集中；控制焊接热输入，合理地选择热处理温度，尽可能地避开敏感区范围的温度。

7.4 钨极氩弧焊

7.4.1 概述

氩弧焊是使用氩气作为保护气体的一种电弧焊方法。在氩弧焊应用中，根据所采用的电极类型，分为钨极惰性气体保护焊和熔化极惰性气体保护焊两大类。其中，钨极惰性气体保护焊又称为非熔化极氩弧焊。

1. 氩气保护的特点

氩气是一种无色无味的惰性气体，它的密度比空气约大 25%。氩气是一种稀有气体，作为焊接保护气一般要求氩气的纯度要达到 99.9%～99.999%。采用氩气作为保护气体时有如下特点。

（1）几乎可以焊接所有金属。氩气是惰性气体，它既不与金属起化学反应，又不溶于金属，因此在焊接过程中没有合金元素的氧化烧损，所以特别适合于焊接 Al、Mg、Ti 等活泼金属，以及 Mo、Zr、Nb 等难熔金属。

（2）引弧困难。氩气和其他气体相比其电离能较大，不易电离，增加了引弧困难。但是，电弧一旦引燃后燃烧十分稳定。这是因为氩是单原子气体,在高温下不解离吸热,而且它的热导率小,散热能力差,对电弧的冷却作用小。电弧在氩气中燃烧时,弧柱发散,电场强度低,在所有的电弧焊方法中氩弧焊的电弧稳定性是最好的。

(3) 存在较强的阴极清理作用。在焊接 Al、Mg 及其合金时,由于这些材料比较活泼,易形成一层高熔点的氧化膜(如 Al_2O_3 的熔点为 2 050 ℃,而 Al 的熔点只有 658 ℃)覆盖在熔池的表面和坡口边缘。若不把这些氧化膜去除,必然会造成熔合不良、夹渣等焊接缺陷。采用氩气作为保护气,当工件为负极时,因为金属氧化膜的电子逸出功小,容易发射电子形成阴极斑点。在阴极斑点处:一方面要受到质量很大的氩正离子的高速撞击;另一方面斑点处的电流密度大,温度高。在这两方面的作用下,氧化膜将被破坏和清除,这就是阴极清理作用,又被称为阴极雾化或阴极破碎作用。

(4) 严格的焊前清理。氩弧焊时不能通过冶金反应来去除进入到焊接区的 H、O 等元素的有害作用,因此,氩弧焊的抗气孔能力较差。这就要求在焊前对填充焊丝、工件的坡口及坡口两侧 20 mm 范围内的油、锈等进行严格清理。清理方法除机械清理外,有时还要采用化学清理。

2. 氩弧焊的应用

氩弧焊几乎可以焊接所有的金属材料,被广泛用于飞机制造、原子能、化工、纺织等工业中。由于氩气的价格较高,同其他的电弧焊方法相比,氩弧焊的焊接成本高。氩弧焊主要用来焊接 Al、Mg、Ti 及其合金等活泼金属,不锈钢、耐热钢、铜合金等高合金钢和有色金属及 Mo、Zr、Nb 等难熔活性金属。此外,随着经济和技术的发展,对于某些低碳钢、低合金钢材料,如重要的锅炉、压力容器等对焊缝质量要求较高的封底焊缝,或对外观质量要求较高的产品也都采用了氩弧焊的方法。

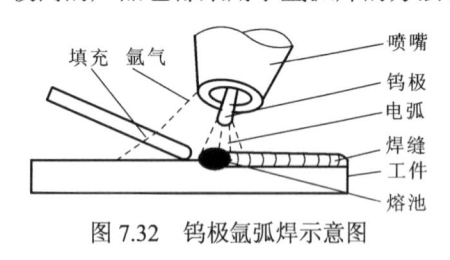

钨极氩弧焊通常又叫作氩弧 TIG。它以燃烧于非熔化电极与焊件间的电弧作为热源,电极和电弧区及熔化金属都用一层氩气保护,使之与空气隔离,如图 7.32 所示。在焊接过程中可以填丝也可以不填丝,填丝时应从钨极前方沿熔池边缘送进。焊接过程中可用手工进行,也可以自动化,前一种应用更为广泛。

图 7.32 钨极氩弧焊示意图

7.4.2 电极材料的选择

1. 钨极的选择

在 TIG 工艺中,用什么钨极材料作电极是一个很重要的问题,它对电弧的稳定燃烧和焊接质量都有很大的影响。选择电极材料一般要求如下几点。

(1) 耐高温。在焊接过程中本身不熔化,以提高钨极的使用寿命。

(2) 有较强的电子发射能力。TIG 的引弧与稳弧性能直接受到电极的发射电子能力的影响。其发射电子的能力取决于材料的电子逸出功(W_w),通常亦以 $W_w/e = U_w(V)$ 逸出电压来衡量逸出功的大小。逸出电压越高,发射电子的能力越差。纯钨的逸出电压较高(4.54 V),所以用纯钨作电极材料不够理想。实践指出,若在纯钨中加入少量电子发射能力很强的稀土元素或氧化物,则可明显地降低材料的逸出电压。目前国内普遍使用的钍钨极就是在钨中加入质量分数为 1%～2%的氧化钍（ThO₂）制成的。由于加入氧化钍，其逸出功大大降低（2.63 V），电子发射能力显著增强，使电极的载流能力增强，减少了电极的烧损，容易引弧和稳弧。但是，钍是一种放射性元素，即使只含少量钍，若不注意防护也会损害人的身体健康。现在大量使用的是铈钨极（牌号 WCe-20），它是在钨中加入质量分数为 2.0%的 CeO。经试验证明，铈钨极性能基本能满足氩弧焊要求，而且在某些方面还优于钍钨极，具体表现为

① 在相同的焊接参数下，弧束较细长，光亮带较窄，使温度更集中；
② 最大的许用电流可增加 5%～8%；
③ 电极的烧损率下降，使用寿命延长；
④ 采用直流电源时，阴极压降降低 10%，比钍钨极更容易引弧，电弧的稳定性好。

2. 电流容量

钨极的载流能力虽与电极材料有很大关系，但也受其他许多因素的影响，如电流的种类和极性、电极的伸出长度等。对于一定直径的钨极都存在一个允许使用的极限电流。当使用电流超过极限电流时，会引起电极的严重烧损。钨极直径与使用电流的关系如表 7.7 所示。

表 7.7 钨极直径与使用电流的关系

电极直径 /mm	直流/A 正接（电极-） 纯钨	直流/A 正接（电极-） 钍钨、铈钨	直流/A 反接（电极+） 纯钨	直流/A 反接（电极+） 钍钨、铈钨	交流/A 纯钨	交流/A 钍钨、铈钨
0.5	2～20	2～20	—	—	2～15	2～15
1.0	10～75	10～75	—	—	15～55	15～70
1.6	40～130	60～150	10～20	10～20	45～90	60～125
2.0	75～180	100～200	15～25	15～25	65～125	85～160
2.5	130～230	170～250	17～30	17～30	80～140	120～210
3.2	160～310	225～330	20～35	20～35	150～190	150～250
4.0	275～450	350～480	35～50	35～50	180～260	240～350
5.0	400～625	500～675	50～70	50～70	240～350	330～460
6.3	550～675	650～950	65～100	65～100	300～450	430～575
8.0	—	—	—	—	—	650～830

钨极端部形状对电弧的稳定性也有较大的影响，如端面凹凸不平，则产生的电弧飘摆不定且不集中，影响电弧的稳定性。因此钨极端部必须磨光。不同直径的电极其端部形状也不同。一般钨极直径较小时，使用的电流也较小，为了保证电弧容易引燃和稳定，其端部应磨成 θ<20°的尖锥角，如图 7.33（a）所示。当直径较大时，情况就要发生变化。若仍采用尖锥角，就会导致电极发生严重烧损，所以，当直径较大时，钨极端部一般磨成平底锥形，如图 7.33（b）所示。

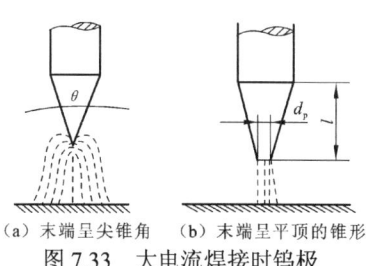

（a）末端呈尖锥角　（b）末端呈平顶的锥形
图 7.33 大电流焊接时钨极末端形状对弧态的影响

7.4.3 电流种类和极性的选择

TIG 可以使用交流、直流和脉冲电源，以适应不同材料焊接的要求。表 7.8 为焊接材料与电源类别和极性选择的关系。由表 7.8 可以看出，除铝、镁及其合金外，其他金属材料一般都选用直流正接为好，交流次之。在 TIG 中虽很少应用直流反接，但我们对它还是要进行一定的研究，因为它有去除氧化膜的作用，即阴极清理作用。实践证明，直流反接时，在电弧的作用下可以清除掉被焊金属的表面氧化膜，这样就可以得到光亮美观的表面，焊缝成形也良好。据相关资料介绍，电弧总热量的三分之二产生在阳极，三分之一热量产生在阴极。所以一般金属焊接，若采用直流反接，则会导致钨极烧损严重，使钨极的载流能力大大降低，则不推荐使用。反之若采用直流正接不但可以减少钨极的烧损，而且可以增加熔池深度，提高焊接质量。但它不具备直流反接的阴极清理作用。由前面所述可知，在焊接铝、镁合金时采用直流正接和直流反接都同样存在弊端，因此在这里引进了交流电源。这样，可利用交流电流的负半波去除氧化膜，利用正半波冷却钨极增加熔深，既达到了去除氧化膜的目的，又在一定程度上提高了电极的载流能力。所以在焊接铝、镁合金时一般都选用交流电源。

表 7.8 焊接材料与电源类别和极性选择的关系

材料	直流 正极性	直流 反极性	交流	材料	直流 正极性	直流 反极性	交流
铝（δ<2.4 mm）	×	○	△	合金钢堆焊	○	×	△
铝（δ>2.4 mm）	×	×	△	高碳钢、低碳钢、低合金钢	△	×	△
铝青铜、铍青铜	×	○	△	镁（3 mm 以下）	×	○	△
铸铝	×	×	△	镁（3 mm 以上）	×	×	△
黄铜、铜基合金	△	×	○	镁铸件			
铸铁	△	×	○	高合金、镍与镍基合金、不锈钢	△	×	△
无氧铜	△	×	×	钛	△	×	△
异种金属	△	×	○	银	△	×	△

注：×—不好；△—中等；○—好

7.4.4 氩弧 TIG 工艺

1. 焊前清理

TIG 与其他的电弧焊方法相比，抗气孔能力最弱，因此必须进行严格的焊前清理。清理方法为：①物理清洗，主要包括用汽油、丙酮等有机溶剂清洗工件与焊丝的表面，以去除油污、灰尘。另外，用机械加工或用不锈钢丝刷、铜丝刷等将工件坡口两侧的氧化膜去掉；也可以用砂布或砂轮打磨。对于铝及铝合金这些软质材料，也可以用刮刀刮去氧化膜。②化学清洗，主要是指依靠化学反应去除工件或焊丝表面的氧化膜。与用机械法清洗氧化膜相比，化学方法清洗效果更好、生产率更高。

2. 规范参数的选择

手工 TIG 的主要规范参数包括电流种类、电流极性和电流的大小。自动 TIG 规范参数除此外，还包括电弧电压、焊速及送丝速度等。在选择规范参数时要尽可能地考虑多方面的因素，因为规范参数对焊缝成形及焊接质量有着很重要的影响。

（1）气体流量。对于一定孔径的喷嘴，气体流量要适当，若流量过大，则容易出现紊流，使周围的空气卷入，降低对熔池的保护作用。另外，气体流量过大，带走电弧区的热量增多，对电弧的稳定燃烧不利。若气体流量过低，气流挺度差，排除周围空气的能力减弱，保护效果同样不好。其实，对于任意一个孔径的喷嘴，都有一个最佳流量范围，在此范围内，保护效果最好。根据试验得出：孔径在 12～20 mm 的喷嘴，其合适的流量为 12～15 L/min（氩气）。为使保护气体有一定的挺度，在实际焊接中，气体流量可以选择得再大一些。

（2）焊接电流。焊接电流是决定焊缝熔深的最主要的参数。焊接电流的大小，主要取决于工件的材质、板厚、接头形式及焊接位置等。一般情况下，随着焊接电流的增加熔深是增加的。

（3）电弧电压。随着电弧电压的增加弧长增加，电弧的加热范围增大，使得熔宽增加而熔深略有降低。通常在钨极氩弧焊时，都采用短弧焊，取弧长小于 1.5 倍的电极直径效果较好。

（4）焊接速度。焊接速度的选择主要根据工件的厚度和焊接电流、预热温度等配合以保证获得所需的熔深和熔宽。在高速自动焊时，还要考虑焊接速度对气体保护效果的影响，如图 7.34 所示。焊接速度过大，保护气流严重偏后，可能使钨极端部、弧柱、熔池暴露在空气中。因此必须采取相应措施如加大保护气体流量或将焊炬前倾一定角度，以保持良好的保护作用。

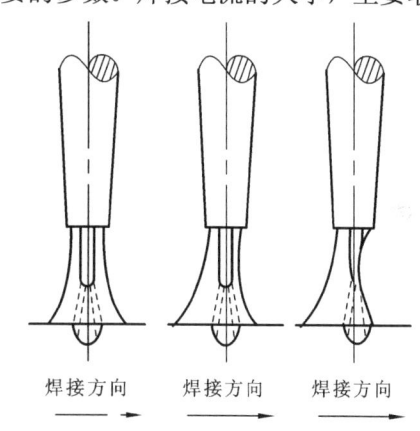

（a）焊枪不动　（b）正常速度　（c）速度过大

图 7.34　焊接速度对氧气保护效果的影响

（5）电极直径和喷嘴直径。电极直径的选择应根据焊接电流来确定，所使用的焊接电流不能超过某一电极直径的许用电流值。对于喷嘴直径，一般手工 TIG 喷嘴孔径为 5～20 mm，保护气的流量为 5～25 L/min。具体的选择要根据电流种类、电流大小来确定。表 7.9 列出常用的喷嘴孔径与保护气流量的选用范围。

表 7.9　TIG 时喷嘴孔径和保护气流量的选用范围

焊接电流/A	直流正极性焊接		交流焊接	
	喷嘴孔径/mm	保护气流量/（L/min）	喷嘴孔径/mm	保护气流量/（L/min）
10～100	4～9.5	4～5	8～9.5	6～8
101～150	4～9.5	4～7	9.5～11	7～10
151～200	6～13	6～8	11～13	7～10
201～300	8～13	8～9	13～16	8～15
301～500	13～16	9～12	16～19	8～15

7.4.5 脉冲氩弧 TIG

脉冲氩弧 TIG 是在普通钨极氩弧焊基础上发展起来的一种新工艺。它扩大了 TIG 的应用范围，对于不锈钢、耐热合金和铝合金的焊接具有质量好、效率高、焊接电弧稳定等一系列优点。在输入相同线能量的情况下，它比 TIG 熔深大，同时由于电弧的脉冲化，容易进行全位置焊接，为实现焊接自动化、程序控制创造了条件。

脉冲氩弧 TIG 是利用经过调制而周期性变化的焊接电流进行焊接的一种电弧焊方法。其焊接电流由脉冲电流 I_p 和基值电流 I_b 两部分组成，如图 7.35（a）所示。当脉冲电流作用时母材熔化形成熔池；当基值电流作用时只是维持电弧的燃烧，已形成的熔池开始凝固。焊缝由许多重叠的焊点组成，如图 7.35（b）所示。脉冲电流的波形有许多种，除图 7.35（a）所示的矩形波脉冲外，根据不同的需要还有正弦波、三角波以及前沿或后沿带尖脉冲的矩形波等。在电源类型上，不仅有直流脉冲电源，还有交流脉冲电源。按照脉冲频率，直流脉冲钨极氩弧焊分为低频（0.1～15 Hz）、中频（10～500 Hz）、高频（10～20 kHz），其中以低频脉冲氩弧焊应用最为广泛。

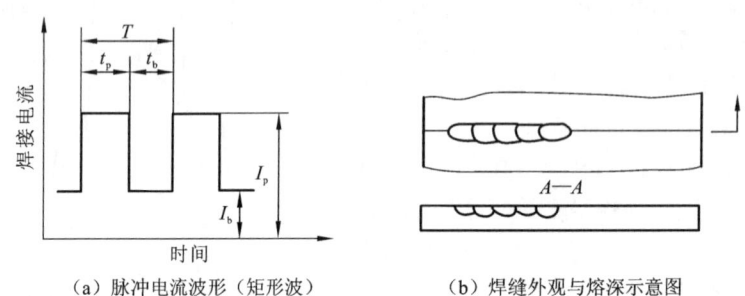

（a）脉冲电流波形（矩形波）　　　　（b）焊缝外观与熔深示意图

图 7.35　脉冲氩弧 TIG 采用的焊接电流波形与焊缝示意图

T—脉冲周期；t_p—脉冲持续时间；t_b—基值电流持续时间；I_p—脉冲电流；I_b—基值电流

1. 低频脉冲氩弧焊

低频脉冲氩弧 TIG 是解决单面焊双面成形的优良工艺，它周期性地加热和冷却熔池，能确保熔透而不烧穿。在焊接时，若采用低频脉冲氩弧 TIG 具有如下优点。

（1）电弧穿透能力强，使焊缝成形稳定。

（2）可调参数多，可以精确控制对工件的热输入量。

（3）特别适合焊接导热性能差别大的异种金属，因为热量输入迅速，导热快的金属来不及散热就与导热慢的金属一起形成了熔池。

（4）焊接过程中因为脉冲电流对熔池有较强的搅拌作用，所以熔池金属冷却速度快，高温停留时间短，可减小热敏感性材料焊接时产生裂缝的倾向。

（5）在脉冲焊时，由于电极在基值电流作用时可以得到冷却，提高了电极的载流能力。所以，在保持同样熔深时可以减小电极的直径，有利于提高电弧的能量密度和挺度，减小热影响区和工件的变形。

2. 脉冲氩弧 TIG 参数的选择

（1）脉冲电流和脉冲持续时间。脉冲电流 I_p 和脉冲持续时间 t_p 是决定焊缝成形的主要参数。一般随着 I_p 和 t_p 的增加，焊缝的熔深和熔宽都增加。其中 I_p 的影响要比 t_p 大。在应用中，脉冲电流的选择与工件的材质有关。当工件的导热性较好时，应选择较大的脉冲电流。但是 I_p 值不能选择过大，否则，由于对焊点的加热和冷却速度太快易产生咬边缺陷。脉冲电流确定后，根据板厚确定合适的脉冲持续时间。

（2）基值电流和脉冲间歇时间。基值电流 I_b 一般选择的数值较小，其作用只是维持电弧燃烧。但是，调整 I_b 值可以改变对工件的热输入，用来调节对工件的预热和熔池的冷却速度。一般选取 I_b 为 I_p 值的 10%～20%。基值电流 I_b 和脉冲间歇时间 t_b 对焊缝成形影响不大，但是 t_b 值过大会影响电弧的稳定性，一般取 t_b 为 t_p 的 1～3 倍为宜。

（3）脉冲幅比和脉冲宽比。脉冲幅比 $R_a=I_p/I_b$ 和脉冲宽比 $R_w=t_p/t_b$ 是反映脉冲焊特征强弱的一个重要参数。当 R_a 较大、R_w 值较小时，脉冲特征较强。合理地选择这两个参数有利于保证焊缝成形。对于导热性好或热裂倾向大的材质，应选择较大的 R_a 和较小的 R_w，以提高加热速度，减少高温停留时间，防止开裂。R_w 值应在合理的范围内，过小时，电弧燃烧不稳定；过大时，接近于连续电流，脉冲的特征不明显。

（4）焊接速度和脉冲频率。脉冲频率 f 与焊接速度 v 要合理配合，保证有合适的焊点间距，得到连续气密的焊道。在脉冲钨极氩弧焊时，经常采用频率小于 10 Hz 的低频脉冲。

脉冲氩弧 TIG 的焊接参数比较多。在确定具体的焊接参数时，应首先根据工件的材料、结构、板厚及焊缝的位置等再参考有关资料进行初步确定，然后通过试焊来观察焊缝成形是否符合要求，是否存在未焊透或咬边等缺陷，根据实焊情况调整参数，直至获得合格的焊缝。

7.5 熔化极氩弧焊

7.5.1 概述

熔化极惰性气体保护电弧焊（MIG 焊）是以氩、氦或其他混合气体等惰性气体作为保护气体的焊接方法。其中，以氩气作为保护气体的熔化极惰性气体保护焊称为熔化极氩弧焊。如图 7.36 所示。

1. 熔化极氩弧焊原理

与电极不熔化的钨极氩弧焊不同，熔化极氩弧焊采用可熔化的焊丝作电极，以连续送进的焊丝与被焊工件之间燃烧的电弧作为热源来熔化焊丝和母材金属。在焊接过程中，保护气体——氩气通过焊枪喷嘴连续输送到焊接区，使电弧、熔化焊丝、熔池及其附近的母材金属免受周围空气的有害作用。焊丝不断熔化并以熔滴的形式过渡到熔池中，与熔化的母材金属融合、冷凝后形成焊缝金属。熔化极氩弧焊的工作原理如图 7.36 所示。

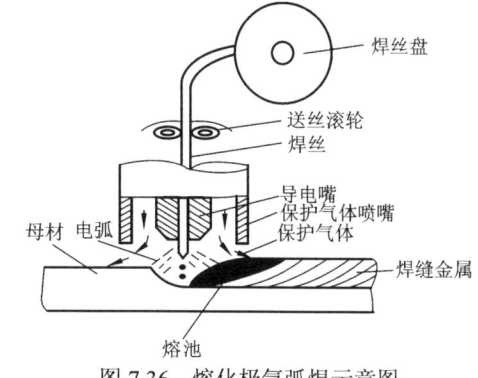

图 7.36 熔化极氩弧焊示意图

2. 熔化极氩弧焊的特点

（1）与钨极氩弧焊一样，熔化极氩弧焊几乎可以焊接所有的金属，尤其适合于焊接铝及铝合金、铜及铜合金以及不锈钢等材料。焊接过程中几乎没有氧化烧损，只有少量的蒸发损失，冶金过程比较简单。

（2）焊丝本身作电极，可增大焊接电流，因而母材熔深大，焊丝熔敷速度快，能使生产率得到提高。特别是焊接厚板铝、铜等金属时生产率比钨极氩弧焊高，且焊接变形也小。

（3）采用喷射过渡焊接时，可用较大的电流和较宽的电流调节范围，所以可以焊接各种厚度的板材。

（4）采用直流反极性。焊接铝及铝合金时具有良好的阴极雾化作用，有效地去除氧化膜，提高接头的焊接质量。

（5）由于氩为惰性气体，不与任何物质发生化学反应，所以用氩气作保护气体焊接时，对焊丝及母材表面的油污、铁锈等较为敏感，容易产生气孔。因此焊前必须仔细清理焊丝和工件。

3. 熔化极氩弧焊的应用

熔化极氩弧焊几乎可以焊接任何金属，其中主要用于焊接铝、镁、铜、镍、钛及其合金、不锈钢、碳钢、低合金钢等，广泛应用于航空航天、核能、电力、化工等行业。在生产中，常采用喷射过渡焊接法进行中等厚度和大厚度板材的对接和角接焊，用短路过渡进行薄板高速焊和全位置焊接。在焊接铝及铝合金时，通常采用射流与短路相混合的亚射流过渡焊接。采用射滴过渡焊接时，电弧长度增加，对焊缝成形不利，熔池呈"指状"熔深，焊缝表面容易起皱和形成黑粉，且气孔倾向增大。而采用亚射流过渡焊接，弧长较短，电弧呈蝶形。此时，阴极雾化区大，熔池保护效果好，焊缝熔深形状及表面成形良好，焊接缺陷少。此外，在亚射流过渡区域内，焊丝熔化系数随着弧长增加而减小，随着弧长减小而增大，具有电弧固有的弧长自调节性质。

7.5.2 熔化极氩弧焊的熔滴过渡

在焊接过程中，熔滴通过电弧空间向熔池转移的过程称为熔滴过渡。在熔化极氩弧焊时，依据被焊材料的不同经常采用的熔滴过渡形式为射流过渡和亚射流过渡两种。

1. 熔化极氩弧焊的射流过渡

射流过渡的形成是有一个过程的，在熔化极氩弧焊时，一开始，由于焊接电流很小，电弧只在焊丝的端部熔滴的底部燃烧，此时熔滴的过渡形式为体积较大的粗滴过渡，如图7.37所示。随着电流的增加，由于氩气保护时弧柱的电场强度E_c值较低，弧根容易向上扩展，斑点力阻碍熔滴过渡的作用减弱。同时随着电流的增加，熔滴温度升高，表面张力减小，使得熔滴的体积减小。当电流继续增加达到某一电流值时，弧根就会完全笼罩住熔滴，并且熔滴被拉长形成缩颈。由于在缩颈处电流密度会大大增加，这将会导致液态金属的蒸发，缩颈周围就会充满金属蒸气，这样就具备了产生电极斑点的条件。此时，弧根就会突然从熔滴的根部扩展到缩颈的根部，如图7.37（b）、（c）所示，这一现象称为跳弧。出现跳弧后，随着一个较大的熔滴过渡后，焊丝端部的液态金属在较强的等离子流力的作用下被压缩成尖锥状。端部的液态金属熔滴以很小的体积，很高的加速度沿电极轴向冲向熔池。这些细小的熔滴在宏观上看像一条细流[图7.37（d）]，因此称这种过渡形式为射流过渡。

跳弧现象是射流过渡特有的现象。引起跳弧的电流值称为临界电流（I_{cr}）。当电流小于临界电流时，熔滴是滴状过渡，随着电流的增加，熔滴的体积略有减小；当达到临界电流时，则熔滴的体积迅速下降，过渡频率突然增加；当电流超过临界电流继续增加时，则熔滴的过渡频率及熔滴的体积均变化不大，如图7.38所示。

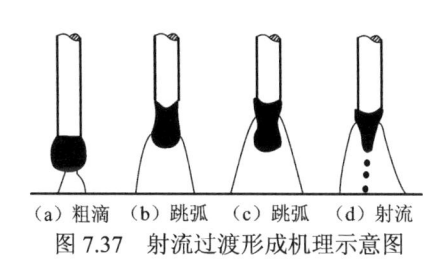

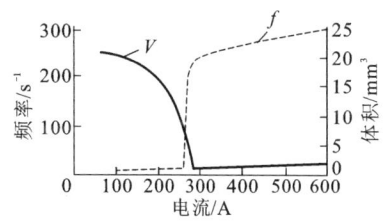

图7.37 射流过渡形成机理示意图

(a) 粗滴　(b) 跳弧　(c) 跳弧　(d) 射流

图7.38 熔滴过渡频率f（体积V）与电流I的关系

2. 熔化极氩弧焊的亚射流过渡

亚射流过渡是处在射流过渡和短路过渡之间的一个明显的中间过渡区。在这个区域，电弧电压介于射流过渡和短路过渡之间，如图7.39所示。在这种过渡形式中，由于弧长很短，当焊丝端部的熔滴长大出现缩颈，但还未脱离焊丝时就与熔池金属发生了短路。此时，由于熔滴受到电磁收缩力及液态金属表面张力的作用，很快脱离焊丝进入到熔池中。短路时间很短，短路电流也很小，电流略带轻微的爆鸣声，飞溅很小，熔池金属所受到的冲击力也较弱。所以，这种过渡形式的焊缝呈碗状熔深，如图7.40所示。这种亚射流过渡的弧长变化范围很窄，如ϕ1.6 mm的铝焊丝弧长的变化为2～8 mm。在一定的焊接电流下，亚射流过渡的最佳送丝速度范围很窄，如图7.41所示。送丝速度太快，会使焊丝粘在工件上；送丝速度过小，容易出现焊丝回烧现象。因此，若采用普通的等速送丝，难以在焊接时采用亚射流过渡型。焊机中必须有特殊控制系统，即送丝速度与焊接电流同步控制系统。该系统能保证电弧在图7.41中亚射流过渡区（阴极部分）的中心线上燃烧，且可以调节此中心线的斜率。

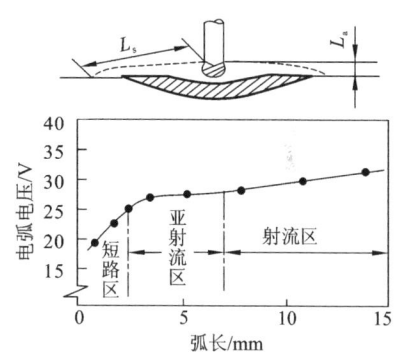

图7.39 熔化氩弧焊弧长和熔滴过度之间的关系

L_a—可见弧长；L_s—实际弧长

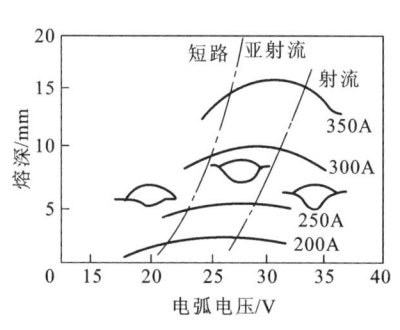

图7.40 熔深与电弧电压关系

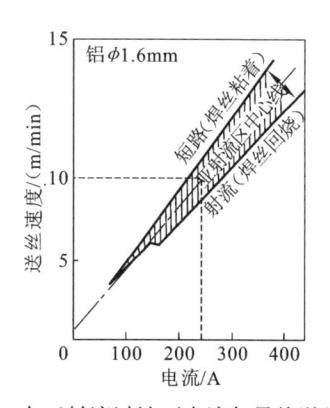

图7.41 在亚射流过渡下电流与最佳送丝速度范围

7.5.3 混合气体的选择及应用

在熔化极氩弧焊应用的初期，多采用单一的纯氩做保护气，但随着试验研究的发展，发现在焊接不同的金属材料时，在氩气中加入少量的其他气体成分，可以提高电弧与熔滴过渡的稳定性，增加电弧的热功率，改善焊缝熔深和焊缝成形。因此，目前在熔化极氩弧焊中积极推广使用混合气体是一种发展趋向。焊接时常用的保护气体及适用范围如表 7.10 所示。

表 7.10 焊接时常用保护气体及适用范围

被焊材料	保护气体	混合比	化学性质	焊接方法	附注
铝及铝合金	Ar	—	惰性	熔化极及钨极	钨极用交流，熔化极用直流反接，有阴极破碎作用，焊缝表面光洁
	Ar+He	熔化极：20%～90%He 钨极：多种混合比直至 75%He+25%Ar			电弧温度高；适于焊接厚铝板，可增加熔深，减少气孔；熔化极时，随着 He 的比例增大，有一定飞溅
钛、锆及其合金	Ar	—	惰性	熔化极及钨极	—
	Ar+He	Ar/He75/25			可增加热量输入。适用于射流电弧、脉冲电弧及短路电弧
铜及铜合金	Ar	—	惰性	熔化极	熔化极时产生稳定的射流电弧；但板厚大于 5～6 mm 则需要预热
	Ar+He	Ar/He50/50 或 30/70			输入热量比纯 Ar 大，可以减少预热温度
	N_2	—	—		增大了输入热量，可降低或取消预热温度，但有飞溅及烟雾
	Ar+N_2	Ar/$N_2$80/20			输入热量比纯 Ar 大，但有一定的飞溅
不锈钢及高强度钢	Ar	—	惰性	钨极	焊接薄板
	Ar+O_2	加 O_2 1%～2%			用于射流电弧及脉冲电弧
	Ar+O_2+CO_2	加 O_2 2%，加 CO_2 5%			用于射流电弧、脉冲电弧及短路电弧
碳钢及低合金钢	Ar+O_2	加 O_2 1%～5%或 20%	氧化性	熔化极	用于射流电弧、对焊缝要求较高的场合
	Ar+CO_2	Ar/CO_2 70～80/30～20			有良好的熔深，可用于短路、射流及脉冲电弧
	Ar+O_2+CO_2	Ar/O_2/CO_2 80/15/5			有较佳的熔深，可用于射流、脉冲及短路电弧
	CO_2	—			适于短路电弧，有一定飞溅
	CO_2+O_2	加 O_2 20%～25%			用于射流及短路电弧

续表

被焊材料	保护气体	混合比	化学性质	焊接方法	附注
镍基合金	Ar	—	惰性	熔化极及钨极	对于射流、脉冲及短路电弧均适用，是焊接镍基合金的主要气体
	Ar+He	加 He 15%～20%	惰性	熔化极及钨极	增加热量输入
	Ar+H$_2$	H$_2$<6%	还原性	钨极	加 H$_2$ 有利于抑制 CO 气体

注：表中的气体混合比为参考数据，在实际焊接中可视具体工艺要求进行调整

7.5.4 熔化极氩弧焊工艺参数

影响焊缝成形和工艺性能的参数主要有焊接电流、电弧电压、焊接速度、焊丝伸出长度、焊丝直径、焊丝倾角、焊接位置、极性等。此外，保护气体的选择和流量大小也会影响熔滴过渡类型、焊缝几何形状和焊接质量。

1. 焊接电流和电压

通常先根据工件的厚度选择焊丝直径，然后再确定焊接电流和熔滴过渡类型。焊丝直径一定时，焊接电流的选择与熔滴过渡的类型有关。电流较小时，熔滴为滴状过渡，若电弧电压较低，则为短路过渡；当电流达到临界电流时，熔滴为喷射过渡。同时，要获得稳定的喷射过渡，焊接电流还必须小于焊缝起皱的临界电流（大电流焊接铝合金时）或产生旋转射流过渡的临界电流（大电流焊接钢材时）。当焊接电流确定后，电弧电压应与焊接电流相匹配，以避免气孔、飞溅和咬边等缺陷。

应当指出，焊接铝及其合金时，为了防止因弧长过长而产生气孔等缺陷，要求电弧电压选得低一些，使熔滴呈喷射兼短路过渡的特征。

2. 焊接速度

焊接电流和电弧电压一定时，焊接速度的大小决定电弧的热输入量和焊缝成形。当焊速减小时，单位长度上填充金属的熔敷量增加，熔池体积增大；当焊速增大时，单位长度上电弧传给母材的热量降低，母材熔化速度减慢，熔深与熔宽减小。焊接速度过高可能产生咬边等缺陷。因此必须合理选择焊接速度。

3．其他工艺参数

焊丝伸出长度一般为 13～25 mm，视焊丝直径等条件而定。焊丝行走角一般在 5°～15°，以便很好地控制熔池。在横焊位置焊接角焊缝时，焊丝工作角一般为 45°。至于保护气体流量，过大过小都会造成紊流，而熔化极氩弧焊对熔池的保护要求较高，所以喷嘴孔径及气体流量均比钨极氩弧焊相应增大。通常喷嘴孔径为 20 mm 左右，气体流量为 30～60 L/min。

7.5.5 熔化极脉冲氩弧焊

1. 熔化极脉冲氩弧焊的特点

熔化极脉冲氩弧焊与钨极脉冲氩弧焊相类似，也是利用周期变化的电流进行焊接的。由于在基值电流的作用下只有少量的焊丝熔化，没有熔滴过渡，所以，为了保证熔滴过渡稳定，通常选用的脉冲电流要大于射流过渡的临界电流值，实现脉冲射流过渡。其目的是在较小的电流下控制焊丝的熔滴过渡、熔化及对母材的热输入量，以满足高质量焊接的需要。这种焊接方法的应用范围很广，既适合于薄板的焊接，又适合于对厚板的焊接；既适合于单面焊双面成形，又适合于窄间隙位置的焊接。由于熔化极脉冲氩弧焊的峰值电流及熔滴过渡是间歇而又可控的，所以与连续电流氩弧焊相比，在工艺上有以下特点。

（1）具有较宽的电流调节范围。由于普通的射流过渡和短路过渡焊接受到熔滴过渡形式的限制，所以，它们所能采用的焊接电流的范围是有限的。但采用脉冲电流后，可在平均电流小于临界电流的条件下获得射流过渡。同一种直径的焊丝，随着脉冲参数的不同，能在几十安至几百安的平均电流范围内稳定地进行焊接，填补了短路过渡与射流过渡之间的一个相当宽的参数间隔，拓宽了熔化极氩弧焊的应用范围。尤其值得说明的是可以用粗焊丝来焊接薄板。一方面，粗丝比细丝送丝容易，这在焊接铝及铝合金时体现得尤其明显。另一方面，粗丝比细丝挺直，比较容易保持对中，不像细丝那样容易摆动。另外，粗焊丝的成本也比细焊丝低。

（2）有利于全位置焊接。采用脉冲电流后，可用较小的平均电流进行焊接，因而熔池体积小。加上熔滴过渡和熔池金属的加热都是间歇性的，所以不易发生流淌。此外，由于熔滴的过渡力与电流的平方成正比，在脉冲峰值电流的作用下，熔滴的轴向性相当好，不论是处在什么位置，熔滴都是沿电弧的轴线过渡到熔池中。所以在进行全位置焊接及控制焊缝成形方面，脉冲氩弧焊要比普通氩弧焊更加有利。

（3）可以精确地调节与控制电弧能量。在焊接高强度钢以及某些铝合金时，由于这些材料热敏感性较大，所以对电弧能量有一定的限制。若采用普通焊接方法，只能采用小电流，其结果是熔深较小，在厚板多层焊时容易产生熔合不良等缺陷。但采用脉冲电弧后，既可使母材得到较大的熔深，又可将总的平均焊接电流控制在较低的水平。这是因为熔化极脉冲氩弧焊与钨极脉冲氩弧焊相似，也具有可调参数多、可以精确控制与调节电弧能量的特点，特别适合于焊接薄板、需要单面焊双面成形或热敏感性较强的金属材料，而且采用熔化极脉冲氩弧焊的焊缝金属和热影响区金属过热都比较小，从而使焊接接头具有良好的韧性，减小了产生裂纹的倾向。

此外，脉冲电弧还具有加强熔池搅拌的作用，可以改善熔池冶金性能以及有助于消除气孔等。

2. 熔化极脉冲氩弧焊的焊接参数的选择

熔化极脉冲氩弧焊的焊接参数与钨极脉冲氩弧焊相类似，主要包括脉冲电流、基值电流、脉冲持续时间、脉冲间隔时间及脉冲频率等。在这些参数中，脉冲电流和脉冲持续时间决定熔深和熔滴过渡形式。在熔化极脉冲氩弧焊中，可以采用一个脉冲过渡一滴的方式，也可以采用一个脉冲过渡多滴或多个脉冲过渡一滴的方式，这要根据不同的条件来选择。

（1）脉冲电流 I_m。脉冲电流是决定脉冲能量的重要参数，它影响着熔滴过渡形式和母材的熔深。随着脉冲电流增大,熔滴过渡力急剧增大,熔滴尺寸成倍减小。当脉冲电流高于普通氩弧焊射流过渡的临界电流值时,熔滴呈射流过渡形式。但脉冲电流不能太高,否则将会发生旋转射流现象,产生大量飞溅。

脉冲电流除影响熔滴过渡形式外,还影响焊缝的熔深。在平均电流和送丝速度不变的情况下,脉冲电流越大,则焊缝熔深越大;反之亦然。因此,可根据工艺需要,通过调节脉冲电流来调节熔深大小。

此外,确定脉冲电流时,还要考虑脉冲电流与基值电流之间的关系。当送丝速度一定时,增大脉冲电流,则必须减小基值电流;反之,减小脉冲电流,则必须增大基值电流。其原因是等速送丝脉冲氩弧焊时,焊丝熔化速度是由脉冲电流与基值电流叠加而成的总的焊接电流所决定的。因此要满足焊丝熔化速度等于送丝速度,总的焊接电流应保持不变。

(2)脉冲频率。脉冲频率也是决定脉冲能量的重要参数,其大小主要根据总的焊接电流来确定。总的焊接电流较大,则应选择较高的脉冲频率;反之,总的焊接电流较小,脉冲频率也应低一些。

当送丝速度一定时,脉冲频率与熔滴尺寸成反比。脉冲频率增加,熔滴细化;脉冲频率降低,则熔滴粗大。当然脉冲频率太高或太低都是不适宜的。脉冲频率过高,熔滴可能从可控的射流过渡转变为普通的射流过渡;而脉冲频率过低,则脉冲间歇时间较长,焊缝增高加大,容易造成焊缝两侧熔合不良等缺陷。

脉冲频率也影响着熔深。频率高时熔深大,因此焊接厚板时应选择较高的脉冲频率,焊接薄板时则应选择较低的频率。

(3)脉冲持续时间。脉冲持续时间也称脉冲宽度,它是决定脉冲能量的又一个重要参数。如前所述,为获得射流过渡,脉冲电流必须高于临界电流值。但脉冲电流高于临界值的程度则与脉冲宽度有关。试验表明,脉冲宽度增加,则脉冲电流高于临界值的数值可相应降低;反之亦然。但脉冲宽度也不能过大或过小,亦应适当。

脉冲宽度也影响熔深。随着脉冲宽度增大,母材熔深随之增加。

(4)基值电流 I_j。基值电流的主要作用是在脉冲间歇时间维持电弧空间的电离状态,保证脉冲电弧复燃稳定。同时预热焊丝和母材,使焊丝端部有一定的熔化量,为脉冲期间熔滴过渡做准备。此外,基值电流亦可用来调节电弧功率,以控制母材热输入量。在满足上述要求的前提下,基值电流应尽可能地选取小一些。

在实际应用中,选择脉冲参数的过程一般是:先根据母材的性质和厚度来选择合适的焊丝直径及脉冲频率,低频适用于薄板和细焊丝,高频适用于厚板和粗焊丝;其后根据焊丝直径选择脉冲电流和基值电流;最后是反复调节各参数,直至熔滴成为可控射流过渡,电弧燃烧稳定,焊缝成形优良为止。

7.6 埋 弧 焊

7.6.1 概述

1. 埋弧焊原理

埋弧焊又称焊剂层下自动焊,即焊接时电弧被颗粒状的焊剂所覆盖掩埋而不外露。当焊

图 7.42 埋弧自动焊过程示意图

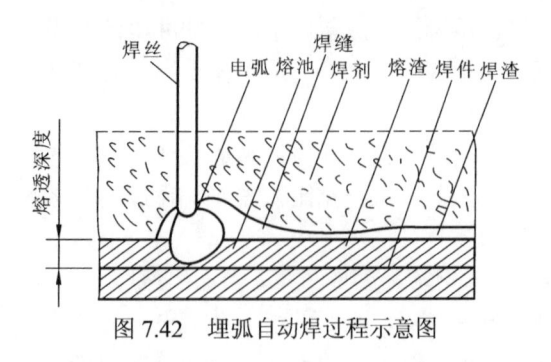

接电弧移动是自动完成时称为埋弧自动焊,焊接电弧移动为人工操作完成时称埋弧半自动焊。电弧将焊丝、焊件、焊剂熔化形成熔池,熔池受到同时被熔化的焊剂形成的熔渣和焊剂蒸气保护,随着电弧向前移动熔池随之冷却凝固形成焊缝;熔渣也随之冷却凝固形成渣壳,因密度较小而覆盖在焊缝上。埋弧自动焊过程如图 7.42 所示。调整、点动焊丝使之与焊件坡口对中并接触良好,打开焊剂漏斗铺撒适量焊剂,启动焊机电源,电流通过导电嘴传到焊丝,并与焊件产生电弧,焊丝经送丝轮均匀输送,保持电弧稳定燃烧,焊接小车匀速行走,电弧稳定地向前移动,注意保证各仪表数值稳定,焊剂铺撒通畅均匀至终点停止,回收焊剂,敲开焊渣,便是已成形的焊缝。

2. 埋弧焊的特点

与焊条电弧焊相比,埋弧焊有如下优点。

(1) 生产效率高。埋弧焊时,一方面焊丝导电长度短,可以采用大电流和电流密度,使电弧的熔深能力和焊丝熔敷效率大大提高,一般不开坡口单面一次焊熔深可达 20 mm;另一方面,由于焊剂和熔渣的隔热作用,电弧的热辐射散失极小,同时也几乎没有飞溅,虽然用于熔化焊剂的热量损耗有所增大,但总的热效率仍显著增加,所以,大大提高了焊接速度及生产率。例如 8~10 mm 厚钢板对接时,焊条电弧焊速度不超过 6~8 m/h,而埋弧焊速度可达 30~50 m/h,提高了 5~6 倍。

(2) 焊缝质量高。埋弧焊时,熔渣能有效隔绝外界空气,保护效果好。分析低碳钢焊缝金属的含氮量可知,埋弧焊焊缝含氮量仅为 0.002%,而焊条电弧焊焊缝含氮量达 0.02%~0.03%。因此,尽管埋弧焊焊缝具有明显的铸造组织,但仍有较高的韧性;埋弧焊时,熔池体积大,液态金属停留时间长,加强了液态金属与熔渣之间的相互作用,使冶金反应充分,气孔、熔渣易于逸出;埋弧焊时,焊接参数(电流、电压和焊速)可通过自动调节而保持稳定,这样就保证了单位时间内熔化的金属和焊剂的数量较为固定,使焊缝金属的化学成分均匀、稳定,从而获得良好的力学性能。

(3) 劳动条件好。埋弧焊为自动焊方法,减轻了手工操作的劳动强度,且没有弧光辐射,这是埋弧焊的独特优点。

但是,埋弧焊也有其自身的缺点,主要有以下几方面。

① 埋弧焊主要适用于水平焊位(俯位)的焊接。这是因为其他焊位时焊剂难于保持。国外有研究采用磁性焊剂或特殊的机构装置,以实现全位置焊接,但应用均不普遍。

② 只适合长而规则焊缝的焊接。这是由于埋弧焊设备复杂,机动灵活性差,焊接短焊缝时显示不出生产效率高的优点。

③ 埋弧焊焊剂的成分主要是 MnO、SiO_2 等金属及非金属氧化物,所以难以用来焊接铝、钛等氧化性强的金属及其合金。

④ 不适于焊接 1 mm 以下厚度的薄板。其原因是埋弧焊电弧的电场强度较大,当电流小于 100 A 时,电弧燃烧不稳定。

3. 埋弧焊的应用

埋弧焊是目前工业生产中最常用的一种自动电弧焊方法，主要用于焊接各种钢板结构。可焊接的钢种包括碳素结构钢、低合金结构钢、不锈钢、耐热钢及其复合钢材等，广泛应用于造船、锅炉、桥梁、化工容器、起重机械及冶金机械等行业中。

埋弧焊的主要发展方向是进一步提高效率和扩大被焊材料的范围，例如采用多丝（双丝、三丝）埋弧焊、带极和多带极埋弧焊以及窄间隙焊接工艺等高效埋弧焊。此外，用埋弧焊可堆焊耐磨耐蚀合金；焊接铜合金、镍基合金等材料也能获得较好的效果。

7.6.2 埋弧焊的冶金特点

埋弧焊的冶金过程包括液态金属、液态熔渣与各种气相之间的相互作用以及液态熔渣与凝固金属之间的作用。埋弧焊与焊条电弧焊的冶金过程基本相似，但又有自己的特点。

1. 空气不易侵入焊接区

埋弧焊是利用焊剂在电弧热作用下形成的熔融液态薄膜（也有称此薄膜为气泡），紧紧地将焊接区包住，隔开外界空气。从分析低碳钢焊缝的含氮量可知，埋弧焊焊缝中含氮量为0.002%，手工电焊条焊缝中含氮量为0.02%～0.03%。因此，埋弧焊时焊缝虽有明显的铸造组织，但仍具有较高的韧性，这与焊缝金属中含氮量低有关。

2. 冶金反应充分

埋弧焊时，金属处于液态的时间要比焊条电弧焊的时间长几倍，这样就加强了液态金属与熔渣之间的相互作用，因此冶金反应充分，气孔、夹渣易析出。

3. 焊缝金属的化学成分与焊丝和焊剂的配合有重要关系

埋弧焊时焊丝与焊剂都直接参与焊接过程中的冶金反应，因此它们的化学成分和物理性能对焊缝金属的化学成分、组织和性能有重要影响。正确选择焊丝与焊剂的配合，是埋弧焊技术的一项重要内容。

1) 焊丝

埋弧焊所用的焊丝有实心焊丝和药芯焊丝两类。其中，药芯焊丝只在某些特殊工艺场合应用，生产中普遍采用的是实心焊丝。焊丝的品种随所焊金属种类的增加而增加。目前已有碳素结构钢、合金结构钢、高合金钢和有色金属焊丝以及堆焊用的特殊合金钢焊丝。埋弧焊一般使用直径 3～6 mm 的焊丝，以充分发挥埋弧焊的大电流和高熔敷率的优点。对于一定的电流，可以使用不同直径的焊丝。同一电流值使用较小直径的焊丝时，可获得较大的焊缝熔深和减小熔宽的效果。当工件装配不良时，宜选用较粗的焊丝。

焊丝表面应当干净光滑，焊接时能顺利地送进，以免给焊接过程带来干扰。除不锈钢焊丝和有色金属焊丝外，各种低碳钢和低合金钢焊丝的表面最好镀铜，镀铜层既可起防锈作用，也改善焊丝与导电嘴的电接触状况。

为了使焊接过程能稳定地进行并减少焊接辅助时间，焊丝应当用盘丝机整齐地盘绕在焊丝盘上。每盘钢焊丝应由一根焊丝绕成，焊丝盘的内径和重量应符合相应的规定。

2）焊剂

埋弧焊使用的焊剂是颗粒状可熔化的矿物质，是含有锰、硅、钛、铝、锆、镁以及其他混合物的氧化物，其作用相当于焊条的涂料。焊剂对焊缝金属来说，一般呈化学中性，在焊接时不得产生大量的气体。针对钢材焊接使用的焊剂，其基本要求包括两个方面。

一方面，具有良好的冶金性能。即与所选用的焊丝相配合，通过适当的焊接工艺来保证焊缝金属获得所需的化学成分和力学性能以及抗热裂和冷裂的能力。

另一方面，具有良好的工艺性能。即要求焊剂有良好的稳弧、造渣、成形、脱渣等性能，并且在焊接过程中生成的有毒气体少。

因为焊剂非常容易受潮，所以焊剂必须储存于干燥的地方。如果焊剂受潮，可在 350~400 ℃加热 1 h 进行烘干。潮湿的焊剂会使焊缝金属产生气孔和裂纹。油、锈等污物同样会引起气孔，必须加以避免。当焊剂循环使用时，必须注意防止锈、氧化皮以及其他杂质混入。

7.6.3 埋弧自动焊工艺

1. 平对接焊

1）双面焊

（1）悬空焊接法。悬空焊接方法不用衬托的、不需要任何辅助设备和装置。为防止液态金属从间隙中流失或引起烧穿，要求焊件在装配时不留间隙或间隙很小，一般不超过 1 mm。正面焊时，焊接电流应选择使熔深小于板厚的一半，翻转后再进行反面焊接。为保证焊透，反面焊缝的熔深应达到焊件厚度的 60%~70%。

（2）焊剂垫法。焊剂垫结构如图 7.43 所示。此方法要求下面的焊剂与焊件贴合，并且压力均匀，因为过松时会引起漏渣和液态金属下淌，严重时会引起烧穿。焊前装配时，根据焊件的厚度预留一定的装配间隙进行第一面焊接。参数确定的依据是第一面焊缝的熔深必须保证超过焊件厚度的 60%~70%。焊完正面后，翻转进行反面焊接，反面焊缝使用的工艺参数可与正面相同或适当减小，但必须保证完全熔透。对重要产品焊接时，在焊第二面前对焊缝根部进行清根清理。对厚度较大的工件，可用开坡口焊接。坡口形式由焊件厚度决定，通常厚度在 20 mm 以下时，开 V 形坡口，大于 20 mm 时，开 X 形坡口。

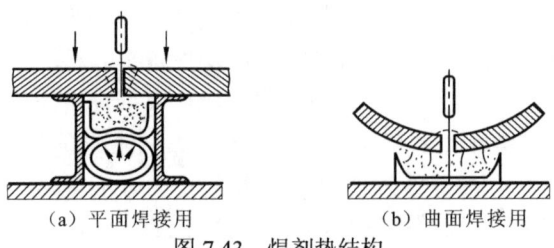

（a）平面焊接用　　（b）曲面焊接用
图 7.43　焊剂垫结构

（3）工艺垫板法。用临时工艺衬垫进行双面焊的第一面焊时，一般都要求接头处留有一定宽度的间隙，以保证细粒焊剂能进入并填满。临时工艺衬垫的作用是托住填入间隙的焊剂。工艺衬垫大多为钢带，也可采用石棉绳或石棉板，如图 7.44 所示。焊完第一面后，翻转焊件，除去工艺衬垫、间隙内的焊剂和焊缝根部的渣壳，然后进行第二面焊接。

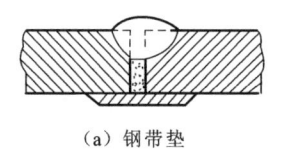

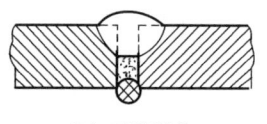

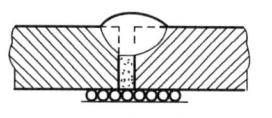

(a) 钢带垫　　　　　(b) 石棉绳垫　　　　　(c) 石棉板垫

图 7.44　工艺垫板

对无法使用衬垫的对接焊，也可先行使用焊条电弧焊封底，再使用自动焊。一般厚板焊条封底焊的坡口形式为 V 形，保证封底厚度大于 8 mm。

2) 单面焊双面成形

这种焊法的特点是使用较大的焊接电流将焊件一次熔透，焊件反面放置强制成形衬垫，使熔池金属在衬垫上凝固成形。采用这种焊接工艺可提高生产率，改善劳动条件。

(1) 龙门压力架——焊剂铜垫法。龙门压力架的横梁上有多个气缸，通入压缩空气后，气缸带动压紧装置将焊件压紧在焊剂铜垫上进行焊接。焊缝背面的成形装置采用焊剂铜垫，铜垫上开有一成形槽以保证背面成形。焊件之间需留一定的装配间隙，并使间隙中心线对准成形槽中心线。细粒焊剂从装配间隙均匀填入铜垫的成形槽中。焊剂铜垫焊接如图 7.45 所示。

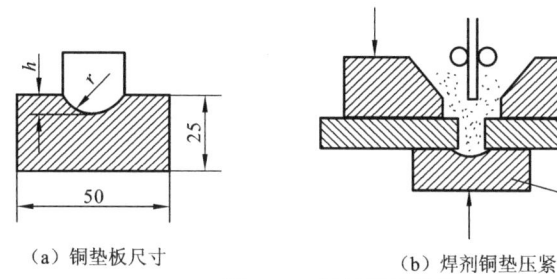

(a) 铜垫板尺寸　　　　　(b) 焊剂铜垫压紧

图 7.45　焊剂铜垫焊接

(2) 电磁平台——焊剂垫法。用电磁铁将下面有焊剂垫的待焊钢板吸紧在平台上进行焊接，此法适用于厚 8 mm 以下钢板的对接焊。

(3) 水冷滑块式——铜垫法。水冷铜滑块装在焊件背面，位于电弧下方，随同电弧一起移动，强制焊缝反面成形。铜滑块的长度以保证熔池底部凝固而不流失为宜。此法适合于焊接 6~20 mm 厚钢板的平对接接头。焊件的装配和焊接是在专用的支柱胎上进行的，铜滑块由焊接小车上的拉紧弹簧通过焊接的装配间隙强制紧贴在接缝背面。装配间隙大小视焊件厚度而定，一般在 3~6 mm。焊缝两端必须设置焊接引弧板和引出板，以保证焊接到尽头。

水冷铜滑块双丝焊时，焊丝为纵向前后排列，主焊丝（粗丝）在前，辅焊丝（细丝）在后。调节两根丝之间的距离，可以改变焊缝的形状、性能和组织，这主要是后面电弧的热作用所致。考虑到焊缝的性能和组织，此距离以大些为佳，但不能超过主焊丝熔渣开始凝固的距离，因为凝固的渣壳是不导电的，一般在 60~150 mm，随板厚而增大。

固化焊剂垫法固化焊剂种类很多，大部分做成条块状，用磁铁或特殊胶带将其固定在焊件背面。固化焊剂垫除可用于平面焊接外，还可用于曲面焊接。

单面焊双面成形可免除工件翻转，生产率显著提高，但因电弧功率和线能量较大，接头低温韧性较差，板厚超过 16 mm 时大多采用多层多道焊。

筒体纵缝及环缝的焊接工艺参数与平板对接焊基本相同。无论焊接外环缝或内环缝，焊丝都应逆工件旋转方向偏移一段距离，使熔池接近于水平位置，以获得较好的成形。熔池越长，焊丝偏置距离应越大，如图7.46和图7.47所示。

图7.46 焊环焊缝时焊丝偏置位置

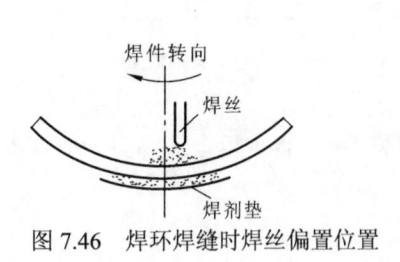

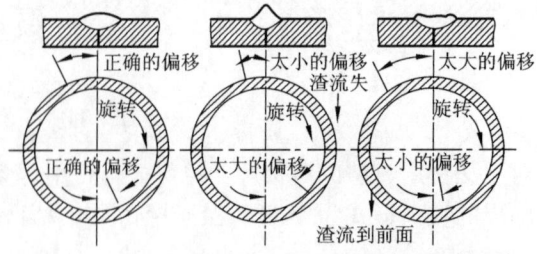

图7.47 焊环焊缝时焊丝位置对焊道形状的影响

2. 角接焊

角接焊缝主要出现在T形接头和搭接接头中，角接焊可采用船形焊和平角焊两种方式。

（1）船形焊时，由于焊丝为垂直状态，熔池处于水平位置，因而容易保证焊缝质量，如图7.48（a）所示。调整 α 角，可调节底板与腹板熔合面积的配比。当 $\delta_1=\delta_2$ 时，可取 $\alpha=\beta=45°$；当 $\delta_1<\delta_2$ 时，取 $\alpha<45°$，使熔合区偏于厚板一侧。为防止液态金属流失或烧穿，焊件装配间隙应小于1.5 mm。间隙过大时，坡口下部要放置焊剂垫或石棉垫等。

（2）当焊件无法在船形位置进行焊接时，可采用焊丝倾斜的平角焊。平角焊对间隙敏感性小，即使间隙过大，也不至于产生流渣或熔池金属流溢现象。但平角焊的单道焊脚最大不超过8 mm，大于8 mm时的焊脚必须采用多道焊才能获得。另外，焊缝成形与焊丝相对于焊件的位置关系很大。当焊丝位置不当时，易产生咬肉或腹板未熔合。为保证焊缝成形良好，焊丝与腹板的夹角应保持在15°~45°，一般为20°~30°，如图7.48（b）所示。电弧电压不宜太高，这样可使熔渣减少，防止熔渣流溢。采用细焊丝可以减小熔池体积，防止熔池金属流溢，并能保持电弧燃烧稳定。

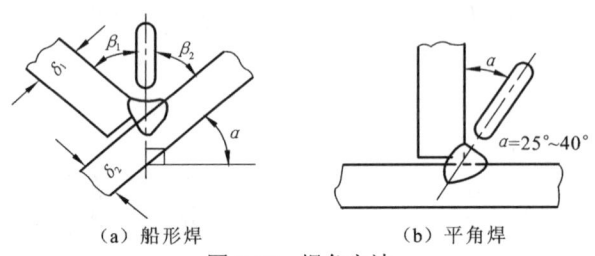

（a）船形焊　　　　　　（b）平角焊

图7.48 焊角方法

7.6.4 焊接工艺参数及焊接技术

如前所述，埋弧焊除在平焊位置焊接外，采取特殊措施也可在其他焊接位置焊接，但工业应用中以平焊位置最为普遍。

影响焊缝形状及尺寸的变量包括焊接工艺参数、工艺因素和结构因素等方面。

1. 焊接工艺参数

埋弧焊时焊接工艺参数主要有焊接电流、电弧电压和焊接速度等。

（1）焊接电流。在其他条件不变时，增加焊接电流对焊缝形状和尺寸的影响，如图 7.49 所示。

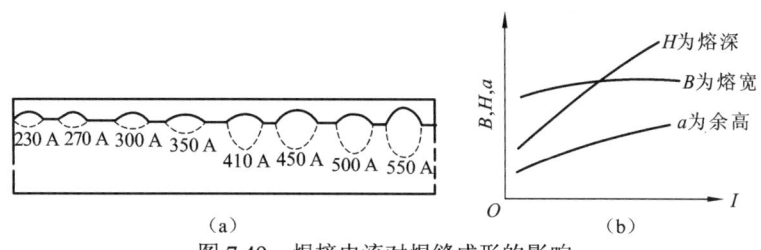

图 7.49　焊接电流对焊缝成形的影响

正常焊接条件下，焊缝熔深 H 几乎与焊接电流成正比，即

$$H = K_m I$$

式中：K_m 为比例系数，随焊丝直径电流种类、极性及焊剂的化学成分而异。表 7.11 为各条件下的 K_m 值。

表 7.11　K_m 值（mm/100 A）与焊丝直径、电流种类、极性及焊剂的关系

焊丝直径/mm	电流种类	焊剂牌号	T 形焊缝和开坡口的对接焊缝	堆焊和不开坡口的对接焊缝
5	交流	HJ431	1.5	1.1
2	交流	HJ431	2.0	1.0
5	直流反接	HJ431	1.75	1.1
5	直流正接	HJ431	1.25	1.0
5	交流	HJ430	1.55	1.15

在同样大小的电流下，改变焊丝直径（即变更电流密度），焊缝的形状和尺寸将随之改变。当其他条件相同时，熔深与焊丝直径约成反比关系。但这种关系在电流密度极高时（超过 100 A/mm²）即不复存在。此时由于焊丝熔化量不断增加，熔池中填充金属量增多，熔融金属后排困难，熔深增加比采用一般电流密度（30～50 A/mm²）的慢。并且随焊接电流增加，焊丝熔化量增大，当焊缝熔宽保持不变时，余高加大，使焊缝成形恶化。因而提高电流的同时，必须相应地提高电弧电压。

（2）电弧电压。电弧电压与电弧长度成正比。在电弧电压和电流数值相同时，若所用的焊剂不同，电弧空间的电场强度也不同，则电弧长度可能不同。在其他条件不变的情况下，改变电弧电压对焊缝的形状有很大影响，如图 7.50 所示。可见，随电弧电压增高，焊缝熔宽显著增加而熔深和余高将略有减小。

极性不同时，电弧电压对熔宽的影响不同。正极性时，电弧电压对熔宽的影响比反极性时小。埋弧焊时，电弧电压是根据焊接电流确定的，即一定的焊接电流时要保持一定范围的弧长，以保证电弧的稳定燃烧，因此电弧电压的变动范围是有限的。

（3）焊接速度。焊接速度对熔深和熔宽均有明显的影响。焊接速度较小（如单丝埋弧焊焊速小于 67 cm/min）时，随焊接速度的增加，弧柱倾斜，有利于熔池金属向后流动，故熔深略有增加。但焊接速度到达一定数值后，由于热输入量减小的影响增大，熔深和熔宽都明显减小。图 7.51 为焊接速度在 67～167 cm/min 时对熔深和熔宽的影响。

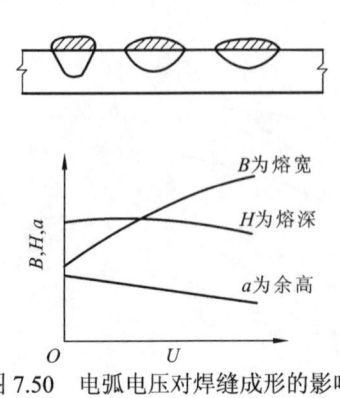

图 7.50 电弧电压对焊缝成形的影响

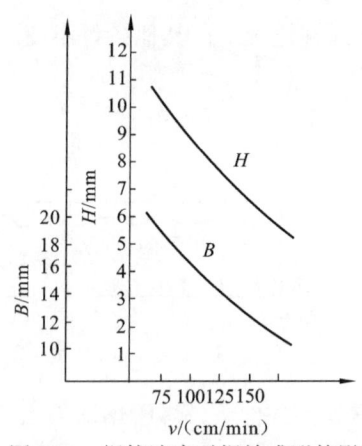

图 7.51 焊接速度对焊缝成形的影响

通常焊接速度过慢，熔化金属量多，焊缝成形差；焊接速度过大，熔化金属量不足，容易产生咬边。实际生产中为了提高生产率同时保持一定的热输入量，在提高焊接速度的同时必须加大电弧功率，从而也将保证一定的熔深和熔宽。

2. 工艺因素

焊丝倾角和工件斜度对焊缝成形的影响如下。

焊丝倾角方向分为前倾和后倾，如图 7.52 所示。倾斜的方向和倾斜角度大小不同，电弧对熔池的吹力和热的作用不同，从而对焊缝成形的影响各异。图 7.52（a）为焊丝前倾，图 7.52（b）为焊丝后倾。焊丝在一定倾角内后倾时，池底部液体金属增厚，故熔深减小。而电弧对熔池前方的母材预热作用加强，故熔宽增大。图 7.52（c）是后倾角对熔深、熔宽的影响。实际工作中焊丝前倾只在某些特殊情况下使用，例如焊接小直径圆筒形工件的环缝等。

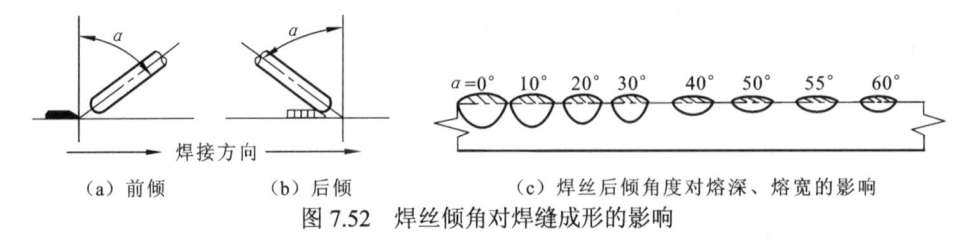

（a）前倾　　（b）后倾　　（c）焊丝后倾角度对熔深、熔宽的影响

图 7.52 焊丝倾角对焊缝成形的影响

工件倾斜焊接时有上坡焊和下坡焊两种情况，它们对焊缝成形的影响明显不同，如图 7.53 所示。上坡焊时，若斜度 $\beta > 6° \sim 12°$，则焊缝余高过大，两侧出现咬边，成形明显恶化，实际工作中应避免采用上坡焊。

下坡焊的效果与上坡焊相反，当 $\beta > 6° \sim 8°$ 时，焊缝的熔深和余高均有减小，而熔宽略有增加，焊缝成形得以改善。继续增大 β 将会产生未焊透、焊瘤等缺陷。在焊接圆筒工件的内、外环焊缝时，一般都不得采用下坡焊，以减少发生烧穿的可能性。

3. 结构因素

（1）对接坡口形状。在其他条件相同时，增加坡口深度和宽度，则焊缝熔深略有增加，熔宽略有减小，余高和熔合比显著减小，如图 7.54 所示。因此，通常用开坡口的方法控制焊缝的余高和熔合比。

(a) 上坡焊

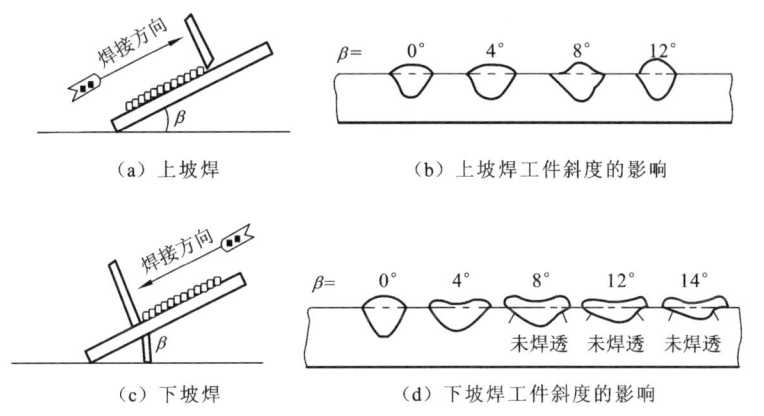

(b) 上坡焊工件斜度的影响

(c) 下坡焊

(d) 下坡焊工件斜度的影响

图 7.53 工件倾角对焊缝成形的影响

（2）间隙。在对接焊缝中，改变间隙大小也可作为调整熔合比的一种手段。

（3）工件厚度（t）和工件散热条件。当熔深 $H \leqslant (0.7 \sim 0.8)t$ 时，则板厚与工件散热条件对熔深的影响很小。但工件的散热条件对熔宽及余高有明显的影响。用同样的工艺参数在冷态厚板上施焊时，所得的焊缝比在中等厚度板上施焊时的焊缝熔宽较小而余高较大。

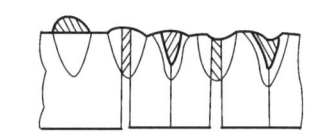

图 7.54 坡口形状对焊缝成形的影响

7.6.5 埋弧焊常见缺陷及其防止措施

埋弧焊时可能产生的主要缺陷，除了所用焊接工艺参数不当造成的熔透不足、烧穿、成形不良等以外，还有气孔、裂纹、夹渣等。

1. 气孔

埋弧焊焊缝产生气孔的主要原因及防止措施如下。

（1）焊剂吸潮或不干净。焊剂中的水分、污物和氧化铁屑等都会使焊缝产生气孔。在回收使用的焊剂中这个问题更为突出。水分可通过烘干消除，烘干温度与时间由焊剂生产厂家规定，防止焊剂吸收水分的最好方法是正确地储存和保管。采用真空式焊剂回收器可以有效地分离焊剂与尘土，从而减少回收焊剂使用中产生气孔的可能性。

（2）焊接时焊剂覆盖不充分。由于电弧外露并卷入空气而造成气孔。焊接环缝时，特别是小直径的环缝，容易出现这种现象，应采取适当措施，防止焊剂散落。

（3）熔渣黏度过大。焊接时溶入高温液态金属中的气体在冷却过程中将以气泡形式逸出。如果熔渣黏度过大，气泡无法通过熔渣，那么被阻挡在焊缝金属表面附近而造成气孔。通过调整焊剂的化学成分，改变熔渣的黏度即可解决。

（4）电弧磁偏吹。焊接时经常发生电弧磁偏吹现象，特别是在用直流电焊接时更为严重。电弧磁偏吹会在焊缝中造成气孔。磁偏吹的方向受很多因素的影响，例如工件上焊接电缆的连接位置，电缆接线处接触不良，部分焊接电缆环绕接头造成的次级磁场等。在同一条焊缝的不同部分，磁偏吹的方向也不相同。在接近端部的一段焊缝上，磁偏吹更经常发生。因此这段焊缝的气孔也较多。为了减少磁偏吹的影响，应尽可能采用交流电源，工件上焊接电缆的连接位置尽可能远离焊缝终端，避免部分焊接电缆在工件上产生次级磁场等。

（5）工件焊接部位被污染焊接坡口及其附近的铁锈、油污或其他污物在焊接时将产生大量气体，促使气孔生成。焊接之前应予清除。

2. 裂纹

通常情况下，埋弧焊接头有可能产生两种类型裂纹，即结晶裂纹和氢致裂纹。前者只限于焊缝金属，后者则可能发生在焊缝金属或热影响区。

（1）结晶裂纹。钢材的化学成分对结晶裂纹的形成有重要影响。钢材焊接时，焊缝中的S、P等杂质在结晶过程中形成低熔点共晶。随着结晶过程的进行，它们逐渐被排挤在晶界，形成了"液态薄膜"。焊缝凝固过程中，由于收缩作用，焊缝金属受拉应力，"液态薄膜"不能承受拉应力而形成裂纹。可见，产生"液态薄膜"和焊缝的拉应力是形成结晶裂纹的两方面原因。硫对形成结晶裂纹影响最大，但其影响程度又与钢中其他元素含量有关，如 Mn 与 S 结合成 MnS 而除硫，从而对 S 的有害作用起抑制作用。Mn 还能改善硫化物的性能、形态及其分布等。因此，为了防止产生结晶裂纹，对焊缝金属中的 Mn/S 值有一定要求。

埋弧焊焊缝的熔合比通常都较大，因而母材金属的杂质含量对结晶裂纹倾向有很大影响。可以通过工艺措施（如采用直流正接，加粗焊丝以减小电流密度，改变坡口尺寸等）减小熔合比，进而改善结晶裂纹的倾向。

焊缝形状对于结晶裂纹的形成也有明显影响。窄而深的焊缝会造成对称的结晶面，"液态薄膜"将在焊缝中心形成，有利于结晶裂纹的形成。焊接接头形式不同，不但刚性不同，而且散热条件与结晶特点也不同，对产生结晶裂纹的影响也不同。图 7.55 表示不同接头形式对结晶裂纹的影响，其中图 7.55（a）、（b）两种接头抗裂性较高。

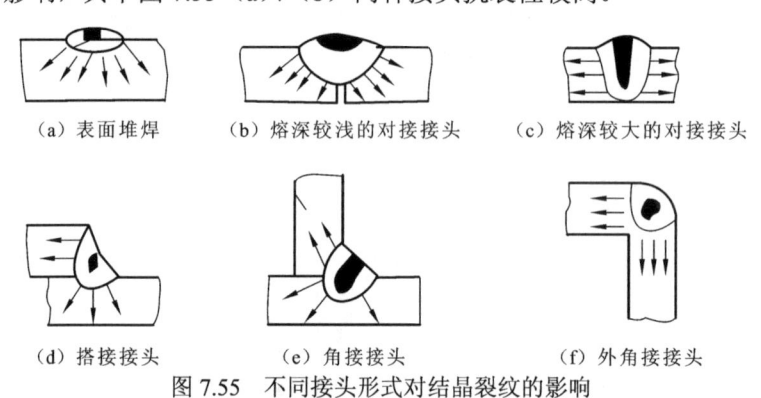

（a）表面堆焊　　（b）熔深较浅的对接接头　　（c）熔深较大的对接接头

（d）搭接接头　　（e）角接接头　　（f）外角接接头

图 7.55　不同接头形式对结晶裂纹的影响

（2）氢致裂纹。这种裂纹较多地发生在低合金钢、中合金钢和高碳钢的焊接热影响区中。它可能在焊后立即出现，也可能在焊后几小时、几天甚至更长时间才出现。这种焊后若干时间才出现的裂纹称为延迟裂纹。氢致裂纹是焊接接头含氢量、接头显微组织、接头拘束情况等因素相互作用的结果。在焊接厚度 10 mm 以下的工件时，一般很少发现这种裂纹。工件较厚时，焊接接头冷却速度较大，对淬硬倾向大的母材金属，易在接头处产生硬脆的组织。另一方面，焊接时溶解于焊缝金属中的氢，由于冷却过程中溶解度下降，向热影响区扩散。当热影响区的某些区域氢浓度很高而温度继续下降时，一些氢原子开始结合成氢分子，在金属内部造成很大的局部应力，在接头拘束应力作用下产生裂纹。

针对氢致裂纹产生的原因，可以从这几个方面采取措施：①减少氢的来源及其在焊缝金属中的溶解，采用低氢焊剂；焊剂保管中注意防潮，使用前严格烘干；对焊丝、工件焊口附近的锈、油污、水分等焊前必须清理干净。通过焊剂的冶金反应把氢结合成不溶于液态金属的化合物，如高 Mn 高 Si 焊剂可以把 H 结合成 HF 和 OH 两种稳定化合物进入熔渣中，减少氢对生成裂纹的影响。②正确地选择焊接工艺参数，降低钢材的淬硬程度并有利于氢的逸出和改善应力状态，必要时可采用预热。③采用后热或焊后热处理。焊后热有利于焊缝中的溶解氢顺利地逸出。有些工件焊后需要进行热处理，一般情况下多采用回火处理。这种热处理效果一方面可消除焊接残余应力，另一方面使已产生的马氏体高温回火，改善组织。同时接头中的氢可进一步逸出，有利于消除氢致裂纹，改善热影响区的延性。④改善接头设计，降低焊接接头的拘束应力。在焊接接头的设计上，应尽可能消除引起应力集中的因素，如避免缺口、防止焊缝的分布过分密集等。坡口形状尽量对称为宜，不对称的坡口裂纹敏感性较大。在满足焊缝强度的基本要求下，应尽量减少填充金属的用量。

埋弧焊时，焊接热影响区除了可能产生氢致裂纹外，还可能产生淬硬脆化裂纹、层状撕裂等。

3. 夹渣

埋弧焊时焊缝的夹渣除与焊剂的脱渣性能有关外，还与工件的装配情况和焊接工艺有关。对接焊缝装配不良时易在焊缝根部产生夹渣。焊缝成形对脱渣情况也有明显影响。平而略凸的焊缝比深凹或咬边的焊缝更易脱渣。双道焊的第一道焊缝，当它与坡口上缘熔合时，脱渣容易，如图 7.56（a）所示。当焊缝不能与坡口边缘充分熔合时，脱渣困难，如图 7.56（b）所示，在焊接第二道焊缝时易造成夹渣。焊接深坡口时，由较多的小焊道组成的焊缝，夹渣的可能性小，而由较少的大焊道组成的焊缝，夹渣的可能性大。图 7.57 表示这两种焊缝对夹渣的影响。

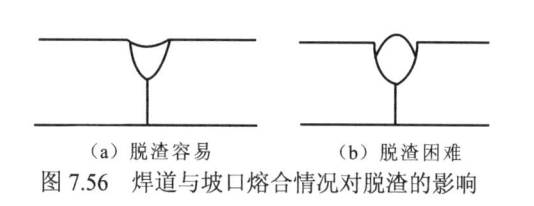

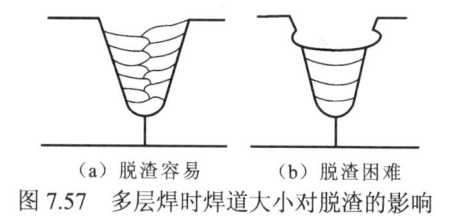

（a）脱渣容易　（b）脱渣困难
图 7.56　焊道与坡口熔合情况对脱渣的影响

（a）脱渣容易　（b）脱渣困难
图 7.57　多层焊时焊道大小对脱渣的影响

7.7　CO_2 气体保护焊

7.7.1　概述

CO_2 气体保护焊是利用 CO_2 气体作为保护气体的气体保护电弧焊。它是 20 世纪 50 年代初期发展起来的一种新的焊接技术。经过几十年的研究，我国在发展 CO_2 气体保护焊焊接设备、焊接材料和焊接工艺等方面取得了很大成就。现在 CO_2 气体保护焊已广泛应用在石油化工、造船、汽车制造、工程机械及农业机械等工业中。同时，CO_2 气体保护焊发展很快，在低碳及低合金钢的焊接中，已取代或部分取代焊条电弧焊。

1. CO_2 气体保护焊的优点

(1) 焊接成本低。由于 CO_2 气体和焊丝的价格低廉，对于焊前的生产准备要求不高，焊后清理和校正工时少，所以成本低。

(2) 生产效率高，节省能源。CO_2 焊的电流密度大，可达 $100\sim300\ A/mm^2$，因此电弧热量集中，焊丝的熔化效率高，母材的熔深厚度大，焊接速度快，同时焊后不需要清渣，所以能够显著提高效率，节省电能。

(3) 焊接变形小。由于电弧热量集中、线能量低和 CO_2 气体具有较强的冷却作用，工件受热面积小。特别是焊接薄板时，变形很小。

(4) 对油污、铁锈产生气孔的敏感性较低。

(5) 电弧可见性好，有利于观察，焊丝能准确对准焊接位置，尤其是在半自动焊时可以较容易地实现短焊缝和曲线焊缝的焊接工作。

(6) 焊缝含氢量低。其原因是保护气氛具有氧化性，与氢有很强的亲和能力，起到脱氢作用。

(7) 操作简单，容易掌握。

(8) 适用范围广。可以实现全位置焊接，并且对于薄板、中厚板甚至厚板都能进行焊接。

2. CO_2 气体保护焊的缺点

(1) 抗风能力差，给室外焊接作业带来一定困难。

(2) 与焊条电弧焊相比设备较复杂，易出现故障，要求具有较高的维护设备的技术能力。

(3) 与焊条电弧焊和埋弧焊相比，焊缝成形不够美观，焊接飞溅较大。

(4) 弧光较强，必须注意劳动保护。

(5) 只适用于低碳钢和低合金钢的焊接。

7.7.2 CO_2 气体保护焊的冶金特点

1. 合金元素的氧化

CO_2 气体在常温下是相当稳定的气体，几乎无氧化性。但在电弧高温的作用下，会分解成 CO、CO_2、O 等物质，所以具有很强的氧化性。CO_2 电弧主要从两个方面使 Fe 及其他合金元素氧化。一种是和高温分解出的原子氧作用。如：

$$Fe + O = FeO$$
$$Si + O_2 = SiO_2$$
$$Mn + O_2 = MnO$$
$$C + O = CO\uparrow$$

另一种是和 CO_2 直接作用。如：

$$CO_2 + Fe = FeO + CO\uparrow$$
$$2CO_2 + Si = SiO_2 + 2CO\uparrow$$
$$CO_2 + Mn = MnO + CO\uparrow$$

上述氧化反应既发生在熔滴过渡中，也发生在熔池中，在熔滴过渡中发生的反应最为激烈。氧化反应的程度则取决于合金元素在焊接区的浓度和它们对氧的亲和力。熔滴和熔池金属中 Fe 的浓度最大,因此 Fe 的氧化比较激烈。Si、Mn、C 的浓度虽然较低,但它们与氧的亲和力比 Fe 大,所以也有相当数量被氧化。

反应生成物(SiO_2、MnO、CO、FeO 等)中,SiO_2 和 MnO 会结合成硅酸盐,很容易浮出熔池表面形成熔渣。反应生成的 CO 气体则具有两种情况:其一在高温时,体积急剧膨胀的 CO 气体在逸出液态金属过程中,往往会引起熔滴或熔池的爆破,发生金属的溅损与飞溅。其二在低温时,由于液态金属呈现较大的动力黏度和较强的表面张力,产生的 CO 将无法逸出,而最终在焊缝中形成气孔。至于 FeO 则溶入液态金属,并进一步和熔池及熔滴中的合金元素发生反应使其氧化。溶入熔池的 FeO,按下列方程与碳元素作用,产生 CO 气体。如果此气体不能析出熔池,便在焊缝中形成气孔。它的反应式为

$$FeO + C = Fe + CO$$

溶入熔滴中的 FeO 与碳元素作用产生的 CO 气体,则在电弧高温下急剧膨胀,使熔滴爆破而引起金属飞溅。

合金元素烧损、气孔及飞溅是 CO_2 气体保护焊中的三个主要的问题。它们都与 CO_2 电弧的氧化性有关,因此必须在冶金上采取脱氧措施。

2. 脱氧措施

1)脱氧的必要性及对脱氧剂的要求

从前述内容可以看出,SiO_2 和 MnO 成为熔渣浮于熔池表面,结果使焊缝中的 Si、Mn 含量减少。CO 气体的反应量若受到限制,则不会发生强烈的气体爆破与飞溅,也不会引起气孔。问题的关键在于 FeO,它的产生才是引起气孔、飞溅的重要原因。此外,FeO 残留在焊缝金属中也将降低焊缝的力学性能。因此,必须使 FeO 脱氧,并在脱氧的同时对合金元素给予补充,则气孔及合金元素的烧损问题就能得到圆满解决,并且也有助于减少飞溅。

为了减少 CO_2 气体保护焊时的飞溅,避免产生 CO 气孔,焊接时,必须采取有效的脱氧措施。脱氧效果的好坏与脱氧剂的选择有很大的关系。与氧的亲和力比 Fe 大的合金元素,能够使 FeO 中的 Fe 还原,可以作为脱氧剂。在 CO_2 气体保护焊时,由于熔池体积小,加上 CO_2 气体的冷却作用,使得焊接时熔池的存在时间很短,结晶速度很快。在这种情况下,选择的脱氧剂必须满足下列要求。

(1)起到合金化作用。脱氧剂在完成脱氧任务之余,所剩的量便作为合金元素留在焊缝中,起到改善焊缝力学性能的作用。

(2)脱氧能力强。该脱氧剂对 FeO 的脱氧能力要优于 C 的脱氧能力,这样才能抑制 FeO 与 C 的有害反应。

(3)脱氧后的产物不能是气体,防止产生气孔。

(4)脱氧产物必须熔点低,密度小,便于从熔池中浮出;否则,易形成氧化物夹杂,影响焊缝金属的性能。

2)脱氧措施的实施

CO_2 气体保护焊是通过焊丝中加入脱氧剂来实现脱氧的。最常用的脱氧剂是 Si 与 Mn。Si 与 Mn 对熔池中的 FeO 起还原作用,反应如下:

$$2FeO + Si = 2Fe + SiO_2$$

$$FeO + Mn = Fe + MnO$$

但是，单独使用 Si 或 Mn 的脱氧效果并不理想。单独使用 Mn 脱氧，生成的 MnO 密度较大，为 5.11g/cm²，不易从熔池中浮出。单独使用 Si 脱氧，生成的 SiO_2 熔点高，为 1983K，且为小颗粒状，也不易浮出熔池。经研究发现，使用 Si、Mn 联合脱氧效果最好。因为当 Si 与 Mn 的比例合适时，它们各自的脱氧产物又会聚在一起形成复合物，即

$$SiO_2 + MnO = MnO \cdot SiO_2$$

这种硅酸盐复合物的熔点低（1543 K），密度小（3.11 g/cm³），不溶于液态金属且能凝聚成大块，很容易浮出熔池表面，在焊缝金属凝固后形成一层很薄的渣壳。这种脱氧剂在完成脱氧任务后，剩余部分的 Si、Mn 留在焊缝中，起到焊缝金属合金化的作用。相关研究还发现，焊丝中 Mn 与 Si 的比例为 1.5~3.0 最佳。除 Si、Mn 外，还可以在焊丝中加入一些 Al、Ti 等合金元素作为辅助脱氧剂，以进一步提高脱氧效果，并在一定程度上起到改善焊缝性能的作用。因此，合理地选择焊丝成分是消除 CO 气孔、保证焊缝性能的关键。

目前国内用得最多的是牌号为 H08Mn2SiA 焊丝，在国家标准《熔化极气体保护电弧焊用非合金钢及细晶粒钢实心焊丝》（GB/T 8110—2020）中该牌号焊丝的型号为 ER49-1。这种牌号的焊丝具有较好的工艺性能、力学性能及抗热裂能力，适宜焊接低碳钢和低合金钢。表 7.12 为常用的国产 CO_2 气体保护焊焊丝的牌号、成分及用途，供选用时参考。

表 7.12 CO_2 气体保护焊常用焊丝的化学成分和用途

焊丝牌号	C	Si	Mn	Cr	Mo	Ti	Al	S 不大于	P 不大于	用途
H10MnSi	≤0.14	0.60~0.90	0.8~1.10	W0.20	—	—	—	0.030	0.040	
H08MnSi	≤0.10	0.70~1.0	1.0~1.30	V0.20	—	—	—	0.030	0.040	焊接低碳钢,低合金钢
H08MnSiA	≤0.10	0.60~0.85	L40~1.70	Co0.20	—	—	—	0.030	0.035	
H08Mn2SiA	≤0.10	0.70~0.95	1.80~2.10	W0.20	—	—	—	0.030	0.035	
H04Mn2SiTiA	≤0.04	0.70~1.10	1.80~2.20	—	—	0.20~0.40	—	0.025	0.025	焊接低合金高强度钢
H04MnSiAlTiA	≤0.04	0.40~0.80	1.40~1.80	—	—	0.35~0.65	0.20~0.40	0.025	0.025	
H10MnSiMo	≤0.14	0.70~1.10	0.90~1.20	W0.20	0.15~0.25	—	—	0.030	0.040	强度钢
H08Cr3Mn2MoA	≤0.10	0.30~0.50	2.00~2.50	2.5~3.0	0.35~0.50	—	—	0.030	0.030	焊接贝氏体钢
H18CrMnSiA	0.15~0.22	0.90~1.10	0.80~1.10	0.80~1.10	—	—	—	0.025	0.030	焊接高强度钢

3. 气孔问题

CO_2 气体保护焊焊接时，熔池表面没有熔渣盖覆，CO_2 气流又有冷却作用，因此熔池凝固比较快，容易在焊缝中产生气孔。可能产生气孔主要有 CO 气孔、H_2 气孔和 N_2 气孔。

（1）CO 气孔。如前所述，产生 CO 气孔的原因，主要是熔池中的 FeO 和 C 进行反应（FeO+C—Fe+CO），这个反应在熔池处于结晶温度时进行得比较剧烈，由于这时熔池已开始凝固，CO 气体不易逸出，于是在焊缝中形成气孔。如果焊丝中含有足够的脱氧元素 Si 和 Mn，以及限制焊丝中的含碳量，就可以抑制上述的氧化反应，有效地防止 CO 气孔的产生。所以在 CO_2 气体保护焊中，只要焊丝选择适当，产生 CO 气孔的可能性是很小的。

（2）H_2 气孔。如果熔池在高温时溶入大量氢气，在冷却凝固过程中又不能充分排出，那么留在焊缝金属中成为气孔。

电弧区的氢主要来自焊丝、工件表面的油污及铁锈，以及 CO_2 气体中所含的水分。油污为碳氢化合物，铁锈中含有结晶水，它们在电弧高温下都能分解出 H_2 气。减少熔池中氢的溶解量，不仅可以防止 H_2 气孔，而且可提高焊缝金属的塑性。所以，一方面焊前要适当清除工件和焊丝表面的油污及铁锈，另一方面应尽可能使用含水分低的 CO_2 气体。CO_2 气体中的水分常常是引起 H_2 气孔的主要原因。

当在焊接区有氧化性的 CO_2 气体存在时，增加了氧的分压，使自由状态的氢被氧化成不溶于金属材料的水蒸气与羟基，从而减弱了 H_2 气的有害作用。氢被氧化的过程如下：

$$H_2 + CO_2 = CO + H_2O$$
$$H + CO_2 = CO + OH$$
$$H + O = OH$$

CO_2 气体的氧化性对消除 CO 气体和飞溅方面是不利的，但在制约氢的危害方面却又是有益的。所以 CO_2 气体保护焊对铁锈和水分没有埋弧焊和氩弧焊那样敏感。

（3）N_2 气孔。N_2 气的来源：一是空气侵入焊接区；二是 CO_2 气体不纯。根据近几年一些研究者的试验表明：在短路过渡时 CO_2 气体中加入 3% 的 N_2（按体积），射流过渡时 CO_2 气体中加入 4% 的 N_2（按体积），仍不会引起气孔。而正常 CO_2 气体中含 N_2 量很小，最多不超过 1%（按体积）。由上述可推断：由于 CO_2 气体不纯而引起 N_2 气孔的可能性不大，焊缝中产生 N_2 气孔的主要原因是保护气层失效遭到破坏，大量空气侵入焊接区。造成保护气层失效的因素有：过小的 CO_2 气体流量；喷嘴被少量飞溅物部分堵塞；喷嘴与工件的距离过大，以及焊接场地有侧向风等。因此在焊接过程中保证保护气层稳定、可靠，是防止焊缝中 N_2 气孔的关键。

7.7.3 CO_2 气体保护焊的熔滴过渡形式及规范参数的选择

在 CO_2 气体保护焊时，为了保证焊接过程的稳定，减少飞溅，其熔滴过渡形式通常有使用细焊丝（$\phi < 1.6$ mm）的短路过渡和使用粗焊丝（$\phi \geq 1.6$ mm）的细颗粒过渡。由于熔滴过渡形式不同，对应使用的工艺参数有较大的差别。

1. 短路过渡焊接

1) 特点

短路过渡的焊接特点是低电压、小电流。从图 7.58 中可见主要适用于薄板的焊接。短路过渡时，一般弧长较短，在熔滴还没有脱离焊丝之前即与熔池发生短路，形成液态金属小桥。此时电弧熄灭，电压急剧下降，短路电流迅速增加。最后，在各种力的作用下液态金属小桥被拉断，电弧重新引燃，完成了一个熔滴的过渡。这样电弧处于不断地起弧、燃弧、熄弧循环之中，同时焊接熔池也处于不断的熔化、扩展、凝固的交替循环中，因此熔池不容易流淌，适合于焊接薄板及进行全位置焊接。焊接薄板时，生产率高、变形小，而且操作上容易掌握，对焊工技术水平要求不高。因而短路过渡的 CO_2 气体保护焊容易在生产上得到应用和推广。

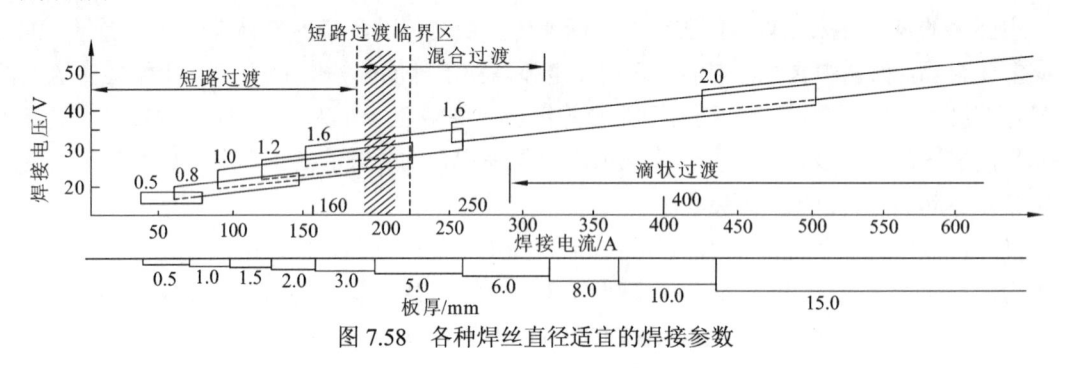

图 7.58 各种焊丝直径适宜的焊接参数

2) 规范参数的选择

短路过渡焊接时，主要的规范参数有电弧电压、焊接电流、气体流量、焊丝伸出长度、短路频率及焊接回路电感等。

（1）电弧电压及焊接电流。电弧电压是焊接规范中关键的一个参数。它的大小决定电弧的长短、熔滴的过渡形式。它对焊缝成形、飞溅、焊接缺陷及焊缝的力学性能有很大的影响。实现短路过渡必须保持较短的电弧长度，低电压（一般在 17~25 V）正是短路过渡的一个重要特征。

电弧电压的选择与焊丝直径及焊接电流有关，它们之间存在着协调匹配的关系。不同直径焊丝相应选用的电弧电压、焊接电流的数值范围如表 7.13 所示。

表 7.13 不同直径焊丝选用的电弧电压及焊接电流

焊丝直径/mm	电弧电压/V	焊接电流/A	焊丝直径/mm	电弧电压/V	焊接电流/A
0.5	17~19	30~70	1.2	19~23	90~200
0.8	18~21	50~100	1.6	22~26	140~300
1.0	18~22	70~120	—	—	—

在焊丝直径给定时，都有一对应的、较佳的电弧电压及焊接电流，此时短路频率高，焊接过程稳定。电弧电压及焊接电流若过小，电弧引弧困难，焊接过程不稳定。反之，则由短路过渡转变成大颗粒的长弧过渡，飞溅增大，焊接过程也不稳定。因此，只有电弧电压与焊接电流匹配得较合适时，才能获得稳定的短路过渡过程，并且飞溅小，焊缝成形好。特别是

电弧电压的数值要求有比较精确的调整,调整精度最好能达到±0.2 V。

(2)气体流量。不同的焊枪适用于不同直径的焊丝,相应使用不同范围的气体流量。对于小电流焊枪,气体流量为 5～15 L/min,中电流焊枪(120～200 A)气体流量为 15～25 L/min。室外作业,要加大气体流量,以使保护气体有足够的挺度,提高抗干扰的能力。但也要注意,气体流量过大,保护气体的紊流度增大,反而会将外界空气卷入焊接区,使保护效果变差,甚至在焊缝中引起气孔。

(3)焊丝伸出长度。由于短路过渡焊接时采用的焊丝都比较细,所以焊丝伸出长度上产生的电阻便成为焊接规范中不可忽视的因素。其他规范参数不变时,随着焊丝伸出长度增加,焊接电流下降,熔深亦减小。直径越细、电阻率越大的焊丝这种影响越大。根据生产经验,合适的焊丝伸出长度应为焊丝直径的 10～12 倍。实际使用的焊丝伸出长度值为10～20 mm。焊丝直径细取低值,焊丝直径粗取高值。随着焊丝伸出长度增加,焊丝上的电阻热增大,焊丝熔化加快,从提高生产率上看这是有利的。但是当焊丝伸出过长时,焊丝容易发生过热而成段熔断,飞溅严重,焊接过程不稳定。同时,伸出长度增大后,喷嘴与工件间的距离亦增大,气保护效果变差。若伸出长度过小会缩短喷嘴与工件间的距离,飞溅金属容易堵塞喷嘴。

(4)短路频率和焊接回路电感。在短路过渡时,每次过渡的熔滴体积越小,短路频率越高,过程越稳定。因此,在短路过渡时,要求尽可能高的短路频率,其高低通常可作为短路过渡稳定性的标志。影响短路频率的因素很多,其中之一就是焊接回路的电感 L。

焊接回路电感 L 值直接影响短路电流的上升率 dL/dt。随着 L 的增加,dL/dt 减小,使短路电流峰值 I_{max} 减小,电磁收缩力减小,液柱不易形成缩颈,所以导致短路时间增加,频率降低(图 7.59)。应注意对于不同直径的焊丝应该有不同的回路电感值,以保证有合适的 dL/dt 和 I_{max}。细焊丝熔化快,熔滴过渡的周期短,因此需要较大的 dL/dt。粗焊丝熔化慢,熔滴过渡的周期长,则要求较小的 dL/dt。

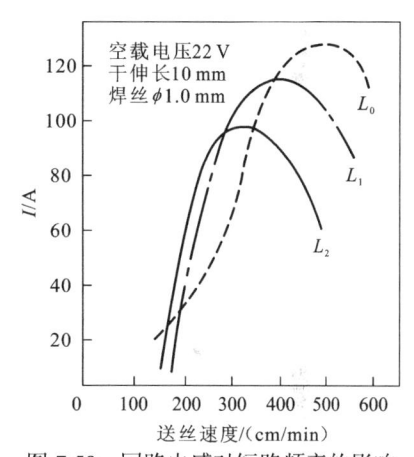

图 7.59 回路电感对短路频率的影响
L_0=50 μH;L_1=180 μH;L_2=400 μH

在短路过渡的一个周期中,在短路期间,短路电流的能量大部分传输到焊丝中去。只有电弧燃烧期间,电弧的大部分热量才输入工件,并形成一定的熔深。一般来说,短路频率高的电弧,其燃烧时间很短,因此熔深小。适当增大电感,虽然频率降低,但电弧燃烧时间增加,从而增大了母材熔深。所以调节焊接回路中的电感量,可以调节电弧的燃烧时间,从而控制母材的熔深。另外,焊丝直径越细,电感值越小,随着焊丝直径的增加,电感值也应适当增加。但是,电感值过大或过小,都会带来较大的飞溅,影响焊接过程的稳定性。

(5)焊接速度。焊接速度对焊缝成形、接头的力学性能及气孔等缺陷的产生都有影响。随着焊接速度增大,焊缝熔宽降低,熔深及余高也有一定减少。焊接速度过快会引起焊缝两侧咬肉;焊接速度过慢则容易产生烧穿和焊缝组织粗大等缺陷。此外,焊接速度影响到焊接单位能。在焊接高强度钢等材料时,为了防止裂缝,保证焊缝金属的韧性,需要选择合适的焊接速度来控制单位能。

(6)电源极性。CO_2 气体保护焊一般都采用直流反接较为合适。因为反极性时飞溅小,电弧稳定,成形较好,而且反极性时焊缝金属含氢量低,并且焊缝熔深大。但在堆焊及焊补铸件时,则采用正极性较为合适。因为阴极发热量较阳极大。正极性时焊丝为阴极,熔化系数大,约为反极性的1.6倍,金属熔敷率高,可以提高生产率。

以上讨论短路过渡焊接时,主要规范参数的选择原则。在实际工作中,焊接电流、电弧电压、回路电感、气体流量等的具体数值还需通过试焊来确定。

2. 细颗粒过渡焊接

在CO_2气体保护焊采用粗焊丝($\phi \geqslant 1.6$ mm),并且当电流增大到一定数值并配合适当的电弧电压时,随着电流密度的增加,电极斑点得到一定程度的扩展,对熔滴过渡的阻碍程度有所降低,熔滴的尺寸大大减小,以自由下落的形式进入熔池,这种过渡形式称为细颗粒过渡。

细颗粒过渡焊接的特点是电弧电压比较高,焊接电流比较大。此时电弧是持续的,不发生短路熄弧的现象。所以,电弧的穿透力大、母材熔深大,适合于中、厚板的焊接。采用细颗粒过渡焊接时,焊丝伸出长度上的电阻热相当大,容易成段发红变软,甚至熔化变成飞溅。因此对规范参数的影响比较敏感,对焊接设备的稳定性要求较高,操作时应特别注意。

细颗粒过渡焊接时,主要的规范参数有:电弧电压、焊接电流、焊接速度以及保护气流量等。

(1)电弧电压与焊接电流。随着焊接电流的增加,电弧电压也要相应增加;否则,电弧对熔池有冲刷作用,使焊缝成形恶化。但是,电弧电压也不能过高;否则,易出现气孔,同时飞溅增大。还要指出的是,在同样的电流下,随着焊丝直径增大,电弧电压须相应降低。不同焊丝直径细颗粒过渡的电流下限值和电弧电压范围如表7.14所示。

表7.14 不同焊丝直径细颗粒过渡的电流下限值及电弧电压范围

焊丝直径ϕ/mm	电流I/A	电弧电压/V
1.2	300	—
1.6	400	—
2.0	500	34~45
3.0	650	—
4.0	750	—

(2)焊接速度。细颗粒过渡焊接的焊接速度较高。与同样直径焊丝的埋弧焊相比,焊接速度高0.5~1.0倍。常用的焊接速度为40~60 m/h。

(3)保护气流量。应选用较大的气体流量来保证焊接区的保护效果。保护气流量通常要比短路过渡焊的高1~2倍。常用的气流量范围为25~50 L/min。

除短路过渡和细颗粒过渡外,还有一种介于二者之间的过渡形式,这就是混合过渡或称半短路过渡。混合过渡的电流和电压数值,比短路过渡大,比细颗粒过渡小。焊丝金属熔滴以短路过渡为主,伴随有少量颗粒过渡。由于混合过渡时熔滴的过渡频率较低,熔滴颗粒较大,因而飞溅严重。与短路过渡相比,其电弧燃烧时间长,母材输入热量多,熔深较大,所以对于中等厚度工件的焊接,生产上也有所应用。

7.7.4 减少 CO_2 气体保护焊飞溅的措施

1. 合理选择焊接参数

（1）焊接电流和电弧电压。CO_2 气体保护焊时对于各种金属的焊丝，其飞溅率和焊接电流之间都存在着如图 7.60 所示的规律。可见，在小电流区飞溅较小，进入到大电流区由于熔滴过渡变成了细颗粒过渡，飞溅也不大，只有在中间的中等电流区飞溅最大。所以在选择焊接电流时应尽可能避开飞溅较大的区域。电流确定后再匹配合适的电弧电压，以保证飞溅最小。

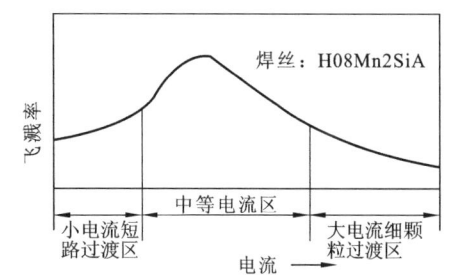

图 7.60 CO_2 气体保护焊飞溅率与电流 I 的关系

（2）焊丝伸出长度。一般焊丝伸出长度越长，飞溅率越高。例如，$\phi 1.2\ mm$ 的焊丝电流 280 A 时，焊丝伸出长度从 20 mm 增加到 30 mm，飞溅量增加 5%，因此焊丝的伸出长度应尽可能短。

（3）焊枪角度。焊枪的倾角决定了电弧力的方向，所以焊枪前倾和后倾对飞溅率及焊缝的成形都有影响。焊枪垂直时飞溅量最少，倾斜角度越大，飞溅越多。焊枪前倾或后倾最好不超过 20°。

2. 在 CO_2 中加入 Ar

CO_2 气体在电弧温度区间热导率较高，加上分解吸热，消耗电弧大量热能，从而引起弧柱及电弧斑点强烈收缩。即使增大电流，弧柱和斑点直径也很难扩展，这是 CO_2 气体保护焊产生飞溅的最主要原因，是由 CO_2 气体本身物理性质决定的。

无论是短路过渡还是细颗粒过渡，在 CO_2 中加入 Ar，都能明显地使过渡的熔滴尺寸变细，从而改善熔滴过渡的特性，减少飞溅。特别是对于细颗粒过渡，加 Ar 后对于大颗粒的飞溅有显著的改善效果。

3. 采用电流波形控制

随着电子技术和控制技术的发展，特别是计算机控制技术引入到焊接领域后，早期通过调节电感 L 来改善焊机的动特性，从而减少飞溅的调节方式已达不到理想的结果。在目前广泛使用的晶闸管 CO_2 气体保护焊焊机和逆变式 CO_2 气体保护焊焊机中，通常都是采用输出电流波形控制金属小桥爆断时的能量，以减少飞溅。这种方法比较理想。其控制过程如图 7.61 所示。在引燃电弧的初期，输出电流较大，提高了焊丝的熔化速度，增加了熔深。当电弧在大电流下燃烧一定时间后，焊接电流迅速减小，焊丝熔化速度降低，从而避免了因焊丝端部的熔化金属过多而引起的飞溅。随着焊丝的等速送进熔化金属过多而引起的飞溅。随着焊丝的等速送进，当熔滴与熔池金属接触而发生短路时，焊接电流迅速降低到一个很小值，以保证熔滴能够稳定地与熔池金属短路，从而避免了大电流瞬间短路造成的飞溅。当熔滴稳定地短路后，电源再输出一个较大的电流，以提高短路前期的电磁收缩力，促使液柱尽快形成缩颈，减少短路时间。在产生缩颈并达到临界尺寸时，焊机再迅速降低输出电流，使小桥在很小的电流下拉断，避免产生飞溅。电弧重新引燃后再提高输出电流，使焊丝熔化进入下一个熔滴过渡周期。采用这种电流波形控制方法，可以大大降低 CO_2 气体保护焊的飞溅率，这是一种很有前途的控制飞溅的方法。

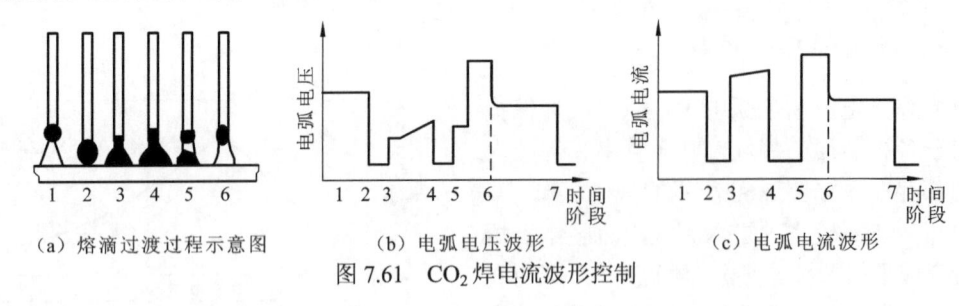

(a) 熔滴过渡过程示意图　　(b) 电弧电压波形　　(c) 电弧电流波形

图 7.61　CO_2 焊电流波形控制

4. 采用低飞溅率焊丝

(1) 超低碳焊丝。无论是短路过渡焊接还是细颗粒过渡焊接，采用超低碳的合金钢焊丝，都能够减少由 CO_2 气体引起的飞溅。

(2) 活化处理焊丝。这种焊丝就是在焊丝的表面涂有极薄的活化涂料，如 K_2CO_3 与 $CaCO_3$ 的混合物。它能够提高焊丝金属发射电子的能力，从而改善 CO_2 电弧的特性，使飞溅大大减小。但这种焊丝也有缺点：储存、使用都比较困难，因此在实际使用中并没有得到广泛推广。

(3) 药芯焊丝。这种焊丝是用 H08A 薄钢带经轧机纵向折叠，并加药粉后拉拔而成。焊接时，在电弧热的作用下焊丝外皮金属和芯部的焊剂同时熔化。由于焊丝熔化后形成的熔渣覆盖在熔池表面，对熔化金属形成了一层保护（图 7.62）。所以，药芯焊丝 CO_2 焊类似于焊条电弧焊，是一种气-渣联合保护。由于药芯焊丝同时具有焊条电弧焊和 CO_2 气体保护焊的优点，近几年来发展很快。采用药芯焊丝后，由于熔滴及熔池表面有熔渣覆盖，并且药芯成分中有稳弧剂，所以电弧稳定，飞溅少。通常药芯焊丝 CO_2 气体保护焊的飞溅率约为实心焊丝的 1/3。国内生产的药芯焊丝主要用于低碳钢和低合金钢的焊接以及耐磨堆焊。当然，药芯焊丝也有很多缺点，例如：①送丝比实心焊丝困难，需采用降低送丝压力的送丝机构；②焊丝制造过程复杂；③焊丝外表容易锈蚀，粉剂易吸潮，因此对焊丝的保存要求较高；④焊接烟雾大。因为单位时间的发烟量与熔化速率成正比。药芯焊丝的电流密度通常达 100 A/mm^2 以上，因此烟雾大，室内焊接时必须注意排烟问题。

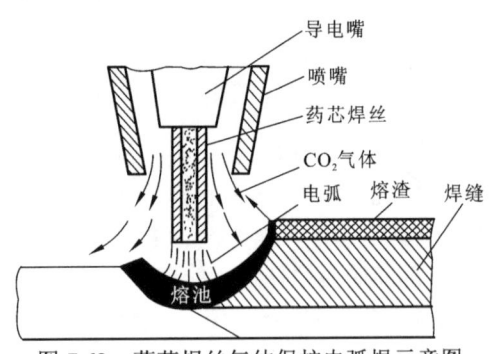

图 7.62　药芯焊丝气体保护电弧焊示意图

7.8　其他焊接方法

7.8.1　激光焊

以聚焦的激光束作为能源轰击焊件所产生的热量进行焊接的方法，称为激光焊。激光焊是利用大功率相干单色光子流聚焦而成的激光束热源进行焊接，通常有连续功率激光焊和脉冲功率激光焊两种方法。

激光焊的优点是不需要在真空中进行，缺点则是穿透力不如电子束焊强。激光焊能进行精确的能量控制，因而可以实现精密微型器件的焊接。它能应用于很多金属，特别是能焊接一些难焊接金属及异种金属。

1. 激光焊原理、特点、应用范围、分类及效应

1）原理

激光是利用原子受辐射的原理，使工作物质受激而产生的一种单色性高、方向性强，以及亮度高的光束，经聚焦后把光束聚焦到焦点上可获得极高的能量密度，利用它与被焊工件相互作用，使金属发生蒸发、熔化、熔合、结晶、凝固而形成焊缝。

2）特点

（1）由于激光束的频谱宽度窄，经会聚后的光斑直径可小到 0.01 mm，功率密度可达 10^9 W/cm^2，它和电子束焊同属于高能焊。可焊 0.1～50 mm 厚的工件。

（2）脉冲激光焊加热过程短、焊点小、热影响区小。

（3）与电子束焊相比，激光焊不需要真空，也不存在 X 射线防护问题。

（4）能对难以接近的部位进行焊接，能透过玻璃或其他透明物体进行焊接。

（5）激光不受电磁场的影响。

（6）激光的电光转换效率低（为 0.1%～0.3%）。工件的加工和组装精度要求高，夹具要求精密，因此焊接成本高。

3）应用范围

（1）用脉冲激光焊能够焊接铜、铁、锆、钽、铝、钛、铌等金属及其合金。用连续激光焊，除铜、铝合金难焊外，其他金属与合金都能焊接。

（2）用脉冲激光焊可把金属丝或薄板焊接在一起。

（3）广泛应用于汽车工业、机械工业、航空航天、电子工业领域，如微电器件外壳及精密传感器外壳的封焊、精密热电偶的焊接、波导元件的定位焊等。

（4）也可用来焊接石英、玻璃、陶瓷、塑料等非金属材料。

4）激光焊分类

按激光器输出能量方式的不同，激光焊分为脉冲激光焊和连续激光焊（包括高频脉冲连续激光焊）；按激光聚焦后光斑上功率密度的不同，激光焊可分为传热焊和深熔焊。

（1）传热焊。采用的激光光斑功率密度小于 10^5 W/cm^2 时，激光将金属表面加热到熔点与沸点之间，焊接时，金属材料表面将所吸收的激光能转变为热能，使金属表面温度升高而熔化，然后通过热传导方式把热能传向金属内部，使熔化区逐渐扩大，凝固后形成焊或焊缝，其熔深轮廓近似为半球形。这种焊接机理称为传热焊，它类似于 TIG 过程，如图 7.63（a）所示。

传热焊的主要特点是激光光斑的功率密度小，很大一部分光被金属表面所反射，光的吸收率低，焊接熔深浅，焊接速度慢。主要用于薄（厚度<1 mm）、小零件的焊接加工。

（2）深熔焊。当激光光斑上的功率密度足够大时（≥5 W/cm^2），金属在激光的照射下被迅速加热，其表面温度在极短的时间内（10^{-8}～10^{-6} s）升高到沸点，使金属熔化和汽化。当

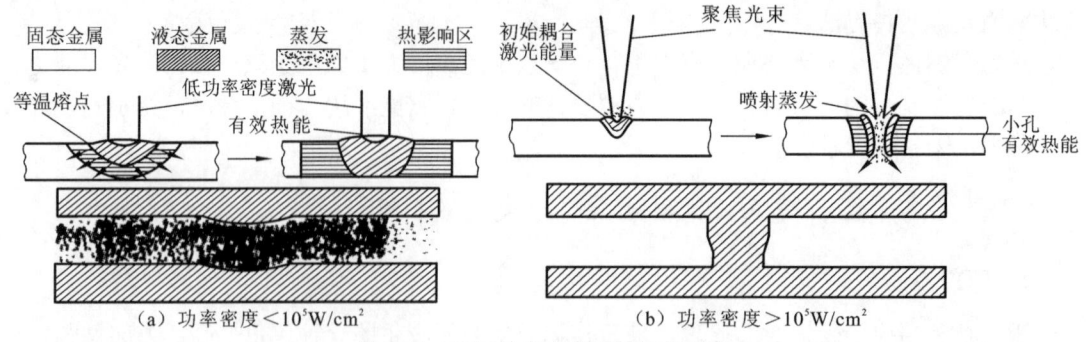

(a) 功率密度<10⁵W/cm²　　　　(b) 功率密度>10⁵W/cm²

图 7.63　不同功率密度时的加热现象

金属汽化时，所产生的金属蒸气以一定的速度离开熔池，金属蒸气的逸出对熔化的液态金属产生一个附加压力（例如对于铝，$P≈11$ MPa；对于钢，$P≈5$ MPa），使熔池金属表面向下凹陷，在激光光斑下产生一个小凹坑［图 7.63（b）］。当光束在小孔底部继续加热汽化时，所产生的金属蒸气一方面压迫坑底的液态金属使小坑进一步加深，另一方面，向坑外飞出的蒸气将熔化的金属挤向熔池四周。这个过程连续进行下去，便在液态金属中形成一个细长的孔洞。当光束能量所产生的金属蒸气的反冲压力与液态金属的表面张力和重力平衡后，小孔不再继续加深，形成一个深度稳定的孔而进行焊接，因此称为激光深熔焊［图 7.63（b）］。如果激光功率足够大而材料相对较薄，激光焊形成的小孔贯穿整个板厚且背面可以收到部分激光，这种焊接方法也可称为薄板激光小孔效应焊。从机理上看，深熔焊和小孔效应焊的前提都是焊接过程中存在着小孔，二者没有本质的区别。

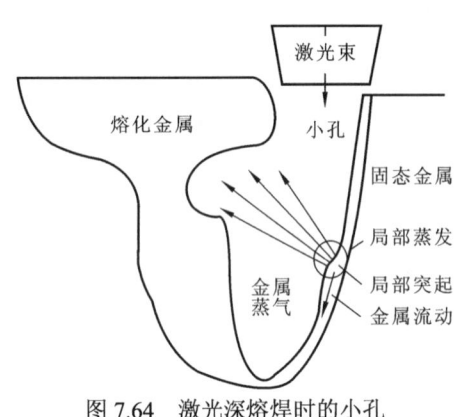

图 7.64　激光深熔焊时的小孔

在能量平衡和物质流动平衡的条件下，可以对小孔稳定存在时产生的一些现象进行分析。只要光束有足够高的功率密度，小孔总是可以形成的。小孔中充满了被焊金属在激光束连续照射下所产生的金属蒸气及等离子体，如图 7.64 所示。这个具有一定压力的等离子体还向工件表面空间喷发，在小孔之上，形成一定范围的等离子体云。小孔周围被熔池所包围，在熔化金属的外面是未熔化金属及一部分凝固金属，熔化金属的重力和表面张力有使小孔弥合的趋势，而连续产生的金属蒸气则力图维持小孔的存在。在光束入射的地方，有物质连续逸出孔外，随着光束的运动，小孔将随着光束运动，但其形状和尺寸却是稳定的。

当小孔跟着光束在物质中向前运动的时候，在小孔前方形成一个倾斜的烧蚀前沿。在这个区域，随着材料的熔化、气化，其温度高、压力大。这样，在小孔周围存在着压力梯度和温度梯度。在此压力梯度的作用下，熔融金属绕小孔周边由前沿向后沿流动。另外，温度梯度的存在使得气液分界面的表面张力随温度升高而减小，从而沿小孔周边建立一个表面张力梯度，前沿处表面张力小，后沿处表面张力大，这就进一步驱使熔融金属绕小孔周边由前沿向后沿流动，最后在小孔后方凝固起来形成焊缝。

小孔的形成伴随着有明显的声、光特征。用激光焊焊接钢件，未形成小孔时，焊件表面的火焰是橘红色或白色的，一旦小孔生成，光焰变成蓝色，并伴有爆裂声，这个声音是等离子体喷出小孔时产生的。利用激光焊时的这种声、光特征，可以对焊接质量进行监控。

5）激光焊焊接过程中的几种效应

（1）激光焊焊接过程中的等离子体。等离子体的形成在高功率密度条件下进行激光加工时会出现等离子体。等离子体的产生是物质原子或分子受能量激发电离的结果，任何物质在接收外界能量而温度升高时，原子或分子受能量（光能、热能，电场能等）的激发都会产生电离，从而形成由自由运动的电子、带正电的离子和中性原子组成的等离子体。等离子体通常称为物质的第四态，在宏观上保持电中性状态。激光焊时，形成等离子体的前提是材料被加热至气化。

金属被激光加热汽化后，在熔池上方形成高温金属蒸气。金属蒸气中有一定的自由电子。处在激光辐照区的自由电子通过逆韧致辐射吸收能量而被加速，直至其有足够的能量来碰撞、电离金属蒸气和周围气体，电子密度从而像雪崩式地增加。这个过程可以近似地用微波加热和产生等离子体的经典模型来描述。

在 10^7 W/cm² 的功率下，平均电子能量随辐照时间的加长急剧增加到一个常值（约 1 eV）。在这个电子能量下，电离速率占有优势，产生雪崩式电离，电子密度急剧上升。电子密度最后达到的数值与复合速率有关，也与保护气体有关。

激光加工过程中的等离子体主要为金属蒸气的等离子体，这是因为金属材料的电离能低于保护气体的电离能，金属蒸气较周围气体易于电离。如果激光功率密度很高，而周围气体流动不充分时，也可能使周围气体电离而形成等离子体。

等离子体的行为高功率激光深熔焊时，位于熔池上方的等离子体会引起光的吸收和散射，改变焦点位置，降低激光功率和热源的集中程度，从而影响焊接过程。

等离子体通过逆韧致辐射吸收激光能量，逆韧致辐射是等离子体吸收激光能量的重要机制，是由于电子和离子之间的碰撞所引起的。简单地说：在激光场中，高频率振荡的电子在和离子碰撞时，会将其相应的振动能变成无规则运动能，结果激光能量变成等离子体热运动的能量，激光能量被等离子体吸收。

等离子体对激光的吸收率与电子密度和蒸气密度成正比，随激光功率密度和作用时间的增长而增加，并与波长的平方成正比。同样的等离子体，对波长 10.6 μm CO_2 激光焊的吸收率比对波长 1.06 μm 的钇铝石榴石激光器（YAG laser，又称 YAG 激光器）的吸收高两个数量级。由于吸收率不同，不同波长的激光产生等离子体所需的功率密度阈值也不同。YAG 激光器产生等离子体阈值功率密度比 CO_2 激光的高出约两个数量级。也就是说，用 CO_2 激光进行加工时，易产生等离子体并受其影响，而用 YAG 激光器加工，等离子体的影响则较小。

激光通过等离子体时，改变吸收和聚焦条件，有时会出现激光束的自聚焦现象。等离子体吸收的光能可以通过不同渠道传至工件。如果等离子体传至工件的能量大于等离子体吸收所造成工件接收光能的损失，则等离子体反而增强了工件对激光能量的吸收，这时，等离子体也可看作是一个热源。

激光功率密度处于形成等离子体的阈值附近时，较稀薄的等离子体云集于工件表面，工件通过等离子体吸收能量 [图 7.65（a）]，当材料气化和形成的等离子体云浓度间形成稳定的平衡状态时，工件表面有一较稳定的等离子体层，其存在有助于加强工件对激光的吸收。用 CO_2 激光加工钢材，与上述情况相应的激光功率密度约为 10^6 W/cm²。由于等离子体的作用，工件对激光的总吸收率可由 10%左右增至 30%～50%。

图 7.65 不同功率下的光致等离子体

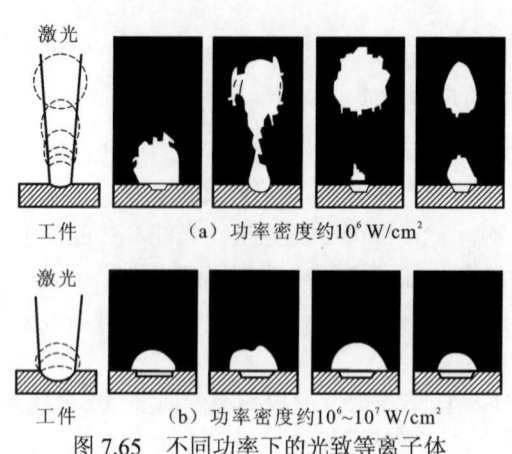

(a) 功率密度约 10^6 W/cm²

(b) 功率密度约 $10^6 \sim 10^7$ W/cm²

波长 $\lambda = 10.6$ μm, TEM$_{00}$ 模, 材料为钢

激光功率密度为 $10^6 \sim 10^7$ W/cm² 时, 等离子体的温度高, 电子密度大, 对激光的吸收率大, 并且高温等离子体迅速膨胀, 逆着激光入射方向传播 (速度约为 $10^5 \sim 10^6$ cm/s), 形成所谓激光维持的吸收波。在这种情形中, 会出现等离子体的形成和消失的周期性振荡, 如图 7.65 (b) 所示, 这种激光维持的吸收波容易在激光焊接过程中出现, 必须加以抑制。

进一步加大激光功率密度 (>10^7 W/cm²), 激光加工区周围的气体可能被击穿。激光穿过纯气体, 将气体击穿所需功率密度一般大于 10^9 W/cm²。但在激光作用的材料附近, 存在一些物质的初始电离, 原始电子密度较大, 击穿气体所需功率密度可下降约两个数量级。击穿各种气体所需功率密度大小与气体的导热性、解离能和电离能有关。气体的导热性越好, 能量的热传导损失越大, 等离子体的维持阈值越高, 在聚焦状态下就意味着等离子体高度越低, 越不容易出现等离子体屏蔽。对于电离能较低的氩气, 气体流动状况不好时, 在略高于 10^6 W/cm² 的功率下也可能出现击穿现象。

气体击穿所形成的等离子体, 其温度、压力、传播速度和对激光的吸收率都很大, 形成所谓激光维持的爆发波, 它完全、持续地阻断激光向工件的传播。一般在采用连续 CO_2 激光进行加工时, 其功率密度均应小于 10^7 W/cm²。

(2) 壁聚焦效应。激光深熔焊时, 当小孔形成以后, 激光束将进入小孔。当光束与小孔壁相互作用时, 入射激光并不能全部被吸收, 有一部分将由孔壁反射在小孔某处重新会聚起来, 这一现象称为壁聚焦效应。壁聚焦效应的产生, 可使激光在小孔内部维持较高的功率密度, 进一步加热熔化材料。对于激光焊接过程, 重要的是激光在小孔底部的剩余功率密度, 它必须足够高, 以维持孔底有足够高的温度, 产生必要的气化压力, 维持一定深度的小孔。

小孔效应的产生和壁聚焦效应的出现, 能大大地改变激光与物质的相互作用过程, 当光束进入小孔后, 小孔相当于一个吸光的黑体, 使能量的吸收率大大增加。

(3) 净化效应是指 CO_2 激光焊时焊缝金属有害物质减少或夹杂物减少的现象。

有害物质在钢中以两种形式存在——夹杂物或直接固溶在基体中。当这些元素以非金属夹杂物存在时, 在激光焊时将产生下列作用: 对于波长为 10.6 μm 的 CO_2 激光, 非金属的吸收率远远大于金属, 当非金属和金属同时受到激光照射时, 非金属将吸收较多的激光使其温度迅速上升而气化。当这些元素固溶在金属基体时, 由于这些非金属元素的沸点低, 蒸气压高, 它们会从熔池中蒸发出来。上述两种作用的总效果是焊缝中的有害元素减少, 这对金属的性能, 特别是塑性和韧性, 有很大好处。当然, 激光焊净化效应产生的前提必须是对焊接区加以有效地保护，使之不受大气等的污染。

2. 激光焊设备

激光焊机是利用辐射激发光放大原理而产生一种单色程度高、方向性强、光亮度大的光束，经聚焦获得高功率密度的光束来熔化金属而进行焊接的设备。其激光输出可以是连续的或脉冲的，介质可以是固体的或气体的。由于能量集中，焊接过程迅速，被焊材料不易氧化，因而可以在大气中进行焊接。

激光焊机主要由激光器、电源及控制装置、光束传输和聚焦系统、焊炬及传动机械的工作台等部分组成。

1）固体激光焊机

固体激光焊机主要由固体激光器、电源与控制系统、光学聚焦系统和工作台等组成。其结构如图7.66所示。

（1）固体激光器。在固体激光器中常见的有红宝石、钕玻璃、钨酸钙与YAG激光器。此类激光器的特点是输出功率高、体积小、结构牢固；缺点是光的相干性与频率的稳定性差（不如气体激光器）。固体激光器根据不同的用途，有不同的工作方式，一般可分为以下三类。

① 脉冲激光器。单次发射，每个激光脉冲的宽度为零点几毫秒到几十毫秒，每完成一次任务仅有一个脉冲。

② 重复频率激光器。此种激光器每秒可以产生几个到几十个脉冲，每完成一次任务需要几个脉冲。

③ 连续激光器。可以长时间稳定地输出激光连续使用。

脉冲固体激光器结构如图7.67所示。

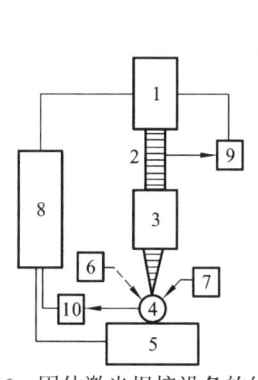

图7.66 固体激光焊接设备的结构图　　　图7.67 脉冲固体激光器结构示意图

1—激光器；2—激光光束；3—光学系统；4—焊接；5—转胎；
6—观测瞄准系统；7—辅助能源；8—程控设备；9，10—信号器

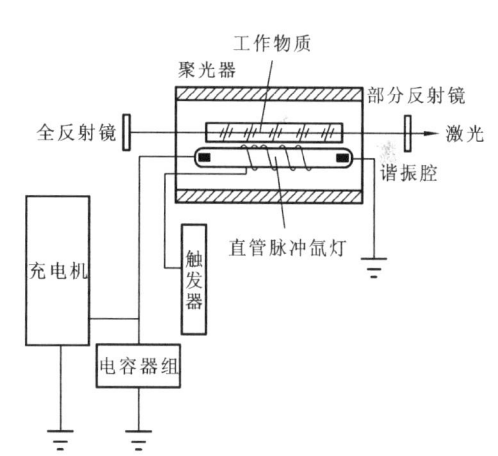

（2）光学聚焦系统。激光发生器辐射出的激光束，其能量密度不足，需要通过聚焦系统使能量进一步集中，才能用来进行焊接。由于激光的单色性及方向性好，所以可用简单的聚焦透镜或球面反射镜进行聚焦。

（3）观察系统。由于激光束斑很小，为了找准接缝部位，必须采用观察系统。主要由测微目镜、菱形棱镜、正像棱镜、小物镜、大物镜组成。利用观察系统可放大30倍左右。

2）气体激光焊机

气体激光焊机的组成部分除用 CO_2 激光器代替固体激光器外，其他部分基本上与固体激光器焊机相同。

（1）CO_2 激光器。输出功率大，目前国外已采用 100 kW 的 CO_2 激光焊机进行焊接。它的能量转换率高，可达 15%或更高，输出波长为 10.6 μm，对远距离传输有其独特的优点，很多物质对此波长的光吸收性都很强，将其转化成热能是个很好的热源。它能发射连续波激光束，既可以用来焊接微型件，也能焊较厚的工件。对工作条件要求不高，例如对工作气体的纯度，一般只需要工业纯 CO_2 气体即可。CO_2 激光器的一般结构如图 7.68 所示。它主要由放电管、谐振腔和激励电源组成。

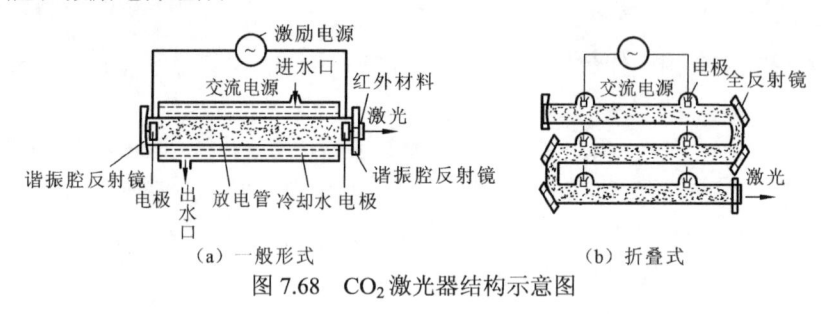

(a) 一般形式　　(b) 折叠式

图 7.68 CO_2 激光器结构示意图

目前 CO_2 激光器采用气-液热交换器，并使激光气体通过该系统再循环。CO_2 激光器中气流方向可以与激光束同轴或垂直。横向激励 CO_2 激光器可输出更大的功率，激光输出窗的材料采用硒化锌（ZnSe）可有效地输出数千瓦，而更大地输出功率则要求用气动窗，它是由一般受控的高速压缩气体横向吹过用以保持激光器与大气间压差的孔洞。

（2）GQ-0.5 型 CO_2 激光焊机。其主要技术参数如表 7.15 所示。它可以焊接不锈钢、硅钢、低合金钢及一般常用铁基或镍基合金材料。被焊工件的形状可以是板材、管件或网布。以不锈钢为例，可以完成 0.1～0.5 mm 的相同或不同厚度板材的平面对接、搭接和端接接头的焊接。当焊缝熔深无一定要求时，也能用于厚壁零部件的密封焊和精密装配焊接。除了对工件进行熔化焊外，还可进行精密钎焊。

表 7.15　GQ-0.5 型 CO_2 激光焊机的主要参数

器件		型号		
		JG-2	GD-10	JH-B
激光器	最大输出能量/J	90	15	10～12
	脉冲宽度/mm	0.3～4	0～6	3
	工作物质/mm	$\phi6\times310$，07×150（钕玻璃）	$\phi10\times165$（红宝石）	$\phi6\times90$（YAG）
	脉冲氙灯/mm	$\phi18\times300$，$\phi12\times150$	—	$2\text{-}\phi12\times80$
电源	主变压器/kW	12（2 800 V）	10（2 000 V）	—
	储能电容/μF	200×24	6 000	—
	电感/μH	400×12	—	—
	预电离变压器/kW	1（1 300 V）	—	—
	预电离电流/mA	70～80	—	—

续表

器件		型号		
		JG-2	GD-10	JH-B
光学系统	全反射膜片透率/%	99.8		99.8
	半反射膜片透率/%	50	—	50～60
	谐振腔长度/mm	约1 000		—
	直角棱镜/mm	25×25		—
工作台	台面尺寸/mm	400×200		130×166
	纵向行程/mm	150		120
	横向行程/mm	200		55
	垂直行程/mm	300		
外形尺寸	长×宽×高/mm	1 850×740×1 350	1 034×658×1 648	—

3）激光焊工艺参数

激光焊的焊接工艺可分为脉冲激光焊和连续激光焊两种类型。

（1）脉冲激光焊焊接工艺及参数。

脉冲激光焊特别适用于微型件的点焊及连续焊，如薄片与薄片之间的焊接、薄膜的焊接、丝与丝之间的焊接及密封缝焊。脉冲激光焊的焊接工艺一般根据金属的性能、需要的熔深量和焊接方式来决定激光的功率密度、脉冲宽度和波形。

脉冲激光焊加热斑点很小，约为微米数量级，每个激光脉冲在金属上形成一个焊点。主要用于微型、精密元件和一些微电子元件的焊接，它是以点焊或由点焊点搭接成的缝焊方式进行的。

常用于脉冲激光焊的几种激光器有红宝石、钕玻璃和YAG激光器等。

脉冲激光焊所用激光器输出的平均功率低，焊接过程中输入工件的热量小，因而单位时间内所能焊合的面积也小，可用于薄片（0.1 mm左右）、薄膜（几微米至几十微米）和金属丝（直径可小于0.02 mm）的焊接，也可进行一些零件的封装焊。

①影响脉冲激光焊的因素。

焊接加热时的能量密度范围。激光是高能量热源，在焊接时要尽量避免焊点金属的蒸发和烧穿，因此必须严格控制它的能量密度，使焊点温度始终保持在高于熔点而低于沸点之间。金属本身的熔点和沸点之间的距离越大，能量密度的范围越宽，焊接过程越容易控制。控制光束能量密度的主要方法有调整输入能量、调整光斑大小、改变光斑中的能量分布、改变脉冲宽度和衰减波的陡度。

反射率。反射率的大小说明了一种波长的光有多少能量被母材吸收，有多少能量被反射而损失。大多数金属在激光开始照射时，能将激光束的大部分能量反射回去，所以焊接过程开始的瞬间，就相应地需要较高功率的光束，而当金属表面开始熔化和汽化后，其反射率将迅速降低，从而相应地降低光束的能量密度。反射率与温度、激光束的波长、材料的直流电阻率、激光束的入射角、材料的表面状态等因素有关。其具体影响是：温度越高反射率越低，当接近沸点时反射率降低到10%左右；大多数金属的反射率随波长的增加而增加，但波长的影响只在熔化前产生，一旦金属熔化就不产生影响；母材的直流电阻率越大，反射率越低；激光束的入射角越大,反射率越大;表面光洁度越高,反射率越大。但是,单从外表来看粗糙的表面也不一定是良好的吸收表面,如对于 1.06 μm 波长的激光束,也可能是一种散射的表面。

焊接时的穿入深度。脉冲激光焊接时,激光束本身对金属的直接穿入深度是有限的。传热熔化成形方式焊接的焊点最大穿入深度主要取决于材料的导温系数,导温系数大的穿入深度大,而导温系数则与传热系数成正比、与密度和比热容成反比。同一种金属,其穿入深度决定于脉冲宽度,脉冲宽度越大,则穿入深度也越大,但脉冲宽度的下限应在 1 ms 以上,否则有可能成为打孔,而上限应在 10 ms 左右,最大熔深可达 0.7 mm。

聚焦性和离焦量。由于激光束的传播方向能够成为非常窄的一束,对于焊接来说,就可以得到很小的焊点,这对微型焊件是很重要的。随着波长缩短、工作物质的直径增大,光束的发散角随之变小,光束的宽度相应变窄,焊点尺寸减小。但工作物质的直径不能增大太大,应有一个合适的范围。另外,光斑直径的大小还可以通过缩短焦距而变小。所谓离焦量是指以聚焦后的激光焦点位置与工件表面相接时为零,离开这个零点的距离量,如激光焦点超过零点时定位负离焦,其距离的数值为负离焦量,反之为正离焦量。激光焦点上的光斑最小,能量密度最大。通过离焦量可调整能量密度。

② 脉冲激光焊接工艺。

薄片与薄片之间的焊接。厚度在 0.2 mm 以上的薄片之间的焊接,可以是同种材料,也可以是异种材料,主要采用搭接形式。在选择参数时,主要考虑上片材料的性质、片厚和下片的熔点。将厚度较小、热扩散率较大的金属作为下片,其所需的脉冲宽度和总能量可适当小些。将沸点高而且熔点与沸点距离大的金属作为上片,其所要求的能量密度大些。将对激光波长反射率低的材料作为上片,可减少反射率损失。薄片与薄片之间焊接接头形式有以下几种。

a. 对接。两片金属接缝对齐,激光束从中间同时直接照射两片金属,使其熔化而连接起来,如图 7.69(a)。这种方法受结构的限制太大,要求间隙很小,尽量做到无间隙。

b. 端接。属搭接中的一种形式,两片金属重叠一部分激光束照射在上片端部,使其熔化,上片金属稍往下片流动而形成焊缝,如图 7.69(b)所示。端接法熔深较小,脉冲宽度较窄,能量较小。

c. 深穿入熔化焊。两片金属重叠在一部分,激光束直接照射在上片上,使上片金属的下表面和下片金属的上表面同时熔化而形成焊缝,如图 7.69(c)所示。

d. 穿孔焊。两片金属重叠一部分,激光束直接照射在上片,初始激光峰值很高,使光斑中心蒸发成一小孔,随后激光束通过小孔直接照射下片表面,使两片金属熔化而形成焊缝,如图 7.69(d)所示。焊时有少量飞溅,此法适用于厚片的焊接。

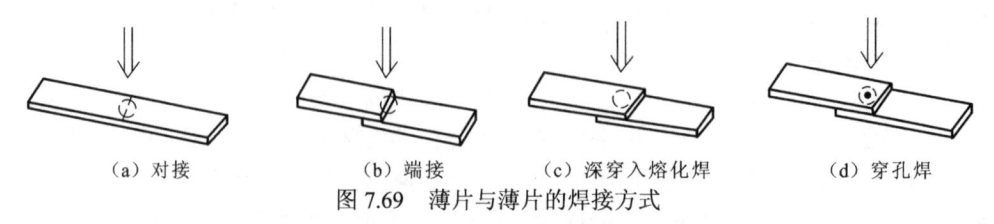

(a) 对接　　(b) 端接　　(c) 深穿入熔化焊　　(d) 穿孔焊

图 7.69　薄片与薄片的焊接方式

丝与丝之间的焊接。这种焊接适用于脉冲激光焊接的细丝,直径为 0.02~0.2 mm。细丝之间的焊接,对激光束能量的控制是很严格的。如能量密度稍大,金属稍有蒸发就会引起断丝,影响焊接质量。如能量密度太小,又可能焊接不牢固。金属丝越细,对能量要求越严格,对激光器输出稳定性的要求就严格。细丝之间的焊接,焊点的质量主要是焊点的抗拉强度,它与激光能量和脉冲宽度的关系很大。要保持完全没有蒸发,就需要在较低功率密度、较大脉冲宽度的情况下进行熔化焊接。但脉冲宽度太大,会产生后期蒸发,而脉冲宽度太小,则功率密度就必须提高,又容易产生前期蒸发。丝与丝之间的焊接接头形式有对接、重叠、十字形和T形。其中以粗细不等的十字形接头的焊接难度最大,这是因为细丝受激光照射部分吸收光能熔化后容易流走而造成断裂。此类接头要采用短焦距、大离焦量,光斑尺寸应比细丝直径大四倍左右的参数来进行焊接。以便使细丝和粗丝同时熔化,球化收缩而不致引起细丝断裂。

密封焊接。脉冲激光密封焊接是以单点重叠方式进行的,其焊点重叠度与密封深度有关。

异种金属的焊接。对于可以形成合金的结构,熔点及沸点分别相近的两种金属,能够形成牢固接头的激光焊参数范围较大,温度范围可选择在熔点和沸点之间。如果一种金属的熔点比另一种金属的沸点还要高得多,那么这两种金属形成牢固接头的激光焊参数范围就很窄,甚至不可能进行焊接,这是由于一种金属开始熔化时另一种金属已经蒸发。在这种情况下进行焊接,可采用过渡金属来解决。

脉冲激光焊的主要焊接参数分别是脉冲能量、脉冲宽度、功率密度和离焦量。

① 脉冲能量和脉冲宽度。脉冲激光焊时,脉冲能量决定了加热能量大小,它主要影响金属的熔化量;脉冲宽度决定焊接时的加热时间,它影响熔深及热影响区大小。脉冲能量一定时,对于不同材料,各存在着一个最佳脉冲宽度,此时焊接熔深最大。它主要取决于材料的热物理性能,特别是热导率和熔点。导热性好、熔点低的金属易获得较大的熔深。脉冲能量和脉冲宽度在焊接时有一定的关系,而且随着材料厚度与性质不同而变化。焊接时,激光的平均功率 P 由下式决定。

$$P = \frac{E}{\Delta \tau} \tag{7.2}$$

式中:P 为激光功率,W;E 为激光脉冲能量,J;$\Delta \tau$ 为脉冲宽度,s。

可见,为了维持一定的功率,随着脉冲能量的增加,脉冲宽度必须相应增加,才能获得较好的焊接质量。

② 功率密度。激光焊时功率密度决定焊接过程和机理。在功率密度较小时,焊接以传热焊的方式进行,焊点的直径和熔深由热传导所决定,当激光斑点的功率密度达到一定值(10^6 W/cm^2)后,焊接过程中将产生小孔效应,形成深宽比大于1的深熔焊点,这时金属虽有少量蒸发,并不影响焊点的形成。但功率密度过大后,金属蒸发剧烈,导致气化金属过多,在焊点中形成一个不能被液态金属填满的小孔,不能形成牢固的焊点。

脉冲激光焊时,功率密度由式(7.3)决定。

$$P_d = 4E/\pi d^2 \Delta \tau \tag{7.3}$$

式中:P_d 为激光光斑上的功率密度,W/cm^2;E 为激光脉冲能量,J;d 为光斑直径,cm;$\Delta \tau$ 为脉冲宽度,s。

③ 离焦量ΔF。离焦量ΔF 是指焊接时焊接表面离聚焦激光束最小斑点的距离,也称为入焦量。激光束通过透镜聚焦后,有一个最小光斑直径,如果焊件表面与之重合,那么$\Delta F=0$,若焊件表面在它下面,则$\Delta F>0$,称为正离焦量,反之则$\Delta F<0$,称为负离焦量。改变离焦量,可以改变激光加热斑点的大小和光束入射状况,焊接较厚板时,采用适当的负离焦量可以获得最大熔深。但离焦量太大会使光斑直径变大,降低光斑上的功率密度,使熔深减小。有关离焦量的影响,在下面连续激光焊的有关部分还会进一步论述。

（2）连续激光焊焊接工艺及参数。连续激光焊所使用的焊接设备一般为 CO_2 激光器，因为它输出的功率比其他激光器高，效率也比其他激光器高，且输出稳定，所以可进行薄板精密焊及 50 mm 厚板深穿入焊。CO_2 激光器广泛应用于材料的激光加工。激光焊用的 CO_2 激光器连续输出功率为数千瓦至数十千瓦（最大可有 25 kW）。

接头形式及装配要求常用的 CO_2 激光焊接头形式如图 7.70 所示。在激光焊时，用得最多的是对接接头。为了获得成形良好的焊缝，焊前必须将焊件装配良好。各类接头的装配要求如表 7.16 所示。对接时，如果接头错边太大，会使入射激光在板角处反射，焊接过程不能稳定。

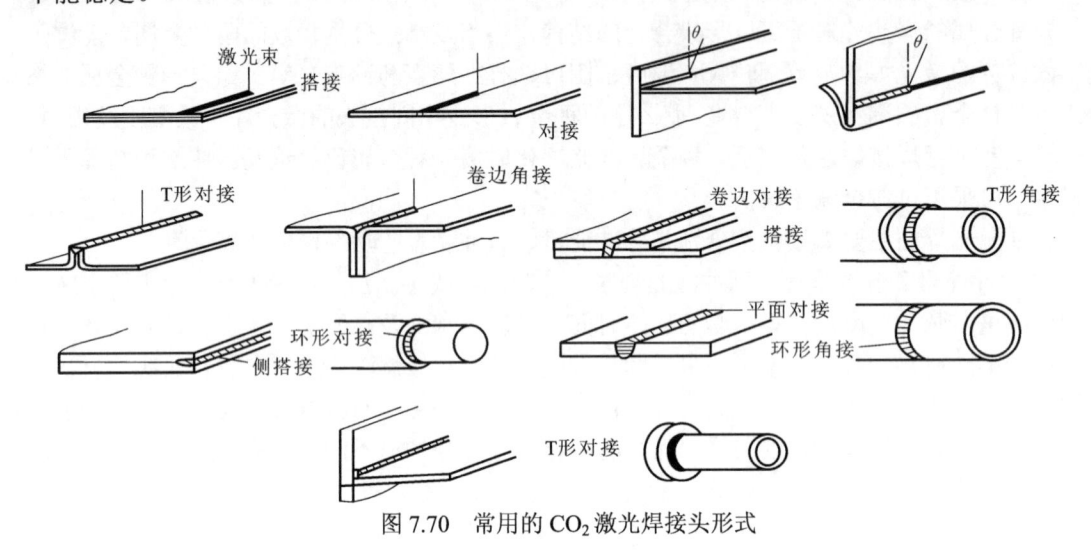

图 7.70 常用的 CO_2 激光焊接头形式

薄板焊时，间隙太大，焊后焊缝表面成形不饱满，严重时形成穿孔。搭接时板间间隙过大，则易造成上下板间熔合不良。

表 7.16 各类接头的装配要求（δ 为板厚）

接头形式	允许最大间隙	允许最大上下错边量
对接接头	0.10δ	0.25δ
角接接头	0.10δ	0.25δ
T 形接头	0.25δ	—
搭接接头	0.25δ	—
卷边接头	0.10δ	0.25δ

在激光焊过程中，焊件应夹紧，以防止热变形。光斑在垂直于焊接运动方向对焊缝中心的偏离量应小于光斑半径。对于钢铁等材料，一般焊前焊件表面除锈、脱脂处理即可；在要求较严格时，可能需要进行酸洗，焊前用乙醇、丙酮或四氯化碳清洗。

激光深熔焊可以进行全位置焊，在起焊和收尾的渐变过渡，可通过调节激光功率的递增和衰减过程或改变焊接速度来实现，在焊接环缝时可实现首尾平滑连接。利用内反射来增强激光吸收的焊缝常常能提高焊接过程的效率和熔深。

尽管激光焊适合于自熔焊，但在一些应用场合，仍需加填充金属。其优点是：能改变焊缝化学成分，从而达到控制焊缝组织，改善接头力学性能的目的。在有些情况下，还能提高焊缝抗结晶裂纹敏感性。另外，允许增大接头装配公差，改善激光焊接头准备的不理想状态。实践表明，间隙超过板厚的 3%，自熔焊缝将不饱满。图 7.71 是激光填丝焊示意图。

填充金属常以焊丝的形式加入，可以是冷态，也可以是热态。但填充金属的施加量不能过大，以免破坏小孔效应。

激光焊参数及其对熔深的影响。

激光功率（P）。通常激光功率是指激光器的输出功率，没有考虑导光和聚焦系统所引起的损失。激光焊熔深与激光输出功率密度密切相关，是功率和光斑直径的函数。对一定的光斑直径，在其他条件不变时，焊接熔深随着激光功率的增加而增加。尽管在不同的实验条件下可能有不同的实验结果，但熔深随激光功率 P 的变化大致有两种典型的实验曲线，用公式近似地表示为

$$h \propto Pk \tag{7.4}$$

式中：h 为焊接熔深，mm；P 为激光功率，kW；k 为常数，$k \leqslant 1$，k 的典型实验值为 0.7 和 1.0。

图 7.72 是激光焊时熔深与激光功率的关系；图 7.73 表示不同厚度材料焊接时所需的激光功率。

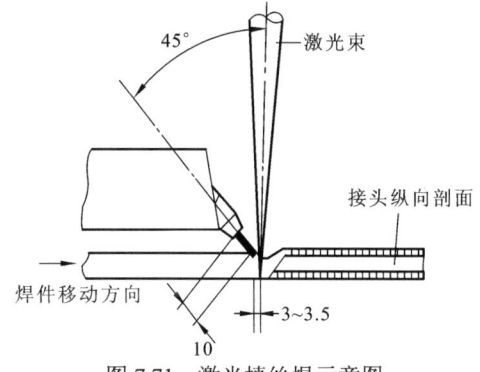

图 7.71 激光填丝焊示意图

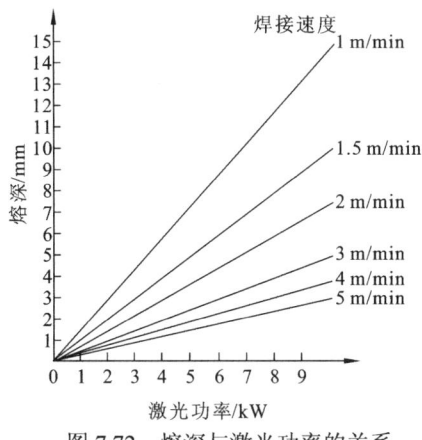

图 7.72 熔深与激光功率的关系

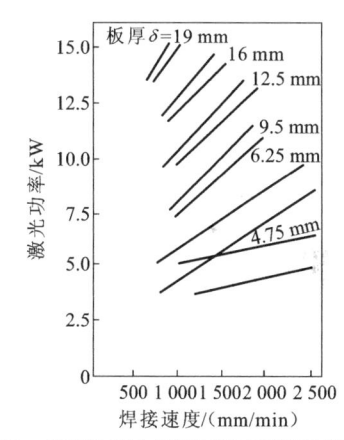

图 7.73 不同厚度材料焊接时所需的激光功率

焊接速度（v）。在一定的激光功率下，提高焊接速度，热输入下降，焊接熔深减小，如图 7.74 所示。

一般，焊接速度与熔深有下面的近似关系：

$$h \approx 1/v_r \tag{7.5}$$

式中：h 为焊接熔深，mm；v 为焊接速度，mm/s；r 为小于 1 的常数。

尽管适当降低焊接速度可加大熔深，但若焊接速度过低，熔深却不会再增加，反而使熔宽增大（图 7.75）。其主要原因是激光深熔焊时，维持小孔存在的主要动力是金属蒸汽的反冲压力，在焊接速度低到一定程度后，热输入增加，熔化金属越来越多，当金属气化所产生的反冲压力不足以维持小孔的存在时，小孔不仅不再加深，甚至会崩溃，焊接过程蜕变为传热焊型焊接，因而熔深不会再增大。

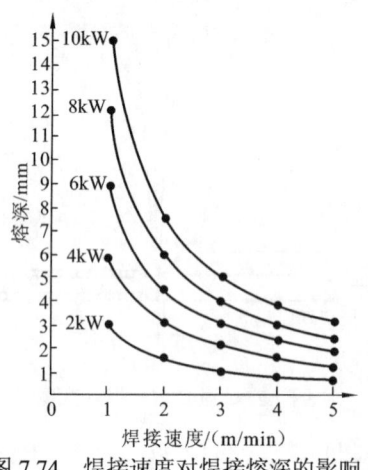

图 7.74　焊接速度对焊接熔深的影响　　　　图 7.75　不同焊接速度下所得到的熔深

（$P=8.7$ kW，板厚 12 mm）

另一个原因是随着金属气化的增加，小孔区温度上升，等离子体的浓度增加，对激光的吸收增加。这些原因使得低速焊时，激光焊熔深有一个最大值。也就是说，对于给定的激光功率等条件，存在一维持深熔焊接的最小焊接速度。

熔深与激光功率和焊接速度的关系可表示为

$$h = \beta P^{1/2} v^{-\gamma} \tag{7.6}$$

式中：h 为焊接熔深，mm；P 为激光功率，W；v 为焊接速度，mm/s；B、γ 为常数，取决于激光源、聚焦系统和焊接材料。

光斑直径（d）指照射到焊接表面的光斑尺寸大小。对于高斯分布的激光，有几种不同的方法定义光斑直径。一种是当光子强度下降到中心光子强度 e^{-1} 时的直径；另一种是当光子速度下降到中心光子强度的 e^{-2} 时的直径，前者在光斑中包含光束总量的 60%，后者则包含 86.5% 的激光能量，本书推荐 e^{-2} 束径，在激光器结构一定的条件下，照射到焊件表面的光斑大小取决于透镜的焦距 f 和离焦量 Δf，根据光的衍射理论，聚焦后最小光斑直径可计算为

$$d_0 = 2.44 f \lambda (3m+1)/D \tag{7.7}$$

式中：d_0 为最小光斑直径，mm；f 为透镜的焦距，mm；λ 为激光波长，mm；D 为聚焦前光束直径，mm；m 为激光振动模的阶数。

由式（7.7）可知，对于一定波长的光束，f/D 和 m 值越小，光斑直径越小。通常，焊接时为获得深熔焊缝，要求激光光斑上的功率密度高。提高功率密度的方式有：一是提高激光功率 P，它和功率密度成正比；二是减小光斑直径，功率密度与直径的平方成反比。因此，减小光斑直径比增加功率有效得多。减小 d_0 可以通过使用短焦距透镜和降低激光束横模阶数。低阶模聚焦后可以获得更小的光斑。对焊接和切割来说，希望激光器以基模或低阶模输出。

离焦量（Δf）。离焦量不仅影响焊件表面激光光斑大小，而且影响光束的入射方向，因而对焊接熔深、焊缝宽度和焊缝横截面形状有较大影响。在 Δf 很大时，熔深很小，属于传热焊，当 Δf 减小到某一值后，熔深发生跳跃性增加，此处标志着小孔产生，在熔深发生跳跃性变化的地方，焊接过程是不稳定的，熔深随着 Δf 的微小变化而改变很大。激光深熔焊时，熔深最大时的焦点位置是位于焊件表面下方某处，此时焊缝成形也最好。在 $|\Delta f|$ 相等的地方，激光光斑大小相同，但其熔深并不同。其主要原因是壁聚焦效应对 Δf 的影响。在 $\Delta f<0$ 时，激光经孔壁反射后向孔底传播，在小孔内部维持较高的功率密度，当 $\Delta f>0$ 时，光线经小孔壁的反

射传向四面八方，并且随着孔深的增加，光束是发散的，孔底处功率密度比前种情况低得多，因此熔深变小。

焊缝成形也变差。图7.75是铝合金激光焊时，不同焊接速度下，离焦量对焊接熔深的影响。

保护气体。激光焊时采用保护气体有两个作用：其一是保护焊缝金属不受有害气体的侵袭，防止氧化污染，提高接头的性能；其二是影响焊接过程中的等离子体，这直接与光能的吸收和焊接机理有关。前面曾指出，高功率CO_2激光深熔焊过程中形成的光致等离子体会对激光束产生吸收、折射和散射等，从而降低焊接过程的效率，其影响程度与等离子体形态有关。等离子体形态又直接与焊接参数特别是焊件功率密度、焊接速度和环境气体有关。功率密度越大，焊接速度越低，金属蒸气和电子密度越大，等离子体越稠密，对焊接过程的影响也就越大。在激光焊过程中吹保护气体，可以抑制等离子体，其作用机理如下。

第一，通过增加电子与离子、中性原子三体碰撞来增加电子的复合速率，降低等离子体中的电子密度。中性原子越轻，碰撞频率越高，复合速率越高。另外，所吹气体本身的电离能要较高，才不致因气体本身的电离而增加电子密度。

氦气最轻而且电离能量高，因而使用氦气作为保护气体，对等离子体的抑制作用最强，焊接时熔深最大，氢气的效果较差。但这种差别只是在激光功率密度较高、焊接速度较低、等离子体密度大时，才较明显。在较低功率、较高焊接速度下，等离子体很弱，不同保护气体的效果差别很小。

第二，利用流动的保护气体，将金属蒸气和等离子体从加热区吹除。气体流量对等离子体的吹除有一定的影响。气体流量太小，不足以驱除熔池上方的等离子体云，随着气体流量的增加，驱除效果增强，焊接熔深也随之加大。但也不能过分增加气体流量，否则会引起不良后果和浪费，特别是在薄板的焊接时，过大的气体流量会使熔池下落形成穿孔。图7.76是在不同气体流量下得到的熔深。由图可知，气体流量大于17.5 L/min后，熔深不再增加。

吹气喷嘴与焊件的距离不同，熔深也不同。

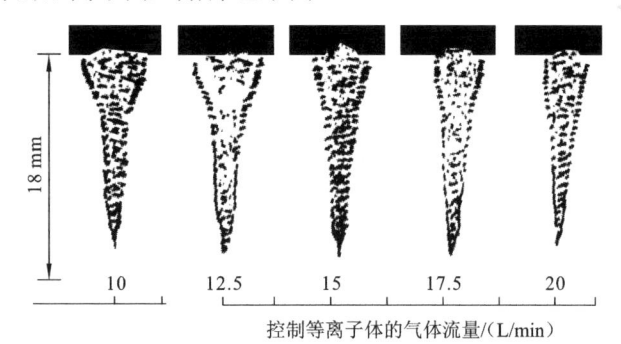

图7.76 不同气体流量下得到的熔深

激光焊焊接参数，如激光功率P，焊接速度v、焊接熔深h、焊缝宽度W及焊接材料性质之间的关系，已有大量的经验数据。焊接参数间关系的回归方程为

$$\frac{P}{vh}=a+\frac{b}{r} \tag{7.8}$$

式中：P为激光功率，kW；v为焊接速度，mm/s；h为焊接熔深，mm；a为参数，kJ/mm^2；b为参数，kW/mm；r为回归系数。

式（7.8）中a、b的值和回归系数r的值如表7.17所示。

表 7.17　几种材料的 a、b、r 值

材料	激光类型	a/(kJ/mm^2)	b/(kW/mm)	r
304 不锈钢	CO$_2$	0.019 4	0.356	0.82
低碳钢	CO$_2$	0.016 0	0.219	0.81
	YAG	0.009 0	0.309	0.92
铝合金	CO$_2$	0.021 9	0.381	0.73
	YAG	0.006 5	0.526	0.99

3. 常用金属材料的激光焊

1）材料激光焊的焊接性

（1）激光焊的焊缝成形及特点。因为激光传热焊缝类似于某些常规焊接方法的接头，这里着重讨论常见的大功率 CO$_2$ 激光深熔焊焊缝的特点。

对激光焊的熔池研究发现，熔池有周期性的变化。其主要原因是激光与物质作用过程的自振荡效应。这种自振荡的频率与激光束的参数、金属的热物理性能和金属蒸气的动力学特性有关。一般其频率为 $10^2 \sim 10^4$ Hz，而温度波动的振幅约为 100~500 K。由于自振荡效应，使熔池中的小孔和金属的流动现象也发生周期性的变化。当金属蒸气和等离子体屏蔽激光束时，金属蒸发也减少，作为充满金属蒸气的小孔也会缩小，底部就会被液态金属所填充。一旦解除对激光束的屏蔽，又重新形成小孔。同理，液态金属的流动速度和扰动状态也会发生周期性的变化。

熔池的周期性变化，有时会在焊缝中产生两个特有的现象。第一是气孔，若按它们的大小而言，也可以称为空洞。充满金属蒸气的小孔，由于发生周期性变化，同时熔化的金属又在它的周围从前沿向后沿流动，加上金属蒸发造成的扰动，就有可能将小孔拦腰阻断，使蒸气留在焊缝中，凝固之后，形成气孔。这种气孔（或孔洞）与一般焊缝中由于物理化学过程而产生的气孔是完全不同的。有研究者提出，将激光束沿焊接方向倾斜 15°，则可以减少甚至消除气孔的产生。第二是焊缝根部熔深的周期性变化。这与小孔的周期性变化有关，是由激光深熔焊自振荡现象的物理本质所决定的。

激光深熔焊的热输入是电弧焊的 1/10~1/3，因此凝固过程很快。特别是在焊缝的下部，因很窄且散热情况良好，故有很高的冷却速度，使焊缝内产生细化的等轴晶。其晶粒的尺寸为电弧焊的 1/3 左右。从纵剖面来看，熔池中熔化金属从前部向后部流动的周期变化，使焊缝形成层状组织。由于周期变化的频率很高，所以层间距离很小。这些因素和激光的净化作用相同，都有利于提高焊缝的力学性能和抗裂性。

（2）金属的激光焊接性。激光焊焊接接头具有一些常规焊接方法所不能比拟的性能，这就是接头良好的抗热裂能力和抗冷裂能力。

① 抗热裂能力。热裂纹敏感性的评定标准：一是正在凝固的焊缝金属所允许的临界变形速率（v_{cr}）；二是金属处于液固两相共存的"脆性温度区"（1200~1400 ℃）中单位冷却速度下的临界变形速率（a_{cr}）。试验结果表明，CO$_2$ 激光焊与 TIG 相比，焊接低合金高强度钢时，有较大的 v_{cr} 和较低的 a_{cr}，所以焊接时热裂纹敏感性低。激光焊虽然有较高的焊接速度，但其热裂纹敏感性却低于 TIG。这是因为激光焊焊缝组织晶粒较细，可有效地防止热裂纹的产生。如果焊接参数选择不当，也会产生热裂纹，图 7.77 是焊接高碳钢时的热裂纹。

②抗冷裂能力。冷裂纹的评定指标是 24 h 在试样中心不产生裂纹所加的最大载荷所产生的应力，即临界应力（σ_{cr}）。

对于低合金高强度钢，通常激光焊和电子束焊的临界应力 σ_{cr} 大于 TIG，可以说激光焊的抗冷裂纹能力大于 TIG。焊接 10 号钢（低碳钢），激光焊和 TIG 两种焊接方法的 σ_{cr} 几乎相同。焊接含碳量较高的 35 号钢，激光焊与 TIG 相比，有较大的冷裂纹敏感性。这是由于 35 号钢的原始组织是珠光体，TIG 时焊接速度慢，热输入大，冷却过程中奥氏体发生高温转变，焊缝和 HAZ 的组织大部分为珠光体。激光焊和电子束焊的冷却速度快，焊缝和 HAZ 是典型的奥氏体低温转变产物——马氏体。因为含碳量高，所形成的板条状马氏体具有很高的硬度（650 HV），具有较高的组织转变应力，所以冷裂纹敏感性高。

图 7.77　焊接高碳钢时的热裂纹

合金结构钢 12Cr2Ni4A 进行 TIG 时，其焊缝和 HAZ 组织为马氏体加贝氏体，而激光焊时，则是低碳马氏体，二者的显微硬度相当，但后者的晶粒更细小。高的焊接速度和较小的热输入，使激光在焊接合金结构钢等时，可获得综合性能（特别是抗冷裂性能）良好的低碳细晶粒马氏体，接头具有较好的抗冷裂纹能力。

③接头的残余应力和变形。CO_2 激光焊加热光斑小，热输入小，使得焊接接头的残余应力和变形比普通焊接方法小得多。

为了比较激光焊和 TIG 接头的残余应力和变形，取尺寸为 200 mm×200 mm×2 mm 的钛合金板，用两种焊接方法沿试样中心堆焊一道焊缝。焊接参数如下：

TIG：功率 P=880 W，焊接速度 v=4.5 mm/s，热输入 q=195 J/mm。

激光焊 1：P=920W，v=11 mm/s，q=83 J/mm。

激光焊 2：P=1 800 W，v=33.5 mm/s，q=47 J/mm。

焊前先标定好试样的长度和宽度，焊后分别测量接头的纵向应变和横向收缩，然后测定接头的纵向应力。

试验结果表明：激光焊 1 的功率与 TIG 相差不多，但焊接速度却比 TIG 高 1 倍，因此热输入仅为 TIG 的 1/2，激光焊接头的纵向应变和横向收缩却只是 TIG 的 1/3。激光焊 2 的热输入是 TIG 的 1/4，焊接速度是 TIG 的 9 倍，因而焊后接头的残余变形更小，纵向应变和横向收缩分别只是 TIG 的 1/5 和 1/6。

值得注意的是：激光焊虽有较陡的温度梯度，但焊缝中最大残余拉应力仍然要比 TIG 略小一些，而且激光焊焊接参数的变化几乎不影响最大残余拉应力的幅值。由于激光焊加热区域小，拉伸塑性变形区小，所以最大残余压应力比 TIG 减少 40%～70%，这个事实在薄板的焊接中格外重要，因为薄板经 TIG 后常常因为残余压应力的存在而发生波浪变形，而这种变形是很难消除的；用激光焊接薄板，则变形大大减少，一般不会产生波浪变形。激光焊残余变形和应力小，使它成为一种精密的焊接方法。

④冲击性能。人们在研究 HY-130 钢（美国牌号）激光焊焊接接头的冲击性能的试验中发现了表 7.18 的结果，焊接接头的冲击吸收功大于母材金属的冲击吸收功。进一步深入研究发现，HY-130 钢 CO_2 激光焊焊接接头冲击吸收功提高的主要原因之一是焊缝金属的净化作用。

表 7.18　HY-130 钢（美国牌号）激光焊焊接接头的冲击吸收功

激光功率/kW	焊接速度/(cm/s)	试验温度/℃	焊接接头冲击吸收功/J	母材金属冲击吸收功/J
5.0	1.90	-1.1	52.9	35.8
5.0	1.90	23.9	52.9	36.6
5.0	1.48	23.9	38.4	32.5
5.0	0.85	23.9	36.6	33.9

2）典型材料的激光焊

CO_2 激光焊的特点之一就是适用于多种材料的焊接。所有用常规焊接方法焊接的材料或具有冶金相容性的材料都可以用 CO_2 激光束进行焊接。尽管 CO_2 激光束波长为 10.6 μm，金属表面对它的反射率高，但随着高功率 CO_2 激光器的出现和应用，人们逐渐消除了金属高反射率及等离子体造成的障碍，得到了与电子束焊类似的基于小孔效应的深熔焊。用 10～15 kW 的激光功率，单道焊缝可达 15～20 mm。激光焊的高功率密度及高焊接速度，使得激光焊焊缝及热影响区很窄，所引起的焊件变形小。

本小节介绍几种典型材料的 CO_2 激光焊，从中可以进一步了解激光焊的特点。

（1）钢的激光焊。

①低合金高强度钢的激光焊，只要所选择的焊接参数适当，就可以得到与母材力学性能相当的接头。HY-130 钢（美国牌号）是一种典型的低合金高强度钢，经过调质处理，它具有很高的强度和较高的抗裂性。用常规焊接方法焊接，其焊缝和 HAZ 组织是粗晶、部分细晶及原始组织的混合体，接头的韧性和抗裂性与母材相比要差，而且在焊态下焊缝和 HAZ 金属组织对冷裂纹特别敏感。焊后沿焊缝横向制作拉伸试样，使焊缝金属位于试样中心，拉伸结果表明激光焊和电子束焊接头强度不低于母材，塑性和韧性比焊条电弧焊和 MAG 焊接头好，接近于母材。

分别对上述四种焊接方法的焊接接头进行缺口冲击试验，结果表明，激光焊接接头不仅具有较高的强度，而且有优良的韧性和抗裂性，它的动态撕裂能与母材相当，有的甚至高于母材。冲击试验后，用扫描电镜对断口进行分析发现断口呈平面应力断裂的特征，在起裂和裂纹终止处，断口较为平坦和光滑，断裂机理是微孔聚集型。其原因有下面几点。

a. 激光焊焊缝细、HAZ 窄。在冲击试验时，裂纹并不总是沿焊缝或 HAZ 扩展，常常是扩展进母材。冲击断口的扫描电镜观察充分证明了断口上大部分区域是未受热影响的母材，因此整个接头的抗裂性，实际上很大一部分是由母材所提供。

b. 从接头的硬度和显微组织的分布来看，激光焊有较高的硬度和较陡的硬度梯度，这表明可能有较大的应力集中出现。但是，在硬度较高的区域，正对应细小的组织、高的硬度和细小组织的共生效应使得接头既有高的强度，又有足够的韧性。而焊条电弧焊和熔化极气体保护焊则不一样，接头中硬度高的区域其组织粗大，这样则产生较大的脆性。

c. 激光焊焊缝和 HAZ 的组织主要为马氏体，这是由于它的焊接速度快、热输入小所造成的。HY-130 钢（美国牌号）中碳的质量分数很小（约 0.1%），焊接过程中由于冷却速度快，形成低碳马氏体，这种组织的综合性能优于焊条电弧焊和熔化极气体保护焊中产生的针状铁素体和马氏体的混合物，再加上晶粒细小得多，接头性能无疑是优良的。

d. HY-130 钢（美国牌号）激光焊时，焊缝中的有害物质元素大大减少，产生净化效应，提高接头韧性。

激光焊焊接 HY-130 钢（美国牌号）体现了焊接这类低合金高强度钢的特点，类似的结果在 X-180 北极管线钢等多种材料的焊接中都能得到。

② 不锈钢。不锈钢具有良好的抗腐蚀性及高温和低温韧性而获得广泛的应用。这类不锈钢的特点是合金元素含量高，导热性仅为低碳钢的 1/3，线膨胀系数大，为低碳钢的 1.5 倍。

对 Ni-Cr 系（300 系列）不锈钢进行焊接时，具有很高的能量吸收率和熔化效率。用 CO_2 激光焊焊接 304 不锈钢（美国牌号），在功率为 5 kW、焊接速度为 1 m/min、光斑直径为 0.6 mm 的条件下，光的吸收率为 85%，熔化效率为 71%，由于焊接速度快，减轻了不锈钢焊接时的过热现象和线膨胀系数大的不良影响，焊缝无气孔、夹杂等缺陷，接头强度与母材相当。

不锈钢激光焊的另一个特点是用小功率 CO_2 激光焊焊接不锈钢薄板，可以获得外观上成形良好、焊缝平滑美观的接头。并且它可用于核电站中不锈钢管、核燃料包等的焊接，也可以用于化工等其他工业。

③ 硅钢。硅钢片是一种应用广泛的电磁材料，在轧制过程中为保护生产线运行的连续性，需要对硅钢薄板进行焊接，但硅钢中的 Si 的质量分数高（约 3%），Si 对 α-Fe 具有强烈的固溶强化作用，使硅钢的硬度、强度增加，塑性、韧性急剧下降，而且冷轧造成的加工硬化，使强度、硬度进一步增加。硅钢的热导率仅为纯铁的 50%，热敏感性大，易发生过热使晶粒长大，而且晶粒一旦长大，就很难通过热处理使之细化。目前工业中采用了 TIG，存在的主要问题是接头脆化，焊态下接头的反复弯曲次数低或者不能弯曲，因而不得不在焊后增加一道火焰退火工序。这样既增加了工艺流程复杂性，也降低了生产效率。

用 CO_2 激光焊焊接硅钢薄板中焊接性最差的 Q112B 高硅取向变压器钢（板厚 0.35 mm），也能获得满意的结果。硅钢焊接接头的反复弯曲次数越高，接头的塑性和韧性越好，TIG、光束焊和激光焊焊接接头反复弯曲次数的比较表明，激光焊接头最为优良，焊后不经热处理即可满足生产线对接头韧性的要求。

④ 碳素钢。由于激光焊时的加热速度和冷却速度非常快，所以在焊接碳素钢时，随着含碳量的增加，焊接裂纹和缺口敏感性也会增加。

目前对民用船体结构钢 A、B、C 级的激光焊研究已趋于成熟。实验用钢的厚度范围分别是：A 级 9.5～12.7 mm；B 级 12.7～19.0 mm；C 级 25.4～28.6 mm。在其成分中，碳的质量分数均不大于 0.25%，锰的质量分数为 0.6%～1.03%，脱氧程度和钢的纯度从 A 级到 C 级递增。焊接时，使用的激光功率为 10 kW，焊接速度为 0.6～1.2 m/min，焊缝除 20 mm 以上厚板需双道焊外均为单道焊。

力学性能试验结果表明，所有 A、B、C 级钢的焊接接头抗拉性能都很好，均断在母材处，并具有足够的韧性。

（2）铝及其合金的激光焊。

铝及其合金激光焊的主要难点是它对 10.6 μm 波长的 CO_2 激光束的反射率高。铝是热和电的良导体，高密度的自由电子使它成为光的良好反射体，起始表面反射率超过 90%，也就是说，深熔焊必须在小于 10% 的输入能量开始，这就要求很高的输入功率以保证焊接开始时必需的功率密度。而一旦小孔生成，它对光束的吸收率迅速提高，甚至可达 90%，从而能使焊接过程顺利进行。铝及其合金焊接时，随着温度的升高，氢在铝中的溶解度急剧增大，溶解于其中的氢成为焊缝的缺陷源。焊缝中多存在气孔，深熔焊时根部可能出现空洞，焊道成形较差。相关研究表明，在高功率密度、高焊接速度下，可获得没有气孔的焊缝；用 YAG

激光焊焊接 5×××和 6×××系列的铝合金，同时采用超声波振动，可大大降低气孔和热裂纹的产生。

铝及其合金对输入能量强度和焊接参数很敏感。要获得无缺陷的接头，必须仔细选择焊接参数，并对等离子体进行良好的控制。

铝合金激光焊时，用 8 kW 的激光功率可焊透 12.7 mm 厚的材料，焊透率大致为 1.5 mm/kW。

（3）钛及其合金的激光焊。

钛合金具有很高的比强度（强度和质量比），广泛用于航空、航天工业，是制造卫星、宇宙飞船、航天飞机和现代飞机中不可缺少的材料。钛合金化学活性高，在高温下易氧化，在 330 ℃时晶粒即开始长大。在进行激光焊时，正反面均必须施加惰性气体保护。气体保护范围须扩大到 400～500 ℃（即拖罩保护）。

钛合金对接时，焊前必须把坡口清洗干净，可先用喷砂处理，再用化学方法清洗。另外，装配要精确，间隙宽度要严格控制。激光焊焊接钛合金，焊接速度一般较高（80～100 m/h），焊接深度大致为 1 mm/kW。

对工业纯钛和 Ti-6Al-4V 的 CO_2 激光焊研究表明，使用 4.7 kW 的激光功率，焊接板厚为 1 mm 的 Ti-6Al-4V，焊接速度可达 15 m/min。经 X 射线检测表明，接头致密，无气孔、裂纹和夹杂，也没有发现明显的咬边，接头的屈服强度、极限拉伸强度与母材相当，塑性不降低。

在适当的焊接参数下，Ti-6Al-4V 的接头性能与母材具有同等的弯曲疲劳强度。

Ti-6Al-4V 在退火状态下的原始组织是 $α+β$ 相的混合物，经激光焊后，焊缝组织主要是针状的 $α$ 马氏体（$α'$）。在冷却过程中，首先形成的是"一次"$α'$晶粒，并在较长距离内扩展，分割未转变的 $β$ 相；然后，被分割的 $β$ 相转变成一系列针状"二次"$α'$。HAZ 组织是 $α+α'$ 的混合物，从焊缝到母材，$α$ 的数量逐渐减少。

钛及其合金焊接时，氧气的溶入对接头的性能有不良影响，在激光焊时，只要使用了保护气体，焊缝中的氧就不会有显著变化。激光焊焊接高温钛合金，也可以获得强度和塑性良好的接头。

（4）耐热合金的激光焊。

许多镍基和铁基耐热合金都能用 CO_2 激光焊进行焊接。激光焊焊接这类材料时，容易出现裂纹和气孔。用 2 kW 快速轴向流动式激光器，对厚 2 mm 的 M-152（美国牌号）合金进行焊接，最佳焊接速度为 8.3 mm/s；1 mm 厚的 Ni 基合金，最佳焊接速度为 34 mm/s。

（5）异种金属的激光焊。

在一定条件下，Cu-Ni、Ni-Ti、Cu-Ti、Ti-Mo、黄铜-铜、低碳钢-铜、不锈钢-铜及其他一些异种金属材料，都可以进行激光焊。对 Ni-Ti 焊接熔合区的金相分析表明，熔合区主要由高分散度的微细组织组成，并有少量金属间化合物分布在熔合区界面。对可伐合金（Kovar：Ni29%-Co17%-Fe54%，质量分数）-铜的激光焊发现，其接头强度为退火态铜的 92%，并有较好的塑性，但焊缝金属呈化学不均匀性。

（6）非金属的激光焊。

激光不仅可以焊接金属，还可以用于焊接陶瓷、玻璃、复合材料及金属基复合材料（metal matrix composite，MMC）等非金属。

硅酸盐及氧化物对 CO_2 激光和 YAG 激光的吸收率很高，不需要很高的功率就能熔化 Al_2O_3、Y_2O_3、ZrO_2 等。但在焊接陶瓷等非金属材料时，需注意：焊缝及热影响区可能会产生裂纹及气孔；熔化区和热影响区有晶粒长大的倾向；要将结晶控制所希望的晶粒。焊前预热能防止出现上面所说的缺陷。

MMC 广泛用于航空航天和汽车工业领域。焊接 MMC 的难点是脆性相的产生，以及由这些脆性相导致的裂纹和接头强度低。虽然在一定条件下可以获得满意的接头，但目前仍处于研究阶段。

7.8.2 摩擦焊

摩擦焊是在压力作用下，通过待焊界面的摩擦使界面及其附近温度升高，材料的变形抗力降低、塑性提高、界面的氧化膜破碎，伴随着材料产生塑性变形与流动，通过界面上的扩散及再结晶冶金反应而实现连接的固态焊接方法。

1. 摩擦焊原理及特点

1）摩擦焊原理

摩擦焊原理如图 7.78 所示，两个圆断面的金属工件摩擦焊前，工件 1 夹持在可以旋转的夹头上，工件 2 夹持在能够向前移动加压的夹头上。焊接开始时，工件 1 首先以高速旋转，然后工件 2 向工件 1 方向移动、接触，并施加足够大的摩擦压力，这时开始了摩擦加热过程，摩擦表面消耗的机械能直接转换成热能。摩擦一段时间后，接头金属的摩擦加热温度达到焊接温度，立即停止工件 1 的转动同时工件 2 向前快速移动，对接头施加较大的顶锻压力，使其产生一定的顶锻变形量。压力保持一段时间后，松开两个夹头，取出焊件，全部焊接过程结束。通常全部焊接过程只要几秒到几十秒的时间。

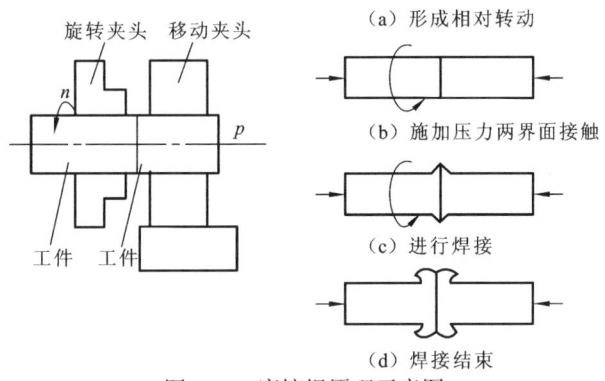

图 7.78 摩擦焊原理示意图

在整个焊接过程中，摩擦界面温度一般不会超过材料熔点，所以摩擦焊属于固相焊接。

同种材质摩擦焊时，最初界面接触点上产生犁削-黏合现象。由于单位压力很大，黏合区增多。继续摩擦使这些黏合点产生剪切撕裂，金属从一个表面迁移到另一个表面。界面上的犁削-黏合-剪切撕裂过程进行时，摩擦力矩增加使界面温度升高。当整个界面上形成一个连续塑性状态薄层后，摩擦力矩降低到最小值。界面金属成为塑性状态并在压力作用下不断被挤出形成飞边，工件轴向长度也不断缩短。

异种金属的结合机理比较复杂，除了犁削、黏合-剪切撕裂物理现象外，金属的物理与力学性能、相互间固溶度及金属间化合物等，在结合机理中都会起作用。焊接时由于机械混合和扩散作用，在结合面附近很窄的区域内有可能发生一定程度的合金化。这一薄层的性能对整个接头的性能会有重要影响。机械混合和相互镶嵌对结合也会有一定作用。这种复杂性使得异种金属的摩擦焊接性很难预料。

摩擦焊工艺方法已由传统的几种形式发展到 20 多种，极大扩展了摩擦焊的应用领域。常用的摩擦焊工艺有连续驱动摩擦焊、惯性摩擦焊、线性摩擦焊、搅拌摩擦焊等。焊件的形状由典型的圆截面扩展到非圆截面（线性摩擦焊）和板材（搅拌摩擦焊），所焊材料由传统的金属材料拓展到粉末合金和异种材料领域。

连续驱动摩擦焊是一工件固定不转动，另一工件被驱动机械驱动到恒定转速 n。在不转动的工件上施以轴向压力 p_1 推向转动工件。两工件相接触，焊接过程开始，转速仍保持不变。经过一定时间，界面温度达到材料锻造范围，转动工件脱开驱动并制动，转速从 n 降至零。在制动过程中轴向压力常增大至 p_2 使界面金属产生顶锻，并保持到工件冷却。在顶锻过程中界面热塑性材料被挤出界面形成飞边。连续驱动摩擦焊典型特征曲线如图 7.79 所示。

惯性摩擦焊是在焊接过程开始前输入焊接所需的全部机械能。一工件固定不转动，转动的工件装在带有可更换的飞轮组的转动夹具上，整个转动部分被驱动到心后脱开驱动。使两工件接触并施加轴向压力力，焊接过程开始。飞轮的能量通过工件结合面上的摩擦迅速消耗，转速减至零，焊接结束。在转动停止前摩擦扭矩有一个急剧上升现象。惯性摩擦焊一般是在恒定压力下完成的。惯性摩擦焊典型的特征曲线如图 7.80 所示。Ⅰ阶段为焊接开始，界面接触并出现较小的扭矩峰值，Ⅱ阶段是以扭矩平稳为特征的加热阶段，Ⅲ阶段是焊接即将结束，其特征是出现较大的扭矩峰值。

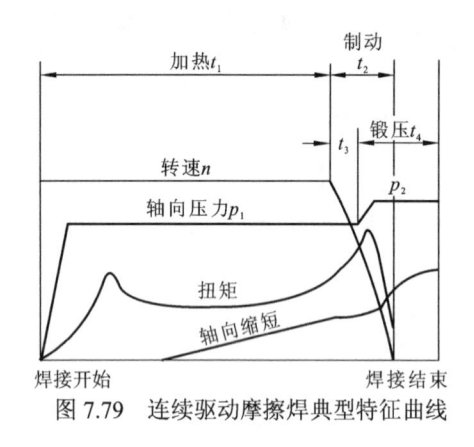

图 7.79　连续驱动摩擦焊典型特征曲线

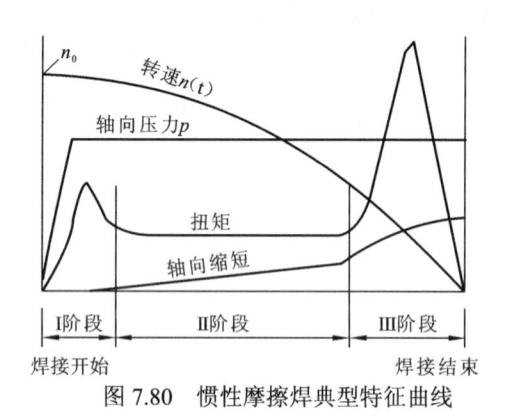

图 7.80　惯性摩擦焊典型特征曲线

2）摩擦焊的特点

（1）摩擦焊的优点。①接头质量高。摩擦焊属固态焊接，正常情况下，接合面不发生熔化，焊合区金属为锻造组织，不产生与熔化和凝固相关的焊接缺陷；压力与扭矩的力学冶金效应使得晶粒细化、组织致密、夹杂物弥散分布。这不仅接头质量高，而且再现性好。②适合异种材质的连接。对于通常认为不可组合的金属材料，例如，铝-钢、铝-铜、钛-铜等都可进行焊接。一般来说，凡是可以进行锻造的金属材料都可以进行摩擦焊接。③生产效率高，尺寸精度高，设备易于机械化、自动化，操作简单，环境清洁，节能省电。

（2）摩擦焊的缺点与局限性。①对非圆形截面焊接较困难，所需设备复杂；对盘状薄零件和薄壁零件，由于不易夹固，施焊也很困难。②焊机的一次性投资较大，大批量生产时才能降低生产成本。

2. 摩擦焊接过程分析

1) 焊接过程

摩擦焊接过程是焊接表面金属在一定的空间和时间内,金属状态和性能发生变化的过程。连续驱动摩擦焊典型特性曲线如图 7.79 所示,摩擦焊接过程的一个周期,可分成摩擦加热过程和顶锻焊接过程两部分。

摩擦开始时,由于工件摩擦焊接表面不平,以及存在氧化膜、油锈、灰尘和吸附气体,使得摩擦系数很大,随着摩擦压力逐渐增大,摩擦加热功率慢慢增加,使凹凸不平的表面迅速产生塑性变形和机械挖掘现象。塑性变形破坏了摩擦表面金属晶粒,成为一个晶粒细小的变形层。沿变形层附近的母材也沿摩擦方向产生塑性变形。金属相互压入部分的挖掘,使摩擦表面出现同心圆痕迹,这样又增大了塑性变形。

摩擦压力增大。摩擦破坏了焊接金属表面,使纯净的金属接触,接触面积也增大,而焊接表面温度的升高,使金属的强度有所下降,塑性和韧性却有很大提高,这些因素都使摩擦系数增大,摩擦加热功率迅速提高,扭矩也出现一个峰值。焊接表面温度继续升高时,金属的塑性增高,但强度和韧性都明显下降,摩擦加热功率也迅速降低到稳定值。这一过程中,摩擦表面的机械挖掘现象减少,振动降低,表面逐渐平整,开始产生金属的黏结现象。高温塑性状态的金属颗粒互相焊合后,又被工件旋转的扭力矩剪短,并彼此过渡。

摩擦功率或扭矩稳定后,摩擦表面的温度继续升高,这时金属的黏结现象减少,分子作用现象增强。此时金属强度极低,塑性很大,摩擦表面似乎被一层液体金属所润滑,摩擦系数很小,各工艺参数的变化也趋于稳定,只有摩擦变形量不断增大,飞边增大,接头的热影响区增宽。

主轴和工件开始停车减速后,随着轴向压力增大,转速降低,摩擦扭矩增大,再次出现峰值,称为后峰值扭矩。同时接头中的高温金属被大量挤出,变形量也增大。制动阶段是摩擦加热过程和顶锻焊接过程的过渡阶段,具有双重特点。

主轴停止旋转后,顶锻压力仍要维持一段时间,直至接头温度冷却到规定值为止。

总之,在摩擦焊接过程中,金属摩擦表面从低温到高温变化,而表面的塑性变形、机械挖掘、黏结和分子作用摩擦现象连续发生。在整个摩擦加热过程中,摩擦表面上都存在一个高速摩擦塑性变形层。摩擦焊的发热、变形和扩散现象主要集中在变形层中,稳定摩擦时变形层金属在摩擦扭矩和轴向压力的作用下,从摩擦表面挤出形成飞边,同时又被附近高温区的金属所补充,始终处于动平衡状态。在制动和顶锻焊接过程中,摩擦表面的变形层和高温区金属被部分挤碎排出,焊缝金属经受锻造,形成了良好的焊接接头。

2) 摩擦焊热源的特点

摩擦焊的热源就是金属摩擦焊接表面上的高速摩擦塑性变形层。它是以两工件摩擦表面为中心的金属质点,在摩擦压力和摩擦扭矩的作用下,沿工件径向与切向力的合成方向做相对高速摩擦运动的塑性变形层。这个变形层是把摩擦的机械功率转变成热能的发热层。由于它的温度最高,能量集中,又能产生在金属的焊接表面,所以加热效率很高。作为一个焊接热源,主要参数是功率和温度。

摩擦焊热源的功率和温度不仅取决于焊接工艺规范参数,还受到焊接工件材料、形状、尺寸和焊接表面准备情况的影响。摩擦焊热源的最高温度接近或等于焊接金属的熔点。异种金属摩擦焊时，热源温度不超过低熔点金属的熔点，这对保证焊接质量和提高焊接过程的稳定性起到很大作用。不同材料和直径的工件在不同转速和摩擦压力下焊接时，摩擦焊接表面的稳定温度列于表 7.19。

表 7.19 摩擦焊接表面的稳定温度

被焊材料	试件直径/mm	转速/（r/min）	摩擦压力/MPa	被焊材料熔点/℃	实际表面温度/℃
45 钢	15	2 000	10	1 480	1 130
45 钢	80	1 750	20	1 480	1 380
铜＋铝	10	2 000	90	660	80
铜＋铝	10	2 000	140	660	60
铜＋铝	10	3 000	90	660	80
铜＋铝	10	3 000	140	660	60
钢＋铝	10	3 000	140	660	60
钢＋铜	16	2 000	24	1 083	1 030
钢＋铜	28	1 750	16	1 083	1 080
钢＋铜	28	1 750	24	1 083	1 080
钢＋铜	28	1 750	32	1 083	1 080

金属焊接表面的摩擦不仅产生热量，而且还能破坏和清除表面的氧化膜。变形层金属的封闭、挤出和不断被高温区金属更新，可以防止焊口金属的继续氧化。顶锻焊接后，部分变形层金属像填料一样留在接头中会影响焊接质量。

3. 摩擦焊焊接规范

1）连续驱动摩擦焊规范参数

连续驱动摩擦焊主要工艺参数有转速、摩擦压力、摩擦时间、停车时间、顶锻时间、顶锻压力和顶锻变形量等。这些参数取决于工件的横截面积、金属的熔点和热导率以及热循环过程中冶金性能的变化（特别是在异种金属焊接时）等因素。

（1）转速和摩擦压力摩擦焊接过程的加热来源于摩擦能，其加热功率为

$$\eta = K_f p_n \mu R^3 \tag{7.9}$$

式中：R 为焊件的工作半径，mm；n 为主轴转速，r/min；p 为摩擦压强，MPa；μ 为摩擦系数，其值在摩擦过程中是变化的，数值在 0.2～2；K_f 为常数。

由式（7.9）可见：焊件直径越大，所需的摩擦加热功率也越大；焊件直径确定时，所需摩擦加热功率将取决于主轴转速和摩擦压力。实验研究表明，只有摩擦面的平均线速度足够高时，才能把焊件结合面加热到焊接温度。对于实心圆断面焊件，可以取 2/3 半径处的摩擦线速度为平均线速度。对于低碳钢摩擦焊，实验证明应使其平均摩擦线速度为

$$\overline{v}_f = \frac{3}{4} n\pi R \geqslant 0.3 \text{ m/s} \tag{7.10}$$

实际平均摩擦线速度的选用范围为 0.6～3.0 m/s。

必须注意，只有在一个恰当的转速数值范围内，摩擦焊接过程才会在端面形成一个贯穿整个端面深度的深塑区，这时，其外面覆盖着一层挤压变形层，使结合面免受空气侵入。转

速过高，深塑区将减小并移向轴心区，挤压变形阻力增大，轴向缩短，速度减小，高温黏滞状金属难以向外流动，形成图7.81（a）所示沿端面两侧对称的落翅状飞边，同时变形层金属变薄而不能封闭接口，使其易受氧化。

（2）摩擦时间。在摩擦压强 p 和主轴转述 n 确定的前提下，适当的摩擦时间是获得结合面均匀加热温度和恰当变形量的条件，这时接头区沿轴向有一层恰当厚度的变形层及高温区，但飞边较小，而在随后的顶锻阶段能产生足够大的轴向变形量，变形层沿结合面径向有足够扩展，形成粗大、不对称封闭圆滑的飞边，如图7.81（b）所示。

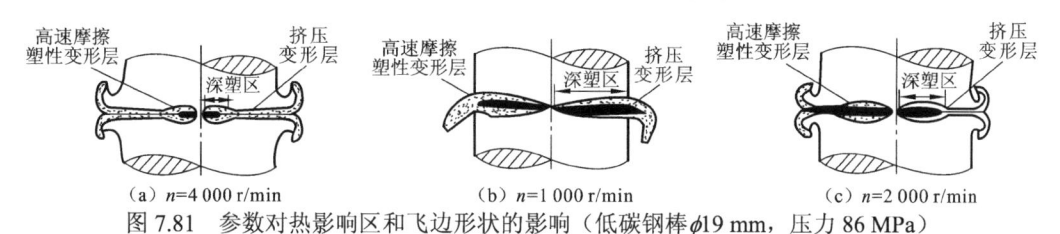

图7.81 参数对热影响区和飞边形状的影响（低碳钢棒ϕ19 mm，压力 86 MPa）

对于同一个焊件，n、p、t 的参数条件不是唯一的。其中，n 为主轴转速，r/min；p 为摩擦压强，MPa；t 为摩擦时间，s。当 n 较低、p 较大时，t 可以较短，只需几秒钟；而当 n 高、p 较小时，t 将较长，例如 t 可达 40 s。显然，对于小焊件宜尽可能采用短时间参数，大端面焊件则只可用弱参数。此外，不同材质的焊件，t 的匹配条件也不一样，例如高合金钢摩擦焊，摩擦压力和时间都应增加。

（3）摩擦变形量。摩擦变形量与转速、摩擦压力、摩擦时间、材质的状态和变形抗力有关，要得到牢靠的接头，必须有一定的摩擦变形量，通常选取的范围为 1～10 mm。

（4）停车时间及顶锻延时。一般应在制动停车 0.1～1 s 后进行顶锻，其间转速降低，摩擦阻力和摩擦扭矩增大，轴向缩短速度也增大。调节顶锻延时则可以调整后峰值扭矩及变形层厚度。

（5）顶锻压力及顶锻变形量。顶锻是为了挤碎和挤出变形层中氧化了的金属和其他有害杂质，并使接头区金属得到锻压、结合紧密、晶粒细化、性能提高。顶锻变形量是锻压程度的主要标志。

顶锻压力大小取决于焊件材质、温度及变形层厚度，也跟摩擦压力有关。材质高温强度高、接头区温度低或变形层较薄时，顶锻压力应取大一些。一般顶锻压力宜为摩擦压力的 2～3 倍，顶锻速度宜为 10～40 mm/h。

2）惯性摩擦焊工艺参数

惯性摩擦焊主要有三项参数：飞轮转动惯量、飞轮初速、轴向压力。前两项参数决定焊接的总能量，压力的大小一般取决于被焊材质和焊接界面的面积。

（1）飞轮转动惯量。取决于飞轮的形状、直径、质量（包括飞轮、卡爪、轴承和传动部件）。在焊接循环的任一瞬间，其能量可确定为

$$E = 54.7 \times 10^{-4} In^2 = 54.7 \times 10^{-4} Wr^2 n^2 \qquad (7.11)$$

式中：I 为惯性矩，kg·m²，$I = Wr^2$；W 为飞轮系统的质量，kg；r 为回转半径，m；n 为瞬时转速，r/min。

飞轮惯量大，产生的顶锻作用亦大。大的低速飞轮产生的锻造量大于小的高速飞轮，尽管动能量是相同的。能量的大小将明显影响飞边的尺寸和形状。在初始速度和轴向压力一定

时,增加飞轮惯量,焊接总能量增加,焊接时间增长,界面上热塑状金属被挤出的量增加,焊接飞边增大。

(2) 飞轮初速。钢与钢焊接时,推荐的范围是 2.5~7.6 m/s。如果速度太低,界面加热不匀,中心部位的热量将不足以使整个截面形成结合,毛刺粗糙不匀,飞边亦少。当初速高于 6 m/s 时,焊缝呈鼓形,中心处比外围厚。

速度对塑性区的宽度影响较大,速度增加,焊缝及热影响区的宽度加大,接头的冷却速度变小,引起不同的组织转变。

(3) 轴向压力。轴向压力控制着焊接周期时间,对焊接界面的能量输入有直接影响。它的作用一般与速度变化的影响相反。轴向压力增大,界面相对运动功耗增大,界面热塑性金属挤出量增多,飞边量增多,焊接热影响区变窄。压力降低,热影响区增宽。压力过高导致接头中心结合不良。

4. 影响材料摩擦焊接性的因素

材料的摩擦焊接性是指形成和母材等强度、塑性的摩擦焊接头的能力。表 7.20 是影响材料摩擦焊接性的因素。对于不适宜摩擦焊的同种或异种材质,可采用过渡材料进行连接。材料的摩擦焊焊接性也随着工艺的发展而变化,有些原来不能焊接的同种或异种材料,随着新工艺的出现而变为可焊材质。

表 7.20　影响材料摩擦焊接性的因素

特性	对焊接性的影响
互溶性	两种材料是否互相溶解和相互扩散,同种材料通常比异种材料更易焊接
氧化膜	被焊材料表面上的氧化膜是否容易破碎
力学与物理性能	高温强度高,塑性低,导热好的材料较难焊接;异种材料的性能差别太大,不容易焊接
碳当量	碳当量高的,淬透性好的钢材往往不太容易焊接
高温活性	材料高温的氧化倾向大时,以及某些活性金属难以焊接
脆性相的产生	凡是形成脆性合金的异种金属,须降低焊接温度,或减少加热时间
摩擦系数	摩擦系数低的材料,则摩擦加热效率低,难于焊接
材料脆性	脆性材料,难于焊接

5. 摩擦焊接头的缺陷及检测

1) 摩擦焊接头中的缺陷

摩擦焊是固相连接,接头中不会出现与熔化、凝固有关的缺陷,但当材料焊接性差、焊接参数不当或表面清理不干净时,在摩擦焊连接界面上也会出现一些"非理想结合"的缺陷,如裂纹、未焊合、夹杂、金属间化合物、错叠等,这些缺陷一般具有二维、平面、弥散分布的特征。

(1) "灰斑"缺陷。"灰斑"是一种焊接缺陷在断口上的表现形式,它在断口上一般表现为暗灰色平斑状,无金属光泽一般为近似圆形、椭圆形或长条形,与周围金属有明显的分界,无显著塑性变形,具有明显的沿焊缝断裂的特征。微观上看,"灰斑"是从焊合区破碎或未破碎的夹杂物与基体金属的界面为空穴形成核心,在外力作用下不断扩展,最终聚合成密集细小的浅韧窝,在宏观上表现为脆性断裂。

根据扫描电镜分析和 X 射线能谱分析，"灰斑"缺陷系由以 Si、Mn 为主的低塑性物质组成。一般认为其形成机理为：由于焊接部位母材内部存在的一些夹杂物，在摩擦加热、顶锻加压时被摔化而进入焊接面，但又未被完全挤出，从而形成"灰斑"。

（2）焊接裂纹。摩擦焊接头上的裂纹主要出现在焊区边缘飞边缺口部位、焊合区内部、近缝区及飞边上。飞边缺口裂纹沿焊合区向内扩展，其产生与材料的淬硬性及焊接参数有关。有限元分析表明，当焊合区两侧塑性区较宽、顶锻压力过大时，会在焊合区周边部位产生较大的拉应力，这是形成飞边缺口裂纹的主要原因。异种材料焊接时可能在焊合区内部产生裂纹。脆性材料（陶瓷）或易淬硬材料（高速钢）与其他异种材料焊接时，在焊后或热处理后会产生由飞边缺口部位起裂，并向脆性材料一侧近缝区内部扩展的环状裂纹，这类裂纹的产生与焊接接头内部的残余应力分布及焊接过程中脆性材料的损伤有关。飞边裂纹是指飞边上沿径向或环向开裂的裂纹，其产生的原因主要是焊合区温度不当（过高或过低），飞边金属塑性低以及焊接变形速度（特别是顶锻速度）过快。通过改变焊接转速及顶锻速度可以有效防止飞边裂纹的产生。

（3）未焊合。未焊合一般产生于焊接接头的焊合面上，其表面宏观特征呈氧化颜色，在断口上表现为摩擦变形特征及其上分布的氧化物层，氧化物主要是焊接过程中在高温形成的氧化铁。另外，结合表面上的氧化物、油污、杂质及凹坑等也会在焊合表面上造成"未焊合"缺陷。它的产生与摩擦加热不足、顶锻压力过小及原始表面状态等因素有关。

另外，摩擦焊接头中还会出现焊缝脱碳、过热组织、淬火组织等缺陷。

2）摩擦焊接头的无损检测

摩擦焊接头中出现非理想结合的缺陷时，会使接头的抗断能力下降几倍甚至几十倍。如当"灰斑"面积为 20%～30%时，焊合区冲击功可下降 70%～80%，疲劳寿命下降 25%～50%。因此，对摩擦焊接头进行无损检测，对于保证焊件的性能与安全是非常重要的。

因摩擦焊焊接缺陷具有二维、弥散和近表面分布的特征，故应采用高聚焦性能和高分辨力的无损检测技术。目前摩擦焊接头的无损检测主要以超声波和渗透检测技术为主，再辅以视觉检查。表 7.21 给出了检验摩擦焊接头常用的方法及适用的范围。

表 7.21 检验摩擦焊接头常用的方法及适用的范围

	检验方法	裂纹	未熔合	夹杂	金属间化合物	错叠	力学性能	硬度	化学成分	焊合区及热影响区位置
无损检测	超声波	√	√							
	磁粉	√	√	√						
	X 射线		√			√				
	（荧光）渗透		√							
	渗漏（气密性）	√	√							
	目测		√			√				√
	表面腐蚀	√	√	√						√
	加压或加载检验		√							
	声发射									
	涡流	√								
	测量尺寸					√				√

续表

检验方法		裂纹	未熔合	夹杂	金属间化合物	错叠	力学性能	硬度	化学成分	焊合区及热影响区位置
破坏检验	弯曲			√						
	拉伸	√								
	扭转		√	√						
	冲击	√	√	√						
	剪切			√						
	疲劳	√								
	硬度							√		√
	断口	√		√						√
	金相			√						√
	成分分析			√	√					

第 8 章 舰船材料的焊接

> 工程实践表明，某些材料具有较高的强度、塑性和耐蚀性等，但使用这些材料时却发现，它们在焊接时可能出现裂纹、气孔、夹渣等缺陷，或者虽然得到完整的焊接接头但性能却达不到相关要求，从而限制了这些材料的使用范围。单从材料本身的化学成分、物理性能和力学性能，不足以判断它在焊接中可能出现的问题以及焊接后能否满足使用要求，这就要求从焊接性角度来研究材料的某些特定的性能，也就是材料的焊接性问题。

8.1 焊接性概述

8.1.1 焊接性概念

焊接性是指同质材料或异质材料在制造工艺条件下，能够焊接形成完整接头并满足预期使用要求的能力。换句话说，焊接性是材料对焊接加工的适应性，指材料在一定的焊接工艺条件下（包括焊接方法、焊接材料、焊接参数和结构形式等），获得优质焊接接头的难易程度和该焊接接头能否在使用条件下可靠运行。材料焊接性的概念有两个方面的含义：一是材料在焊接加工中是否容易形成接头或产生缺陷；二是焊接完成的接头在一定的使用条件下可靠运行的能力。也就是说，焊接性不仅包括结合性能，而且包括结合后的使用性能。

分析和研究焊接性的目的，在于查明一定的材料在指定的焊接工艺条件下可能出现的问题，以确定焊接工艺的合理性或材料的改进方向。因此，必须对整个焊接过程中的材料（母材、焊材）和焊接接头区（焊缝、熔合区和热影响区）的成分、组织和性能，包括工艺参数的影响和焊后接头区的使用性能等，进行系统地研究。

8.1.2 影响焊接性的因素

影响焊接性的四大因素是材料、设计、工艺及服役环境。其中：材料因素包括钢的化学成分、冶炼轧制状态、热处理、组织状态和力学性能等；设计因素是指焊接结构设计的安全性，它不但受到材料的影响，而且在很大程度上还受到结构形式的影响；工艺因素包括施工时所采用的焊接方法、焊接工艺规程（如焊接热输入、焊接材料、预热、焊接顺序等）和焊后热处理等；服役环境因素是指焊接结构的工作温度、负荷条件（动载、静载、冲击等）和工作环境（化工区、沿海地区及腐蚀介质等）。

1. 材料因素

材料因素包括母材本身和使用的焊接材料，如焊条电弧焊时的焊条、埋弧焊时的焊丝和焊剂、气体保护焊时的焊丝和保护气体等。母材和焊材在焊接过程中直接参与熔池或熔合区的冶金反应，对焊接性和焊接质量有重要影响。母材或焊接材料选用不当时，会造成焊缝成分不合格、力学性能和其他使用性能变差，甚至导致裂纹、气孔、夹渣等焊接缺陷，也就是使工艺焊接性变差。因此，正确选用母材和焊接材料是保证焊接性良好的重要因素。

2. 设计因素

焊接接头的结构设计会影响应力状态，从而对焊接性产生影响。设计结构时应使接头处的应力处于较小的状态，能够自由收缩，这样有利于减小应力集中和防止焊接裂纹产生。接头处的缺口、截面突变、堆高过大、交叉焊缝等都容易引起应力集中，要尽量避免。不必要地增大母材厚度或焊缝体积，会产生多向应力，也应避免。

3. 工艺因素

对于同一种母材，采用不同的焊接方法和工艺措施，所表现出来的焊接性有较大的差异。例如：铝及其合金用气焊较难进行焊接，但用氩弧焊就能取得良好的效果；钛合金对氧、氮、氢极为敏感，用气焊和焊条电弧焊不可能焊好，而用氩弧焊或电子束焊就比较容易焊接。所以，发展新的焊接方法和新的工艺措施是改善工艺焊接性的重要途径。

焊接方法对焊接性的影响首先表现在焊接热源能量密度、温度以及热量输入上，其次表现在保护熔池及接头附近区域的方式，如渣保护、气体保护、渣-气联合保护以及在真空中焊接等。对于有过热敏感性的高强度钢，从防止过热出发，可选用窄间隙气体保护焊、脉冲电弧焊、等离子弧焊等，有利于改善其焊接性。

工艺措施对防止焊接缺陷、提高接头使用性能有重要的作用。最常见的工艺措施是焊前预热、缓冷和焊后热处理，这些工艺措施对防止热影响区淬硬变脆、减小焊接应力、避免氢致冷裂纹等是较有效的措施。合理安排焊接顺序也能减小应力和变形，原则上应使被焊工件在整个焊接过程中尽量处于无拘束而自由膨胀和收缩的状态。焊后热处理可以消除残余应力，也可以使氢逸出而防止延迟裂纹。

焊前对钢板的气割、冷加工（如弯曲）、装配等工序应符合材料特点，以免造成局部硬化、脆化或应力集中，从而引起裂纹等缺陷。

4. 服役环境

焊接结构的服役环境多种多样，如工作温度高低、工作介质种类、载荷性质等都属于使用条件。工作温度高时，可能产生蠕变；工作温度低或载荷为冲击载荷时，容易发生脆性破坏；工作介质有腐蚀性时，接头要求具有耐腐蚀性。使用条件越不利，焊接性就越不易保证。

焊接性与材料、设计、工艺和服役环境等因素有密切关系，人们不可能脱离这些因素而简单地认为某种材料的焊接性好或不好，也不能只用某一种指标来概括某种材料的焊接性。

常用金属材料焊接中的问题如表 8.1 所示。为了分析和解决焊接性问题，必须根据焊接结构使用条件的要求，正确选择母材、焊接方法和焊接材料，采取适当的工艺措施，避免各种焊接缺陷产生。

表 8.1 常用金属材料焊接中的问题

材料	可能出现的问题	
	工艺方面	使用方面
低碳钢	①厚板的刚性拘束裂纹（热应力裂纹） ②硫带裂纹、层状撕裂	①板厚方向塑性降低 ②板厚方向缺口韧性低
中、高碳钢	①焊道下裂纹 ②热影响区硬化	疲劳极限降低
低合金钢（热轧及正火钢）		
低合金高强度钢（调质钢）	①焊缝金属冷裂纹 ②热影响区软化 ③厚板焊道下裂纹 ④热影响区硬化裂纹	①焊缝区塑性低 ②抗拉强度低、疲劳极限低 ③容易引起脆性破坏 ④板的异向性大 ⑤引起 H_2S 应力腐蚀裂纹
低、中合金 Cr-Mo 钢	①焊缝金属冷裂纹 ②热影响区硬化裂纹	①焊缝区塑性低 ②高温、高压氢脆
Cr13 系马氏体钢	焊缝金属、热影响区冷裂纹	①焊缝塑性低 ②有时引起应力腐蚀
Cr18 系铁素体钢	①常温脆性裂纹 ②热影响区晶粒粗化	①热影响区韧性低 ②475℃脆化 ③σ相脆化
低温用低碳钢	①焊缝金属晶粒粗化 ②高温加热引起的脆化	①热影响区冲击韧性低 ②缺口韧性低
3.5Ni 钢	①焊缝金属冷裂纹 ②高温加热引起脆化（580℃以下）	①冲击吸收能量分散 ②缺口韧性低
奥氏体不锈钢	①焊缝热裂纹 ②由于高温加热碳化物脆化 ③焊接变形大	①高温使用时 σ 相脆化 ②焊接热影响区耐腐蚀性下降（晶间腐蚀） ③氯离子引起的应力腐蚀裂纹 ④焊缝低温冲击韧性下降
镍、铬、铁基耐热、耐蚀合金	①因熔合区塑性下降引起裂纹 ②热影响区过热、热裂纹 ③高温加热引起过热脆化	①热应变脆化 ②蠕变极限下降 ③热影响区耐蚀性下降
高镍合金	①焊缝金属的热裂纹 ②因大电流引起过热脆化	①焊缝金属塑性下降 ②热影响区耐蚀性下降
铝及其合金	①高温塑性下降，脆性裂纹 ②焊缝收缩裂纹、时效裂纹 ③气孔	①焊缝金属化学成分不一致 ②焊缝金属强度不稳定 ③接头区软化
铜及其合金	①高温塑性下降、脆化裂纹、不熔合 ②焊缝收缩裂纹 ③气孔	①热影响区软化 ②焊缝金属化学成分不一致 ③热影响区脆化

8.1.3 评定焊接性的原则

评定焊接性的原则主要包括：一是评定焊接接头产生工艺缺陷的倾向，为制订合理的焊接工艺提供依据；二是评定焊接接头能否满足结构使用性能的要求。对于评定焊接接头工艺缺陷的敏感性，在一般情况下，主要是进行抗裂性试验，其中包括热裂纹试验、冷裂纹试验、消除应力裂纹试验和层状撕裂试验等。

国内外现有的焊接性试验方法已经有许多种，随着技术的发展及要求的提高，焊接性试验方法还会不断地增加。选择已有的或设计新的焊接性试验方法应符合下述原则。

1. 可比性

焊接性试验条件应尽可能接近实际焊接时的条件，只有在这样有可比性的情况下，才有可能使试验结果比较确切地反映实际焊接结构的焊接性本质。试验条件相同时，试验结果才有可比性。

2. 针对性

所选择或自行设计的试验方法，应针对具体的焊接结构制定试验方案，其中包括母材、焊接材料、接头形式、接头应力状态、焊接参数等。同时，试验条件还应考虑产品的使用条件。国家或国际上已经颁布的标准试验方法应优先选择，并严格按标准的规定进行试验。还没有建立相应标准的，应选择国内外同行中较为通用的或公认的试验方法。这样才能使焊接性试验具有良好的针对性，试验结果才能比较确切地反映出实际生产中可能出现的问题。

3. 再现性

焊接性试验的结果要稳定可靠，具有较好的再现性。试验数据不可过于分散，否则难以找出变化规律和导出正确的结论。应尽量减少或避免人为因素对试验结果的影响，多采用自动化及机械化的操作方法。如果试验结果很不稳定，数据很分散，就很难找到规律性，更不可能用于指导生产。应严格试验程序，防止随意性。

4. 经济性

在符合上述原则并可获得可靠的试验结果的前提下，要力求做到消耗材料少、加工容易、试验周期短，以节省试验费用。此外，在考虑试验成本的同时，还应考虑材料加工、焊接难易程度不同对产品整体制造费用的影响。

需要评定焊接接头或结构的使用性能时，试验的内容更为复杂，具体项目取决于结构的工作条件和设计上提出的技术要求，通常有力学性能（拉伸、弯曲、冲击等）试验。对于在高温、深冷、腐蚀、磨损和动载疲劳等环境中工作的结构，应根据不同要求分别进行相应的高温性能、低温性能、脆断、抗腐蚀性、耐磨性和动载疲劳等试验。对于有时效敏感性的母材，还需要进行焊接接头的热应变时效脆化试验。

8.1.4 焊接性的试验

1. 焊接性试验的内容

针对材料的不同性能特点和不同使用要求，焊接性试验有以下几种。

（1）焊缝金属抗热裂纹能力。熔池金属结晶时，由于存在一些有害的元素（如低熔点的共晶物）并受热应力的作用，就可能在结晶末期发生热裂纹。热裂纹是一种较常发生且危害严重的缺陷，所以焊缝抵抗产生热裂纹的能力是焊接性的一项重要内容，通常是通过热裂纹试验来进行的。热裂纹试验与焊接材料关系密切，母材也有一定影响。

（2）焊缝及热影响区金属抗冷裂纹能力。焊缝及热影响区金属在焊接热循环作用下，由于组织及性能变化，加之受焊接应力和扩散氢的影响，可能发生冷裂纹。冷裂纹在低合金高强钢焊接中是较为常见的缺陷，而且也是一种严重的缺陷，是焊接性试验中很重要又最常用到的一项试验内容。冷裂纹试验是针对母材进行的试验。

（3）焊接接头抗脆性转变能力。经过焊接冶金反应、热循环、结晶、固态相变等一系列过程，焊接接头由于受脆性组织、硬脆的非金属夹杂物、时效脆化、冷作硬化等作用的结果，可能使韧性严重下降，即发生所谓焊接接头的脆性转变。对于在低温下工作的焊接结构和承受冲击载荷的焊接结构，韧性下降是一个较为严重的问题。焊接接头抗脆性转变能力也是焊接性试验常常涉及的一项内容。

（4）焊接接头的使用性能。由于使用性能对焊接性提出许多不同的要求，所以有很多焊接性试验项目是从使用性能角度出发制定的，即根据特定的使用条件制定专门的焊接性试验方法。属于这方面的试验内容如：焊接接头耐放射性辐照的能力、蠕变强度、疲劳强度、抗晶间腐蚀能力等。此外，还有一些针对具体特定结构的专门试验方法，如厚板焊接时的层状撕裂试验、某些低合金钢的再热裂纹试验、应力腐蚀试验、铝合金的铸环试验等。

2. 常用焊接性试验方法

金属材料在焊接加工过程中易产生的缺陷很多，常见的有裂纹、气孔、夹渣等。焊接裂纹是焊接缺陷中最令人关注的致命性缺陷，按其形成机理和特征可分为热裂纹、再热裂纹、冷裂纹和层状撕裂，其中热裂纹和再热裂纹是在高温阶段形成的，与材质中低熔点共晶物有关；而冷裂纹和层状撕裂是在低温阶段形成的，主要与焊缝中的氢及材料中的夹杂物有关。科学地评定材料对热裂纹、冷裂纹等焊接缺陷的敏感程度是焊接性研究的一项主要内容。

理论上，评定材料焊接性的一种常见方法是碳当量法，碳当量 C_{eq} 的计算如下：

$$C_{eq} = C + \frac{Mn}{6} + \frac{Cr+Mo+V}{5} + \frac{Ni+Cu}{15}(\%) \qquad (8.1)$$

式中各化学元素代表相应元素的百分含量，一般认为：$C_{eq}<0.45\%$，则焊接性良好；$C_{eq}=0.45\%\sim0.60\%$，焊接性一般；而当 $C_{eq}>0.60\%$，焊接性较差。

焊接性试验方法很多，常见的试验方法有如下几种。

（1）斜 Y 形坡口焊接裂纹试验法。该方法主要用于评定金属材料焊接热影响区对冷裂纹的敏感性。试件的形状及尺寸如图 8.1 所示，其坡口经机械加工，试验所用焊条应严格烘干。焊接参数为：焊条直径 4 mm，焊接电流（170±10）A，电弧电压（24±2）V，焊接速度（150±10）mm/min。拘束焊缝为双面焊接，应事先焊好，注意防止角变形和未焊透。试验焊缝可采用手动和自动送进焊条电弧焊。焊接结束静置 24 h 再检测试验焊缝的裂纹情况，以此来评定材料对冷裂纹的敏感程度。

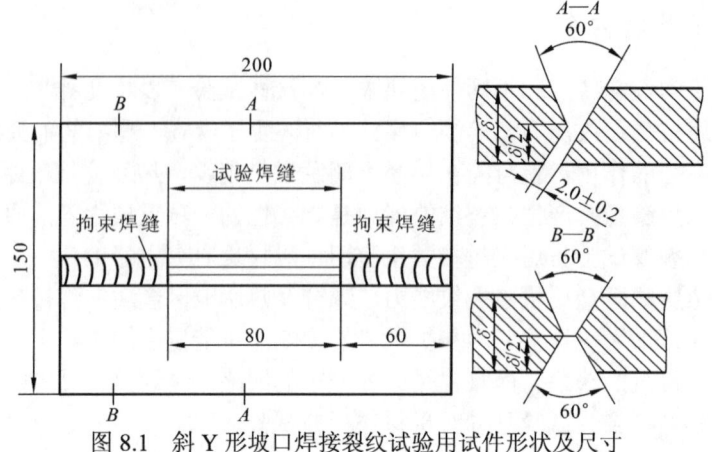

图 8.1 斜 Y 形坡口焊接裂纹试验用试件形状及尺寸

（2）插销试验法。此法也是评定钢材焊接热影响区冷裂纹敏感性的一种试验方法。它是将被焊钢材加工成圆柱形的插销试棒，试棒插入底板上的孔中（图 8.2），试棒上端附近有环形或螺形缺口。试验时在底板上以规定的热输入量熔敷一条焊道，其中心线通过试棒的中心，其熔深应使缺口尖端位于热影响区的粗晶区内。插销试棒的形状尺寸如图 8.3 所示。底板材料应与被试材料相同或热物理常数基本一致，其形状及尺寸如图 8.4 所示。施焊时应测定 $t_{8/5}$（800～500 ℃温度区间的冷却时间）值，如不预热焊，焊后冷却至 100～150 ℃时加载；如有预热，应在高于预热温度 50～70 ℃时加载。加载应在 1 min 之内，且在冷却至 100 ℃或高于预热温度 50～70 ℃之前施加完毕。如有后热，应在后热之前加载。在无预热条件下，载荷保持 16h 才可卸载。有预热条件下，载荷保持至少 24 h 才可卸载，经多次改变载荷，即可求出在试验条件下不出现断裂的临界应力 σ_{cr}，根据临界应力 σ_{cr} 的大小，即可相对比较不同材料抵抗产生冷裂纹的能力。

图 8.2 插销试棒、底板及熔敷焊道

图 8.3 插销试棒的形状

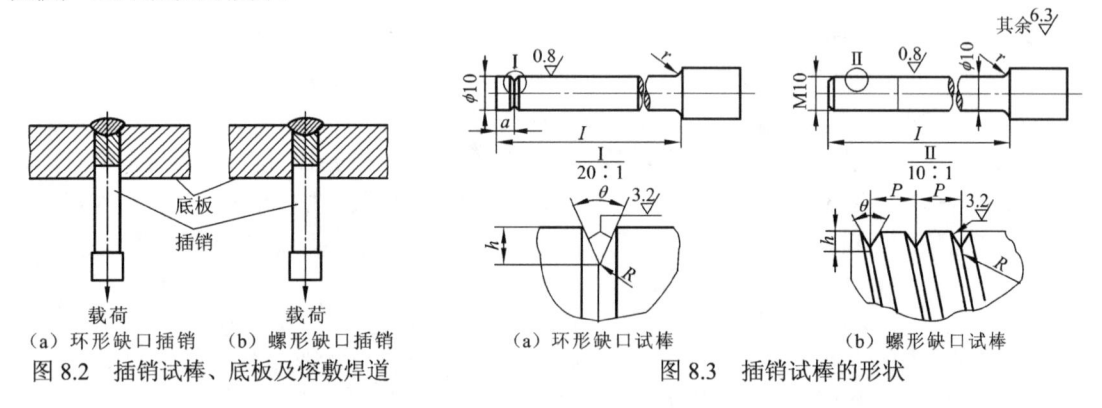

（3）压板对接焊接裂纹试验法。此法主要用于评定热裂纹敏感性，也可以做钢材与焊条匹配性的试验。试验装置如图 8.5 所示。在 C 形夹具中，垂直方向有 14 个螺栓以 3×10^5 N 的力压紧试板，横向有 4 个螺栓以 6×10^4 N 的力顶住试板，这样使试板牢牢固定在试验装置内。试板尺寸如图 8.6 所示，坡口为 I 形，厚板时可用 Y 形。试板在试验装置内安装时用定位塞片来保证坡口间隙（变化范围 0～6 mm）。先将横向螺栓紧固，再将垂直方向的螺栓

· 244 ·

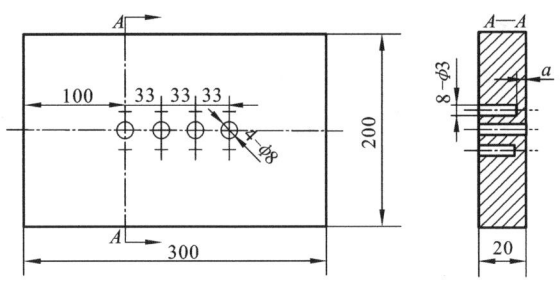

图 8.4 插销试验底板形状及尺寸

用测力扳手以 12 000 N·cm 的扭矩紧固。然后按生产上使用的工艺参数依次焊接 4 条约 40 mm 长的焊缝，间距约 10 mm，弧坑不必填满，如图 8.7 所示。焊后经过 10 min 取下试板，待冷却至室温后将试板沿焊缝纵向弯断，观察有无裂纹，测量裂纹长度并计算出裂纹率，以此来评定对热裂纹的敏感性。

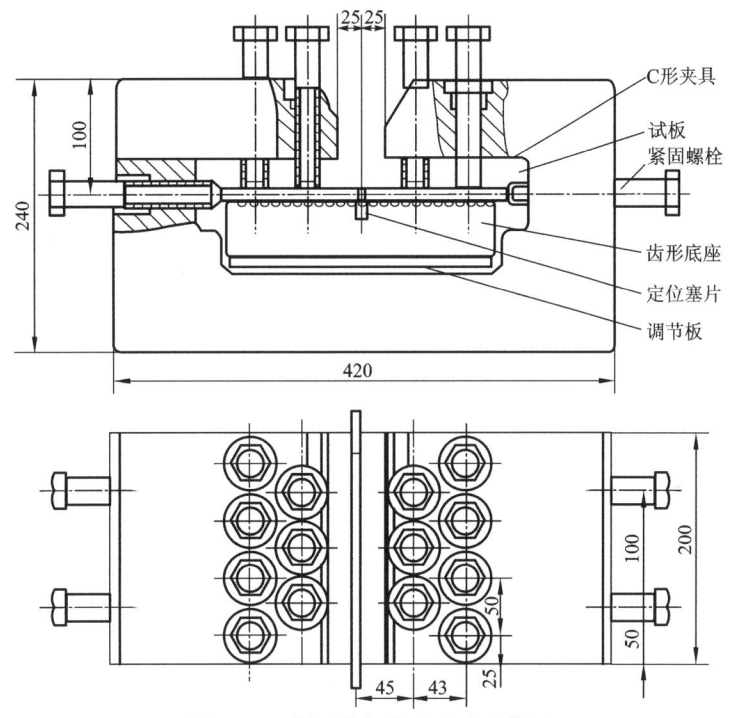

图 8.5 压板对接焊接裂纹试验装置

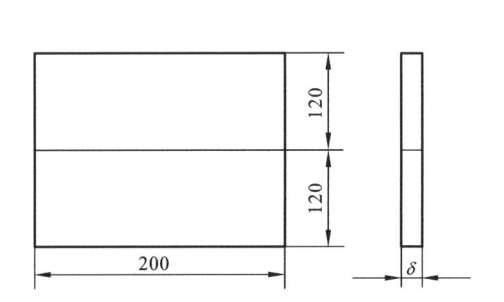

图 8.6 压板对接焊接裂纹试验试板尺寸 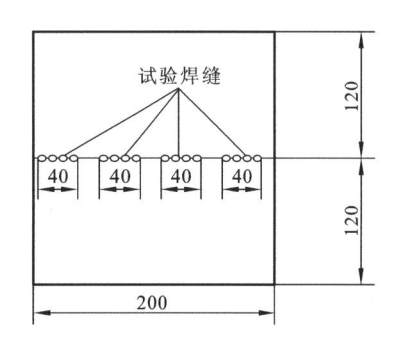　　图 8.7 压板对接焊接裂纹试验焊缝位置

· 245 ·

此外，其他试验方法还有可调拘束裂纹试验法、拉伸拘束裂纹试验法、刚性拘束裂纹试验法、刚性固定对接裂纹试验法、窗形拘束裂纹试验等。各种试验方法中，斜 Y 形坡口焊接裂纹试验法、插销试验法、压板对接焊接裂纹试验法等已纳入国家标准颁布实施，而其余则以行业颁布的规则进行评定。关于这方面内容读者可参阅相关国家标准及行业规则。

8.2　舰船材料的焊接性

8.2.1　低合金结构钢的焊接性

屈服强度为 294～490 MPa 的低合金高强钢，一般都在热轧或正火状态下供货使用，故称热轧钢或正火钢。这是一种非热处理强化钢，在我国得到很大的发展，并广泛地应用于各类焊接结构，如船体、桥梁等。屈服强度 294～343 MPa 级的热轧钢基本上是 C-Mn 或 Mn-Si 系的钢种，有时也可能用一些 V、Nb 代替部分 Mn，以达到细化晶粒和沉淀强化的作用。这类钢价格便宜，而且具有满意的综合力学性能和加工工艺性能。这类钢的基本成分为 C≤0.2%，Si≤0.55%，Mn≤1.5%。含 Si 量超过 0.6%后对冲击韧度不利，使脆性转变温度提高。含 C 量超过 0.3%和含 Mn 量超过 1.6%后，焊接时经常出现裂纹，同时在热轧板上还会出现脆性的贝氏体组织。因此，为了保证这类钢具有较好的焊接性和缺口韧性，它的屈服强度受到一定的限制。这类钢在热轧状态下使用时的屈服强度一般限制在 343 MPa 的水平。

通常正火钢是指在固溶强化的基础上，通过沉淀强化和细化晶粒来进一步提高强度和保证韧性的一类低合金高强钢。这类钢的屈服强度一般在 343～490 MPa，它是在 C-Mn 或 Mn-Si 系的基础上加入一些碳化物和氮化物的生成元素（如 V、Nb、Ti 和 Mo 等）形成的。正火的目的是使这些合金元素能以细小的化合物质点从固溶体中充分析出，并同时起细化晶粒的作用，使在提高强度的同时，适当地改善了钢材的塑性和韧性，以达到最佳的综合性能。对一些含 Mo 钢来说，正火后还必须进行回火才能保证良好的塑性和韧性。

典型的热轧钢有 09MnV、16Mn、14MnNb、15MnV 等，正火钢如 15MnTi、18MnMoNb、BHW-35、15MnVN 等。热轧及正火钢这类低合金钢，由于含碳量低，锰、硅含量又少，因而碳当量 C_{eq} 较低，通常情况下不会因焊接而引起严重硬化组织或淬火组织。该种钢的塑性和冲击韧性优良，焊成的接头塑性和冲击韧性也较为良好。焊接时一般不需预热、层间保温和后热，焊后也不必采用热处理改善组织。可以说，整个焊接过程中不需特殊的工艺措施，其焊接性优良。不过，随着板材厚度及结构刚度的增大，其焊接性也逐渐变差。

1. 焊接裂纹

1）热裂纹

从热轧、正火钢的成分看，一般含碳量都较低，而含 Mn 量都较高。因此，它们的 Mn/S 比都能达到要求，具有较好的抗热裂性能，正常情况下焊缝中不会出现热裂纹。但当材料成分不合格，或因严重偏析使局部 C、S 含量偏高时，Mn/S 就可能低于要求而出现热裂纹。

热裂纹一般情况下发生在焊缝凝固过程中，由于 S、P 等杂质在焊缝中形成低熔点共晶物质。这些低熔点共晶物质以液态薄膜形式存在于晶界，当焊缝凝固时体积收缩产生拉应力。

如果这种拉应力产生的拉伸应变超过焊缝金属所能承受的临界值，便发生开裂形成热裂纹。由金属凝固理论可知，焊缝中心是最终结晶的部位，其 S、P 杂质含量最高，因而是热裂纹最常见的产生部位。热轧及正火钢从总体上讲对热裂纹敏感性不大，但当钢材或焊接材料由于某种原因使得 S、P 发生偏析时，便有可能在局部富 S、P 杂质区域诱发产生热裂纹。

2）冷裂纹

冷裂纹是在焊后冷至较低温度下形成的，有的甚至是在服役过程中形成的，因此也称为延迟裂纹。热轧钢的含碳量虽然并不高，但含有少量的合金元素。因此这类钢的淬硬倾向必然要比低碳钢大一些，而且随着钢材强度级别的提高，合金元素的增加，其淬硬倾向也在逐渐增大。以 16Mn 为例与普通的低碳钢相比。从这两种钢的连续冷却组织转变图（SHCCT 曲线）（图 8.8）可以看出，16Mn 在连续冷却时，珠光体转变右移较多，使快冷过程中［图 8.8（a）上 c 点以左］铁素体析出后剩下的富碳奥氏体来不及转变为珠光体，最后转变为含碳较高的贝氏体和马氏体，并且得到全部马氏体的临界冷却速度较低碳钢时要小。显然 16Mn 的淬硬倾向比低碳钢大。另外，利用该冷却转变曲线图，还可近似地根据图 8.8（a）中的冷却曲线 R10 和图 8.8（b）中的冷却曲线 No.4 估计出厚板焊条电弧焊时热影响区过热区的组织状态。从图 8.8（a）可以看到，焊条电弧焊 16Mn 时，过热区内会出现少量铁素体、贝氏体和大量马氏体；而焊条电弧焊焊低碳钢时［图 8.8（b）］，则有大量铁素体、少量珠光体和部分贝氏体。因此，热轧低合金钢 16Mn 与低碳钢的焊接性之间有一定的差别。但当冷却速度不大时，二者是很相近的。

正火钢的强度级别较热轧钢更高，其合金元素含量也相应更多一些，因此与低碳钢相比，其焊接性的差别就更大。冷裂敏感性一般随强度的提高而增大。如强度级别在 600 MPa 级的 18MnMoNb，其淬硬性明显大于 500 MPa 级 15MnVN，18MnMoNb 冷却下来时更容易得到贝氏体和马氏体（图 8.9）。因此 18MnMoNb 钢对冷裂纹的敏感程度大于 15MnVN。正因如此，18MnMoNb 焊接时一般须在工艺上采取措施，如预热、焊后缓冷才能有效地防止冷裂纹的产生。

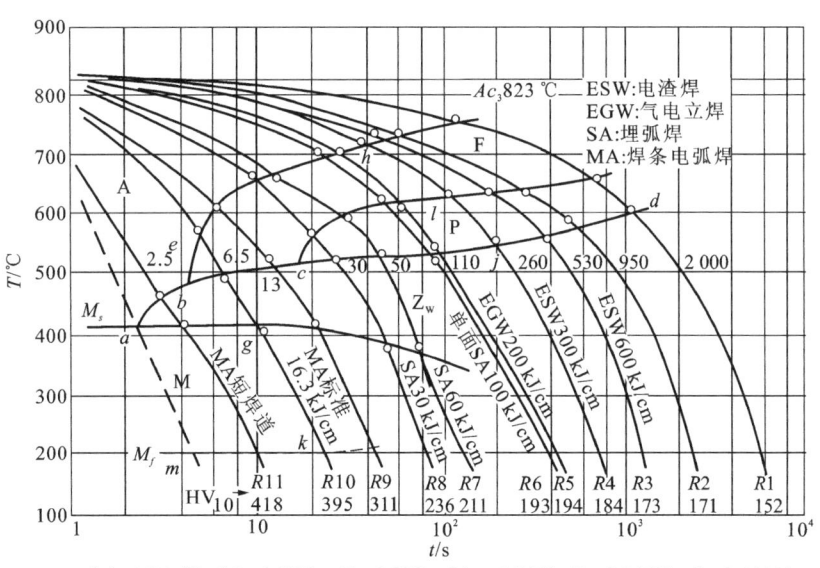

(a) 16Mn 钢（C—0.15%，Si—0.37%，Mn—1.32%，P—0.012%，S—0.009%，Cu—0.03%，TA—1 350 ℃）

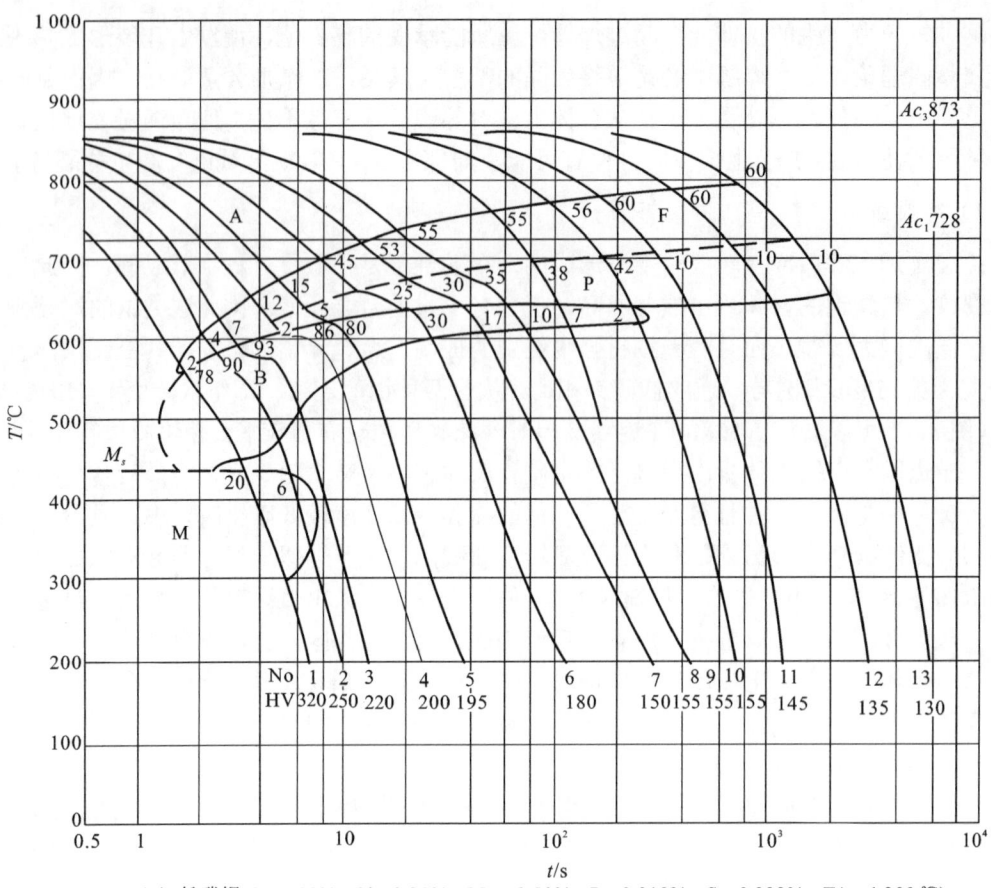

(b) 低碳钢(C—0.18%，Si—0.25%，Mn—0.50%，P—0.018%，S—0.022%，TA—1 300 ℃)

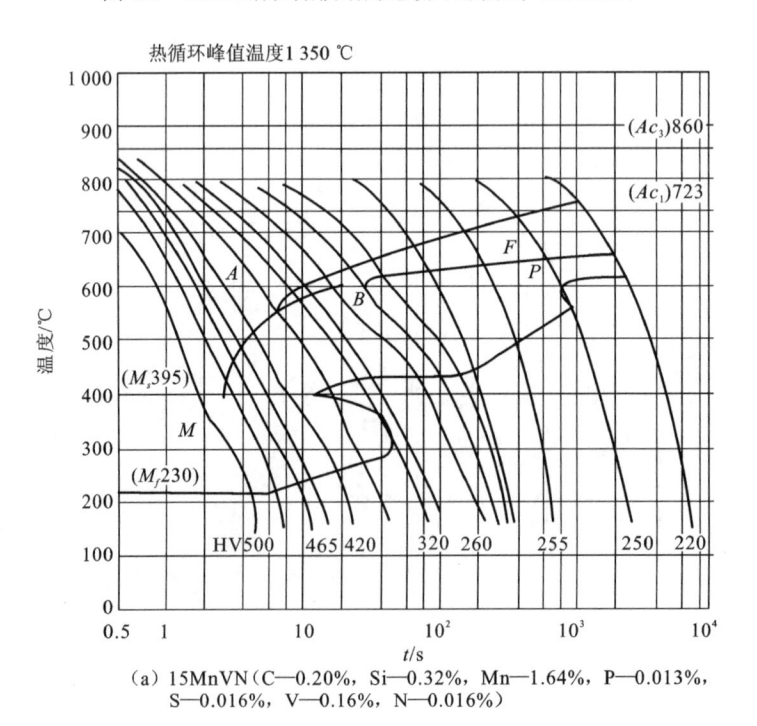

图 8.8　16Mn 钢和低碳钢的连续冷却曲线（SHCCT）

(a) 15MnVN（C—0.20%，Si—0.32%，Mn—1.64%，P—0.013%，S—0.016%，V—0.16%，N—0.016%）

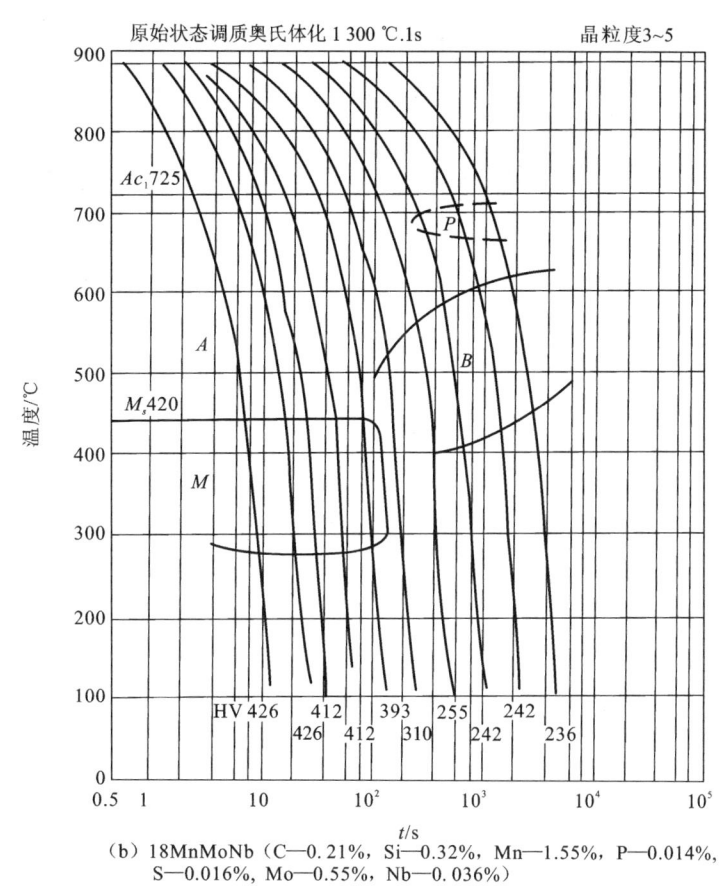

(b) 18MnMoNb（C—0.21%, Si—0.32%, Mn—1.55%, P—0.014%, S—0.016%, Mo—0.55%, Nb—0.036%）

图 8.9　15MnVN 和 18MnMoNb 的连续冷却曲线（SHCCT）

2. 焊接热影响区脆化

热影响区脆化主要发生在焊缝与母材相邻的熔合区（由于其范围窄也称熔合线）和熔合区紧邻的过热区。熔合区在化学成分和组织性能方面存在较大的不均匀性，对焊接接头的强度和韧性有很大的影响。许多情况下熔合区是产生裂纹，发生脆性破坏的发源地。

焊接热轧钢及正火钢时，热影响区的主要性能变化是过热区的脆化问题。过热区由于焊接过程加热峰值温度极高（一般处在固相线以下到 1 100 ℃ 左右），处于极度过热状态，所以发生奥氏体晶粒的显著长大和一些难熔质点（如碳化物和氮化物）的溶入等过程。这些过程的产生直接影响到过热区性能的变化，如难熔质点溶入后往往在冷却过程中来不及析出而使材料变脆；过热的粗大奥氏体晶粒增加了它的稳定性，随着钢材成分的不同以及所采用的焊接热输入量不同，冷却过程中可能发生一系列不利的组织转变，如魏氏组织、粗大的马氏体以及塑性很低的混合组织（即铁素体、高碳马氏体和贝氏体的混合组织）和 M-A 组元等。因此，过热区的性能变化不仅取决于影响高温停留时间和冷却速度的焊接热输入量的大小，而且与钢材本身的类型和合金系统有着密切的关系。当焊接热输入量较低时，韧性下降主要与马氏体比例增加有关；而热输入量较高时，脆化的主要原因是奥氏体晶粒的严重长大，焊后快速冷却至室温时产生粗大的魏氏组织。

此外，在一些合金元素含量较低的钢中有时还可能出现热应变脆化问题。不过这类钢过热区的脆化与合金系有很大的关系。对于热轧钢，如 16Mn，由于其合金化方式主要为 Mn、

Si 的固溶强化，其过热区的脆化主要是由于高温奥氏体晶粒严重长大，冷却后形成魏氏组织造成脆化。而 15MnTi、18MnMoNb 这些正火钢由于其强化方式除了固溶强化机制外，还有 Ti、Nb 等难溶元素的沉淀强化机制。在焊接高温条件下，引起难溶质点（Ti、Nb 的碳化物等）重新溶解，而这些难溶质点溶解后往往在冷却过程中又来不及析出而在材料中以过饱和形式存在从而引起强度增大，韧性下降，即造成脆化。

3. 低合金结构钢的焊接性要点

（1）抗热裂性比较好，一般只要降低焊缝中的含碳量就可以解决，无须采取特殊工艺措施。

（2）有一定的冷裂倾向，且随强度级别的升高而增大。

（3）只有固溶强化的钢种如 16Mn、12MnV、14MnNb、15MnV、16MnNb 等，一般不出现再热裂纹；而对有沉淀强化的钢种如 15MnTi、15MnVN、14MnMoNb 等，有产生再热裂纹的倾向。

（4）热轧状态供货的钢种在制造厚大件时有层状撕裂的危险。

（5）没有热影响区软化问题，但会发生过热区的脆化。热轧钢的过热区脆化与含碳量有关，正火钢的过热区脆化与其含碳量和热输入量有关。含碳量增大或热输入量增大，过热区的脆化程度都更加严重。

4. 低合金结构钢的焊接材料的选择

选择焊接材料时必须考虑到两方面的问题：一是焊缝没有缺陷；二是满足使用性能的要求。焊接合金结构钢时，焊缝中主要缺陷是裂纹问题。根据前面对热轧及正火钢的焊接性分析，这类钢的焊缝金属的热裂及冷裂倾向在正常情况下是不大的。因此，焊接热轧及正火钢时，选择焊接材料的主要依据是保证焊缝金属的强度、塑性和韧性等力学性能与母材相匹配，为此，必须注意如下问题。

（1）选择相应强度级别的焊接材料。为了达到焊缝与母材的力学性能相等，在选择焊接材料时应该从母材的力学性能出发，而并不是从化学成分出发选择与母材成分完全一样的焊接材料。因为力学性能并不完全取决于化学成分，它还与材料所处的组织状态有很大关系。由于焊接时的冷却速度很大，完全脱离了平衡状态，使焊缝金属具有一个特殊的过饱和的铸态组织。所以，当焊接材料的化学成分与母材相同时，则焊缝金属的性能将表现为强度很高，而塑性、韧性都很低，这对焊接接头的抗裂性能和使用性能都是非常不利的。因此一般要求焊缝中的含碳量不超过 0.14%，其他合金元素往往也低于母材中的含量。例如，适用于焊接 15MnVN 的 "J557" 焊条化学成分为 C≤0.12%，Mn≈1.2%，Si≈0.5%。从成分上看，含 C、Mn 量都比 15MnVN 低，而且根本不含沉淀强化的元素 V。但用它焊得的焊缝金属的抗拉强度能达到 549～608 MPa，同时还具有很高的塑性和韧性（δ=22%～32%，AKv=196～294 J/cm^2）。

（2）必须同时考虑到熔合比和冷却速度的影响。焊缝金属的力学性能取决于两个因素：一是化学成分；二是组织的过饱和度。焊缝化学成分不仅取决于焊接材料，而且与母材熔入量即熔合比有很大关系，而焊缝组织的过饱和度则与冷却速度有很大关系。因此，当所用的材料完全相同，但由于熔合比不同或冷却速度不同时，所得焊缝的性能也会出现很大差别。例如，埋弧焊 16Mn 时，焊丝成分的选择应考虑到板厚和坡口形式的影响。当不开坡口对接焊时，由于母材熔入量较多，用普通的低碳钢焊丝 H08A 配合高锰高硅焊剂即能达到要求。如大坡口对接焊时，由于母材熔入量减少，若再用 H08A 焊丝，则所得焊缝的强度偏低。所以，需要采用含 Mn 高的焊丝 H08MnA 或 H10Mn2 来补充焊缝的含 Mn 量。另外，不开坡口的角接焊时，虽然母材的熔入量也不多，但由于冷却速度比对接焊时大，所以埋弧自动焊 16Mn 角焊缝时，不能与大坡口对接焊时一样采用含 Mn 量高的焊丝 H08MnA 或 H10Mn2，否则会引起焊缝强度偏高、塑性偏低的后果，而采用普通的低碳钢焊丝效果最好。

（3）必须考虑到热处理对焊缝力学性能的影响。如果焊后需进行热处理，当焊缝强度裕量不大时，消除应力退火后焊缝强度有可能低于要求。例如焊接大坡口的 15MnV 厚板，焊后进行消除应力处理时，必须采用 H08Mn2Si 焊丝，若此时用 H10Mn2 焊丝，强度就会偏低。因此，对焊后要进行正火处理时，必须选择强度更高一些的焊接材料。此外，当对焊缝金属的使用性能提出一些特殊要求时，应同时加以考虑。例如，在焊接含铜的 16MnCu 时，若要求焊缝金属具有与母材相同的耐腐蚀性能，则需选用含铜的焊条如"J507Cu"。

表 8.2 列出了几种热轧及正火钢常用的焊接材料。

表 8.2 几种热轧及正火钢常用的焊接材料

强度等级 σ_s/MPa	钢号	焊条电弧焊焊条	埋弧自动焊 焊丝	埋弧自动焊 焊剂	CO_2 气体保护焊 用焊丝
294	09Mn2 09Mn2Si 09MnV	E4301、E4303、 E4315、E4316	H08A H08MnA	HJ431	H10MnSi H08Mn2Si
343	16Mn 14MnNb	E5001、E5003、 E5015、E5016	H08A H08MnA H10Mn2 H10MnSi	HJ431	H08Mn2Si
393	15MnV 15MnTi 16MnNb	E5001、E5003、 E5015、E5016、 E5515-G、E5516-G	H08MnA H10Mn2、H10MnSi H08Mn2Si	HJ431	H08Mn2Si
442	15MnVN 15MnVTiRE	E5515-G、E5516-G、 E6015-D$_1$、E6016-D$_1$	H08MnMoA H04MnVTi	HJ431 HJ350	—
491	14MnMoV 18MnMoNb	E6015-D$_1$、E6016-D$_1$ E7015-D$_2$、E7015-G	H08Mn2MoA H08Mn2MoVA	HJ250 HJ350	—

5. 焊接工艺参数的确定

1）预热

预热的目的主要是为了防止裂纹，同时还有一定的改善性能作用。预热温度的确定是非常复杂的，主要取决于下列因素。

（1）与材料的淬硬倾向有关，即取决于它的成分。如碳当量小于 0.4% 时，基本无淬硬倾向，一般情况下不必预热。成分与预热温度之间的关系可采用下列公式来表示：

$$P_c = P_{cm} + \frac{H}{60} + \frac{\delta}{600} \tag{8.2}$$

$$P_{\mathrm{cm}} = \mathrm{C} + \frac{\mathrm{Si}}{30} + \frac{\mathrm{Mn}}{20} + \frac{\mathrm{Cu}}{20} + \frac{\mathrm{Ni}}{60} + \frac{\mathrm{Cr}}{20} + \frac{\mathrm{Mo}}{15} + \frac{\mathrm{V}}{10} + 5\mathrm{B}(\%) \tag{8.3}$$

$$T_0(\text{预热温度}, \text{℃}) = 1\,440P_{\mathrm{C}} - 392 \tag{8.4}$$

式中：P_{cm} 冷裂纹敏感系数（%）；H 为熔敷金属中的扩散氢含量，mL/100 g；δ 为被焊金属板厚，mm。

利用上述公式，可以对低合金钢的预热温度进行一些粗略的估算。

（2）与焊接时的冷却速度有关，即与板厚和环境温度有关。另外，还与焊接热输入量和焊接方法有关，如电渣焊时冷却很慢，一般不需要预热。

（3）与拘束度有关。预热随拘束度增加而提高。例如，25 mm 厚的 15MnV 在十字接头试验时不预热也不产生裂纹，而在斜 Y 形坡口拘束试验时要求预热到 100 ℃ 以上才能消除裂纹。

（4）与含氢量有关。含氢量越高，裂纹产生的倾向越大，要求预热温度也越高。所以酸性焊条所需的预热温度比低氢型的高。即使同样是低氢焊条，还与它的烘干温度有关。

（5）与焊后是否进行热处理有关。焊后不热处理时，预热温度应偏高一些，这对减小内应力和改善性能都有利。

2）焊接热输入量

焊接热输入量的确定，主要取决于过热区的脆化和冷裂因素。根据焊接性分析，各类钢的脆化倾向和冷裂倾向是不同的，因此对热输入量的要求也不同。焊接含碳量很低的一些热轧钢，如 09Mn2、09Mn2Si 以及含碳偏下限的 16Mn 时，对热输入量基本没有严格的限制，因为这类钢的过热敏感性不大。另外，它们的淬硬倾向和冷裂敏感性也不大。如果从提高过热区的塑性、韧性出发，热输入量偏小一些更有利。当焊接含碳量偏高的 16Mn 时，由于淬硬倾向加大，马氏体的含碳量也提高，采用小的热输入量时冷裂倾向就会增大，过热区的脆化也变得严重，所以在这种情况下热输入量宁可偏大一些比较好。

对于一些含 Nb、V、Ti 的正火钢来说，为了避免沉淀相的溶入以及晶粒过热所引起的脆化，选择热输入量应该偏小一些。例如焊接 15MnVN 时，热输入量在 47 kJ/cm 左右可以保证 -20 ℃ 时过热区韧性合格；如果要求 -40 ℃ 的过热区韧性合格，那么需将热输入量控制在 40 kJ/cm 以下。但对于淬硬倾向大、含碳量和合金元素量较高的正火钢（如 18MnMoNb），随热输入量减小，过热区韧性不是提高，而是降低，并容易产生延迟裂纹。因而一般焊接这类钢时，热输入量偏大一些较好。但在加大热输入量、降低冷速的同时，会引起过热的加剧（一般来说，加大热输入量对冷速的降低较有限，但对过热的影响较明显）。因此在这种情况下采用大热输入量的效果不如采用小热输入量+预热更合理。预热温度控制恰当时，既能确保避免裂纹，又能防止晶粒的过热。

3）焊后热处理

除电渣焊因严重过热而需进行正火处理外，在其他焊接条件下，均应根据使用要求来考虑是否需要采取焊后热处理以及热处理工艺。一般情况下，热轧钢及正火钢焊后是不需要热处理的，但对要求抗应力腐蚀的焊接结构、低温下使用的焊接结构及厚壁高压容器等，焊后则需要进行消除应力的高温回火。确定回火温度的原则如下。

（1）不要超过母材原来的回火温度，以免影响母材本身的性能。

（2）对于一些有回火脆性的材料，要避开出现脆性温度区间。例如，对一些含钒，特别是含有钒+铜的低合金钢，在回火时要避开 600 ℃ 左右的温度区间，以免因钒的二次碳化物析出而造成脆化，如 15MnVN 的消除应力处理的温度为（550±25）℃。

另外，对于 $\sigma_s \geqslant 490$ MPa 的高强钢，由于产生延迟裂纹的倾向较大，为了在消除应力处理的同时起到除氢处理的作用，所以要求焊后能及时进行回火处理。

8.2.2 调质钢的焊接性

调质钢按含碳量大小有低碳调质钢和中碳调质钢。典型的低碳调质钢有 14MnMoVN、14MnMoNbB、WCF62、HQ70A、HQ80C 等；中碳调质钢则有 40Cr、30CrMnSi、30CrMnSiNi2A、40CrMnSiMoVA、35CrMoA、34CrNi13MoA、40CrNiMoA 等低合金高强度钢。这类钢的强度靠调质处理达到强度和韧性的最佳匹配。但随着钢材强度级别的提高，焊接性逐渐变差，对热轧与正火钢存在的裂纹、热影响区脆化等焊接性问题相应也更加敏感，尤其是冷裂纹问题。此外，这类钢焊接时还存在热影响区的软化问题。因此低合金调质钢的焊接一般均须辅以工艺措施，如预热、焊后缓冷等。

1. 焊接裂纹

1）焊缝中的热裂纹

低碳调质钢一般含碳钢量都较低，含锰量又较高，而且对 S、P 杂质的控制也较严，因此热裂倾向较小。对一些高 Ni 低 Mn 类型的低合金高强钢来说，必然会增加热裂纹产生的倾向，但实际上它并没有成为一个突出的问题。这是因为焊缝的含 Mn 量完全可以通过焊接材料来加以调整和提高，因此只要正确地选择相应的焊接材料，焊缝热裂纹是不会产生的。

中碳调质钢含碳量及合金元素含量都较高，因此液-固相区间较大，偏析也更严重，这就使其具有较大的热裂纹倾向。例如 30CrMnSiA 钢，由于含碳、硅量都较高，热裂纹倾向都较大。为了提高焊缝金属的抗热裂纹能力，不得不采用低碳低硅焊丝 H18CrMoA。为了改善含碳量更高的中碳调质钢的抗裂性能，规定硫和磷的总含量必须限制在 0.025% 以下。焊接中碳调质钢时，应考虑到可能出现热裂纹问题。所以在选择焊接材料时，应尽量选用含碳量低、含 S、P 杂质少的填充材料。在焊接工艺上应注意保证填满弧坑和良好的焊缝成形。因为热裂纹容易出现在未填满的弧坑处，特别是在多层焊时第一层的弧坑中以及焊缝的凹陷部位。

2）焊接冷裂纹

如前所述，冷裂纹的形成是淬硬组织、拘束应力及扩散氢三种因素综合作用的结果。从材料本身考虑，淬硬组织是引起冷裂纹的决定性因素。调质钢由于含有多种淬透性的合金元素，因此淬硬倾向较为严重。这就决定了这类钢具有很大的冷裂倾向。但这两种调质钢由于含碳量的差别，其冷裂倾向又有所区别。

对低碳调质钢而言，由于其含碳量低，一般限制在 0.18% 以下，其焊接热影响区的焊态组织一般为低碳马氏体和部分下贝氏体的混合组织。这类钢的淬硬倾向相当大，本应有很大的冷裂倾向，但由于这类钢的特点是马氏体含量很低，低碳马氏体的内部精细结构呈现高密度的位错特征，它的开始转变温度 M_s 点较高，如果在该温度下冷却较慢，那么此时生成的马氏体还能来得及进行一次"自回火"处理，因而实际上冷裂倾向并不一定很大。也就是说，在马氏体形成后如果能从工艺上提供一个"自回火"处理的条件，即保证马氏体转变时的冷却速度较慢，则冷裂纹是有可能避免的；若马氏体转变时的冷却速度很快，得不到"自回火"

效果，则冷裂倾向就必然会增大。

对于中碳调质钢，其淬硬倾向十分明显，冷裂倾向较为严重，这是由于中碳调质钢的含碳量较高，加入的合金元素也较多，在500℃以下的温度区间过冷奥氏体具有更大的稳定性，其焊接热影响区组织通常为高碳马氏体，其内部结构呈孪晶特征。含碳量越高，淬硬倾向越大，而且由于 M_s 点较低，在低温下形成的马氏体一般难以产生"自回火"效应，并且由于马氏体中的含碳量较高，有很大的过饱和度，点阵的畸变就更严重，因而硬度和脆性就更大，对冷裂纹的敏感性也就更大。马氏体的硬脆程度随含碳量的提高而增加，因此钢的冷裂敏感性也随着含碳量的提高而增加。所以在分析各种钢的冷裂敏感性时，不仅要看它的马氏体形成的倾向，而且还必须考虑到马氏体的类型和性能。焊接这类钢时，为了防止冷裂纹，除采取预热措施外，焊后必须进行及时的回火处理。

2. 焊接过热区脆化

低碳调质钢的合金化方式不同于热轧和正火钢，它通过提高淬硬性来保证获得高强度和具有一定韧性的低碳马氏体和下贝氏体。因此它的含 C 量很低，一般限制在 0.18% 以下。对其中一些韧性要求更高的钢，其含 C 量就更低。一些低碳调质钢的热影响区的脆性转变温度与冷却时间 $t_{8/5}$ 有关。一些强度级别高的钢都存在一个韧性最佳的冷却时间 $t_{8/5}$，这时刚好对应于马氏体+下贝氏体的组织。实践证明，形成 100% 的低碳马氏体时，韧性并非最好，而韧性最佳的组织为马氏体+10%~30% 下贝氏体。当 $t_{8/5}$ 继续增加时，引起脆化的原因除奥氏体晶粒粗化引起的脆化外，主要原因是上贝氏体和 M-A 组元的形成。在这类钢中上贝氏体转变的同时很容易出现 M-A 组元。当合金化程度增加，奥氏体稳定性提高时，易在贝氏体组织中的铁素体之间形成一些 M-A 组元。它的数量与 $t_{8/5}$ 有很大关系。当冷却时间 $t_{8/5}$ 很长时，开始在铁素体之间析出碳化物而使 M-A 组元的量减少。另外，M-A 组元的形态也与冷却时间有关。$t_{8/5}$ 短时，形成长条状的 M-A 组元；$t_{8/5}$ 增长时，M-A 组元变成块状。这种组织对韧性是极为有害的，一旦形成会导致严重脆化。

中碳调质钢由于含碳量较高（一般为 0.25%~0.45%）和合金元素较多，有相当大的淬硬倾向，因而在焊接热影响区的过热区内很容易产生硬脆的高碳马氏体。冷却速度越大，生成的高碳马氏体越多，脆化也就越严重。为了减少过热区的脆化，应从减少淬硬倾向出发，采取大焊接热输入量。但由于这种钢的淬硬倾向很大，仅通过加大热输入量往往还难以避免马氏体的形成，反而会增大奥氏体的过热和提高奥氏体的稳定性，促使形成粗大的马氏体，使过热区的脆化更为严重，所以，在这种情况下，一般倾向于采用小热输入量，而同时采取预热、缓冷和后热等措施。因为采用小热输入量可减少高温停留时间，避免奥氏体晶粒的过热，增加奥氏体内部成分的不均匀性，从而降低奥氏体的稳定性；同时采取预热和缓冷等措施来降低冷却速度，这对改善过热区的性能是非常有利的。

3. 焊接热影响区的软化

焊接热影响区的软化是焊接调质钢时的一个普遍问题，热影响区内凡是加热温度高于母材回火温度至 A_{c1} 的区域，由于碳化物的积聚长大而使钢材软化，而且温度越接近于 A_{c1} 的区域，软化越严重，所以对焊后不再进行调质处理的低碳调质钢来说尤其重要。从强度出发，这是焊接头中的一个薄弱环节，强度级别越高这一问题越突出。此外，软化的程度和软化区的宽度与焊接工艺也有很大的关系。因此在制定这类钢的焊接工艺时必须考虑到这一问题。

中碳调质钢经常在退火状态下进行焊接,焊后再调质处理。但有时由于焊后不能进行调质处理而必须在调质状态下焊接时就要考虑热影响区软化问题。当调质钢的强度级别越高时,软化问题越严重。此外,软化程度和软化区的宽度与焊接热输入量大小、焊接方法有很大关系。热输入量越小,加热冷却速度越快;受热时间越短,软化程度越小,软化区的宽度越窄,但同时要注意过热区的脆化和冷裂问题。焊接热源越集中,对减小软化越有利。

4. 调质钢的焊接工艺特点

1) 低碳调质钢焊接工艺特点

低碳调质钢的特点是含碳量低,因此淬火后的组织是强度和韧性都较高的低碳马氏体+贝氏体,这对焊接是一个非常有利的因素,使其有可能在一般电弧焊的条件下,获得性能与母材相近的热影响区。在焊接这类钢时要注意两个基本问题:一是要求在马氏体转变时的冷却速度不能太快,使马氏体有"自回火"作用,以免冷裂纹的产生;二是要在800~500℃的冷却速度大于产生脆性混合组织的临界速度。这两个问题是制定低碳调质钢焊接工艺的主要依据。至于热影响区的软化问题,在采用小热输入量焊接后就可基本解决。

(1) 焊接工艺方法和焊接材料的选择。调质状态下的钢材,只要加热温度超过了它的回火温度,性能就会发生变化。因此,焊接时由于热的作用使热影响区强度和韧性的下降几乎是不可避免的。这个问题随着材料强度级别的提高显得越来越突出。解决的办法:一是采用焊后重新调质处理;二是焊后不再进行调质处理,而是尽量限制焊接过程中热量对母材的作用。按相关规定,在焊接 σ_s 超过 980 MPa 的调质钢时,必须采用钨极氩弧焊或电子束焊之类的焊接方法。对 σ_s 低于 980 MPa 的低碳调质钢来说,焊条电弧焊、埋弧自动焊、熔化极气体保护焊和钨极氩弧焊等都能采用。此外,如果一定要采用多丝埋弧焊和电渣焊等热量输入很大、冷却速度很低的焊接方法时,就必须进行焊后调质处理。低碳调质钢焊后一般不再进行热处理,因此在选择焊接材料时,要求所得焊缝金属在焊态下应具有接近于母材的力学性能。在特殊情况下,如结构刚度很大、冷裂纹很难避免时,必须选择比母材强度稍低一些的材料作为填充金属。几种低碳调质钢的焊接材料如表 8.3 所示。

表 8.3 几种低碳调质钢的焊接材料选择示例

钢号	焊条	埋弧焊	气体保护焊	电渣焊
14MnMoVN	E7015-D$_2$ E8515-G	H08Mn2MoA H08Mn2NiMoVA HJ350 H08Mn2NiMoA HJ250	H08Mn2Si H08Mn2Mo	H10Mn2NiMoA HJ360 H10Mn2NiMoVA HJ431
14MnMoNbB	E8515-G	H08Mn2MoA H08Mn2Ni2CrMoA HJ350	—	H10Mn2MoA H08Mn2Ni2CrMoA H10Mn2NiMoVA HJ431、HJ360

(2) 焊接工艺参数的选择。对于低碳调质钢,试验已表明,其最佳韧性组织为低碳马氏体+ 10%~30%下贝氏体混合组织。为保证焊接热影响区这种韧性最佳组织不被破坏,应严格控制焊接热输入量。

焊接热输入量是材料焊接的一项重要的焊接参数,这对低碳调质钢焊接来讲尤为重要。

这是因为焊接热输入量越大，意味着焊接电弧向焊接接头输入的热量越大。这一方面可减缓热影响区的冷却速度，尤其是对延长形成淬硬组织进而产生冷裂纹的 800～500 ℃温度区间的冷却时间（简称 $t_{8/5}$），有着有益的作用；但另一方面，焊接热输入量过大，热影响区加热速度及高温停留时间都明显增大，严重过热造成晶粒粗大，从而恶化韧性，热影响区脆化严重。因此，焊接热输入量不宜过大。但如果热输入量过小，冷却速度加快，又会使材料淬硬性增加，形成淬硬组织，产生冷裂纹。对冷裂倾向较大的调质高强钢而言，确定一个合适的焊接热输入量范围是制订合理焊接工艺的一项重要内容。这通常还需结合预热温度及层间温度来确定。因为预热温度和层间温度对延长 $t_{8/5}$ 起到同样的作用，同时还可减缓接头的拘束应力，促使扩散氢逸出焊接接头。由于调质高强钢热影响区韧性最佳组织为低碳马氏体+10%～30%下贝氏体混合组织，所以焊接热输入量的确定应与预热和层间温度综合考虑，以确定一个适用范围，其上限应能保证热影响区得到低碳马氏体+10%～30%下贝氏体混合组织，下限应能保证热影响区不致产生冷裂纹。

总之，选择合适的热输入量是调质钢焊接性试验的最重要内容之一，控制热输入量是保证其焊接的重要原则。随着钢材碳当量的增加，适宜的热输入量范围随之变窄。

2）中碳调质钢的焊接工艺特点

中碳调质钢与低碳调质钢不同，中碳调质钢焊后的淬火组织是硬脆的高碳马氏体，不仅冷裂的敏感性大，而且焊后若不经热处理时，热影响区性能达不到母材的性能。因此，这类钢一般是在退火状态下进行焊接，焊接通过整体调质处理才能获得性能满足要求的均匀的焊接接头。但有时必须在调质后进行焊接，这时热影响区性能的恶化是很难解决的。对中碳调质钢的焊接来说，焊前所处的状态是非常重要的，它决定了焊接时出现的问题性质和所需采取的工艺措施。

（1）退火状态下焊接。大多数情况下中碳调质钢都是在退火（或正火）状态下进行焊接，焊后再进行整体调质，这是焊接调质钢的一种比较合理的工艺方案。焊接时所要解决的问题主要就是裂纹，热影响区的性能可以通过焊后的调质处理来保证。因此在这种情况下对选择焊接工艺方法几乎没有限制，常用的一些焊接工艺方法都能采用。例如焊接 30CrMnSiA 时可以采用各种焊接方法，但气焊时容易产生裂纹，所以一些薄板焊接已采用 CO_2 气体保护焊、钨极氩弧焊和等离子焊等方法。

在选择焊接材料时，除了要求不产生冷、热裂纹外，还有一些特殊的要求，即焊缝金属的调质处理规范应与母材的一致，以保证调质后的接头性能也与母材相同。因此，焊缝金属的主要合金组成应尽量与母材相似，但对能引起焊缝热裂倾向和促使金属脆化的元素（如 C、Si、S、P 等）应加以严格控制。例如，30CrMnSiA 的热裂倾向较大，应该选用低碳、低硅的填充材料如 H18CrMoA。

在焊后调质的情况下，确定工艺参数的出发点主要是保证在调质处理前不出现裂纹，接头性能由焊后热处理来保证。因此可以采用高的预热温度（200～350 ℃）和层间温度。另外，在很多情况下焊后往往来不及立即进行调质处理，所以为了保证冷却到室温后，在调质处理前不致产生延迟裂纹，还必须在焊后及时地进行一次中间热处理。这种热处理一般是焊后在等于或高于预热温度下保持一段时间，其目的是从两个方面来防止延迟裂纹的产生：一是起到扩散除氢的作用；二是使组织转变为对冷裂敏感性低的组织。另外，当处理温度高时，还有消除应力的作用。例如在退火状态下焊接厚度大于 3 mm 的 30CrMnSiA 时，为了防止冷裂纹，应将工件预热到230～250 ℃，并在整个焊接过程中保持该温度；如采用局部预热时，预热范围离焊缝两侧应不小于100 mm；焊后若不能及时调质处理，应进行680 ℃回火处理。假如产品结构复杂和有大量焊缝时，焊完一定数量的焊缝后应及时进行中间回火处理，这样能避免等到焊完后再进行热处理时先焊接部位已经出现延迟裂纹的情况。中间回火的次数，要根据焊缝的多少和产品结构的复杂程度来决定。对于淬硬倾向更大的30CrMnSiNi2A，为了防止冷裂纹的产生，焊后必须立即（焊缝处的金属不能冷到低于250 ℃）入炉加热到（650±10）℃或680 ℃回火，最后按相关规定进行调质处理。

（2）调质状态下焊接。当必须在调质状态下进行焊接时，除了裂纹外，热影响区的主要问题是：高碳马氏体引起的硬化和脆化；高温回火区软化引起的强度降低。高碳马氏体引起的硬化和脆化是可以通过焊后的回火处理来解决的。但对高温回火区软化引起的强度下降，在焊后不能调质处理的情况下是无法挽救的。所以在确定调质状态下焊接工艺参数时，主要应从防止冷裂纹和避免软化出发。

为了消除过热区的淬硬组织和防止延迟裂纹的产生，必须正确选定预热温度，并应焊后及时进行回火处理。在焊接调质状态的钢材时必须注意预热、层间温度、中间热处理和焊后热处理的温度，都一定要控制在比母材淬火后的回火温度低50 ℃。

为了减少热影响区的软化，从焊接方法考虑应采用热量集中、能量密度大的方法，而且焊接热输入量越小越好，这一点与低碳调质钢的焊接是一致的。因此，气焊在这种情况下是最不合适的，气体保护焊比较好，特别是钨极氩弧焊，它的热量比较容易控制，焊接质量容易保证，因此经常用它来焊接一些焊接性很差的高强钢。另外，脉冲氩弧焊、等离子焊和电子束焊等一些新的工艺方法，用于这类钢的焊接是很有前途。从经济性和方便性考虑，目前在焊接这类钢时，选用最为普遍的还是焊条电弧焊。

由于焊后不再进行调质处理，所以选择焊接材料时没有必要考虑成分和热处理规范与母材相匹配的问题。从防止冷裂纹的要求出发，经常采用纯奥氏体和铬镍钢焊条或镍基焊条。

表8.4列举了几种常用焊接方法时中碳调质钢焊接材料的选择示例。

表8.4 中碳调质钢焊接材料选择示例

钢号	焊条	埋弧焊		气体保护焊	
		焊丝	焊剂	CO_2	Ar
30CrMnSiA	E8515-G	H20CrMoA H18CrMoA	HJ431 HJ260	H08Mn2SiMoA H08Mn2SiA	H18CrMoA
40Cr	E8515-G	—	—	—	—
35CrMoVA	E8515-G E5515-B_2-VNb	—	—	—	H20CrMoA

8.2.3 不锈钢的焊接性

1. 不锈钢的分类

不锈钢是指能耐空气、水、酸、碱、盐及其溶液和其他腐蚀介质腐蚀的，具有高度化学稳定性的合金钢的总称。按组织分类可分为奥氏体不锈钢、铁素体不锈钢、马氏体不锈钢等。

其中奥氏体不锈钢是不锈钢中最重要的钢种，生产量和使用量约占不锈钢总产量及用量的70%。该类钢是一种十分优良的材料，有极好的抗腐蚀性，因而在化学工业、沿海工业、食品加工、生物医学、石油化工等领域中得到广泛应用。

常用的奥氏体不锈钢根据其主要合金元素 Cr、Ni 的含量不同，可分为如下三类。

（1）18-8 型奥氏体不锈钢。这类不锈钢是应用最广泛的一类奥氏体不锈钢，也是奥氏体型不锈钢的基本钢种，主要牌号有 1Cr18Ni9 和 0Cr18Ni9，为克服晶间腐蚀倾向，开发了含有稳定元素的 18-8 型不锈钢，如 1Cr18Ni9Ti 和 0Cr18Ni11Nb 等。随着熔炼技术的提高，采用真空冶炼降低了钢中的含碳量，制造出超低碳 18-8 型不锈钢，如 00Cr19Ni10 等。

（2）18-12Mo 型奥氏体不锈钢。这类钢中钼的质量分数一般为 2%～4%。由于 Mo 是缩小奥氏体相区的元素，为了固溶处理后得到单一的奥氏体相，在钢中 Ni 的质量分数要提高到 10%以上。这类钢的牌号有 0C17Ni12Mo2、0Cr18Ni12Mo2Ti 等。它与 18-8 型不锈钢相比具有高的耐点腐蚀性能。

（3）25-20 型奥氏体不锈钢。这类钢铬、镍含量较高，具有很好的耐腐蚀性能和耐热性能，由于含镍量较高，奥氏体组织十分稳定，但当 $W_{Cr}>16.5\%$ 时，在高温长期服役会有 σ 相脆化倾向，这类钢的牌号有 0Cr25Ni20 等。

2. 焊接接头晶间腐蚀

18-8 型奥氏体不锈钢焊接接头在三个部位有可能发生晶间腐蚀现象：焊缝区、HA_z 敏化区及熔合区（图 8.10），但在同一个接头中并不能同时看到这三种晶间腐蚀的出现，这取决于钢和焊缝的成分。

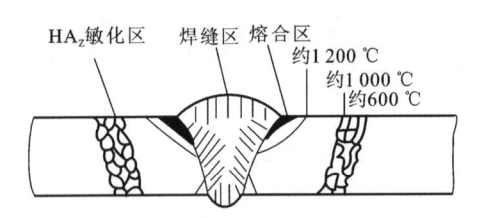

图 8.10　18-8 型奥氏体不锈钢焊接接头有可能出现晶间腐蚀的三个部位

1）焊缝区晶间腐蚀

晶间腐蚀通常用贫铬理论来加以解释，即当奥氏体不锈钢加热至 450～850 ℃的敏化温度区时，沿晶界沉淀析出 $Cr_{23}C_6$ 致使晶界边界层含 Cr 量低于 12%，造成该局部区域电极电位下降。当钢材置于腐蚀介质中则发生电化学反应产生晶间腐蚀。

很显然，焊缝区的晶间腐蚀主要与焊接材料有关，采用超低碳的焊接材料或通过焊接材料向焊缝过渡足够的稳定化元素（如 Nb）可有效地避免焊缝晶间腐蚀。此外，通过调整焊缝成分以获得一定数量的铁素体（δ）相，也可在一定程度上避免焊缝晶间腐蚀。但如果母材不是超低碳不锈钢，采用超低碳焊接材料未必可靠，因为熔合比的作用会使母材向焊缝增碳。尿素设备用不锈钢的熔敷金属必须限制为超低碳，且不允许出现 δ 相，而为"全奥氏体组织"。

焊缝中 δ 相的有利作用：①可打乱单一 γ 相柱状晶的方向性，不致形成连续贫 Cr 层；②δ 相富 Cr，有良好的供 Cr 条件，可减少 γ 晶粒形成贫 Cr 层。因此，焊接时常希望焊缝中存在 4%～12%的 δ 相。过量 δ 相存在，多层焊时易促使形成 σ 相，不利于高温工作。在尿素之类介质中工作的不锈钢，如含 Mo 的 18-8 型钢，焊缝最好不存在 δ 相，否则易产生 δ 相选择腐蚀。

为获得 δ 相，焊缝成分必然不会与母材完全相同，一般须适当提高铁素体化元素的含量

或提高 Cr_{eq}/Ni_{eq} 的比值。Cr_{eq} 称为铬当量，是指把每一铁素体化元素，按其铁素体化的强烈程度折合成相当若干铬元素后的总和。Ni_{eq} 称为镍当量，为把每一奥氏体化元素折合成相当若干镍元素后的总和。已知 Cr_{eq} 及 Ni_{eq} 即可确定焊缝金属的室温组织。图 8.11 是应用最广泛的焊缝组织图，是舍夫勒（Schaeffler）最早于 1949 年根据焊条电弧焊条件所确定的，所以又称为舍夫勒组织图。这种组织图把室温组织与 Cr_{eq} 和 Ni_{eq} 所表示的焊缝成分联系起来。为了考虑氮的影响，Ni_{eq} 计入 N 的作用，其 Ni_{eq}（%）和 Cr_{eq}（%）的计算式为

$$Cr_{eq} = Cr + Mo + 1.5Si + 0.5Nb + 3Al + 5V \tag{8.5}$$

$$Ni_{eq} = Ni + 30C + 0.87Mn + K(N - 0.035) + 0.33Cu \tag{8.6}$$

上两式中：K 与含 N 量有关：当 N=0～0.2%时，K=30；当 N=0.21%～0.25%时，K=22；当 N=0.26%～0.35%时，K=20。

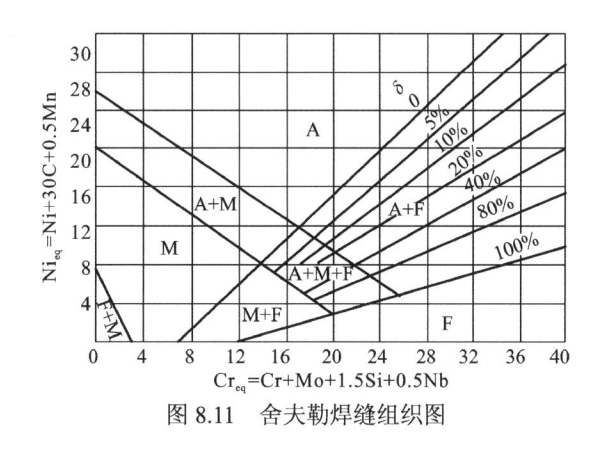

图 8.11 舍夫勒焊缝组织图

2）热影响区敏化区晶间腐蚀

热影响区内的敏化区晶间腐蚀是指焊接热影响区中加热峰值温度处于敏化加热区间的部位所发生的晶间腐蚀。不过须注意的是在焊接快速加热冷却条件下，热影响区敏化温度区间并非平衡加热至 450～850 ℃，而是有一个过热度的 600～1 000 ℃温度区间。因为焊接是快速加热和冷却过程，而铬碳化物沉淀是一个扩散过程，为足够扩散需要一定的"过热度"。只有普通的 18-8 型钢（0Cr19Ni9）才会有敏化区存在，含 Ti 或 Nb 的 18-8Ti 或 18-8Nb，以及超低碳 18-8 型钢敏化区晶间腐蚀倾向较小。为防止 18-8 型奥氏体不锈钢敏化区腐蚀，在焊接工艺上应采取快速过程，以减少处于敏化加热的时间。

3）刀口腐蚀

刀口腐蚀（knife line corrosion）是在熔合区产生的晶间腐蚀，有如刀削切口形式。腐蚀区宽度初期不超过 3～5 个晶粒，逐步扩展到 1.0～1.5 mm（一般电弧焊）。刀口腐蚀只发生在含 Nb 或 Ti 的 18-8Nb 和 18-8Ti 钢的熔合区，一般认为是由于熔合区经历 1 200 ℃以上的高温过热作用，使得奥氏体内形成的 TiC 固溶，其分离出来的碳原子占据奥氏体点阵节点空缺位置，而随后的激冷过程，活泼的碳原子趋向奥氏体晶粒周边运动，进一步冷至 450～850 ℃中温敏化区则析出 $Cr_{23}C_6$ 造成晶界贫 Cr。显然，高温过热和中温敏化相继作用，是刀口腐蚀的必要条件，但不含 Ti 或 Nb 的 18-8 钢不会有刀口腐蚀发生。

3. 焊接接头的热裂纹及应力腐蚀开裂

1）焊接接头热裂纹

奥氏体不锈钢焊接时在焊缝及近缝区都可能产生热裂纹，最常见的是焊缝凝固裂纹，有时也可以出现近缝区液化裂纹。奥氏体不锈钢易于产生热裂纹的原因主要有以下几个方面。

（1）奥氏体不锈钢热导率小，而线膨胀系数大，在焊接局部加热和冷却过程中可形成较大的拉应力。焊缝金属凝固期间存在较大的拉应力是产生热裂纹的必要条件。

（2）奥氏体不锈钢易于联生结晶形成方向性强的柱状晶的焊缝组织，有利于有害杂质偏析，而促使形成晶间液膜，显然易于促使产生凝固裂纹。

（3）奥氏体不锈钢及焊缝的合金组成较复杂，可形成多种低熔点共晶。

通过调整奥氏体焊缝金属成分，使其形成适量的铁素体组织，在一定程度上可改善奥氏体焊缝的热裂倾向。这是因为少量铁素体组织可以有效地消除单项奥氏体组织柱状晶的方向性；同时 S、P 等有害杂质元素在铁素体中的溶解度又比在奥氏体中更大，因而能避免其在奥氏体晶界形成低熔点的共晶物质。这些都是有利于提高奥氏体焊缝抗裂性的。

2）焊接接头的应力腐蚀开裂

应力腐蚀是在应力与腐蚀介质双重因素作用下产生的一种腐蚀破坏。由于奥氏体不锈钢的热导率小，线膨胀系数大，在约束焊接变形时必然残留较大的焊接应力，而拉应力的存在是应力腐蚀开裂的重要条件。许多实验已证实焊接接头过热区对应力腐蚀开裂最为敏感。

（1）焊接应力的作用。焊接接头应力腐蚀开裂是焊接性中最不易解决的问题之一。如在化工设备破坏事故中，不锈钢的应力腐蚀超过 60%，其次是点腐蚀约占 20% 以上，晶间腐蚀只占 5% 左右。而应力腐蚀开裂的拉应力来源于焊接残余应力的超过 30%。焊接拉应力越大，越易发生应力腐蚀开裂。一般说来，为防止应力腐蚀开裂，从根本上看，退火消除焊接残余应力最为重要。残余应力消除程度与"回火参数"拉森-密勒参数（Larson-Miller parameter, LMP）有关：

$$LMP = T(\lg t + 20) \times 10^{-3} \tag{8.7}$$

式中：T 为加热温度，K；t 为保温时间，h。

LMP 越大，残余应力消除程度越大。必须指出，为消除应力，加热温度 T 的作用效果远大于加热保温时间 t 的作用。

（2）合金成分的作用。材质与介质有一定的匹配性，才会发生应力腐蚀开裂。对于焊缝金属，选择焊接材料具有重要意义。从组织上看，焊缝中含有一定数量的 δ 相有利于提高焊缝在氯化物介质中的耐应力腐蚀性能。有关资料表明，在氯化物介质中，提高焊缝中的 Ni 含量，对提高焊缝抗应力腐蚀开裂性能有利。Si 能使氧化膜致密，因而是有利的；加 Mo 则会降低 Si 的作用。但如果应力腐蚀的根源是点蚀坑，那么因 Mo 有利于防止点蚀，会提高耐应力腐蚀的性能。超低碳有利于提高抗应力腐蚀开裂的性能。

4. 奥氏体钢焊缝的脆化

经常发现有的奥氏体不锈钢焊接接头的强度并不低，然而在工作几个月后就发生沿近缝区的脆断。其原因是接头的塑性、韧性没有达到要求，尤其当材料在低温下工作时，最重要的要求是保证低温韧性，这样才能防止发生低温脆性破坏。奥氏体不锈钢焊缝的脆化有以下几种。

1）低温脆化

奥氏体焊缝的低温脆化与组织中的铁素体（δ）相有关，因此最好控制组织避免形成奥氏体+铁素体的双相组织。

为满足低温韧性要求，有时采用 18-8 型钢，焊缝组织希望是单一 γ 相，成为完全面心立方结构，尽量避免出现 δ 相。虽然单相 γ 相焊缝低温韧性比较好，但仍不如固溶处理后的 1Cr18Ni9Ti 钢母材。其实，"铸态"焊缝中的 δ 相因形貌不同，可以具有相异的韧性水平。以超低碳 18-8 钢为例，焊缝中通常可能见到三种形态的 δ 相：球状、蠕虫状和花边条状，而以蠕虫状居多数。恰恰是蠕虫状会造成脆性断口形貌，但蠕虫状对抗热裂有利。从低温韧性的角度考虑，希望稍稍提高 Cr 含量（对于 18-8 型钢可将 Cr 提高到稍微超过 20%），以获得少量花边条状 δ 相，低温韧性会得到改善，其值可达到常温时数值的 80%。在这种情况下，焊缝中有少量 δ 相是容许的。

2）高温脆化

高温下进行短时拉伸试验或进行持久强度试验表明，当奥氏体焊缝中含有较多的铁素体形成元素或较多的 δ 相时，都会发生显著的脆化现象。为了保证焊缝有必要的塑性和韧性，长期工作在高温的焊缝中所含的 δ 相数量应当小于 5%，否则，多量的 δ 相将会导致脆化现象的发生，通常认为这是 δ 相转变为 σ 相的结果。

σ 相是指一种脆硬而无磁性的金属间化合物相，具有变成分和复杂的晶体结构。σ 相的产生，是 $\gamma \to \sigma$ 或是 $\delta \to \sigma$。在奥氏体钢焊缝中，Cr、Mn、Nb、Si、Mo、W、Ni、Cu 均可促使 $\gamma \to \sigma$，其中 Nb、Si、Mo、Cr 影响显著。25-20 型钢焊缝在 800～875℃加热时，$\gamma \to \sigma$ 的转变非常激烈。在焊缝中，σ 相主要析集于柱状晶的晶界。

具有 $\gamma + \sigma$ 双相组织的 18-8 型钢焊缝高温加热时，$\delta \to \sigma$ 的转变速度大大超过 $\gamma \to \sigma$。有时 σ 相的脆化作用在焊接过程中就已显现出来。$\delta \to \sigma$ 的转变速度与 δ 相的合金化程度有关，而不单是 δ 的数量。凡铁素体化元素均加强 $\delta \to \sigma$ 转变，即被 Cr、Mo 等浓化了的 δ 相易于转变析出 σ 相。

若 25-20 型钢焊缝中 Cr 量高达 28%～30%时，也会加快 σ 相的形成。

5. 奥氏体钢的焊接工艺

1）奥氏体钢的焊接工艺特点

因奥氏体钢的物理性能特点以及对耐腐蚀性、抗裂性等的具体要求，故奥氏体钢焊接的特点如下。

（1）焊接变形大。由于奥氏体钢热导率小、线膨胀系数较大，在自由状态焊接时易于产生较大的变形，所以，应选用能量集中的焊接方法，以机械化快速焊接为好（如采用 MIG 或 TIG）。

（2）对焊接材料要求严。选择焊接材料时，应当考虑焊缝成分的要求，以保证耐晶间腐蚀和抗热裂性能。例如，SiO_2 含量高的焊条或焊剂就不能用于含镍量高的奥氏体钢，而应采用碱性焊条或低硅焊剂。

（3）焊条尾部发红。奥氏体钢的热导率小，电阻率大，使得奥氏体钢焊丝的熔化系数比结构钢大得多。为避免焊条尾部发红，奥氏体钢焊条的长度要比结构钢焊条短些。自动埋弧焊时的干伸长（焊丝伸出长度）也应短一些。当焊丝直径为 2～3 mm 时，伸出长度应小于 20～30 mm。

（4）焊接时熔深大。在同样的焊接电流下，奥氏体钢的熔深比结构钢大。为防止过热及得到一定尺寸的焊缝，焊接奥氏体钢时焊接电流应比焊接低合金结构钢时小 10%～20%，并且尽量用细直径焊丝。

（5）宜快速焊接。焊接奥氏体钢时，一般采用同质填充金属。为避免铬的碳化物相沉淀，通常不应预热，并且层间温度应低于 250 ℃。焊接时应尽可能使焊接接头的冷却速度加快。

（6）短弧、直线焊接。焊丝或焊芯中所含的 Ti、Nb、Cr、Al 等合金元素与氧有较大的亲和力，为防止合金元素的烧损必须采用短弧焊、不摆动的工艺方法。

（7）宜保持稳定的焊接工艺参数。为了获得稳定的焊缝成分，必须在焊接时保持熔合比的稳定，因此，焊接工艺参数应当保持稳定。

（8）保护焊件的耐腐蚀性能，避免破坏焊件表面的氧化膜保护层。

2）奥氏体钢焊接工艺要点

（1）合理选择最适用的焊接方法。限于具体条件，可能只能选用某一种焊接方法。但必须充分考虑到质量、效率和成本因素，以获得最大的综合效益。例如，板厚小于 6 mm 的不锈钢应用 TIG 接方法是很适宜的；如果板厚超过 13 mm，仍采用 TIG 接方法就会显得效率低，那么成本提高。条件许可时，应改换其他方法，如 MIG。

表 8.5 为各种熔焊方法对不锈钢的适应性。

表 8.5　各种熔焊方法对不锈钢的适应性

焊接方法	板厚/mm	马氏体钢	铁素体钢	奥氏体钢
焊条电弧焊	>1.5	较适用	较适用	适用
钨极氩弧焊	0.5～6.0	较适用	较适用	适用
熔化极氩弧焊	>6.0	较适用	较适用	适用
埋弧自动焊	>6.0	很少用	很少用	较适用
等离子弧焊	2.0～8.0	—	—	适用
微束等离子弧焊	0.1～1.0	—	—	适用
电子束焊	5.0～60.0	—	—	适用
气焊	<2.0	很少用	—	较适用

（2）必须控制焊接参数，避免接头产生过热现象。奥氏体钢热导率小，热量不易散失，很易形成所需尺寸的熔池。所以，焊接所用焊接电流和焊接热输入量比焊接碳钢要小 20%左右。以焊条电弧焊平焊为例，焊接奥氏体钢的焊接电流 I，可根据焊芯直径 d 选定，经验式为

$$I=(25\sim35)d \tag{8.8}$$

式中：焊条直径小时选用小的系数；直径大时选用大的系数。立焊或仰焊时，电流取值还要再减小 10%～30%。

表 8.6 列出了几种奥氏体不锈钢焊接材料的选择。

表 8.6　几种奥氏体不锈钢焊接材料选择示例

钢号	工作条件及要求	焊条	氩弧焊焊丝	埋弧焊 焊丝	焊剂
0Cr18Ni9 0Cr18Ni9Ti	工作温度低于 300℃，要求良好的耐腐蚀性能	E308-15 E308-16	H0Cr19Ni9 H0Cr19Ni9Ti	H0Cr19Ni9 H00Cr22Ni10	HJ260
00Cr18Ni10	耐腐蚀要求极高	E308L-16	H00Cr22Ni10	H00Cr22Ni10	HJ260
0Cr17Ni13Mo2Ti	抗无机酸、有机酸、碱及盐腐蚀	E316-15 E316-16	H0Cr19Ni11Mo3 H0Cr18Ni12MoNb	H0Cr19Ni11Mo3 H00Cr17Ni13Mo2	HJ260
	要求良好的抗晶间腐蚀性能	E316Nb-16			
0Cr17Ni13Mo3Ti	抗非氧化性酸及有机酸性能较好	E316L-16 E317-16	H0Cr19Ni10Mo3Ti	H00Cr17Ni13Mo3Ti	HJ260
00Cr17Ni13Mo3	耐腐蚀要求高	E316L-16	H00Cr19Ni11Mo3	—	
0Cr17Ni13Mo2Ti 0Cr18Ni9Ti	要求一般耐热及耐腐蚀性能	E316V-15 E316V-16	—	H0Cr19Ni11Mo3 H00Cr17Ni13Mo2	HJ260

应避免交叉焊缝。奥氏体钢焊接时，通常不应预热，还要适当加快冷却，并严格控制较低的层间温度。对于双相不锈钢则要适当缓冷，以获得理想的 δ/γ 相比例。

（3）接头设计的合理性应给以足够的重视。仅以坡口角度为例，采用奥氏体钢或双相钢同质焊接材料时，坡口角度取 60°（同一般结构钢的相同）是可行的；但如采用 Ni 基合金作为焊接材料，由于熔融金属流动更为黏滞，坡口角度 60°很容易发生熔合不良现象。Ni 基合金的坡口角度一般均要增大到 80°左右。

（4）尽可能控制焊接工艺稳定以保证焊缝金属成分稳定。因为焊缝性能对化学成分的变动有较大的敏感性，为保证焊缝成分稳定，必须保证熔合比稳定。

（5）控制焊缝成形。表面成形是否光整，是否有易产生应力集中之处，均会影响到接头的工作性能，尤其对耐点蚀和耐应力腐蚀开裂有重要影响。例如，采用钛钙型药皮焊条，一般比采用碱性焊条易获得光整的表面成形。在熔化极机械化焊接时，由于奥氏体钢焊丝与导电嘴的铜或铜合金之间的摩擦系数大，导电嘴易磨损，导致电接触不良而可能破坏焊缝成形，甚至可能产生未焊透或咬边缺陷。

焊缝截面成形决定形状系数大小，即焊缝深宽比大小对焊缝金属抗裂性有明显影响。可通过调整焊接参数，以适应这一要求。

（6）保护焊件的工作表面处于正常状态。焊前和焊后的清理工作常会影响耐蚀性。已有现场经验表明，焊后采用不锈钢丝刷清理奥氏体和双相不锈钢接头，反而会产生点蚀。因此，必须慎重对待清理工作。控制焊缝施焊程序，保证面向介质的焊缝在最后施焊，也是保护措施之一。因为这样可避免面对介质的焊缝及其热影响区发生敏化。

总之，为了改善焊接质量，必须严格遵守技术规程和产品技术条件，并应因地制宜，灵活地开展工作，全面顾及焊接质量、生产效率及经济效益。

8.2.4 耐热钢的焊接性

以 Cr-Mo 为基的低中合金珠光体耐热钢具有很好的抗氧化性和热强性,工作温度可高达 600 ℃,广泛应用于制造蒸汽动力发电设备。这类钢还具有良好的抗硫和氢腐蚀的能力,因此在石油化工中得到广泛的应用。这类钢含 Cr 量一般为 0.5%～9%,含 Mo 量一般为 0.5%～1%。随着 Cr、Mo 含量的增加,钢的抗氧化性、高温强度和抗硫化物腐蚀性能也都增加。在 Cr-Mo 钢中加入少量的 V、W、Nb、Ti 等后,可进一步提高热强性。这类钢的合金系统基本上是 Cr-Mo、Cr-Mo-V、Cr-Mo-W-V、Cr-Mo-W-V-B、Cr-Mo-V-Ti-B 等。典型的珠光体耐热钢有 12CrMo、15CrMo、10Cr2Mo1、12Cr5Mo、12Cr9Mo1、12Cr1MoV、15Cr1Mo1V、17CrMo1V、20Cr3MoWV、12Cr2MoWVB、12Cr3MoVSiTiB 等。

1. 珠光体耐热钢的主要焊接性问题

珠光体耐热钢的焊接性与低碳调质钢很相似,主要问题是热影响区的硬化、冷裂纹、软化以及焊后热处理或高温长期使用中的再热裂纹问题。此外,近些年来发现一些 Cr-Mo 钢具有明显的回火脆化现象。例如,用于脱硫反应塔的 12Cr2Mo1 钢,经 332～432 ℃下 30 000 h 工作后,其 40J 时的韧-脆转变温度从 -37 ℃ 提高到 60 ℃,这就严重影响其在压力容器中的应用。产生回火脆化的主要原因是在回火脆化温度范围内长期加热后 P、Sn、Sb 等杂质元素在奥氏体晶界偏析而引起的晶界脆化现象。此外,与回火脆化的元素 Mn、Si 也有关。因此,对于基体金属来说,严格控制有害杂质元素的含量,同时降低 Si、Mn 含量是解决脆化的有效措施。目前已能生产出抗回火脆化的 12Cr2Mo1 钢板。焊缝金属回火脆化的敏感性比锻、轧材料更大,因为焊接材料中的杂质难以控制。根据国内外的研究,一致认为要获得低回火脆性的焊缝金属必须严格控制 P 和 S 的含量,通过俄歇电子能谱观察到 P 在晶界上的偏析,而且偏析的浓度与 Si 含量有关。有的研究还发现,Si 和 P 在晶界上形成 Si-P 复合物,促使晶界脆化。因此,除了要严格限制杂质 P 的含量(≤0.015%)外,焊缝中 Si 含量要控制在 0.15% 以下。目前国内外研制了一批有低回火脆化敏感性的新焊接材料,如我国的超低氢"热 407-B"焊条以及 H08Cr2.25-Mo1A 提纯焊丝和高碱性超低氢 SJ602、SJ603 烧结焊剂。

2. 珠光体耐热钢的焊接工艺特点

(1)珠光体耐热钢一般是在热处理状态下焊接,焊后大多数要进行高温回火处理。常用的焊接方法以焊条电弧焊为主,埋弧焊和气体保护焊也经常使用。

(2)选择保证焊缝性能同母材匹配的焊接材料,焊缝应具有必要的热强性,其成分应力求与母材相近。但为了防止焊缝有较大的热裂倾向,焊缝含碳量往往比母材要低一些(但一般不希望低于 0.07%),焊缝的性能有时要比母材低一些。但若焊接材料选择适当,焊缝的性能是可以与母材匹配的。

表 8.7 列举了包括珠光体耐热钢在内的各种典型耐热钢焊接材料的选用。

表 8.7　各种典型耐热钢焊接材料选用

类别	钢号	电弧焊焊条	埋弧焊焊丝和焊剂		气体保护焊焊丝	
珠光体耐热钢	16Mo	E5003-A1	F4A0-H08MnMoA		H08MnSiMo	CO$_2$ 或 Ar+20%CO$_2$ 或 Ar+（1~5）%O$_2$
	12CrMo	E5503-B1 E5515-B1	F4A0-H10MoCrA		H08CrMnSiMo	
	15CrMo	E5515-B2	F4A0-H08CrMoA		H08Mn2SiCrMo	
	12Cr2Mo1	E6015-B3	F4A0-H08Cr2Mo1 F4A0-H08Cr3MoMnSi		H08Cr2Mo1A H08Cr3MoMnSi H08Cr2Mo1MnSi	
	12CrMoV 12Cr1MoV	E5515-B2-V	F4A0-H08CrMoVA		H08Mn2SiCrMoVA H08CrMoVA	
奥氏体耐热钢	0Cr19Ni9	E308-16	焊剂： HJ260 SJ-601 SJ641	H0Cr19Ni9	H0Cr19Ni9	Ar 或 Ar+1%O$_2$ 或 Ar+（2~3）%CO$_2$ 或 Ar+He
	1Cr18Ni9Ti	E347-16		H1Cr19Ni10Nb	H0Cr19Ni9Ti	
	0Cr18Ni10Ti 0Cr18Ni11Nb	E347-16 E347-15		H1Cr19Ni10Nb	H0Cr19Ni9Ti H1Cr19Ni10Nb	
	0Cr18Ni13Si4	E316-16 E318V-16		H0Cr19Ni11Mo3	H0Cr19Ni11Mo3	
	1Cr20Ni14Si2	E309Mo-16		H1Cr25Ni13	H1Cr25Ni13	
	0Cr23Ni13	E309-16		H1Cr25Ni13	H1Cr25Ni13	
	0Cr25Ni20	E310-16 E310Mo-16		H1Cr25Ni13	H1Cr25Ni20	
	0Cr17Ni12Mo2	E316-16		H0Cr19Ni11Mo3	H0Cr19Ni11Mo3	
	0Cr19Ni13Mo3	E317-16		H0Cr25Ni13Mo3	H0Cr25Ni13Mo3	
马氏体耐热钢	1Cr12Mo 1Cr13	E410-16 E410-15 E309-16、E310-16	焊剂： SJ601 HJ151	H1Cr13、H10Cr14 H0Cr21Ni10 H1Cr24Ni13 H0Cr26Ni21	H1Cr13 H0Cr14	Ar
	2Cr13	E410-15、E308-15 E316-15	—	—	H1Cr13 H0Cr14	
铁素体耐热钢	1Cr17 Cr17Ti	E430-15 E430-16	焊剂： SJ601 SJ608 HJ172 HJ151	H1Cr17 H0Cr21Ni10 H1Cr24Ni13 H0Cr26Ni21	H1Cr17	Ar
	Cr25	E308-15，E316-15 E310-16，E310-15	焊剂： SJ601 SJ608 SJ701 HJ172 HJ151	H0Cr26Ni21 H1Cr24Ni13	H1Cr25Ni13	

（3）正确选定预热温度和焊后回火温度

为了防止冷裂纹和消除近缝区的硬化，预热与回火温度非常重要，这不仅取决于钢的成分，而且与产品结构尺寸和结构拘束度等具体条件有关。所以，在实际生产中，必须结合具体条件通过试验来确定预热温度及焊后热处理温度。

总之，珠光体耐热钢的焊接性要点可概括：①珠光体耐热钢的焊接性与低碳调质钢近似；②这类钢焊接时的主要问题是冷裂纹、过热区硬化、热影响区软化以及再热裂纹，同时还存在有一种特殊回火脆化现象；③制定焊接工艺时要综合考虑接头的各种性能要求，正确选定预热及焊后热处理温度，制定焊后热处理工艺要防止再热裂纹。

8.2.5 有色金属的焊接性

1. 铝及其合金的焊接性

1) 铝及其合金的特性

铝及铝合金与碳钢物理性能如表 8.8 所示。与低碳钢相比较，铝及其合金具有密度（ρ）小、电阻率（ρ'）小、线膨胀系数（α）大和热导率（λ）大的特点。由于铝为面心立方点阵结构，无同素异构转变，无"延-脆"转变，因而具有优异的低温韧性。但强度低（一般 σ_b 不超过 100 MPa），热处理强化铝合金抗拉强度 σ_b 可提高到 400 MPa 以上；非热处理强化铝合金可以进行冷作加工使之强化。

表 8.8 铝及铝合金与碳钢物理性能对比

代号	ρ/（g/cm³）	比热容 C/（J·kg/℃） 100 ℃	热导率 λ/[W/（m·℃）] 25 ℃	线胀系数 $\alpha\times10^{-6}$/℃ 20~100 ℃	电阻率 $\rho'\times10^{-6}$/Ω·cm 20 ℃
15 号钢	7.85	468.9	50.24	11.16	12
L4	2.71	948	218.9	24	2.922
LF3	2.67	880	146.5	23.5	4.96
LF6	2.64	921	117.2	23.1	6.73
LF21	2.73	1 009	180.0	23.2	3.45
LY12（M）	2.78	921	117.2	23.7	5.79
LY16（M）	2.84	880	138.2	23.6	6.10
LD2（M）	2.70	795	175.8	23.5	3.70
LD10（M）	2.80	836	159.1	22.5	4.30
LC4（M）	2.85	921	155	23.1	4.20
ZL101	2.66	879	155	23.1	4.57
ZL201	2.78	837	121	19.5	5.95

2) 铝合金焊接时的主要问题

（1）焊缝中的气孔。铝合金熔焊时最常见的缺陷是焊缝气孔，尤其在造船上广泛应用的防锈铝的焊接。氢是产生气孔的主要原因。

焊接时，氢主要来源于电弧气氛中的氢和焊丝及坡口表面氧化膜所吸附的水分。在焊接高温下，焊接材料或坡口表面吸附的水分，以及潮湿空气中的水分都会侵入电弧空间，并分解为原子氢而溶入液态铝中，进而在焊缝中形成气孔。

①弧柱气氛中水分的影响。弧柱空间总是或多或少存在一定数量的水分，尤其在潮湿季节或湿度大的地区进行焊接时，由弧柱气氛中水分分解而来的氢，溶入过热的熔融金属中，可成为焊缝气孔的主要原因。这时所形成的气孔，具有白亮内壁的特征。

弧柱气氛中的氢之所以能使焊缝形成气孔，与它在铝及其合金中的溶解度随温度变化特性有关。由图 8.12 可见，在平衡条件下，氢的溶解度将沿图中的实线发生变化，在凝固时可从 0.69 mL/100 g 突降到 0.036 mL/100 g，相差约 20 倍（这在钢中只相差不到 2 倍），这就是氢很容易使铝焊缝产生气孔的原因之一。而且铝的导热性很强，在同样工艺条件下，其冷却速度可为钢的 4~7 倍。这不利于气泡浮出，因而促使形成气孔。在实际的冷却条件下并非平衡状态，溶解度变化不是图 8.12 中的实线，而是沿 abc（冷却速度大时）或 ab'c'（冷却速度较小时）发生变化。在熔池过热状态下的降温过程中，若冷却速度比较大，过热熔池在凝固点以上，由于 a~b 之间的溶解度差所造成的气泡数量虽然不多，但可能来不及逸出，在上浮途中被"搁浅"形成粗大的孤立形式的"皮下气孔"；若冷却速度较小，过热熔池中由于 a~b' 间溶解度差而可能形成数量较多一些气泡，可能来得及聚合浮出，则往往不致产生气孔。而在凝固点时，由于溶解度突变（b→c 或 b'→c'），伴随着凝固过程可在结晶的枝晶前沿形成许多微小气泡，枝晶晶体的交互生长致使气泡的成长受到限制，并且不利于浮出，因而可沿结晶的层状线形成均布形式小气孔，称为结晶层气孔。

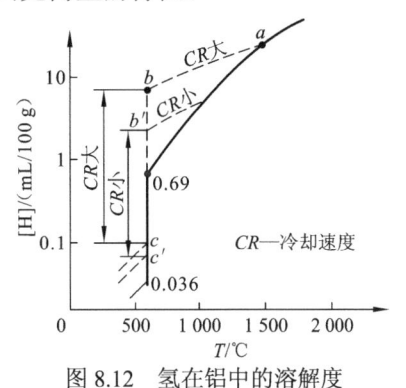

图 8.12　氢在铝中的溶解度

不同的合金系统，对弧柱气氛中水分的敏感性是不同的。纯铝对气氛中水分最为敏感。Al-Mg 合金含 Mg 量增高，氢的溶解度和引起气孔的临界分压 P_{H_2} 均随之增大，因而对吸收气氛中水分不太敏感。相比起来，仅对气氛中水分而言，同样焊接条件下，纯铝焊缝产生气孔的倾向要大些。

不同的焊接方法，对弧柱气氛中水分的敏感性也是不同的。TIG 或 MIG 在焊接时氢的吸收速率和吸收数量有明显差别。在 MIG 焊接时，焊丝是以细小熔滴形式通过弧柱而落入熔池，由于某种原因弧柱温度高，且熔滴比表面积很大，熔滴金属显然最有利于吸收氢；而 TIG 焊接时，主要是熔池金属表面与气体氢反应，因其比表面积小和熔池温度低于弧柱温度，吸收氢的条件就不如 MIG 时有利。同时，MIG 的熔池深度一般大于 TIG 时的深度，也不利于气泡的浮出。所以，MIG 焊接时，在同样的气氛条件下，焊缝气孔倾向要比 TIG 时大些。

②氧化膜中水分的影响。在正常的焊接条件下，对于气氛中的水分已经尽量加以限制，这时，焊丝或工件的氧化膜中所吸附的水分将是生成焊缝气孔的主要原因。而氧化膜不致密、吸水性强的铝合金（主要是 Al-Mg 合金），要比氧化膜致密的纯铝具有更大的气孔倾向。这是因为 Al-Mg 合金的氧化膜由 Al_2O_3 和 MgO 所构成，而 MgO 越多，形成的氧化膜越不致密，因而更易于吸附水分；纯铝的氧化膜只由 Al_2O_3 构成，比较致密，相对说来吸水性要小。Al-Li 合金的氧化膜更易吸收水分而促使产生气孔。

在 MIG 焊接时，焊丝表面氧化膜的作用将具有重要意义。MIG 焊接时，由于熔深较大，工件坡口端部的氧化膜能迅速熔化掉，有利于氧化膜中水分的排除，坡口氧化膜对焊缝气孔的影响就小得多。若是 Al-Mg 合金，则其影响必更显著。实践表明，在严格限制弧柱气氛水分的 MIG 焊接条件下，用 Al-Mg 合金焊丝比纯铝焊丝时具有较大的气孔倾向。

TIG 焊接时，在熔透不足的情况下，母材坡口根部未除净的氧化膜中所吸附的水分，常常是产生焊缝气孔的主要原因。这种氧化膜不仅提供了氢的来源，而且能使气泡聚集附着。在刚刚形成熔池时，如果坡口附近的氧化膜未能完全熔化而残存下来，那么氧化膜中水分因受热而分解出氢，并在氧化膜上萌生气泡；由于气泡附着在残留氧化膜上，不容易脱离浮出，而且还因气泡是在熔化的早期形成的，有条件长大，所以常常造成集中形式的大气孔。这种气孔在焊缝根部有未熔合现象时就更严重。坡口端部氧化膜引起的气孔，常常沿着熔合区原坡口边缘分布，且内壁呈氧化色彩，是其重要特征。由于 Al-Mg 合金比纯铝更易于形成疏松而吸水性强的厚氧化膜，所以 Al-Mg 合金比纯铝更容易产生这种集中形式的氧化膜气孔。为此，焊接铝镁合金时，焊前必须特别仔细地清除坡口端部的氧化膜。

因此，为防止焊缝气孔，可从两方面着手：第一，限制氢溶入熔融金属，或者是减少氢的来源，或者减少氢同熔融金属作用的时间（如减少熔池吸氢时间）；第二，尽量促使氢自熔池逸出，即在熔池凝固之前使氢以气泡形式及时排出，这就要改善冷却条件以增加氢的逸出时间。

a. 减少氢的来源。所有使用的焊接材料（包括保护气体、焊丝、焊条等）要严格限制含水量，使用前均需干燥处理。焊前的处理十分重要，焊丝及母材表面氧化膜应彻底清除，采用化学方法或机械方法均可，若能二者并用效果更好。

b. 控制焊接工艺。控制焊接工艺中焊接工艺参数的影响比较明显，但其影响规律并不是一个简单的关系，须进行具体分析。它的影响主要可归结为对熔池在高温存在时间的影响，也就是对氢的溶入时间和氢的析出时间的影响。熔池在高温存在时间增长，有利于氢的逸出，但也有利于氢的溶入；反之，熔池在高温存在时间减少，固然可减少氢的溶入，但也不利于氢的逸出。焊接工艺参数调整不当时，如造成氢的溶入数量多而又不利于逸出时，气孔倾向势必增大。

在 TIG 焊接时，焊接工艺参数的选择，一方面尽量采用小的热输入量以减少熔池存在时间，从而减少气氛中氢的溶入，因而须适当提高焊接速度；但同时又要能充分保证根部熔合，以利根部氧化膜上的气泡浮出，因而又须适当增大焊接电流。因此，采用大的焊接电流配合较高的焊接速度是比较有利的。在 MIG 焊接条件下，焊丝氧化膜的影响更为主要，减少熔池存在时间，难以有效地防止焊丝氧化膜分解出来的氢向熔池侵入，一般希望增大熔池存在时间以利于气泡逸出。因此在 MIG 焊接时，降低焊接速度和提高热输入量，有利于减少焊缝中的气孔。

（2）焊接热裂纹。在焊接铝合金时，焊缝中产生的裂纹主要是结晶裂纹，同时，在近缝区也可能产生液化裂纹。实践证明，纯铝和防锈铝的裂纹倾向较小，而硬铝及大部分热处理强化铝合金裂纹倾向较大。铝合金易于形成热裂纹的原因是铝镁及铝镁硅合金属于共晶型合金，且其线膨胀系数较大（比钢约大 1 倍），在凝固时体积收缩率达 6.5%～6.6%，产生很大的拉伸应力；另外，凝固金属处在脆性温度区间时，强度和塑性很低，最终导致热裂纹的产生。

目前防止铝合金焊接热裂纹的冶金途径主要是通过调整焊缝合金成分，使其形成多量的易熔共晶，利用易熔共晶良好的流动性来"愈合"裂纹。如焊接铝合金常用的 Al-5%Mg、Al-5% Si 焊丝均利用了 Mg、Si 形成的易熔共晶产生"愈合"效应来达到改善抗裂性的目的。同时在焊接方法上尽量采用加热集中的焊接方法（如熔化极氩弧焊），利于快速进行焊接过程，防止形成方向性强的粗大柱状晶。

（3）焊接接头的软化。铝合金在焊接后，焊接接头都会出现不同程度的软化，特别是在焊接硬铝及超硬铝合金时，接头强度仅为母材强度的 40%～60%，软化问题十分突出，严重影响焊接结构的使用寿命，其原因是产生了"过时效"。而对 Al-Mg 系非热处理强化铝合金，当以冷作硬化工艺来提高强度时，经冷作硬化的合金受焊接热循环作用，在加热温度大于 200～300 ℃的部位也将发生再结晶软化，使冷作硬化效果消失。

3）铝及其合金的焊接工艺

（1）焊接工艺的一般特点。

从物理性能上看，铝及其合金的导热性强而热容量大，线膨胀系数大，熔点低（铝为 660 ℃）和高温强度小，给焊接工艺带来一定困难。首先，必须采用能量集中的热源，以保证熔合良好；其次，要采用垫板和夹具，以保证装配质量和防止焊接变形。例如，纯铝在 370 ℃左右时强度不超过 9.8 MPa，因此焊接时不能采用悬空方式，否则会因支持不住熔池液态金属的重量而破坏焊缝成形。

另外，铝及其合金由固态转变为液态时并无颜色变化，因此也不易确定接缝的坡口是否熔化，造成焊接操作上的困难。同时，铝合金中的 Mg、Zn、Mn 均易蒸发，不仅影响焊缝性能，也影响焊接操作。

从化学性质上看，铝与氧亲和力很大，铝及其合金表面极易形成难熔的氧化膜，不仅妨碍焊接并易形成夹杂物，而且还因吸附大量水分而促使焊缝产生气孔。因此，焊前清理焊丝和母材的氧化膜，对焊接质量有极为重要的影响。除了焊前采用化学和机械的方法清理之外，焊接过程中还必须加强保护，在氩弧焊时还特别利用"阴极清理"作用。在气焊或其他熔焊方法时，都需要采用能除去氧化膜的焊剂。这些焊剂都由氯化物和氟化物所组成，对铝及其合金有很强的腐蚀性，因此，焊后要彻底清除残渣。

接头形式及坡口准备工作原则上同结构钢焊接时并无不同。薄板焊接时一般不开坡口（焊条电弧焊在板厚 3～4 mm 内，自动焊时板厚在 6 mm 以内）。如果采用大功率焊接时，不开坡口而可焊透的厚度还可增大。厚度小于 3 mm 时还可以采用卷边接头，主要的问题是考虑能充分去除氧化膜，为此，在氩弧焊时有时对接头形式就要特别考究一些，使接口间隙的氧化膜能有效地暴露在电弧作用范围内，如图 8.13 所示。

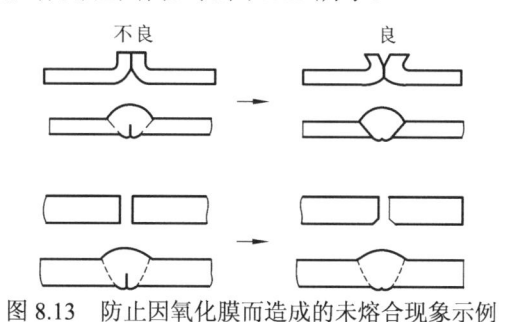

图 8.13 防止因氧化膜而造成的未熔合现象示例

（2）焊丝的选用。

铝及其合金的焊丝大体可分为两类：同质焊丝与异质焊丝。

①同质焊丝。

焊丝成分相同，甚至有的就把从母材上切下的板条作为填充金属使用。母材为纯铝、LF21、LF6、LY16 和 Al-Zn-Mg 合金时，可以采用同质焊丝。

② 异质焊丝

主要是为适应抗裂性的要求而研制的焊丝，其成分与母材有较大差异。例如：用高 Mg 焊丝焊接低 Mg 的 Al-Mg 合金；用 Al-5%Mg 或 Al-Mg-Zn 焊丝焊接 Al-Zn-Mg 合金；用 Al-5%Si 焊丝焊接 Al-Cu-Mg 合金等。

表 8.9 列举《铝及铝合金焊丝》（GB/T 10858—2008）中铝及铝合金焊丝的分类及用途。

表 8.9　铝及铝合金焊丝的分类及用途（GB/T 10858—2008）

类别	标准型号	化学成分代号	主要用途
纯铝焊丝	SAl 1070	Al 99.7	适用于 99.0%以上工业纯铝和铝锰合金的焊接。焊缝金属具有优良的焊接性、耐蚀性和塑性。接头的强度为 74~110 MPa。SAl-1200、SA1450 焊丝可用于焊接纯度更高的纯铝
	SAl 1080A	Al 99.8（A）	
	SAl 1188	Al 99.88	
	SAl 1100	Al 99.0Cu	
	SAl 1200	Al 99.0	
	SAl 1450	Al 99.5Ti	
铝铜焊丝	SAl 2319	AlCu6MnZrTi	适用于 2219 等 2000 系列铝合金的焊接。接头强度在焊态为 270~300 MPa
铝锰焊丝	SAl 3103	AlMn1	适用于 3003 等 3000 系列铝合金的焊接
铝硅焊丝	SAl 4047	AlSi5	适用于 6061 等 6000 系列铝合金、2000 系列热处理合金以及铸铝的焊接
	SAl 4047	AlSi12	适用于铸铝、2000 系列以及 Al-Mg-Si 系列铝合金的焊接
铝镁焊丝	SAl 5554	AlMg2.7Mn	适用于低含镁量 Al-Mg 合金的焊接。接头的抗拉强度大于 216 MPa
	SAlMg 5654/5654A	AlMg3.5Ti	适用于中等强度 Al-Mg 合金的焊接。焊接接头的抗裂性和耐蚀性良好
	SAl 5183/5183A	AlMg4.5Mn0.7(A)	适用于 Al-Mg 系和 Al-Zn-Mg 系合金的焊接
	SAl 5556/5556C	AlMg5Mn1Ti	适用于 Al-Mg 系、Al-Mg-Mn 系、Al-Mg-Si 系和 Al-Zn-Mg 系合金的焊接

2. 钛及钛合金的焊接性

钛及钛合金作为结构材料的特点有：密度小（约 4.5 g/cm³），抗拉强度高（441~1 470 MPa），比强度（强度/密度）大。在 300~500 ℃ 高温下钛合金仍具有足够高的强度，而铝合金及镁合金只能在 150~250 ℃ 范围内作为结构材料。钛及钛合金在海水及大多数酸、碱、盐介质中均具有较优良的抗腐蚀性能。此外还有良好的低温冲击性能。由于钛及钛合金具有这些优良的特性，在航空、航天、化学、造船等工业方面日益获得广泛应用。

1）钛及其合金的可焊性分析

钛及其合金可焊性有若干显著特点，在焊接过程中往往会产生下面几方面的问题。

（1）焊接接头的污染脆化。在常温下，钛及钛合金是比较稳定的。但随着温度的升高，钛及钛合金吸收氧、氮、氢的能力也随之明显上升。钛材在 400 ℃ 以上的高温（固态）下极易被空气、水分、油脂、氧化皮污染。试验表明，钛从 250 ℃ 开始吸收氢，从 400 ℃ 开始吸收氧，从 600 ℃ 开始吸收氮。由于表面吸收入氧、氮、氢、碳等杂质，从而降低焊接接头的塑性和韧性。

研究表明，工业纯钛焊接时，焊缝含氧量变化（纯氮中含氧量变化）对焊缝力学性能及硬度的影响很大，如图 8.14 及图 8.15 所示，焊缝强度及硬度是随焊缝含氧量增加或纯氯中杂质增加而增加的,而焊缝塑性则显著下降(图 8.16)。也就是说焊缝因氧的污染而变脆。这是由于氧溶解在钛及钛合金中,使钛的晶格严重扭曲,增加了钛及钛合金的硬度和强度,降低了其塑性。例如 1.5 mm 厚的 TA2 纯钛的含氧量从 0.15%增至 0.38%时,抗拉强度从 580 MPa 增至 750 MPa,冷弯角由 180°降至 100°;在 600 ℃高温下,氧与钛发生强烈的作用;温度高于 800 ℃时,氧化膜开始向钛溶解、扩散。为了保证焊接接头的性能,除在焊接过程中严防焊缝及热影响区发生氧化外,还应限制母材金属及焊丝中的含氧量,一般认为焊缝最高允许含氧量为 0.15%。

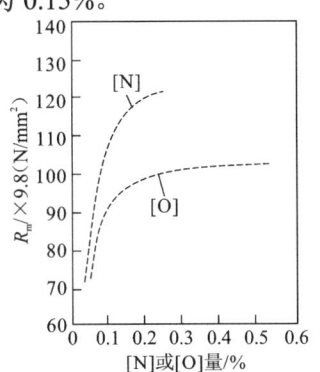

图 8.14 焊缝含氧、氮量变化对工业纯钛焊缝抗拉强度的影响

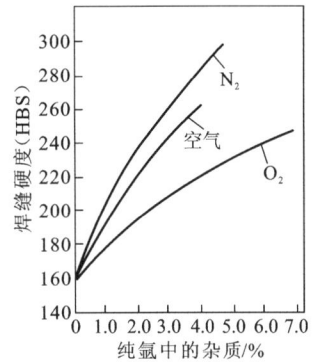

图 8.15 纯氩中含氧、氮、空气量变化对工业纯钛焊缝硬度的影响

氮在高温液态金属的溶解度随电弧气氛中氮的分压增高而增大。与氧相比,氮对提高工业纯钛焊缝的抗拉强度、硬度、减低焊缝的塑性性能更为显著,也就是氮的污染脆化作用比氧更为强烈。氮溶入钛中能形成间隙固溶体,在 600 ℃以上的高温下,氮与钛的作用迅速增强,如含氮量较高,便形成易溶于钛的脆性氮化钛,使焊接接头塑性显著下降,故必须对工业纯钛及钛合金焊接时焊缝含氮量进行更严格的控制。一般认为,工业纯钛焊接时,焊缝最高允许含氮量为 0.05%。

焊缝含氢量变化对焊缝及焊接接头力学性能的影响,如图 8.17 所示。由图中可以看出,焊缝含氢量变化对焊缝冲击性能的影响最为显著。其原因主要是随焊缝含氢量增加,焊缝中析出片状或针状 TiH_2,TiH_2 的强度极低,TiH_2 的作用类似缺口,对冲击性能最敏感,使焊缝冲击韧度显著降低。在图中还可以看到,氢量变化对抗拉强度的提高及塑性的降低作用不是很显著。这是因为氢含量变化对晶格参数变化的影响很小,固溶强化作用很小,所以强度及塑性变化不是很显著。

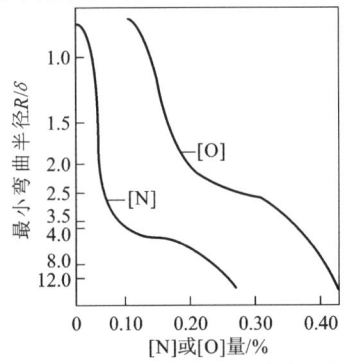

图 8.16 焊缝含氧、氮量变化对冷弯塑性的影响

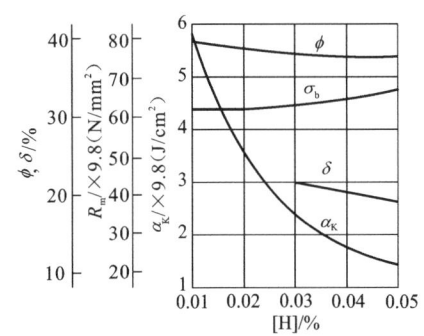

图 8.17 焊缝氢量变化对焊缝及焊接接头力学性能的影响

总之，气体等杂质污染而引起的焊接接头脆化是焊接钛材的一个技术关键，因此，对钛及钛合金的焊接工艺提出了特殊的要求。也就是说，采用通常的气焊或焊条电弧焊工艺均不能满足焊接钛材的质量要求，因为这些工艺方法都难以防止气体等杂质污染引起的脆化。采用氩弧焊工艺，也要求氧气纯度很高以及对焊缝及热影响区 400℃ 以上高温区进行保护和反面保护。只有采取这些技术措施才可以保证钛及钛合金的焊接质量。

(2) 焊接接头裂纹。在钛及钛合金焊缝中含氧、氮量比较多时，会使焊缝及热影响区性能变脆，如果焊接应力比较大，就会出现低塑性脆化裂纹。这种裂纹是在较低温度下形成的。在焊接钛合金时，有时也会出现延迟裂纹，其原因是氢由高温熔池向较低温度的热影响区扩散，随着含氢量的提高，热影响区析出 TiH_2 量增加，使热影响区的脆性增大，同时，析出氢化物时由于体积膨胀而引起较大的组织应力，再加以氢原子的扩散与聚集，以致最后形成裂纹。延迟裂纹的防止方法，主要是减少焊接接头上氢的来源，必要时进行真空退火处理，以减少焊接接头的含氢量。

钛及钛合金对热裂纹是不敏感的，这主要是由于钛及钛合金含 C、S 杂质少，低熔点共晶在晶界很少生成；另一个原因是钛及钛合金凝固时收缩量小。所以，焊接钛材时可采取与母材相同成分的焊丝进行氩弧焊，而不致产生热裂纹。

(3) 焊缝的气孔。钛及钛合金焊缝中有形成气孔的倾向，气孔主要由氢产生。焊缝金属冷却过程中，氢的溶解度发生变化，若焊接区周围气氛中氢的分压较高，则焊缝中的氢不易扩散逸出，而析集在一起形成气孔。

当钛焊缝中的碳大于 0.1% 及氧大于 0.133% 时，由氧与碳反应生成的一氧化碳气体也会导致气孔产生。

为防止气孔，必须严格控制母材金属、焊丝、氩气中氢、氧、碳等杂质的含量，正确选择焊接规范，缩短熔池处于液态的时间，焊前将坡口、焊丝表面的氧化皮、油污等有机物清除干净。

2) 钛及钛合金焊接工艺

钛及钛合金性质非常活泼，与氮、氢、氧的亲和力大，故普通焊条电弧焊、气焊及 CO_2 保护焊均不适用于钛及钛合金的焊接，焊接钛及钛合金的方法，主要采用钨极氩弧焊、等离子弧焊及真空电子束焊。

(1) 氩弧焊。为了保证焊接质量，必须掌握下列要点。

①母材及焊丝中的杂质含量必须在技术条件允许范围内。

②采用高纯度的氩气进行焊接，一般随氩气纯度下降焊接接头的氧化程度逐步加重，焊接接头塑性下降。

③焊前对工件及焊丝必须认真处理。

④根据不同母材及性能要求，正确选用焊丝、焊接规范及必要的焊后热处理。

⑤加强保护措施，对处于 400℃ 以上的熔池后部焊缝及热影响区，均应用拖罩进行氩气保护，焊缝背面也应采取相应的保护措施。保护效果的好坏，可用焊接接头的颜色来鉴别。银白色表示保护效果最好，因银白色为钛或钛合金本色，表明无氧化现象。氧化情况的轻重程度直接反映了保护效果的好坏。有些结构复杂的零件可在充氩箱内焊接。

大量的试验研究结果说明，在严格防止气体杂质对焊缝及其附近区域发生污染的情况下，不采用填充焊丝或采用与母材相同或相近的焊丝。采用氩弧焊焊接工业纯钛及合金牌号为 TC1 时，焊缝及焊接接头抗拉强度与母材相同或相近。至于焊缝及焊接接头的塑性，多数研究结果指出较母材稍有降低，但仍接近母材技术条件要求。

要使工业纯钛、牌号 TC1 钛合金焊接热影响区获得良好的塑性，需选用合适的焊接热输入量。随着焊接热输入量增大，热影响区的高温停留时间长，过热区面积增大，且晶粒因过热而变粗大的现象更为严重，故用过大的焊接热输入量来进行工业纯钛及牌号 TC1 的焊接是不合适的，塑性明显下降。

（2）等离子弧焊。等离子弧焊具有能量集中、穿透力强、单面焊双面成形、坡口制备简单、质量稳定及生产效率高等一系列优点，且所用气体为氩气，故很适合于钛及钛合金的焊接。

利用等离子弧焊接钛及钛合金时，其焊前工作清理及保护方法（拖罩及背面保护）基本与前述氩弧焊工艺相同。

（3）真空电子束焊。利用真空电子束焊接钛及钛合金有很多优点，其主要优点如下。

① 焊接质量好。由于在真空室中（$1.3×10^{-3}$ p$_a$）焊接，气氛非常纯净，焊缝所含氧、氮、氢量远较氩气保护焊低，再加上其热影响区很窄及晶粒长大减小到最低程度，故整个焊接接头性能优良。此外，电子束的焊缝具有最大的深宽比，焊接变形小。

② 焊接厚板时效率很高。电子束可以焊接各种厚度的零件。但在焊接厚零件时，其对焊接效率的提高特别显著。例如，45 mm 厚的钛材，若用手工钨极氩弧焊时需开坡口，要焊 50 条以上焊道才能焊成；而用电子束焊接时，不需开坡口，只用直边坡口即可一次焊成，生产效率能提高几十倍。

真空电子束焊接的主要缺点是设备初次费用大，另外因为采用真空室的原因，所以零件尺寸受到限制。

3. 铜及铜合金的焊接性

铜及其合金具有良好的导电性、导热性、延展性、耐蚀性和优良的力学性能，因此在工业中应用仅次于钢铁和铝，特别是在电气、化工、食品、动力及交通等工业部门得到广泛的应用。

1）铜及其合金的焊接性分析

在铜及铜合金焊接中，最常用到的是紫铜和黄铜的焊接，青铜焊接多为铸件缺陷的补焊，而白铜焊接在机械制造工业中应用较少。铜及铜合金焊接主要容易出现以下问题。

（1）难熔合及易变形。焊接纯铜及某些铜合金时，如果采用的焊接规范与焊接同厚度低碳钢差不多，那么母材就很难熔化，填充金属与母材不能很好地熔合，产生焊不透的现象。另外，铜及铜合金焊后变形也比较严重。这些是由铜的物理性能决定的。如铜的热导率大，在 20 ℃时铜的热导率比铁大 7 倍多，在 1 000 ℃时大 11 倍多。焊接时热量迅速从加热区传导出去，使母材与填充金属难以熔合。因此焊接时要使用大功率的热源，通常在焊前或焊接过程中还要采取预热措施。此外铜的线膨胀系数和收缩率也比较大。其线膨胀系数比铁大 15%，而收缩率比铁大一倍以上。再加上铜及多数铜合金导热能力强，使焊接热影响区加宽，焊接时如加工件刚度不大，又无防止变形的措施，必然会产生较大的变形。当工件刚度很大时，由于变形受阻会产生很大的焊接应力。

（2）热裂纹。焊接铜时出现的裂纹多发生在焊缝中。裂纹呈现晶间破坏特征，从断口上可以观察到明显的氧化色彩。氧是铜中经常存在的杂质，铜在熔化状态时容易氧化生成氧化亚铜

Cu₂O。Cu₂O 与 Cu 可生成低熔点共晶。因此在焊缝中容易产生热裂纹。所以，对于铜材的含氧量应严格控制。例如，焊接结构用紫铜时，要求含氧量应小于 0.03%，纯铜牌号 T1 符合此项要求。对于重要的焊接产品则要求含氧量应小于 0.01%，磷脱氧铜即能满足要求。为解决铜在高温氧化问题，应对熔化金属进行脱氧。常用的脱氧剂有 Mn、Si、P、Al、Ti、Zr 等。

Pb、Bi、S 是铜及铜合金中经常存在的杂质。Pb 能微溶于 Cu。当含 Pb 量较多时，易生成 Cu+Pb 低熔点共晶。Bi 虽不溶于 Cu，但可形成 Cu+Bi 低熔点共晶，并析出于晶间。当 Pb、Bi 含量较高时，还会造成热影响区的液化裂纹。因此，应严格控制含 Pb 量不得大于 0.03%，含 Bi 量不得大于 0.005%。S 能较好地溶解在熔化状态中的铜中，但当凝固结晶时，其在固态铜中的溶解度几乎为零。硫与铜形成 Cu₂S 的低熔共晶，可使焊缝形成热裂纹，故必须严格限制焊缝中 S 的含量。纯铜焊接时，其焊缝为单相 α 组织，且由于纯铜导热性强，焊缝易生长成粗大晶粒。这些因素均加剧了热裂纹的生成。纯铜及黄铜的收缩率及线膨胀系数较大，焊接应力较大，也是促使热裂纹容易形成的一个重要原因。黄铜焊接时，为使焊缝的力学性能与母材相同或接近，焊缝亦常为 (α+β′) 双相组织，焊缝晶粒变细，焊缝抗热裂纹性能有所改善。

（3）气孔。铜及铜合金焊缝中经常出现气孔缺陷。紫铜焊缝金属中的气孔主要是由氢气引起的，通常称它为扩散气孔。氢在铜中的溶解度，如图 8.18 所示。产生气孔的原因是氢在铜中的溶解度随温度的下降而降低。铜由液态转变为固态时（1083 ℃），氢的溶解度发生剧变，而后随温度降低，氢在固体铜中的溶解度继续下降。大量实验证明，纯铜焊缝对 H₂ 气孔的敏感性较低碳钢焊缝高得多。这是由于铜的导热性能好，铜的热导率（20 ℃）比低碳钢高达 7 倍以上，所以铜焊缝结晶凝固过程进行很快，氢来不及析出而使熔池被氢所饱和而形成气泡。由于凝固过程进行很快，气泡上浮比较困难，氢继续向气泡扩散而使焊缝形成气孔。氢在铜中的过饱和程度远比铁严重，所以铜对 H₂ 气孔非常敏感。

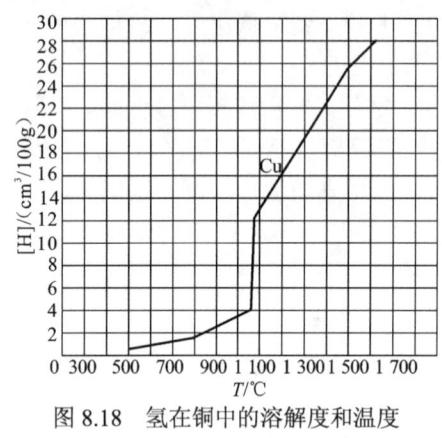

图 8.18 氢在铜中的溶解度和温度的关系（P_{H_2} = 101 KPa）

为了消除上述扩散气孔，应控制焊接时氢的来源，并降低熔池冷却速度（如预热等）使气体易于析出。

另一种气孔是由于冶金反应生成的气体引起的，称为反应气孔。在高温时铜与氧有较大的亲和力而生成 Cu₂O，在 1 200 ℃ 以上能溶于液态铜中，在 1 200 ℃ 时就从液态铜中开始析出，随着温度的下降析出量也随之增大，它与溶解在液态铜中的氢发生以下反应：

$$Cu_2O + 2H = 2Cu + H_2O\uparrow$$

反应产物水蒸气不溶于铜。由于铜导热性能强，熔池凝固快，水蒸气来不及逸出而形成气孔。但是，当铜中含氧量很少时，发生上述反应气孔的可能性很小。所以，减少氢、氧来源，对熔池进行脱氧，使熔池缓慢冷却，这些都可以防止产生气孔。

（4）焊接接头力学性能及导电性能的变化。纯铜焊接时焊缝与焊接接头的抗拉强度，常可与母材相同或接近，但塑性比母材有一些降低。例如：用纯铜电焊条焊接纯铜时，焊缝金属的抗拉强度虽与母材相近，但伸长率只有 10%～25%，与母材相差很多；用埋弧焊焊接纯铜时，焊接接头的抗拉强度虽与母材接近，但伸长率一般约为 20%，也与母材相差较大。发生这种情况的原因：一方面是焊缝及热影响区出现粗大晶粒；另一方面是为了防止焊缝出现裂纹及气孔，常需加入一定量的脱氧元素（如 Mn、Si 等），这样虽可提高焊缝的强度性能，但同时也在一定程度上降低焊缝的塑性性能，并使焊接接头的导电性能有所下降。在埋弧焊和惰性气体保护焊时，熔池保护良好，如果焊接材料选用得当，焊缝金属纯度较高，其导电能力可能达到母材的 90%～95%。

2）纯铜及黄铜的焊接工艺要点

（1）焊接方法的选择。焊接纯铜及黄铜常用的方法有气焊、氩弧焊、焊条电弧焊、埋弧焊、惰性气体保护焊及等离子弧焊等。气焊及钨极氩弧焊主要应用于薄件的焊接（工件厚度 1～4 mm）。从焊接质量（变形、接头塑性）来说，钨极氩弧焊的质量比气焊强，但费用较贵。焊接板厚 5 mm 以上较长焊缝，宜采用埋弧焊及熔化极氩弧焊。因埋弧焊时可采用很高的热输入，故埋弧焊焊接较厚的纯铜件可不预热而仍能保证焊接质量，这是埋弧焊的一大优点。而熔化极氩弧焊焊接纯铜时，其焊接电流受到一定限制。电流超过一定值后焊缝成形不良，飞溅多，故纯铜件厚度在 8 mm 以上就需要预热。工件越厚，预热温度越高，而且氩气较贵。故焊接纯铜较厚工件时，采用埋弧焊较多。但熔化极氩弧焊焊缝晶粒较细，焊缝含 O_2 量低，焊缝塑性性能比埋弧焊高。焊条电弧焊焊接纯铜时，因铜的导热性能强，即使采取一定的预热温度焊接质量也不易稳定，易出现夹渣、气孔等缺陷，故在焊接重要的纯铜及其合金结构中很少应用。

（2）焊接材料的选择。因铜易于氧化而生成 Cu_2O，使焊缝易出现热裂纹及气孔，故必须在焊接材料中加入一定量的脱氧剂。常用的铜及铜合金焊条及焊丝的性能和用途可参考国家标准 GB/T 3670—2021、GB/T 9460—2008，如表 8-10、表 8.11 所示。

表 8.10 铜及铜合金焊条的性能和用途（GB/T 3670—2021）

类别	型号	熔敷金属力学性能	主要用途
ECu 类铜焊条	Cu1892、Cu1893、ECu189A	$\sigma_b \geq 170$ MPa；$\delta \geq 20\%$	通常用脱氧铜焊芯（基本上为纯铜加少量脱氧剂），可用于脱氧铜、无氧铜及韧性（电解）铜的焊接。该焊条也用于这些材料的修补和堆焊以及碳钢和铸铁的堆焊
ECuSi 类硅青铜焊条	ECu6511	$\sigma_b \geq 250$ MPa；$\delta \geq 22\%$	约含 3%硅加少量锰和锡，主要用于焊接硅青铜
	ECu6560	$\sigma_b \geq 270$ MPa；$\delta \geq 20\%$	
ECuSn 类磷青铜焊条	ECu5180A	$\sigma_b \geq 250$ MPa；$\delta \geq 12\%$	用于连接类似成分的锡磷青铜，它们也用于连接黄铜，在某些场合下，用于黄铜与铸铁和碳钢的焊接
	ECu5210	$\sigma_b \geq 270$ MPa；$\delta \geq 12\%$	
ECuAl 类铝青铜焊条	ECu6100	$\sigma_b \geq 410$ MPa；$\delta \geq 20\%$	用于类似成分的铝青铜、高强度铜-锌合金、硅青铜、锰青铜、某些镍合金及黑色金属与合金的异种金属的连接，也可用于耐磨和耐腐蚀表面的堆焊；ECuAl-B 用于修补铝青铜和其他铜合金铸件，也可用于高强度耐磨和耐腐蚀承受面的堆焊
	ECu6240	$\sigma_b \geq 450$ MPa；$\delta \geq 10\%$	
	ECu6327	$\sigma_b \geq 390$ MPa；$\delta \geq 15\%$	
	ECu6240A	$\sigma_b \geq 490$ MPa；$\delta \geq 13\%$	用于铸造和锻造的镍-铝青铜材料的连接或修补，其熔敷金属也可用于海水中需强耐腐蚀、耐浸蚀或气蚀的场合
	ECu6338	$\sigma_b \geq 520$ MPa；$\delta \geq 15\%$	用于铸造或锻造的锰-镍铝青铜材料的连接和修补，其熔敷金属具有优良的耐腐蚀、浸蚀和气蚀性能
ECuNi 类铜-镍焊条	ECu7061	$\sigma_b \geq 270$ MPa；$\delta \geq 20\%$	用于锻造或铸造的 70/30、80/20 和 90/10 铜镍合金的焊接，也用于焊接铜-镍包覆钢的包覆钢侧，焊接时通常不需预热
	ECu7158A	$\sigma_b \geq 350$ MPa；$\delta \geq 20\%$	

表 8.11 铜及铜合金焊丝的分类及用途（GB/T 9460—2008）

类别	型号	化学成分代号	主要用途
脱氧铜焊丝	SCu1898	CuSn1	进行 TIG 时用直流正极性焊接，大多数场合需要预热，厚板最好采用 MIG 工艺，厚度小于 6.4 mm 的母材可不需外来热源来预热
黄铜焊丝	SCu4700	CuZn40Sn	用于黄铜的气焊外，更多用于铜、钢、镍的钎焊，气焊和钎焊都要求使用焊剂，一般使用硼酸型焊剂。其中，SCu4700 主要用于火焰、炉中、感应等方法的铜、钢和镍的钎焊；SCu6800 和 SCu6810A 除用于钎焊外，也用于黄铜的气焊；SCu6810A 由于含硅量较高，气焊时可有效防止锌的蒸发
	SCu6800	CuZn40Ni	
	SCu6810A	CuZn40SnSi	
锌白铜焊丝	SCu7730i	CuZn40Ni10	主要用于钎焊钢、镍及硬质合金，熔覆金属的强度较 HSCuZn 黄铜焊丝高
白铜焊丝	SCu7158	CuNi30Mn1FeTi	抗海水腐蚀性能良好，焊缝金属的热态及冷态塑性均好。用于 MIG 或 TIG 连接铜镍合金或堆焊，一般不需预热
硅青铜焊丝	SCu6560	CuSi3Mn	可用于硅青铜、黄铜自身焊接或与钢相焊
磷青铜焊丝	SCu5210	CuSn8P	焊丝中锡量提高焊缝金属的耐磨性，但有扩大结晶温度区间，增加热脆倾向。常用于磷青铜的惰性气体保护焊及铜的堆焊
铝青铜焊丝	SCu6100A	CuAl8	常用于铝青铜、锰青铜、硅青铜和某些铜镍、钢和异种金属。也可用于堆焊耐磨、耐蚀表面。只用于惰性气体保护焊
镍铝青铜焊丝	SCu6325	CuAl8Fe4Mn2Ni2	用于镍铝青铜铸件和轧材的连接和修复焊接

（3）焊接工艺要点。①认真做好焊前准备工作。因氧及氢是引起焊缝出现裂纹及缩孔的主要根源，故焊前应仔细清理焊丝表面及工件坡口上的氧化物及其他脏物，使其露出金属光泽。焊前就对焊接材料严格按规定温度烘干，以去除水分。②采用大的热输入量。由于铜及其合金导热性能好，为防止焊缝出现缺陷，应注意采用大热输入量焊接。必要时还应对工件进行焊前预热，预热温度应随板厚而增高。气焊时亦应采用大功率的火焰进行焊接，其火焰功率应比焊接同等厚度的低碳钢强 2 倍左右。

8.2.6 复合材料的焊接性

1. 复合钢的焊接性

1）概述

复合钢是通过一定的方式将一种金属包覆在钢材上而得到的、具有优异综合性能的材料。通常以珠光体钢（如碳钢或普通低合金高强度钢等）作基层材料，以满足复合钢板强度、刚度和韧性等力学性能的要求，其厚度一般在 40 mm 以内；覆层材料则根据需要，一般有不锈钢（如奥氏体不锈钢等）、铝及其合金、铜及其合金和钛及其合金等，其厚度一般只占复合钢板厚度的 10%~20%，多为 1~5 mm。覆层主要是满足耐蚀性、导电性或其他特殊性能要求。

复合钢的制造方法有爆炸焊、复合轧制、堆焊或钎焊等。它是一种制造成本低、具有良好综合性能的金属材料，目前已广泛用于建筑、电站、压力容器、石油化工等工业部门中，具有较好的发展前途。

（1）复合钢板焊接的一般原则。为了保证复合钢板不因焊接而失去原有优良的综合性能，通常对基层和覆层分别进行焊接，即把复合钢板接头的焊接分为：基层的焊接、覆层的焊接和基层与覆层交界处过渡区的焊接三个部分。这样，基层和覆层的焊接工艺就和单独地焊接这两类材料的工艺相同。

其焊接性、焊接材料选择和焊接工艺等由基层、覆层材料决定；过渡区的焊接属于异种金属的焊接，其焊接性主要取决于基层和覆层的化学物理性能、接头形式和填充金属等。如果过渡区异种金属之间缺乏相溶性，尚没有成熟的焊接工艺和焊接材料时，可以不焊过渡区，只分别焊基层和覆层，焊覆层时尽量不让基层熔入。

（2）焊接方法和焊接材料。

①焊接方法。鉴于基层有力学性能要求，所以基本上都是采用焊接性能较好的结构钢，如碳钢和普通低合金钢等，其厚度相对较厚。一般采用焊条电弧焊、埋弧焊和 CO_2 气体保护焊。不锈钢的复合钢板其覆层目前应用较多的是奥氏体不锈钢，其次是铁素体不锈钢，所以对这种覆层及过渡区的焊接常用焊条电弧焊和氩弧焊；而对于以铜、铝等为覆层的复合钢板焊接，应选择电弧功率较高的惰性气体保护焊，如 He+Ar 混合气体保护焊、He 弧焊等。

②焊接材料。基层用的焊接材料，务必保证接头具有预期所需要的力学性能，一般按等强度原则来选用。覆层焊接用的焊接材料原则上与覆材相同或相近。焊接过渡区用的焊接材料按异种金属焊接特点来选用，必须考虑基层焊缝对过渡区焊缝的稀释作用。

2）不锈复合钢的焊接

不锈复合钢由不锈钢和低碳钢或低合金钢两种材料复合而成。这两种组元之间的热物理性能、化学性能和组织上存在较大差异，性能也有很大的差别。焊接时不但要保证接头具有满足要求的力学性能，而且还要保证接头仍具有覆层钢板的综合性能，防止焊缝金属的耐腐蚀性、抗裂性和导电性的降低。一般情况下应对基层、覆层分别进行焊接，焊接材料、工艺等应分别按照基层、覆层来选择，并应注意焊接顺序。基层和覆层界面附近的焊接属于异种金属的焊接，大多数情况下需要焊接过渡层。

（1）不锈复合钢的焊接性。不锈复合钢在焊接过程中存在几个问题：①由于 Cr、Ni 元素在焊接过程中部分被烧损，使焊缝中的 Cr、Ni 含量降低，影响覆层的耐蚀性。②由于基层焊缝对覆层焊缝的稀释作用，将降低覆层焊缝中的 Cr、Ni 含量，增加覆层焊缝的含 C 量，易导致覆层焊缝中产生马氏体组织，从而降低焊接接头的塑性和韧性，并影响覆层焊缝的耐腐蚀性。马氏体组织易在焊接或设备的运行中导致裂纹，使接头过早失效。③基层焊接时易于熔化不锈钢覆层，使得合金元素掺入而导致碳钢基层焊缝金属严重硬化和脆化，其过渡层硬化带的厚度可达 2.5 mm，该硬化带对冷裂纹极为敏感，易于产生裂纹。④焊接覆层时，基层中的 C 易于进入覆层中，使覆层的抗腐蚀性能和基层的强度降低。⑤由于不锈钢覆层较基层具有低的热导率（仅为基层的 1/2）和较大的热扩散系数（为基层的 1.3 倍），因而焊接过渡层时会产生较大的焊接变形及应力，导致焊接裂纹的产生。

因此，一般在基层和覆层间加一过渡层。即对于不锈复合钢的焊接分三部分进行：基层的焊接、覆层的焊接及过渡层的焊接。基层的焊接和覆层的焊接属于同种材料的焊接，过渡层的焊接则属于异种材料的焊接。不锈复合钢焊接质量的关键是基层与覆层交界处过渡层的焊接，也是复合板焊接难度较大的区域。

（2）不锈复合钢板的焊接工艺。

①坡口。

a.坡口形式及尺寸。复合钢板常采用的坡口形式及尺寸如表 8.12 所示。厚度较小时，采用I形坡口；厚度较大时，可采用V形、U形、X形或V-U结合形坡口。尽可能采用X形或V-U结合形坡口。采用V形或U形坡口时，为了防止覆层金属向基层焊缝中渗透，脆化基层焊缝，应去除接头附近的覆层金属，如图8.19所示。焊接角接接头时，采用如图8.20所示的坡口，对于角接接头，无论覆层位于内侧还是外侧，均应先焊接基层。覆层位于内侧时，焊接过渡层以前应先从内部清理基层焊根。覆层位于外侧时，也应对最后的基层焊道进行清理，然后再焊接过渡层。

b.坡口加工方法。一般先用气割或等离子切割来下料，然后用砂轮或机加工设备制作坡口。如果覆层为不锈钢时，当覆层厚度超过整个板材厚度的30%时，用气割从基层一侧开始下料，容易获得平滑断面，这主要是由于碳钢较一般不锈钢导热性好。如果覆层为其他非铁系合金，当覆层厚度占整个厚度的30%以上时，可采用等离子切割，易获得光滑的断面。对于精度要求不高的坡口，用砂轮加工即可满足要求。对精度要求较高的坡口，必须进行机械加工。为保证焊缝的焊接质量，必须用砂轮机磨除坡口部位的渗碳层。

采用等离子切割时要求覆层应朝上，用氧乙炔切割时覆层应朝下。要求加工后坡口表面光滑，不得有裂纹和分层。

表8.12 复合钢板常采用的坡口形式及尺寸

坡口	坡口形式	手弧焊坡口尺寸/mm	应用
V形坡口		$\delta=4\sim6$ $P=2$ $C=2$ $\alpha=70°$	平板对接，筒体纵、环焊缝
倒V形坡口		$\delta=8\sim12$ $P=2$ $C=2$ $\beta=60°$	平板对接，筒体纵、环焊缝
X形坡口		$\delta=14\sim25$ $P=2$ $C=2$ $h=8$ $\alpha=15°$ $\beta=60°$	平板对接，筒体纵、环焊缝
U、V形坡口		$\delta=25\sim32$ $P=2$ $C=2$ $h=8$ $R=6$ $\alpha=60°$ $\beta=60°$	平板对接，筒体纵、环焊缝
双V形坡口		$\delta_1=100$ $\delta_2=15$ $C=2$ $\alpha=15°$ $\beta=20°$	平板对接，筒体纵、环焊缝

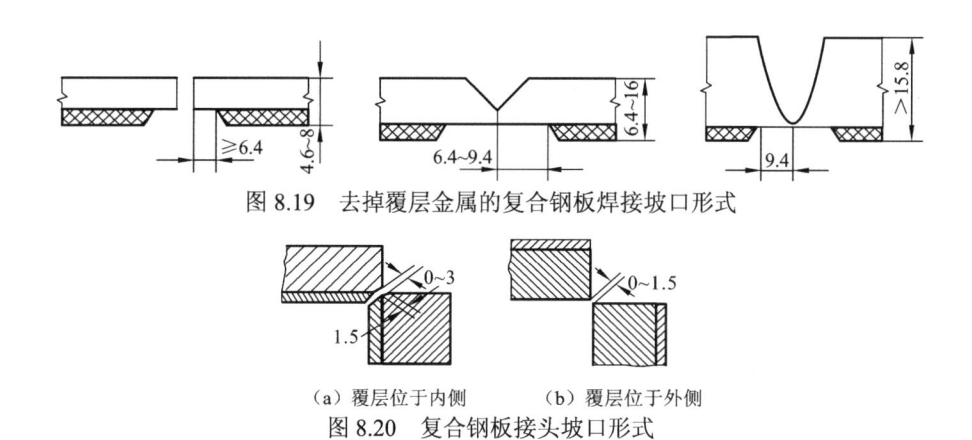

图 8.19 去掉覆层金属的复合钢板焊接坡口形式

（a）覆层位于内侧　　（b）覆层位于外侧
图 8.20 复合钢板接头坡口形式

② 焊接顺序。

先焊基层，再焊过渡层，最后焊覆层，如图 8.21 所示，以保证焊接接头具有较好的耐腐蚀性。同时考虑过渡层的焊接特点，尽量减少覆层一侧的焊接工作量。

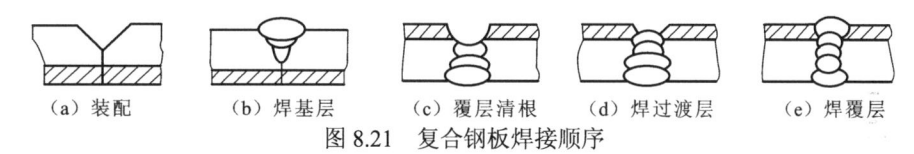

（a）装配　　（b）焊基层　　（c）覆层清根　　（d）焊过渡层　　（e）焊覆层
图 8.21 复合钢板焊接顺序

角接接头无论覆层位于内侧或外侧，均先焊接基层。覆层位于内侧时，在焊覆层以前应从内角对基层焊根进行清根。覆层位于外侧时，应对基层最后焊道进行修光。焊覆层时，可先焊过渡层，亦可直接焊覆层，依复合钢板厚度而定。

为了防止第一道基层焊缝中溶入奥氏体钢，可预先将接头附近的覆层金属加工掉一部分。过渡区高温下有碳扩散过程发生，结果在交界区形成了高硬度的增碳带和低硬度的脱碳带，使过渡区形成了复杂的金属组织状态，造成复合板的焊接困难。

焊接过渡层时，为了减少基层对过渡层焊缝的稀释作用，可采用小电流，降低熔合比，选用铬、镍当量高的奥氏体焊接材料。当复合板厚度小于 25 mm 时，基层也可全用奥 302 等焊条，但焊接残余应力大，消耗不锈钢焊条多。当复合板厚度大于 25 mm 时，可先用纯铁焊条焊一层过渡层，然后用焊钢焊条焊接基层。

③ 焊接工艺要点。

a. 基层的焊接。基层的材料一般采用低碳钢或低合金钢，其焊接性能较好，焊接工艺已经成熟。可根据焊接接头与母材等强原则选择焊接材料。需要注意的是，当覆层奥氏体不锈钢对腐蚀较敏感时，焊接基层钢板时预热及层间温度应保持在适宜的低温下，以防止覆层过热。

基层焊接完毕后，应先进行外观检查。焊缝表面不得存在裂纹、气孔和夹渣等缺陷，然后进行 X 射线探伤检查。无损探伤合格后，应将基层焊缝表面打磨平整，使其表面略低于基层金属表面。

b. 过渡层焊接。焊接过渡层时，要在保证熔合良好的前提下，尽量减少基材金属的熔入量，以减少焊缝的稀释率。过渡层焊接完毕后，应采用超声波或渗透着色的方法进行无损检验。

焊接时应注意：选择铬镍含量高的双相铬镍不锈钢焊条，这样即使过渡层受到基层稀释，也可避免在熔敷金属中产生马氏体组织；为减少过渡层对基层的稀释，应尽量采用较小的焊接电流、较大的焊接速度，以减少焊缝的稀释率；采用焊缝稀释率较小的焊接方法；由于双相组织具有优良的抗腐蚀性能和抗裂纹性能，可根据基层成分、焊缝稀释率，由舍夫勒组织图确定过渡层焊接材料；严格控制层间温度。

另外，为了保证复合板的各项性能，对于过渡层覆盖范围以及过渡层的厚度均有一定要求：过渡层焊缝金属的表面应高出界面 0.5~1.5 mm，基层焊缝的表面距离复合层的距离要控制在 1.5~2.0 mm；过渡层的厚度应控制在 2~3 mm 内；过渡层焊缝金属必须完全盖满基层金属，如图 8.22（a）所示。采用图 8.19 所示的坡口很难进行控制，这是因为：在实际生产过程中，焊工在施焊过程中往往分辨不清基层与覆层的界面，容易将碳钢焊条焊到覆层不锈钢上，使接头产生马氏体组织，出现裂纹等缺陷；依靠手工操作难以保证技术条件上要求的焊道既要保证基层焊缝距覆层 1.5~2.0 mm，又保证 a=0.5~1.5 mm，b=1.5~2.5 mm 技术要求；由于基层与覆层材料的热膨胀系数不同，在焊接热循环作用下，基层和覆层间存在较大的内应力，易造成基层与覆层在坡口边缘张口，焊接时容易出现夹渣。

建议采用图 8.22（b）所示的改进的坡口。该坡口具有以下的优点：新型坡口利于基层侧清根，不受清根方法的限制，符合焊接操作方便的原则；新型坡口将基层金属结合界面向下开出 1.5~2.0 mm 深、3.0~5.0 mm 宽的槽，形成一个台阶，可将基层焊缝金属焊至与台阶平齐，有利于保证基层焊缝高度；由于坡口中台阶的存在，便于进行过渡层的焊接，有利于保证过渡层的焊缝金属高度；焊接过渡层时，不易损伤覆层，有利于保证覆层的焊接质量；新型坡口便于焊接电流控制，有利于控制熔合比以防止基层对焊缝金属的稀释；覆层边缘远离焊缝中心，在焊接热循环过程中，最高峰值温度大大降低，避免了因基层焊接时反复受热膨胀引起覆层张口，避免出现夹渣；过渡层能完全覆盖基层，并且能达到技术要求中的 a 值、b 值，保证过渡层的焊接质量。

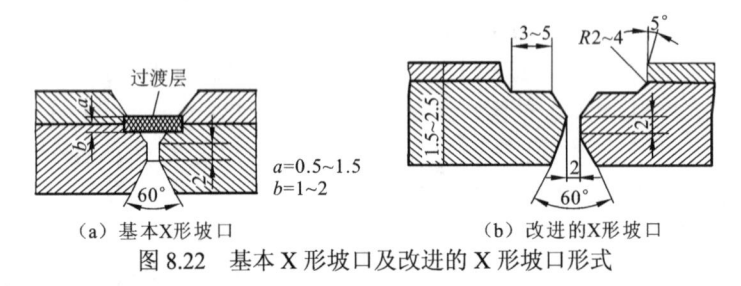

图 8.22 基本 X 形坡口及改进的 X 形坡口形式

c. 覆层的焊接。奥氏体不锈钢焊接的主要问题是焊接接头易于出现焊缝晶间腐蚀、热影响过热区的"刀蚀"、焊接接头的应力腐蚀、热裂纹等。

焊缝晶间腐蚀、热影响区的晶间腐蚀、热影响过热区的"刀蚀"的主要原因是在晶界上析出铬的碳化物，形成贫铬的晶粒边界。

影响应力腐蚀的因素有焊接区的残余拉应力、焊缝铸造组织以及接头的碳化物析出。

热裂纹形成的主要原因是热导率小、线膨胀系数小、焊缝柱状晶间存在低熔点夹层薄膜等。

主要采用以下几种措施解决上述问题。

I. 选择焊接材料，尽量使焊缝组织为双相组织，其中 δ 相含量应控制在 4%~12%。

Ⅱ. 采用小电流、较大的焊接速度、小热输入量施焊。

Ⅲ. 采用反极性、多层多道焊。

Ⅳ. 严格控制层间温度、层间温度应小于 60 ℃。

Ⅴ. 覆层焊缝应在最后焊接，以避免其抗晶间腐蚀的性能受重复加热的影响。

Ⅵ. 允许在前后焊道施工间隙时冷却接头。

Ⅶ. 选用含 Ti、Nb、Mo 的焊接材料。

对于铁素体不锈复合钢，覆层及过渡层可采用 18-8 系列的焊材或高铬性焊接材料，选用 Cr13 型不锈钢焊条，如 Cr202、Cr302（即 E410NiMo）时，焊缝往往得到的是铁素体和马氏体双相组织，必须通过热处理使焊缝成为纯铁素体。也可通过调整焊缝金属的化学成分来使焊缝得到纯铁素体组织。试验证明，在 Cr13 型不锈钢焊缝中加入 0.5%～1.0%的铝或铌，可使焊缝获得纯铁素体组织。选用 18-8 系列的焊接材料时，焊缝组织为铁素体加奥氏体。

d. 焊接方法。基层一般用焊条电弧焊或埋弧焊进行焊接，而基层通常用 TIG、焊条电弧焊或半自动熔化极气体保护焊进行焊接，过渡层一般采用手动电弧焊或 TIG 进行焊接。

e. 焊接材料的选择可参照表 8.13 所示。

表 8.13　不锈复合钢板焊接材料的选择

复合钢的组合	基层	过渡层	覆层
Q235/0Cr13	E4303	E309-16（E1-23-13-16）	E308-16（E0-19-10-16）
	E4315	E309-15（E1-23-13-15）	E308-15（E0-19-10-15）
Q345/0Cr13	E5003、E5015	E309-16（E1-23-13-16）	E347-16（E0-19-10Nb-16）
Q390/0Cr13	E5515-G	E309-15（E1-23-13-15）	E347-15（E0-19-10Nb-15）
12CrMo/0Cr13	E5515-B1	E309-16（E1-23-13-16）	E347-16（E0-19-10Nb-16）
		E309-15（E1-23-13-15）	E347-15（E0-19-10Nb-15）
Q235/1Cr18Ni9Ti	E4303	E309-16（E1-23-13-16）	E347-16（E0-19-10Nb-16）
	E4315	E309-15（E1-23-13-15）	E347-15（E0-19-10Nb-15）
Q345/1Cr18Ni9Ti	E5003、E5015	E309-16（E1-23-13-16）	E347-16（E0-19-10Nb-16）
Q390/1Cr18Ni9Ti	E5515-G	E309-15（E1-23-13-15）	E347-15（E0-19-10Nb-15）
Q235/Cr18Ni12Mo2Ti	E4303	E309Mo-16	E318-16
	E4315	（E1-23-13Mo2-16）	（E0-18-12Mo2～Nb-16）
Q345/Cr18Ni12Mo2Ti	E5003、E5015	E309Mo-16	E318-16
Q390/Cr18Ni12Mo2Ti	E5515-G	（E1-23-13Mo2-16）	（E0-18-12Mo2-Nb-16）

注：括号内为 ISO 3581—2003 型号。

④ 焊后热处理。不锈复合钢热处理时，在复合交界面上会产生碳元素从基层向覆层的扩散，并随温度升高，保温时间增加而加剧。结果在基层一侧形成脱碳层，在不锈钢一侧形成增碳层，使其变硬，韧性下降。基层与覆层的线膨胀系数相差很大，在加热、冷却过程中，厚度方向上产生很大残余应力，在不锈钢表面形成拉伸应力，导致应力腐蚀开裂。

所以在不锈复合钢的焊接接头中，既不进行覆层的固溶处理，一般也不进行消除应力热处理。但是，在极厚的复合钢的焊接中，往往要求中间退火和消除应力热处理。消除焊接残余应力的热处理最好在基层焊完后进行，热处理后再焊过渡层和覆层。如需整体热处理时，选择热处理温度时应考虑对覆层耐蚀性的影响、过渡区组织不均匀性及异种钢物理性能的差异。热处理温度一般为450～650℃（多数情况下选择下限温度而延长保温时间）。

退火后的冷却过程中会产生热应力，所以退火并不能达到消除不锈钢残余应力的预期效果。但在相当高的温度下退火时，由于焊缝金属在常温下的屈服应力降低，使不锈钢部分的残余应力有些降低。另外，退火可以消除基层部分的残余应力。

也可采用喷丸处理复合钢的不锈钢部分，使材料表面形成残余压应力，从而防止应力腐蚀裂纹的发生。

2. 铝基复合材料的焊接性

1）铝基复合材料的焊接性

由于铝基复合材料在熔焊条件下所发生的冶金反应，以及焊接熔池恶劣的动力学特性，使得焊接接头缺陷较多，强度较低，可焊性差，主要表现在以下方面。

（1）界面反应。大部分铝基复合材料的基体与增强物之间在高温下会发生交互作用（即界面反应），在界面上生成脆性化合物，降低复合材料的性能。

①SiC颗粒或晶须增强的Al基复合材料。

固体Al中的SiC不与Al发生反应，但在液态铝中，SiC颗粒与Al会发生如下反应：

$$4Al_{(液)} + 3SiC_{(固)} \longrightarrow Al_4C_{3(固)} + 3Si_{(Al液)}$$

该反应的自由能为

$$\Delta G = 11390 - 12.06T\ln T + 8.92\times 10^{-3}T^2 + 7.53\times 10^{-4}T^{-1} + 2.15T + 3RT\ln\alpha_{[Si]} \quad (8.9)$$

式中：$\alpha_{[Si]}$——Si在液态Al中的活度。

式（8.9）是不可逆反应，这种反应在730℃以上，Al合金中的Si含量较低时就能发生，在此反应中不仅增强相部分被烧损，而且生成脆性相Al_4C_3，使接头显著脆化。此外，Al_4C_3还会与水反应生成乙炔，在潮湿的环境中接头易发生低应力腐蚀开裂。因此防止界面反应是这类复合材料焊接的首要问题。

防止或减轻界面反应的方法有如下几种。

a. 采用含Si量较高的铝合金做基体或采用含Si量高的焊丝作填充金属，以提高熔池中的含Si量。由反应自由能公式（8.9），Si的活度增大时，反应的驱动力（$-\Delta G$）减小，界面反应减弱甚至被抑制。

b. 采用低热输入的焊接方法，严格控制热输入，减低熔池的温度并缩短液态铝与SiC的接触时间。

c. 增大坡口尺寸，减少从母材进入熔池中的SiC量。

d. 可采用一些活性金属来控制界面反应，例如在熔池中加入Ti，Ti可以取代Al与SiC反应，不仅避免脆性相的形成，而且生成的TiC还能起强化相的作用。但加入的Ti不能过多，否则，熔池中过量的Ti将与Al形成金属间化合物溶入铝基体中，其反应式为

$$5Ti + 2Al_{(液)} + SiC_{(固)} \longrightarrow TiC_{(固)} + Si + (Ti_3Al + TiAl)$$

②Al_2O_3颗粒或短纤维增强的Al基复合材料。

在任何温度下Al_2O_3均不会与Al发生反应，但若基体中有Mg元素存在，则发生如下反应，即

$$3Mg + 4Al_2O_{3(固)} \longrightarrow 3MgAl_2O_{4(固)} + 2Al$$

$MgAl_2O_4$ 并不影响复合材料的性能,但上面的反应消耗基体中的镁。

(2) 熔池的黏度大、流动性差。复合材料熔池中存在未熔化的增强相,这增加熔池的黏度,降低熔池金属中的流动性,不但影响熔池中的传热和传质过程,还增加了气孔、裂纹、未熔合和未焊透等缺陷的敏感性。通过采用高 Si 焊丝或加大坡口尺寸,可改善熔池的流动性。

(3) 气孔、结晶裂纹的敏感性大。由于熔池金属黏度大,气体难以逸出。而且铝基复合材料,特别是粉末冶金法制造的铝基复合材料的含氢量较高,一般基体金属高几倍。所以,焊缝及热影响区的气孔敏感性很高,为了避免气孔,一般需要在焊前对材料进行真空除气处理。

由于基体金属的结晶前沿对增强相的推移作用,结晶最后阶段的液态金属的增强相含量较大,流动性很差,所以易于产生裂纹。此外,焊缝与母材的线扩散系数不同,焊缝的残余应力较大,从而进一步加重了结晶裂纹的敏感性。

(4) 增强相发生偏聚,形成非增强区。在熔池结晶过程中,增强相易产生宏观和微观偏析,形成非增强区,从而使焊缝不均质。

(5) 接头区的不连续性。接头部位的增强相是不连续的,接头的强度及刚度比母材低得多。

2) SiC_p/Al 基复合材料的熔化焊焊接工艺

(1) 焊接工艺特点。不加填充金属进行 TIG 时,熔池表面颜色灰暗无光泽,这是 SiC 颗粒上浮并聚集到熔池表面引起的;熔池金属基本上不流动,只是在重力及电弧力的作用下凹陷,焊缝成形极差。而填充 Al-Si 或 Al-Mg 焊丝时,熔池的流动性大大改善,熔化的母材金属与焊丝金属充分混合,熔池表面呈现出较明亮的金属光泽,悬浮在表面的 SiC 颗粒大大减少,焊缝成形较好。为了保证焊缝根部的良好熔合,焊接时应将焊丝插入到熔池中,熔池金属应稍稍过满一些。

MIG 时,由于熔池中 SiC 颗粒的存在,电弧容易发生漂移,所以尽量压低电弧,采用短路过渡规范,尽量使电弧潜入到熔池中。但这种焊接方法容易导致较多的气孔。

焊前不进行去氢处理时,焊缝及热影响区中均易产生大量的 H_2 气孔,严重时气孔甚至呈现层状分布特征。焊前经 30 h、500 ℃真空去氢处理后,焊缝中的气孔基本上被去除。通常情况下,有铸造法制造的 SiC_p/Al 基复合材料中的含氢量一般是其基体金属含氢量的数倍,粉末冶金法制造的 SiC_p/Al 基复合材料中的含氢量更高。而熔池中存在的 SiC 增强相增大了熔池的黏度,致使氢气不易逸出,因此,SiC_p/Al 基复合材料焊缝的气孔敏感性比 Al 合金要大得多。为了减少 SiC_p/Al 焊缝中的气孔,焊前应进行去氢处理。

无论是 TIG 焊缝还是 MIG 焊缝,SiC_p/Al 基复合材料焊缝中颗粒的分布均极不均匀。这主要是因为熔池的结晶速度较小,前进中的液-固界面对 SiC 颗粒具有较大的推移作用。特别是熔合线附近,由于结晶速度较小,被液-固界面推移颗粒的作用非常强,所以该处容易出现贫 SiC 颗粒层。在远离熔合线的焊缝中心区,温度梯度逐渐减小,结晶速度逐渐增大,结晶界面对颗粒的推移作用较小,颗粒的分布就变得均匀一些。

液-固界面推移颗粒,反过来颗粒又影响基体金属的结晶方式。焊缝的凝固过程中,颗粒与凝固前沿的液-固界面发生相互作用,使液-固界面发生扰动,增加了液-固界面的不稳定性,且阻碍了溶质原子的扩散,使成分过冷更显著,所以柱状晶向等轴晶转变的临界凝固速率将提前。因此,在 SiC_p/Al 焊缝中,只有熔合线附近才有方向性强、较发达的柱状晶;而焊缝中心部位往往是等轴晶。

利用 Al-Mg 焊丝进行焊接时,焊缝的熄弧部位易产生约 10 mm 长的纵向穿透性裂纹。

这些裂纹为结晶裂纹。产生结晶裂纹的原因有：一是结晶后期的液态金属不足且流动性很差；二是拉伸应力。与铝合金相比，由于 SiC 颗粒的存在，在凝固过程的最后阶段，SiC$_p$/Al 焊缝中液态薄膜的流动性更差，加之焊缝的扩散系数比母材大，焊缝在凝固过程中所受的拉伸应力较大，因此裂纹的敏感性更大。采用 Al-Si 焊丝时，焊缝中液态薄膜的流动性改善，因此裂纹敏感性较低。

（2）坡口形式。SiC$_p$/Al 焊接时必须开坡口，厚度在 20 mm 以下的可开 V 形或双 V 形坡口，而厚度在 20 mm 以上的必须开 V 形坡口，并留出一定的钝边。单 V 形坡口的坡口角度一般为 60°，而双 V 形坡口的坡口角度应为 90°。典型的坡口形式如图 8.23 所示。

（3）焊接工艺要点：①焊前最好进行去氢处理。必须利用有机溶剂清理坡口附近的油污，并利用钢丝刷清理表面的氧化膜。②焊接 SiC$_p$/Al 时，如热输入选择不当，将会引起严重的界面反应，生成针状 Al$_4$C$_3$。因此最好采用脉冲 TIG 或脉冲 MIG，以减少热输入，减轻或抑制界面反应。此外脉冲电弧对熔池有一定的搅拌作用，可部分改变熔池的流动性、焊缝中的颗粒分布状态及结晶条件。③基体金属不同时，SiC$_p$/Al 基复合材料的焊接性具有明显的不同。基体金属含 Si 量较高时，不但界面反应较轻，而且熔池的流动性也较好，裂纹及气孔的敏感性小。基体金属含 Si 量较低时，宜选用含 Si 量较高的焊丝焊接这类材料，以避免界面反应，提高接头的强度。④按照图 8.23 中所示出的顺序进行焊接，焊接下一道焊缝之前，应去除当前焊缝表面的渣及 SiC 颗粒，否则将出现严重的飘弧现象，焊缝成形困难。⑤应保证 150 ℃ 的层间温度。⑥对于双 V 形坡口，焊接第二面之前，应刨焊根并利用着色渗透探伤检查根部的熔透情况，确保熔透后再焊接第二面。

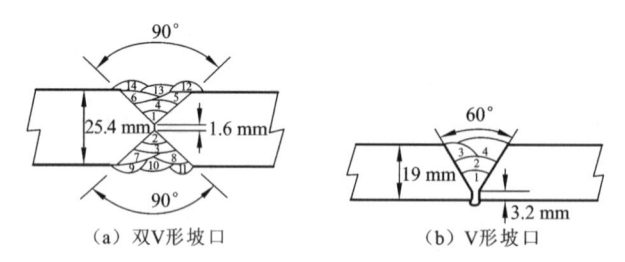

（a）双V形坡口　　（b）V形坡口

图 8.23　SiC$_p$/Al 及 SiC$_w$/Al 复合材料的典型坡口形式及焊接顺序

（4）焊接工艺参数的相关举例。对于 14 mm 厚的 SiC$_p$/Al 板，图 8.23（b）所示坡口推荐的 MIG 规范参数如表 8.14 所示。表 8.15 给出了几种 SiC 颗粒或晶须增强铝基复合材料的焊接参数及接头性能。

表 8.14　SiC$_p$/Al(SiC$_w$/Al) MIG 的典型规范参数

焊道	焊接位置	焊接电流 /A	电弧电压 /V	焊接速度 /（mm/min）	焊丝直径 /mm	保护气体 气体	保护气体 流量/（L/min）
1	平焊	310	26	384	1.6	纯 Ar	20~23
2	平焊	310	26	254	1.6	纯 Ar	20~23
3	平焊	300	26	355	1.6	纯 Ar	20~23
4	平焊	300	26	355	1.6	纯 Ar	20~23

表 8.15　几种 SiC 颗粒或晶须增强铝基复合材料的焊接参数及接头性能

接头	焊接参数					接头的热处理条件	抗拉强度/MPa	屈服强度/MPa	伸长率/%
^	焊接方法	焊接电流/A	电弧电压/V	焊丝	焊前处理方式	^	^	^	^
10%SiC$_p$/LD$_2$-Al	脉冲 TIG	$I_p=150$ $I_b=50$	12~14	311（Al-Si）	真空去氢	焊态	210	88	4.1
^	^	^	^	^	未处理	焊态	131	46	1.3
^	^	^	^	LF6（Al-Mg）	真空去氢	焊态	165	68	2.4
^	^	^	^	^	未处理	焊态	122	47	1.2
18.4%SiC$_w$/6061Al	TIG	145~160	12~14	4043	真空去氢	焊态	181	75	3.7
^	^	^	^	^	未处理	焊态	105	34	1.4
^	MIG	100~110	19~20	5356	真空去氢	焊态	245	94	8.3
^	^	^	^	^	真空去氢	T6	257	143	2.2
20%SiC$_p$/6061Al	MIG	表 8.14 中规范			^	未处理	焊态	229	138	4.7
^	^	^			^	未处理	T5	252	168	3.8
^	^	^			^	未处理	T6	265	203	1.6

图 8.24 给出了 SiC$_p$/Al 复合材料脉冲 MIG 焊缝（焊态）的硬度分布。SiC$_p$/6061Al 复合材料的维氏硬度在 79~91 HV，热影响区的硬度逐渐从母材的硬度上升到 162 HV，焊缝的硬度最低，只有 58~62 HV。这种硬度分布与一般锻铝接头的硬度分布具有明显不同，在一般的锻铝接头中，热影响区的硬度不会增加。造成这种差别的可能原因是，由于 SiC 颗粒的存在，Al 基体中产生了大量的晶格缺陷，在焊接过程中热影响区内 Al 基体中强化相易于析出。

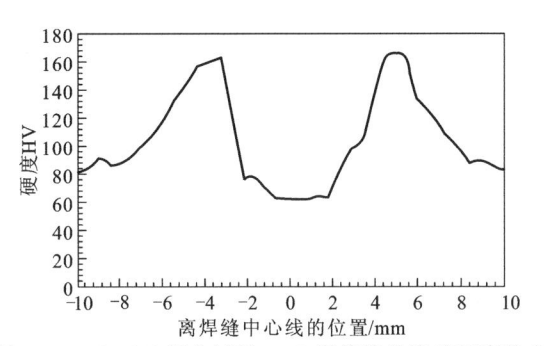

图 8.24　SiC$_p$/Al 复合材料 MIG 焊接接头维氏硬度分布

3）SiC$_p$/Al 基复合材料的高能量密度焊接工艺

电子束和激光束等高能量密度焊具有加热及冷却速度快、熔池小且存在时间短等特点，这对金属基复合材料的焊接特别有利。不过，由于熔池的温度高，焊接 SiC$_p$/Al 或 SiC$_w$/Al 复合材料时很难避免 SiC 与铝基体之间的反应。特别是激光焊，由于激光优先加热电阻率较大的增强相，使增强相严重过热，快速溶解并与基体发生严重的反应。为了阻止这种反应，通常采用以下措施。

（1）SiC$_p$/Al 复合材料激光焊时，在两个连接表面之间插入一含硅量较大的铝薄片或 Ti 合金薄片，可以抑制基体与增强物之间的界面反应，薄片的厚度与激光束的直径相当。

（2）应采用脉冲激光焊，通过调节脉宽比严格控制热输入。在小的脉宽比下，虽然加热时间短可防止熔池中的反应，但却使熔透能力降低，焊缝性能不高；而采用过高的脉宽比时，由于热输入过大，焊缝中形成了粗大的 Al_4C_3，接头力学性能也降低。表 8.16 给出 SiC_p/Al 或 SiC_w/Al 复合材料激光焊的焊接工艺参数。脉宽比为 67%（C 组参数）或 74%（D 组参数）时，接头强度最高，而采用其余的脉宽比（A、B、E 及 F 组参数）时，强度较低。

表 8.16　SiC_p/Al 及 SiC_w/Al 复合材料激光焊的焊接工艺参数

焊接参数	A	B	C	D	E	F
脉冲时间/ms	20	20	20	20	20	20
间歇时间/ms	20	15	10	7	5	2
脉宽比/%	50	57	67	74	80	91
平均功率/W	1 600	1 830	2 130	2 370	2 560	2 900

电子束焊和激光焊的加热机制不同，电子束可对基体金属及增强相均匀加热，因此适当控制焊接参数可将界面反应控制在很小的程度上，由于电子束的冲击作用及熔池的快速冷却作用，焊缝中的颗粒非常均匀，利用这种方法焊接 SiC 颗粒增强的 Al-Si 基复合材料时效果较好，由于基体中的含 Si 量高，界面反应更容易抑制。

4）SiC_p/Al 基复合材料的扩散焊焊接工艺

（1）SiC_p/Al 基复合材料的扩散焊特点。由于在铝表面存在一层非常稳定而牢固的氧化膜，它严重地阻碍了两焊接表面之间的扩散结合。铝基复合材料的直接焊接是困难的，需要较高的温度、压力及真空度，因此多采用加中间层的方法进行。加中间层后，不但可在较低的温度和较小的压力下实现扩散焊接，而且可将原来结合界面上的增强相-增强相（P-P）接触改变为增强相-基体（P-M）接触，如图 8.25 所示，从而提高了接头的强度。这是由于 P-P 几乎无法结合，而 P-M 间可形成良好的结合，使接头强度大大提高。根据所选用的中间层不同，扩散焊方法有两种：采用中间层的固相扩散焊接及瞬时液相扩散焊接。

（2）采用中间层的固相扩散焊接。这种方法的关键是选择中间层，而选择中间层的原则是中间层能够在较小的变形下去除氧化膜，易于发生塑性流变，且与基体金属及增强相不会发生不利的相互作用。可用作中间扩散层的金属及合金有 Al-Li 合金、Al-Cu 合金、Al-Mg 合金、Al-Cu-Mg 合金及纯 Ag 等。

Li 具有较高的活性，与 Al_2O_3 能反应生成一些比 Al_2O_3 更容易破碎或更容易溶解的氧化物 Li_2O、$LiAlO_2$、$LiAl_3O_5$、SiC/2124Al 或 Al_2O_3/2124Al，在较低的变形量（<20%）下就能得到强度较高（70.7 MPa）的接头。

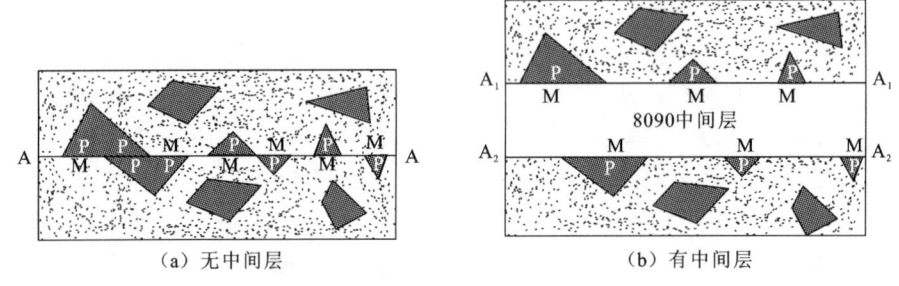

(a) 无中间层　　(b) 有中间层

图 8.25　加中间层前后的界面结合情况

Al-Cu 合金对基体铝的润湿性较差，接头只有在较大的变形量（>40%）下才能取得较高的强度。这是因为，利用这种材料作中间层时，结合界面上氧化膜的破坏完全是靠塑性流变的机械作用。在中等变形（20%~30%）的焊接条件下，氧化膜很难有效去除，所得接头的抗剪强度是很低的。

Ag 作中间扩散层时，焊缝与母材间的界面上会形成一层稳定的金属间化合物 δ 相，δ 相的形成有利于破碎氧化膜，促进焊接界面的结合。但 δ 相含量较大时，特别是当形成连续的 δ 层时，接头将大大脆化，且强度降低。当中间扩散层足够薄时（2~3 μm），可防止焊缝中形成连续的 δ 化合物，接头的强度仍较高。例如，将焊接的表面镀上 3 μm 的一层 Ag 进行扩散焊（470~530 ℃，1.5~6 MPa，60 min）时，得到的接头抗剪切强度为 30 MPa。

破坏界面氧化膜实现焊接的机制有两种：一种是机械的机制；另一种是化学的机制。仅靠机械的机制，如采用超塑性 Al-Cu 合金作中间层，工件的结合界面上的变形很大，难以用于实际制品的焊接中。化学机制太强时，可能会产生对接头性能不利的脆性相，例如，利用 Ag 作中间时，如果厚度超过 3 μm，将形成连续分布的脆性金属间化合物，使接头强度降低。所以，最理想的破除氧化膜的方式是这两种机制相结合的方式。

（3）瞬时液相扩散焊接。由于颗粒增强型金属基复合材料中存在大量的位错、亚晶界、晶界及相界面，中间扩散层沿这些区域扩散时可大大缩短扩散时间，所以这种材料的瞬时液相扩散焊要比基层金属更容易。例如，用 Ga 作中间扩散层焊接 SiC_p/Al 基复合材料时，在 423 K 的温度下进行焊接时所需要的焊接时间小于时效时间，因此焊接可以与时效同时进行。

① 中间层的选择。

瞬时液相扩散焊的中间层材料选择原则是应能与复合材料中的基体金属生成低熔点共晶体或者熔点低于基体金属的合金，易于扩散到基体中并均匀化，且不能生成对接头性能不利的产物。

Al 基复合材料的瞬时液相扩散焊可用作中间层的金属有 Ag、Cu、Mg、Ge、Zn 及 Ga 等，可用作中间层的合金有 BAlSi、Al-Cu、Al-Mg 及 Al-Cu-Mg 等。利用 Ag、Cu 等金属作中间层时，共晶反应时焊接界面处的基体金属要发生熔化，重新凝固时增强相被凝固界面所推移，增强相聚集在结合面上，降低了接头强度。因此，应严格控制焊接时间及中间层的厚度。而利用合金作中间层时，只要加热到合金的熔点以上就可形成瞬间液相，不需要在焊接过程中通过中间层和母材之间的相互扩散来形成瞬时液相，基体金属熔化较轻，因此可避免颗粒的聚集问题。

② 焊接温度。

Ag、Cu、Mg、Ge、Zn 及 Ga 与 Al 形成共晶的温度分别为 839 K、820 K、711 K、697 K、655 K 及 420 K。利用这些金属作中间层时，瞬时液相扩散焊的焊接温度应超过其共晶温度，否则就不是瞬时液相焊，而是加中间层的固态扩散焊。同样，利用 BAlSi、Al-Cu、Al-Mg 及 Al-Cu-Mg 合金作中间层时，焊接温度应超过这些合金的熔点。焊接时温度不宜太高，在保证出现焊接所需液相的条件下，尽量采用较低的温度，以防止高温对增强相的不利作用。

③ 焊接时间。

焊接时间是影响接头性能的重要参数。时间过短时，中间层来不及扩散，结合面上残留较厚的中间层，限制了接头抗拉强度的提高。随着焊接时间的增大，残余中间层逐渐减少，强度就逐渐增加。当焊接时间增大到一定程度时，中间层基本消失，接头强度达到最大，继续增加焊接时间时,接头强度不但不再提高,反而降低,这是因为焊接时间过长时,热循环对复合材料的性能具有不利的影响。

④焊接压力。

瞬时液相扩散焊时,压力对接头性能也有很大的影响。压力太小时塑性变形小,焊接界面与中间层不能达到紧密接触,接头中会产生未焊合的孔洞,降低接头强度。压力过高时可将液态金属自结合界面处挤出,造成增强相偏聚,液相不能充分润湿增强相,因此,也会形成孔洞。

⑤中间层厚度。

中间层厚度太薄时,瞬时液相不能去除焊接界面上的氧化膜,不能充分润湿焊接界面上的基体金属,甚至无法避免 P-P 接触界面,因此接头强度不会很高。中间层太厚时,焊接过程中难以完全消除,也限制了接头强度的提高,有时接头强度太厚时还可能会形成对接头性能不利的金属间化合物。

⑥焊接表面的处理方式。

焊接表面的处理方式对接头性能具有很大的影响。国外研究者比较了电解抛光、机械切削以及用钢丝刷等三种处理方式对 Al_2O_3/Al 接头性能的影响,发现利用电解抛光处理时接头强度最高,利用钢丝刷时接头强度最低。这主要是因为利用后两种方法处理时,被焊接面上堆积了一些细小的 Al_2O_3 细屑,这些碎屑阻碍了基体表面的紧密接触,降低了接头的强度。

电解抛光时,被焊接表面上不存在 Al_2O_3 碎屑,但纤维增强相会露出基体表面。电解抛光时间对接头的强度影响时间最长,电解抛光时间太长时,纤维增强相露头时间太长,焊接时在压力的作用下断裂,阻碍基体金属接触,降低接头的性能。

5)SiC_p/Al 基复合材料的其他焊接工艺

(1)钎焊。钎焊加热温度低,不涉及基体金属的熔化,可减轻基体—增强相界面反应,降低增强体的破坏程度,显著减少热变形,是一种有重要应用前景的焊接方法。钎焊一般采用搭接接头,连续纤维增强的铝基复合材料实际上将复合材料的焊接转化为基体材料焊接问题,比较容易实现。例如,真空钎焊 B_f/Al 复合材料,温度须控制在 560~620℃以下,为防止界面反应和接头性能降低,通过在 B 纤维表面包覆 SiC 增强铝基复合材料,可使接头强度达基体材料的 80%~90%。焊接最大的特点是连接温度较低,是在母材不熔化处于固态的状态下实现连接的,对母材造成的影响很小。在焊件尺寸、形状上也较电阻焊等自由度大。钎焊包括真空钎焊、电阻钎焊、保护气氛炉中钎焊、火焰钎焊、扩散钎焊及加压钎焊。

但是,用钎焊方法焊接 SiC_p/Al 复合材料难度较大,存在的主要问题如下:

①增强体以及 Al_2O_3 氧化膜的存在严重阻碍了钎料在母材表面的润湿与铺展,使得颗粒与基体、基体与基体、颗粒与颗粒之间的连接难以实现;

②合金本身钎焊性不良,铝基复合材料采用的铝合金基体中,除 6061 铝合金的软、硬钎料的钎焊性良好外,其他铝合金的钎焊性均较差;

③钎焊温度需要严格控制,当低于最佳温度时,接头剪切强度低;当高于该温度时,则发生界面反应,损伤时效硬化基体的性能。

钎焊过程中母材发生退火软化,焊后必须经过热处理来提高强度。

(2)搅拌摩擦焊。搅拌摩擦焊是在传统摩擦焊的基础上派生出来的,是自激光束焊以来最为引人注目的新工艺,在航天界引起了极大兴趣,以期用该工艺解决铝锂合金厚板的连接,继而解决金属基复合材料及不能焊的 7000 系铝合金的焊接问题。搅拌摩擦焊是一种新型的焊接技术，整个过程是在固态下完成的，不会得到铸造组织，避免了采用熔化焊时因熔化和凝固而形成的孔隙、微裂纹、变形和残余应力，也避免了合金元素烧损，且焊缝组织较母材更细密，接头强度一般不低于母材，同时具有很好的弯曲韧性。搅动摩擦焊具有以下工艺特点：

① 固相连接在合金中保持母材冶金性能，可焊金属基复合材料、快速凝固材料等采用熔焊会有不良反应的材料；

② 对挤压型材进行焊接，可制成大型结构，如船板、框架、平台等；

③ 残余应力比熔焊低（即使是长焊缝）；

④ 设备简单，能耗低，功效高（如单道 12.5 mm 厚 6000 系铝合金总能耗 3 kW）；

⑤ 不需开专门的坡口，可用于几种接头形式，如对接，搭接和角焊；

⑥ 可焊热裂纹敏感的材料。

但是，搅动摩擦时也存在一定缺点：

① 对板材进行单道连接时，焊接速度低于电弧焊（尽管 18 mm 厚板材单道焊件采用摩擦搅拌焊）；

② 焊件的夹持要求较高；

③ 焊缝端头形成一个洞眼；

④ 难以对焊缝进行修补；

⑤ 刀头因磨损消耗太快。

通过对 $SiC_p/2024Al$ 复合材料的搅拌摩擦焊研究表明，搅拌摩擦焊可实现颗粒增强铝基复合材料的焊接，其焊接过程稳定、可靠。金相分析发现，由于搅拌的作用，颗粒重新分布，在接头区一般容易形成 SiC 颗粒偏聚现象，在靠近母材部位有复杂流变特性，形成了具有不同特征的区域，靠近母材区域性能有所改进，接头拉伸时呈混合型断裂，也呈现出不同的特征区。

搅动摩擦焊适于各种铝合金制件，包括铝锂合金、铝基复合材料制件的连接，为铝锂合金在航空航天中应用创造了条件。

（3）闪光对焊。闪光对焊是压力焊的一种，它利用电阻热把焊接端面加热到金属熔化温度，并在压力作用下形成焊缝接头。闪光对焊加热时间短，在闪光后期虽然在接头端部形成一层液体 Al 薄层，但在顶锻阶段被挤出，露出干净的带有一定塑性的金属层在压力作用下形成焊缝，能抑制增强相与基体间的界面反应，克服了熔化焊及激光焊焊接这种材料所具有的界面反应难题，且在压力作用下接头区不易产生气孔、疏松、裂纹等缺陷。因此，采用连续闪光对焊法所得 $SiC_p/3003Al$ 与 3003Al 焊接面成形良好，焊缝致密。

对 $SiC_p/3003Al$ 与 3003Al 的闪光对焊的研究表明：①采用连续闪光对焊可成功实现 $SiC_p/3003Al$ 与 3003Al 合金的连接，在合适的工艺参数下，接头强度高，焊缝结合致密，无气孔、裂纹等缺陷，且增强相 SiC 颗粒与 Al 基体间界面反应不明显，焊缝成形良好；②随 SiC 颗粒体积分数的增加，$SiC_p/3003Al$ 与 3003Al 合金的连续闪光对焊接头强度也提高。

（4）电容放电焊接。电容放电焊接是把存在大容量电容中的电能快速释放出来熔融工件使其焊接。该方法可用于 $SiC_p/6061Al-T6$，$SiC_f/6061Al-T6$，$B_4C_p/6061Al-T6$ 和 $B_4C_p/2024Al-T6$ 复合材料自身的焊接以及 6061 铝合金与 $SiC_p/6061Al$ 的焊接，与 TIG 和 LBW 法相比，焊接效果好一些，在焊区没有观察到孔洞和 SiC 颗粒，B_4C 加强物的破坏，但焊接时的热输入不能过高，否则就会有 Al_4C_3 片形沉淀和 Si 块形沉淀析出。

（5）等离子体焊接。等离子体焊接是把等离子气体通过在钨电极周围形成等离子电弧熔化金属基复合材料使其焊接在一起，焊接时也需要通入保护气体。用该方法焊接 30%SiC_p/6061Al 的研究表明，在添加 Al_3Zr 和 Al_3Ti 的条件下，焊接保持了材料的延展性，Al_4C_3 的形成得到一定程度的抑制。

（6）接触电阻焊接。接触电阻焊接法是利用焊接材料之间的电阻，通入外接电流产生热量完成金属基复合材料的焊接。硼丝加强铝合金基复合材料的焊接研究表明，硼丝在焊池中完全被破坏，获得的焊缝脆性高，强度低，因此该方法不适合焊接这种复合材料。用接触电阻法焊接 20%SiC_p/6082Al 时发现大量 SiC 颗粒从基体中剥离出来，焊接效果也很不理想。

第 9 章 焊 接 检 验

适用于船舶结构建造和修理过程中的焊接结构的无损检测（nondestructive testing，NDT）方法有目视检测（visual testing，VT）、渗透检测（penetrant testing，PT）、磁粉检测（magnetic testing，MT）、涡流检测（eddy current testing，ET）、超声波检测（ultrasonic testing，UT）和射线检测（radiographic testing，RT）方法。船体结构无损检测方法的选用除参考相关规范外，还应根据被检材料、接头形状、结构形式和检测目的进行选择。不同材料表面或近表面检测适用的方法如表 9.1 所示。对于一般钢质船体结构，建议优先采用磁粉检测方法，而少用液体渗透检测方法。

表 9.1 不同材料表面或近表面检测适用的方法

材料	表面	近表面
铁磁性材料（铁素体钢）	VT、MT、PT	MT、ET
非铁磁性材料（奥氏体钢、铝、铜等）	VT、PT、ET	ET

不同材料全熔透焊接接头内部检测适用检测方法如表 9.2 所示。

表 9.2 不同材料全熔透焊接接头内部适用检测方法

材料	接头形式	检测部位材料的厚度（mm）		
		$r<8$	$8<z<40$	$C>40$
铁素体钢	对接	RT 或（UT）	RT 或 UT	（RT）或 UT
	T 形	（UT）或（RT）	UT 或（RT）	UT 或（RT）
奥氏体钢	对接	RT 或（UT）	RT 或（UT）	RT 或（UT）
	T 形	（UT）或（RT）	（UT）或（RT）	（UT）或（RT）
铝合金	对接	RT	RT 或 UT	RT 或 UT
	T 形	（UT）或（RT）	UT 或（RT）	UT 或（RT）
铜合金	对接	RT	（UT）或 RT	（UT）或 RT
	T 形	（UT）或（RT）	（UT）或（RT）	（UT）或（RT）

注：表中带括号的检测方法虽然可以使用，但如不采用特殊的技术，检测结果可能会受影响。

9.1 船体结构无损检测

船体结构的所有焊缝，均应进行外观目视检查。检查合格后再进行构件内部的无损检测。船体结构中的全熔透对接焊缝宜用射线方法或超声波方法进行检测，全熔透的角焊缝和 T 形焊缝宜用超声波方法进行检测。船体结构中位于承受高应力循环载荷部位的焊缝，根据必要性增加适当数量的磁粉或渗透检测。

9.1.1 无损检测范围及数量

船体结构无损检测的范围和数量根据工厂的船型、采用的焊接方法和往日建造质量记录确定。

对于船体外板和甲板区域无损检测位置的数量可以按下式作为计算的基础：

（1）对在船中 0.6L（船长，m）范围内：

$$N = 0.25(i + 0.1W_T + 0.1W_L) \tag{9.1}$$

（2）在船中 0.6L（船长，m）以外区域：

$$N = 0.05(i + 0.05W_T + 0.05W_L) \tag{9.2}$$

上两式中：i 为纵、横向对接焊缝交叉处的总数；W_T 为横向对接焊缝的总长，m；W_L 为分段合拢的纵向对接焊缝的总长，m。

其中在 0.6L 以外区域，允许采用超声波检测方法进行检测，但比例一般不超过 60%。

主船体中船底、舷侧和甲板纵骨的对接接头在船中 0.4L（船长，m）范围内每 10 个检查 1 个，0.4L（船长，m）范围外每 20 个检查 1 个。

船体结构的下列重要部位的焊缝也应采用适当方法随机抽样进行无损检测：

（1）舱壁与甲板、底板、顶凳或底凳面板。

（2）主机座面板与腹板。

（3）挂舵臂和尾轴架对船体结构。

（4）舵封板对舵铸件的连接区域。

（5）起重机（柱）基座全熔透焊缝。

（6）自动焊缝的引/熄弧接头处。

（7）油船内壳和水密纵横舱壁的对接焊缝。

（8）船中 0.6L（船长，m）范围内强力甲板、舷顶列板、船底板上开孔尺寸超过 300 mm 的补强件焊缝。

（9）其他认为重要的、承受高应力的或失效后可能影响重大的受力焊缝。

对于散装运输危险化学品船的液货舱，应对下列部位进行无损检测：

（1）液货舱舱壁板上所有涉及片体组装或分段合拢焊缝的十字交叉处。

（2）液货舱周界焊缝应探测表面裂纹，探测长度应至少为周界焊缝总长度的 10%。

（3）当舷侧和船底纵骨以及纵舱壁水平扶强材在横舱壁处中断时，除（2）要求以外，上述构件与横舱壁连接的焊缝应探测裂纹。探测的长度应至少为骨材与横舱壁连接焊缝总长度的 10%。

（4）当纵向构件和纵舱壁水平扶强材在液货舱内并连续地通过横舱壁时，除（2）要求外，其与横舱壁连接的焊缝应探测裂纹。探测的长度对于舷侧和船底纵向构件来说至少为总长度的 30%，对于纵舱壁水平扶强材来说至少为总长度的 20%。

（5）当横向构件连续地穿过液货舱纵舱壁时，该构件与周界连接焊缝应探测裂纹。探测的焊缝长度至少为总长度的 10%。

对于散装运输液化气体船的液货舱应对下列部位进行无损检测：

（1）对于设计温度为-20 ℃或以下的 A 型独立液货舱和半薄膜液货舱以及不论设计温度如何的 B 型独立液货舱，其壳板的全焊透对接焊缝应进行 100%射线检查；

（2）对于设计温度高于-20℃的液货舱，在结构焊缝交叉处的所有全焊透对接焊缝和剩余的全焊透对接焊缝至少进行10%射线检查；

（3）在所有情况下，液货舱结构的其余焊缝，包括扶强材以及其他附件和连接件的焊缝应用磁粉或着色渗透法进行检查；

（4）对C型独立液货舱壳体所有全熔透对接缝除应进行100%射线检查外，还应对所有焊缝的10%进行表面抽查；对于液货舱上开孔和喷管等周围的加强环应进行100%表面检测。

对于利用船体外壳作为液化气船液货舱次屏壁的一部分时，该部分船体外板的所有列板对接缝及其纵横焊缝交叉处均应进行100%射线检测。

对设计用于低温环境（如极地区域）中航行的船舶，其无损检测的数量应适当增加。当在实际检测过程中发现缺陷可能延伸出原定检测范围时，应及时在缺陷扩展方向增加无损检测数量，直至明确缺陷大小为止。

当在实际检测过程中发现合格率低或对个别部位的焊缝质量存疑时，船厂应主动增加检测范围，验船师也可要求适当增加检测数量。

9.1.2 检测位置

无损检测位置的选择一般应遵循以下原则：
(1) 检测点的密度应按结构钢材的材料级别从高到低递减。
(2) 较多地选择在焊接应力较大或易于产生应力集中的结构截面突变部位进行检测。
(3) 选择船长中间部位应多于船头尾部位。
(4) 为增加检测的随机性，对于同一型船舶的不同艘次，应对检测部位进行适当的调整。

一般来说，检测部位应选择在船舶纵横焊缝的交叉处，而且交叉处的检测长度方向通常平行于横向对接焊缝（与船长方向垂直）。

对位于分段组装和大合拢焊缝应适当选择部分位置进行抽查。

9.2 检测前准备和外观检查

本节适用于船体结构检测前清洁、焊缝的外观检查和对无损检测的一般性技术要求。船体结构焊缝完工后均应予以清洁，并进行焊缝尺寸和外观检查。

对于强度高于或等于420 N/mm² 的淬火加回火高强度钢应在焊后或热加工结束48 h后进行检测，其余钢铁材料视施工期间的温度、构件厚度和结构拘束程度适当考虑延时检测。一般强度钢焊缝厚度小于100 mm时，可不考虑延时检测。

9.2.1 检查前清洁

结构和工件被检测的部位应在检测前进行适当的表面清洁。通常可采用人工或机械的方式清除作业表面可能影响检测结果的因素：
(1) 板材和锻件应清除表面氧化皮、皱褶、锈斑等。
(2) 铸件应清除表面氧化皮、黏砂等。

（3）焊接件应在焊接工作结束后，以人工或机械的方式去除所有的焊渣、飞溅等。

（4）机加工件应注意去除油、脂、污物等。

对于后续将进行渗透检测的部位，应避免采用喷砂、锤击等可能造成表面张开性缺陷闭合的方式。

对于需要打磨整形的焊缝，应防止由打磨引起的焊缝表面金属过热和形状缺陷。

对于焊缝检测，清理范围通常依据所采用的检测方法而定，且至少包括整个焊缝表面及其热影响区再增加 10 mm。

当被检焊缝（工件）需要热处理时，通常应在热处理后进行检验。

9.2.2 外观检查

进行外观检查的部位一般应满足被检表面的光照度不低于 350 Lx 的要求。必要时应采用辅助光源（如手电筒等）对被检部位加以照明。

外观目视检查时，应能保证检查部位的可达性。必要时可采用放大倍数不大于 5 倍的放大镜、照相机等辅助工具做间接检查。

焊缝外观检查可采用适用的通用或专用工具进行测量。

9.2.3 结果评定

焊缝表面应成形均匀，与母材过渡平顺，无过大的增强高。

除有规定或结构有特殊要求者外，外观检测发现的缺陷应不超过表 9.3 的要求。

表 9.3 外观检查的验收标准

缺陷	BS EN ISO（6520-1：2007）分类号	验收标准	
裂纹	100	不允许	
未熔合	401	不允许	
单面对接接头头根部未熔透	4021	不允许	
表面气孔	2017	单个气孔直径 $d \leq 0.25t$（对接缝）或 $d \leq 0.25a$（角接缝），且最大直径不大于 3 mm 相邻孔间距不小于 2.5d	
咬边	501	对接缝	深度 ≤ 0.5 mm，不论长度
			深度 ≤ 0.8 mm，最大连续长度小于 0.9 m
		角接缝	深度 ≤ 0.8 mm，不论长度

注：表中 t 为较薄板的厚度；a 为角焊缝的焊喉厚度；相邻咬边的间距小于较小咬边长度，则作为一个咬边缺陷计。

9.3 射线检测

本节介绍射线检测技术在船舶结构检验中应用的一般技术要求，主要适用于常规 X 射线和 γ 射线照相检测方法的无损检测。

射线检测的工艺文件中至少包括射线源、检测材料与厚度、胶片系统和增感屏（如有时）、底片搭接、像质计形式和摆放位置、图像质量、曝光条件、散射线控制、底片处理、黑度、观片条件等内容。

射线检测应采用一套检测位置标识系统，以显示检测位置的唯一性。可在送交备查的船体结构无损检测图上进行标识或检测时在船体上进行标识。相应位置的唯一标识应在射线检测底片上清晰显示。

射线检测的现场应按有关国家标准建立射线防护体系。

9.3.1 检测器材

射线检测所采用射线源类型由检测方根据检测需要和使用经验自行决定。建议尽可能采用 X 射线。射线检测用胶片通常可根据被检测工件的特性、检测及处理过程上所采用的技术进行选择。

射线检测通常根据检测对象的材质和厚度，选择相应材质和线径号的线型像质计。

像质计应满足公认的国际标准或国家标准。

增感屏应无划伤等可能导致照片上产生伪缺陷影像的损伤。

观片灯的光亮度应连续可调。在底片黑度为小于或等于 2.5 时，其亮度应不低于 30 cd/m^2；在底片黑度大于 2.5 时，其亮度应不低于 10 cd/m^2。

9.3.2 检测准备

为保证检测效果，工件在射线检测前应进行表面清理，消除可能引起缺陷显示或造成误判的表面缺欠。

当采用 X 射线源时，为了更好地发现缺陷，应尽可能选择较低的管电压。不同材质和厚度所对应的允许最高管电压应不超过图 9.1 的限制。

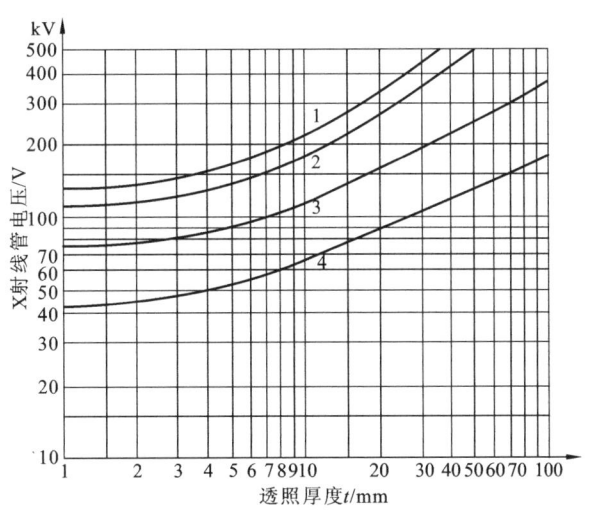

图 9.1 X 射线管电压选择

1-铜、镍及其合金；2-钢；3-钛及钛合金；4-铝及铝合金

当采用放射性同位素源时，根据工件的透照厚度可参考表 9.4 选择适用的射线源。

表 9.4 放射性同位素的透照厚度

射线源	透照厚度/mm
Se75	10～40
Ir192	20～90
Co60	40～150

9.3.3 射线检测工艺

射线检测通常宜采用焊缝单壁透照法。射线源与工件的距离应至少大于工件透照厚度（对焊缝应包括焊缝增强高和垫板的总厚度）的 7 倍。

当有关方要求检测报告附有底片证明时，可采用双胶片法或等效方法。

表述被检工件、检测位置和检测日期的铅制数字和/或符号的放置应不影响对焊缝缺陷的评定，通常应距离焊缝边缘不少于 10 mm。

检测时，像质计的选用和布置应根据被检测处的厚度、材质和被检工件的型式确定。

每张底片通常至少应放置一个像质计。像质计通常应放在距端部不大于 1/4 检测区域处的射线源侧，细直径靠外侧。

检测焊缝时，像质计应横跨焊缝，如图 9.2 所示。

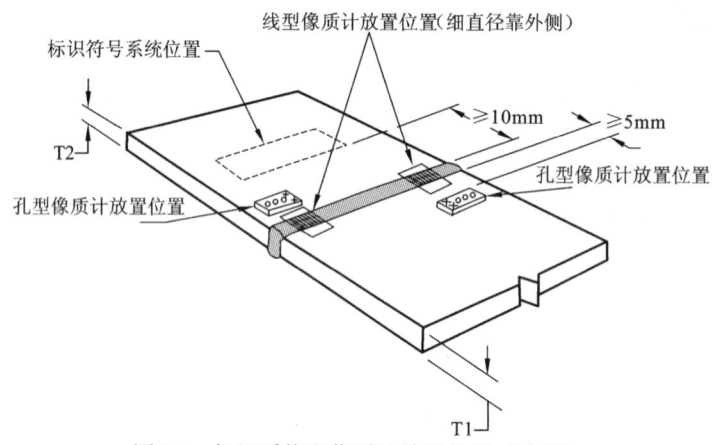

图 9.2 标识系统和像质计放置位置（建议）

当对环形试件进行环向透照时，至少应在整个圆周内均匀布置三个像质计。

如果像质计无法放置在射线源侧的工件表面上时，那么可将其置于工件和胶片之间。选用的像质计材料应与工件材料相当。

当射线照相需要采用增感屏时，为避免因使用不当造成伪缺陷，应当注意下列要求。

（1）增感屏应均匀、平整、无污染和损坏。

（2）增感屏表面应朝向胶片，增感屏与胶片之间应无其他物品，保持紧密接触。

（3）增感屏应与胶片同时装入胶片套。尽量避免增感屏与胶片之间的摩擦。

应根据检测材料、透照厚度、胶片系统特性、灵敏度要求等选择正确的曝光参数。

曝光的胶片应按胶片生产厂和化学药剂生产厂的说明进行处理。应注意温度、显影和冲洗的时间，以免在处理胶片过程中出现失误，影响对缺陷的评判。

9.3.4 结果评定

底片评片应在光线暗淡的室内进行。观片灯的亮度应使光线透过底片的亮度满足相关规定。检测人员评片前应有适当的暗适应时间，以使眼睛适应观片室的环境后再进行评片。

除有专门规定外，底片的黑度通常为 2.0~4.0。当透照小管径焊缝或变截面工件时，其黑度允许最小值为 1.5。

当使用线型像质计时，在底片黑度均匀的区段上所显示的像质计影像中符合规定可见线径的金属丝长度应至少有 10 mm 连续长度清晰可辨。

每张底片中应清晰显示用数字和（或）符号表述的检测工件、位置和检测日期的唯一标识。

除结构有特殊要求外，船体结构射线检测的缺陷显示应不超过表 9.5 的要求。

表 9.5 射线检测的验收标准

缺陷	BS EN ISO（6520—1:2007）分类号	验收标准
裂纹	100	不允许
未熔合	401	允许最大连续长度为 $t/2$ 或 25，取小值 间断的最大累计长度为 t 或者 50 mm，取小值
根部未熔透	4021	单面焊的对接接头不允许 允许最大连续长度为 $t/2$ 或 25 mm，取小值 间断的最大累计长度为 t 或者 50 mm，取小值
夹渣或气孔	301、201	允许最大连续长度为 t 或 50 mm，取小值 间断的最大累计长度为 $2t$ 或者 100 mm，取小值

注：①表中 t 为较薄板的厚度。

②两个分别处于一条直线上长度分别为 L_1 和 L_2 的缺欠，其间距 L 小于 L_1 和 L_2 中的小者，则应算作一个连续长度为 L_1+L+L_2 的缺陷。

③涉及的缺陷长度为总计长度。

④间距小于最大夹渣宽度 3 倍的平行的夹渣应作为一个连续的缺陷处理。

9.3.5 检测报告

检测结束后应根据检测结果填写检测报告，必要时可附以示意图和（或）检测照片。射线检测报告应至少包括下列内容。

（1）产品名称、设备型式、材质、厚度和状态。

（2）检测区域、位置及编号（必要时可附示意图）。

（3）焊缝坡口形式和焊接方法（对焊缝）。

（4）射线源种类或型号和焦点尺寸。

（5）胶片系统（胶片和增感屏的类型、暗室处理）。

（6）管电压和管电流或放射源的活度。
（7）曝光方法、曝光时间和源片距离。
（8）灵敏度、像质计型号和像质计放置位置。
（9）验收标准和检测结果（包括黑度、几何不清晰度、像质指数、缺陷性质和大小）。
（10）检测人员的姓名、资格及签名。
（11）检测日期。

9.4 超声波检测

本节介绍超声波检测技术在钢质船舶结构检验中应用的一般技术要求，主要适用于常规脉冲超声波检测。

超声波检测的工艺文件中至少包括：设备、探头型号（频率、角度）、耦合剂、参考试块型号、检测范围和灵敏度设定的方法、转换校正方法、扫查方法、缺陷尺寸确定技术、检测时标定的时间间隔。

除明确规定检测长度或受结构尺寸限制外，每个超声波检测位置的检测长度一般为500 mm。

若采用先进超声波技术[如超声波衍射时差法（time of flight diffraction，TOFD）或相控阵等]进行无损检测，应符合相关标准的规定。

9.4.1 检测设备

船舶超声波检测通常采用模拟或数字式A型脉冲式超声波检测仪，且满足以下技术指标。
（1）超声波检测仪可在频率为0.5～10 MHz的范围内正常工作。
（2）超声波检测仪的垂直线性误差应不大于5%，水平线性误差应不超过1%。
（3）超声波检测仪的增益（衰减）控制器在80 dB，整个范围内每档可调，且任意相邻12 dB范围内精度在±1 dB以内，最大累计误差不超过1 dB。

检测用超声波探头通常应满足下列要求：
（1）换能器应有足够的面积。
（2）斜探头的实际折射角与标称值的误差应不大于±2°，否则应进行修正。
（3）斜探头上应标明标称折射角和入射点。

应采用透声性好，对定件无腐蚀性的物质作超声波检测用的耦合剂。超声波设备（包括仪器和探头）至少每年进行一次校准。

9.4.2 检测准备

工件被检测区域的表面应清洁，无干扰探头耦合的锈、漆等外来杂物，并有合适的表面形状和粗糙度。

检测用的超声波探头可根据检测的目的、工件材质进行选择。通常有以下选择原则。
（1）对母材缺陷宜采用直探头进行纵波检测，除非在工件制造阶段已了解缺陷存在。

（2）对焊缝缺陷宜采用斜探头进行横波检测，通常斜探头超声波折射角的角度根据工件厚度和焊缝坡口的倾角选择。

（3）对于晶粒粗大的铸件组织，为避免过大的衰减，宜采用频率较低的探头；对于组织晶粒细小的材料（锻件或轧制件）宜采用频率稍高的探头，以提高检测的精度。

（4）对于奥氏体不锈钢，一般可选择频率稍低的探头进行检测。

（5）若采用超声波检测方法检测近表面缺陷时宜采用双晶探头。

进行检测前应对仪器进行系统综合调试。系统调试应在与被测材料超声波特性相当材料制成的标准试块或对比试块上进行。通过参考试块上直径 3 mm 的系列横通孔制作距离波幅（distance amplitude curve，DAC）曲线或采用参考试块上的不同平底孔制作相应的距离增益缺陷尺寸曲线（distance gain size，DGS）进行调试。相关的曲线应能满足检测灵敏度的要求。

9.4.3 超声波检测工艺

为避免扫查中对缺陷的漏检，扫查方式应符合下列要求。

（1）检测应扫查到整个规定的区域，扫查路径之间应有适当的重叠，以避免漏检。

（2）对于扫查范围应覆盖到整个焊缝断面加上其两侧至少 10 mm 或热影响区宽度的区域（取大者）。

（3）对于全熔透角焊缝，为保证能够对接头全面检测，通常可采用在腹板两侧或面板处进行扫查（图 9.3）或更换不同角度的探头等方法。

对于呈曲面形状的表面，在扫查和定位时应考虑表面曲率修正。

当在扫查过程中发现有缺陷信号时，应在工件表面作出明显的标记，并予以记录。检测过程中应在适当的时间间隔（一般在 4~8 h）和必要时对系统重新进行校核。

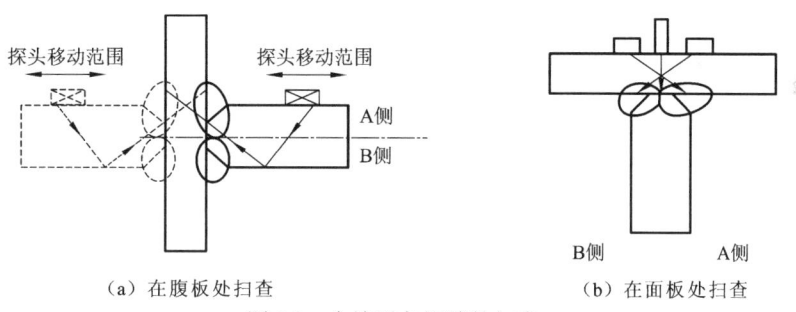

（a）在腹板处扫查　　（b）在面板处扫查

图 9.3　全熔透角焊缝的扫查

9.4.4　结果评定

当采用 DAC 曲线技术进行扫查时，通常对回波高度低于 DAC 曲线 33%的显示可不予计入。对显示回波高度大于上述值的回波应予以记录和评估（测量超标波高的范围、最大反射波高及定位，最后确定缺陷的当量）。

当有必要时可采取更换探头、增加检测面、观察动态波形并结合结构工艺特征帮助对缺陷显示定性。

除结构有特殊要求者外，船体结构的超声波检测缺陷显示应不超过表 9.6 的规定。

表 9.6 船体结构超声波检测验收标准

缺陷回波高度	船体结构超声波检测验收标准
超过 DAC 曲线的 100%	最大测长为 $t/2$ 或 25 mm，取小值
超过 DAC 曲线的 50%，但不超过该曲线的 100%	最大测长为 t 或 50 mm，取小值

注：①两个相邻且分别处于一条直线上长度分别为 L_1 和 L_2 的缺欠，其间距 L 小于 L_1 和 L_2 中的小者，则应算作一个连续长度为 L_1+L+L_2 的缺陷；

②表中 t 为构件的厚度。

9.4.5 检测报告

检测结束后应根据检测结果填写检测报告，必要时可附以示意图。超声波检测报告应至少包括下列内容。

（1）产品名称、设备型式、材质、厚度和状态。
（2）检测区域和位置。
（3）焊缝形式和焊接方法。
（4）超声波检测仪和探头的型号，采用的耦合剂种类。
（5）探头的标称频率、实测的折射角（对斜探头）。
（6）所用参考试块的材质和型号（必要时可附草图）。
（7）灵敏度及其调试的方法及数值（包括基准线增益，修正值）。
（8）缺陷检测所采用的回波响应。
（9）验收标准和检测结果。
（10）检测人员的姓名、资格及签名。
（11）检测日期。

9.5 磁粉检测

本节介绍适用于具有铁磁性材料的船体结构表面或近表面的缺陷检测。

详细的工艺应至少包括表面处理、磁化设备、标定方法、检测介质、磁粉/磁悬液施加、观察条件和退磁等。

在未做规定的情况下，每个检测点磁粉检测的长度通常为 500 mm。

对焊接结构进行磁粉检测时，建议尽量使用交流连续湿法。

当被检工件（铸锻件）要求有较高灵敏度时，建议采用荧光磁粉检测方法。

9.5.1 检测设备

磁粉检测装置通常有交流或直流磁轭、永久磁铁、直接通电磁化和线圈磁化等装置。

磁粉检测装置应具有产生检测所需的磁场方向和强度。通常交流磁轭应具有产生至少

45 N 的提升力，直接磁轭或交叉磁轭至少应具有产生 177 N 提升力（磁极靴与试件表面间隙为 0.5 mm）。

采用剩磁法检测时，交流检测设备应配备断电相位控制器。

用于直接通电磁化的电极通常不应为铜电极，宜为铅、钢或铝铜电极。

检测用的磁粉应满足下列要求。

（1）具有高磁导率、低矫顽力和低剩磁的特性。

（2）与被检工件表面颜色有较高的对比度，荧光磁粉的荧光系数应大于 1.5 cd/W。

（3）磁粉的粒度应适于使用条件规定。

湿法磁粉检测所用的磁悬液应采用检测工件不产生腐蚀作用的水或低黏度的油类产品作为载体。通常普通磁粉配制的磁悬液中磁粉所占的体积比为 1.2%～3.5%，对于荧光磁粉磁悬液，磁粉所占的体积比为 0.1%～0.3%。

检测用紫外线灯应在带滤光片的条件下，满足在距光源 400 mm 外测得的紫外线辐照度不小于 1000 μW/cm^2，但可见光照度应不大于 20 Lx。

9.5.2 检测准备

检测表面应清洁，在焊缝表面及至少两侧热影响区的范围内应无锈、油、脂、漆、尘等污物。

磁粉检测常用的切向磁场强度为 2～6 kA/m。

检测前应对系统进行综合性能测定，以保证系统达到规定的检测灵敏度。磁悬液在使用前应充分均匀化。

9.5.3 磁粉检测工艺

当采用直接通电法进行磁化时，应尽量防止流经触头的电流对材料表面的局部损伤。为保证缺陷的检出，通常在检测时应使磁场方向有所变化。对于焊缝通常应以互成直角的两个方向磁化，其中一个磁场方向与焊缝轴线的夹角一般不超过 30°，如图 9.4 所示。

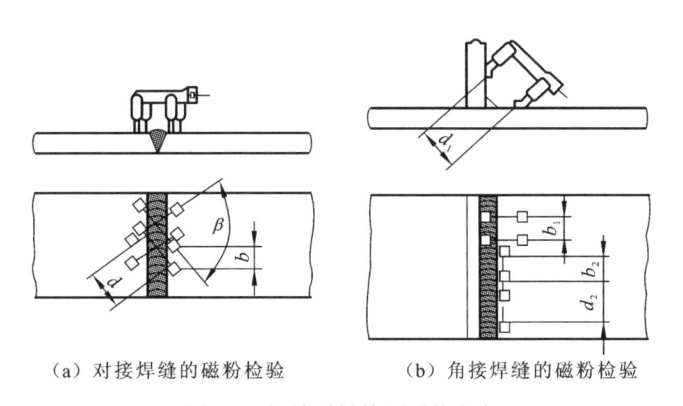

（a）对接焊缝的磁粉检验　　（b）角接焊缝的磁粉检验

图 9.4　焊缝磁粉检测磁化方向

在扫查过程中，扫查的检测区域应有所搭接。检测的有效区域如图 9.5 所示。磁痕显示通常宜采用连续湿磁粉法。

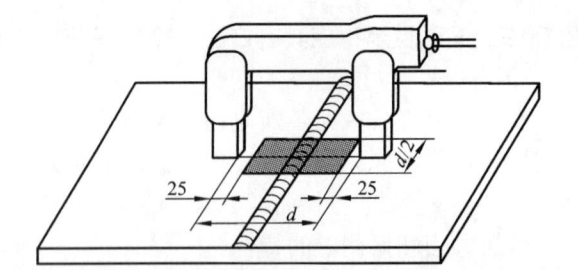

图 9.5 使用磁轭或触头磁化的有效检测区域（单位：mm）
d 为磁轭或触头间的距离

磁粉或磁悬液应在被检工件磁场建立并稳定后，均匀地洒在被检工件的表面，并在磁痕稳定后才进行观察。

9.5.4 结果评定

缺陷的显示可以采用草图、照相、录像等方法进行记录。当辨认细小缺陷时可采用 3~8 倍的放大镜进行缺陷观察。

线状缺陷是长度大于宽度 3 倍的缺陷。非线状缺陷是长度小于或等于 3 倍宽度的缺陷。

除结构有特殊要求者外，所发现的缺陷应不超过外观检测的验收要求。

9.5.5 检测报告

检测结束后应根据检测结果填写检测报告，必要时可附以示意图和/或检测照片。磁粉检测报告应至少包括下列内容。

（1）产品名称、设备型式、材质、厚度和状态。
（2）检测区域和位置。
（3）焊缝形式和焊接方法。
（4）超声波检测仪和探头的型号，采用的耦合剂种类。
（5）探头的标称频率、实测的折射角（对斜探头）。
（6）所用参考试块的材质和型号（必要时可附草图）。
（7）灵敏度及其调试的方法及数值（包括基准线增益，修正值）。
（8）缺陷检测所采用的回波响应。
（9）验收标准和检测结果。
（10）检测人员的姓名、资格及签名。
（11）检测日期。

9.6 渗透检测

本节介绍适用于船舶结构和船用机械设备零部件表面开口型缺陷的渗透检测。

详细的工艺应至少包括：表面处理要求，检测前清洁与干燥，温度和湿度范围，采用渗透剂、清洁剂和显像剂的类型及牌号，渗透剂的渗透和去除，渗透时间，显像剂的应用和显像时间，检测时的照明条件等。

进行渗透检测的工件场所应有充分的通风条件，并且远离热源、明火和燃烧物。对于焊接结构件的渗透检测，不建议采用水洗型和后乳化型渗透检测方法。当工件（铸锻件）要求较高灵敏度时，应考虑采用荧光渗透检测方法。若采用荧光渗透检测时，应注意避免紫外辐射直接照射人体。采用着色渗透检测时被检工件表面的光照度应不低于 500 Lx，必要时可采用经标定的测光表测定被检工件表面的光照度。

9.6.1 检测器材

着色渗透剂应与配套的显像剂有较大的对比色差。

检测用紫外线灯应在带滤光片的条件下，满足在距光源 400 mm 外测得的紫外线辐照度不小于 1 000 μW/cm^2，但可见光照度不大于 20 Lx 的要求。

9.6.2 检测准备

渗透方法选用应根据需要的检测灵敏度、工件表面粗糙度以及检测现场水源等因素选定。船体结构的焊缝建议采用溶剂去除型着色法检测。

正式检测前应采用适当的试块对渗透检测剂进行灵敏度检测，以确定渗透检测能够满足检测的灵敏度要求。

检测部位表面的粗糙度应满足检测灵敏度的要求，必要时可将被检测表面打磨至要求的粗糙度。

表面的工作温度通常应为 5～50 ℃。在该温度范围以外，应当使用特殊的高/低温渗透剂和参考比较试块。

9.6.3 渗透检测工艺

对焊缝进行渗透检测时，应包括整个焊缝宽度和两侧至少各 10 mm 宽度的母材。渗透时间应符合渗透剂制造厂的技术条件，一般不低于 10 mm。

去除多余渗透剂时，去除剂不宜直接喷在被检工件的表面。建议采用将去除剂喷在干净的搓布上，抹去多余的渗透剂。

施加显像剂时，通常应均匀地将显像剂薄薄地施加在被检部位的表面。若采用喷罐喷涂时，一般应使喷嘴距离被检部位约 300 mm，均匀喷敷。

显像时间应符合显像剂制造厂的技术条件，通常应为 10～30 min。

观察显示时，被检部位的白光照度通常不宜低于 1 000 Lx。

工件检测完毕后应进行后清洗，以去除对以后使用或工件材料有害的残留物。

9.6.4 结果评定

缺陷的显示可以采用草图、照相、录像等方法进行记录。当辨认细小缺陷时，如有必要时可采用 5 倍左右的放大镜进行观察。

长度大于宽度 3 倍的缺陷显示应作为线状缺陷处理。非线状缺陷是显示长度小于或等于其 3 倍宽度的缺陷。

除有特殊要求者外，检测所发现的缺陷应不超过外观检测验收要求。

9.6.5 检测报告

检测结束后应根据检测结果填写检测报告，必要时可附以示意图或照片。渗透检测报告应至少包括下列内容。

（1）产品名称、设备型式、材质和状态。
（2）检测区域和位置。
（3）焊缝形式和焊接方法（对焊缝）。
（4）渗透检测剂牌号和名称。
（5）渗透时间和显像时间。
（6）所用参考试块的材质和型号。
（7）验收标准和检测结果。
（8）检测人员姓名、资格及签名。
（9）检测日期。